U0447781

教育部人文社会科学重点研究基地中国人民大学
刑事法律科学研究中心系列丛书

本书系国家社科基金项目（15BFX073）成果

中国人民大学刑事法律科学研究中心系列丛书

死刑限制的程序模式研究

The Procedure Mode of Death Penalty Control

魏晓娜　李雪松　著

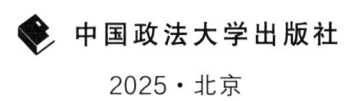

中国政法大学出版社

2025·北京

声　明　1. 版权所有，侵权必究。
　　　　2. 如有缺页、倒装问题，由出版社负责退换。

图书在版编目（CIP）数据

死刑限制的程序模式研究 / 魏晓娜, 李雪松著. -- 北京：中国政法大学出版社, 2025. 6. -- ISBN 978-7-5764-1651-0

Ⅰ. D924.124

中国国家版本馆 CIP 数据核字第 2024FJ6025 号

书　　名	死刑限制的程序模式研究 SIXING XIANZHI DE CHENGXU MOSHI YANJIU
出版者	中国政法大学出版社
地　　址	北京市海淀区西土城路 25 号
邮　　箱	bianjishi07public@163.com
网　　址	http://www.cuplpress.com（网络实名：中国政法大学出版社）
电　　话	010-58908466(第七编辑部) 010-58908334(邮购部)
承　　印	保定市中画美凯印刷有限公司
开　　本	720mm×960mm　1/16
印　　张	18.25
字　　数	290 千字
版　　次	2025 年 6 月第 1 版
印　　次	2025 年 6 月第 1 次印刷
定　　价	85.00 元

目 录

绪 论   001

第一章
死刑案件的权力配置   008

第一节　中国死刑权力配置的集中模式   008
第二节　死刑权力配置的分化模式   014
第三节　中国死刑案件权力配置再思考   019

第二章
死刑的程序模式   024

第一节　美国的死刑程序模式   024
第二节　中国的死刑程序模式   033
第三节　中国死刑程序模式之优化   042

第三章
"以审判为中心"视角下的死刑程序改革   054

第一节　"以审判为中心"改革的理论图景   054

第二节　死刑案件"以审判为中心"改革的实效	073
第三节　死刑案件"以审判为中心"改革的继续推进	093
第四节　死刑案件审前程序改革	116

第四章
人民陪审员制度与死刑程序改革　　　　　　　　136

第一节　人民陪审员制度概述	136
第二节　事实问题与法律问题：死刑案件权威的分化	146
第三节　七人合议庭在死刑案件中的适用	175

第五章
死刑案件与认罪认罚从宽制度　　　　　　　　　191

| 第一节　认罪认罚从宽制度概述 | 191 |
| 第二节　死刑案件中认罪认罚从宽制度的适用 | 223 |

第六章
死刑案件与刑事和解　　　　　　　　　　　　　238

| 第一节　刑事和解概述 | 238 |
| 第二节　死刑案件中的刑事和解实践 | 248 |

绪　论[1]

一、研究背景

生命权是人最为宝贵的权利，是其他一切权利的基础，国家负有保护生命权的不可推卸的责任。"皮之不存，毛将焉附"，失去了生命权，其他一切权利都无从谈起。2020年年初开始的新冠疫情在全世界范围内的蔓延，更加使人深刻地体会到国家在保护生命权方面所负有的责任。如果一个国家，一个政府，不能采取积极有效的措施保护公民的生命和健康，不能为国民提供基本的安全感，那么所谓自由、民主、正当程序就会成为一个个口惠而实不至的笑话。

国家有责任保护公民的生命权。然而，死刑的存在，与生命权的保护形成了最深刻、最尖锐的矛盾。在大多数国家都在法律上或者实际上废除了死刑的国际大环境下，中国对死刑的制度性保留，使得中国在国际社会承受着莫大的压力。可以说，只要死刑制度保留一天，只要仍然在判决和执行死刑，那么，对于死刑的质疑和讨论就不会停止。

2021年9月9日国务院新闻办公室发布的《国家人权行动计划（2021—2025）》提出，"严格慎重适用死刑。强化死刑复核程序，规范死刑复核监督程序，严格落实死刑案件报备和审查机制。细化死刑案件法律适用标准和诉讼程序规则，确保死刑只适用于极少数罪行极其严重的犯罪分子"。近年来，中国在改革死刑制度方面做出了持续不懈的努力：

一是可以判处死刑的罪名不断减少。1979年通过的新中国第一部刑法规定了130个罪名，其中挂有死刑的有28个。然而，从1981年6月开始，在此

---

[1] 本书为求简洁，国内法律法规均省去"中华人民共和国"字样。

后的 15 年里，全国人大常委会以特别法的形式，将挂有死刑的罪名增加到 68 个。直到 2011 年 2 月，《刑法修正案（八）》废除了走私文物罪，走私贵重金属罪，走私珍贵动物、珍贵动物制品罪，走私普通货物、物品罪，票据诈骗罪，金融凭证诈骗罪，信用证诈骗罪，虚开增值税专用发票、用于骗取出口退税、抵扣税款发票罪，伪造、出售伪造的增值税专用发票罪，盗窃罪，传授犯罪方法罪，盗掘古文化遗址、古墓葬罪，盗掘古人类化石、古脊椎动物化石罪，一共 13 个罪名的死刑。2015 年 8 月，《刑法修正案（九）》又废除了走私武器、弹药罪，走私核材料罪，走私假币罪，伪造货币罪，集资诈骗罪，组织卖淫罪，强迫卖淫罪，阻碍执行军事职务罪，战时造谣惑众罪，一共 9 个罪名的死刑。目前，挂有死刑的罪名是 46 个。

二是死刑的适用对象限缩。自 1997 年修订后的《刑法》始，第 48 条规定，"死刑只适用于罪行极其严重的犯罪分子"。第 49 条规定，"犯罪的时候不满十八周岁的人和审判的时候怀孕的妇女，不适用死刑"。在此基础上，2011 年通过的《刑法修正案（八）》对死刑的适用对象作了进一步的限制，其中第 49 条第 2 款规定，"审判的时候已满七十五周岁的人，不适用死刑，但以特别残忍手段致人死亡的除外"。

三是死刑核准权重新收归最高人民法院。死刑核准权的归属，经历了一个起落的过程：1979 年《刑法》中明确规定，"死刑除依法由最高人民法院判决的以外，都应当报请最高人民法院核准。死刑缓期执行的，可以由高级人民法院判决或者核准"。自 1980 年以来，由于社会治安形势恶化，最高人民法院根据全国人民代表大会常务委员会的有关决定和 1983 年《人民法院组织法》第 13 条先后 8 次授权高级人民法院核准死刑。2006 年 10 月 31 日第十届全国人民代表大会常务委员会第二十四次会议通过《关于修改人民法院组织法的决定》，将死刑核准权收归最高人民法院统一行使，并于 2007 年开始施行。死刑核准权重新收归最高人民法院，有利于死刑标准的严格化和统一化，有利于贯彻"少杀慎杀"的方针。

四是死刑程序改革。最高人民法院、最高人民检察院、公安部、国家安全部、司法部（以下简称"两高三部"）于 2010 年 6 月 13 日发布关于刑事证据规则的两个规定，即《关于办理死刑案件审查判断证据若干问题的规定》（以下简称《办理死刑案件证据规定》）和《关于办理刑事案件排除非法证据若干问题的规定》，在死刑案件中奉行更严格的证据标准，并率先在死刑案件中建立非法证据排除规则。2012年《刑事诉讼法》第223条第1款第2项，将"被告人被判处死刑的上诉案件"作为第二审必须开庭审理的法定情形之一予以明确规定。同时，根据2012年《刑事诉讼法》第240条改革死刑复核程序，要求最高人民法院复核死刑案件时，"应当讯问被告人，辩护律师提出要求的，应当听取辩护律师的意见"。同时，"最高人民检察院可以向最高人民法院提出意见"。虽然目前的规定距离真正的死刑复核程序诉讼化的目标还有不小的距离，但毕竟朝着这个方向迈出了重要的一步。2014年12月29日，为切实保障死刑复核案件被告人的辩护律师依法行使辩护权，确保死刑复核案件质量，最高人民法院印发了《关于办理死刑复核案件听取辩护律师意见的办法》，规定了死刑复核程序中听取辩护律师意见的工作机制和具体程序。

五是推进死刑复核案件的法律援助。2022年以前，我国死刑复核程序的一个问题是，刑事诉讼法中的指定辩护制度止步于死刑复核程序，未实现死刑复核制度与法律援助制度的对接。死刑复核程序是被告人最接近死刑的一道程序，从处境上比第一审、第二审更加危险，理应得到更为高质量、更为有效的法律帮助。立法虽然规定，"辩护律师提出要求的，应当听取辩护律师的意见"，但并未给辩护律师参与死刑复核程序提供制度化的程序空间和渠道，辩护律师的应有权利也未得到保障，其辩护权的行使方式是不完整的，往往只能通过单方提交证据、意见的方式来辩护，并且这种辩护意见通常得不到法官的积极回应。司法实践中，一些死刑案件的辩护律师都是资历尚浅、缺乏职业经验的律师，自身专业技能和经验的短板使他们无法为死刑复核程序中的原审被告人提供高质量的辩护服务。为改变这种局面，全国人大常委会于2021年8月20日通过了《法律援助法》，2022年1月1日正式施行。该法第25条规定，对于申请法律援助的死刑复核案件被告人，没有委托辩护人的，人民法院、人民检察院、公安机关应当通知法律援助机构指派律师担任辩护人。2021年12月30日，最高人民法院、司法部印发《关于为死刑复核案件被告人依法提供法律援助的规定（试行）》（以下简称《规定》），《规定》自2022年1月1日起施行。《规定》对最高人民法院死刑复核案件的被告人申请法律援助的工作机制作了明确规定。

这些改革努力取得了可喜的成效。首先是"量"的方面：十余年来的死刑制度改革最为明显的成效表现在死刑人数的持续下降。即使是对中国死刑制度持最为激烈批评态度的某些国际组织也不得不承认，近年来，中国的死刑制度在改善，一个显著的标志是他们不断调低对中国死刑人数的估算值。一个长期关注中国死刑问题的国际组织在多份年度报告中均提到，死刑核准权收回之后，中国的死刑数量有了实质性减少。另一国际组织对中国死刑执行人数的估算值也是持续下降。[1]近年来的一些学术会议披露的信息也验证了上述判断。例如，在2016年12月10日于北京召开的"死刑复核权收回十年"的研讨会上，时任最高人民法院第五审判庭庭长的高贵君大法官提到，目前（2016年）的死刑执行数字是2006年的1/3。在同一天的会议上，当时在最高人民法院挂职的卢建平教授指出，对于第一审法院判处的死刑，第二审法院（高级人民法院）否决了1/3。其次在"质"的方面，死刑复核权回收十余年来，从公开披露的信息来看，迄今为止，尚未发现一起冤案错案。死刑复核的案件质量经受住了时间的检验。

但是，这并不意味着死刑问题的研究可以就此止步。相反，目前死刑制度尚有不少改进的空间，近些年的一些死刑案件如张扣扣案、贾敬龙案仍引起比较大的社会争议，死刑程序值得改进的地方也有很多。例如，我国的刑事审判采取定罪与量刑程序混同的模式，在法庭调查阶段，控辩双方要先出示关于定罪的证据，再出示与量刑有关的证据。法庭辩论阶段也是如此，控辩双方首先针对定罪问题发表意见、展开辩论，之后才能过渡到量刑程序。虽然2008年最高人民法院发布了《人民法院量刑程序指导意见（试行）》，旨在提高刑事案件的审判质量，保证量刑活动的相对独立性。但单纯依靠该意见还不足以解决法庭审理中一直存在的"重定罪、轻量刑"的痼疾。实践中，由于定罪与量刑程序是接续进行的，在法院还没有对案件定罪的情况下，控辩双方就要对量刑情节展开辩论，这是违背常理的。定罪是量刑的前提，没有定罪，控辩双方根本无法对量刑问题进行有针对性地举证与质证。控方指控的罪名尚未得到法庭的认可，必然将重心放在定罪问题上，这也势必影响到辩方的诉讼策略，导致的后果是控辩双方对量刑程序的忽视，最终导致法院只能对诸多量刑情节加以粗糙处理。单独的量刑程序对死刑案件具有重

---

[1] 王禄生、龚善要：《中国死刑这十年 | 写在最高法收回死刑复核权十周年 | 数说司法 | 第143期》，载"数说司法"微信公众号，最后访问日期：2024年6月4日。

要意义。我国刑法分则对于涉及死刑的罪名规定了幅度较宽的法定刑，以故意杀人罪为例，量刑幅度从三年有期徒刑一直到死刑，中间留给法官太多自由裁量的空间，几乎全部依靠法官的专业素养和审判经验，难以保证量刑的公正与规范。

上述种种问题的存在，说明我国的死刑程序仍有相当大的改进空间，然而解决上述问题，不能仅靠"头疼医头，脚疼医脚"式的对策研究，必须立足宏观，在一个较大的程序格局之下系统地解决。

二、研究现状

关于中国死刑问题的讨论，主要有几个不同的进路：一是宪法学的进路，探讨生命权的宪法基础，以及剥夺和限制生命权，尤其是死刑制度的合宪性问题。代表性成果为韩大元：《生命权的宪法逻辑》，译林出版社 2012 年版。

二是实体刑法的进路，主要探讨死刑的存废问题，死刑的道德基础，什么样的罪名可以判处死刑，死刑的震慑功能，民众对死刑的态度，如何减少死刑罪名，死刑适用的标准等问题。代表性成果包括：刘仁文：《死刑的温度》（增订本），生活·读书·新知三联书店 2019 年版；刘仁文主编：《死刑改革与国家治理》，社会科学文献出版社 2016 年版；林维主编：《最高法院如何掌控死刑：美国联邦最高法院死刑判例经典选编》，北京大学出版社 2014 年版；刘仁文：《死刑的全球视野与中国语境》，中国社会科学出版社 2013 年版；李立丰：《民意与司法——多元维度下的美国死刑及其适用程序》，中国政法大学出版社 2013 年版；等等。

三是程序刑法的进路，主要关注于死刑程序改革、死刑的有效辩护、死刑复核程序的诉讼化改造、古今中外的死刑程序演变与对比等。代表性成果包括，陈海平：《日本死刑控制研究》，法律出版社 2022 年版；吴宏耀、罗海敏主编：《死刑的程序控制：中国死刑制度改革的必由之路》，中国政法大学出版社 2014 年版；张栋：《中国死刑错案的发生与治理——与美国死刑程序比较》，上海人民出版社 2011 年版；杨宇冠主编：《死刑案件的程序控制》，中国人民公安大学出版社 2010 年版；杨文革：《死刑程序控制研究》，中国人民公安大学出版社 2009 年版；张栋：《美国死刑程序研究》，中国人民公安大学出版社 2007 年版；等等。

近年来也有一些西方研究死刑问题的著作被翻译介绍到中国,例如,[美]琳达·E.卡特、埃伦·S.克赖斯伯格、斯科特·W.豪尔:《美国死刑法精解》(第二版),王秀梅、邱陵、曾赛刚译,北京大学出版社2009年版;[英]罗吉·胡德、卡罗琳·霍伊尔:《死刑的全球考察》(第四版),曾彦等译,中国人民公安大学出版社2009年版;美国律师协会:《死刑案件中辩护律师的指定与辩护表现指引——规则与评注》,吴宏耀、石家慧译,中国政法大学出版社2016年版;等等。以美国学者为代表的西方学者在研究死刑问题时,与中国学者的关注点并不相同。美国学者在研究死刑存废问题时多是与美国联邦宪法第八修正案"禁止残忍、逾常的刑罚"("nor cruel and unusual punishments inflicted")条款相联系,讨论死刑本身是否构成"残忍、非常的刑罚",同时,关注死刑程序是否符合正当程序;如何控制死刑的"恣意性";死刑适用中的种族问题;死刑对弱势群体的适用问题;等等。

总体而言,目前学界对死刑问题的研究和探讨十分丰富和深入。然而,就刑事程序研究的进路而言,目前的研究多集中于死刑程序的技术性改进,而对于死刑案件的宏观权力配置、死刑程序模式、死刑权威结构及其影响等宏观性、方向性的议题涉足不多。

三、研究思路

本书从结构上分为六章。前两章以宏观视角,分别探讨死刑权力配置和死刑限制的程序模式。第一章讨论死刑权力配置问题。该章考察了中国死刑案件权力分配的历史发展,概括出中国死刑配置模式的基本特征,即死刑案件的决定权,经历了从地方向中央的转移,同时经历了从行政机构向司法机关的转移。对死刑案件的审核并不区分事实问题与法律问题,而是由复核机关进行全面审查。中国的死刑案件的权力配置模式基本上可以归纳为由中央司法机关行使的"集中模式"。作为比较制度样本的美国、日本等国家及地区的死刑案件权力配置模式大体上可以概括为"分化模式"。

第二章仍是从宏观角度探讨死刑的程序模式。该章选择中国和美国两个保留死刑的代表性国家作为对比样本,概括出死刑程序的两个对立模式,即"权利驱动型"模式和"审查导向型"模式。二者在制度目标、权威结构、一审地位等方面有着不同的特征,所面临的问题和风险也各不相同。"权利驱动型"模式虽然有种种弊端,但对我国的死刑限制程序模式的完善仍有一定的启发意义。例如,死刑程序归根结底是为刑事被告人而设置的,因此死刑程序控制体系应当将被告人的权利保障置于核心地位,偏离这一宗旨的程序控制模式不免有"跑偏"之嫌。再如,在死刑案件质量控制的总体思路上,是沿着审级向上叠床架屋式地增加事实审查的程序环节,仰赖高层权威的行政式审查实现纠错功能,还是立足于第一审程序,围绕被告人的对质权做足文章,充分发掘第一审程序的事实发现功能?本书围绕上述问题提出相关的建议。

本书后四章结合近年来的司法改革举措讨论死刑程序的完善。第三章的主题是"以审判为中心"改革视角下的死刑程序,重点探讨了"以审判为中心"改革的背景、制度要求,死刑案件"以审判为中心"改革的落实情况,并提出了未来推进改革的建议。

第四章的主题是人民陪审员制度与死刑程序改革,探讨近年来人民陪审员制度改革对死刑程序改革产生的影响,尤其是在人民陪审员制度改革中提出的区分事实问题与法律问题,对于本书所主张的死刑案件中权威分化具有重要的意义。

第五章的主题是死刑案件与认罪认罚从宽制度,介绍了认罪认罚从宽制度改革的背景与主要内容,重点研究了认罪认罚从宽制度在死刑案件中的具体适用问题。

第六章的主题是死刑案件与刑事和解,介绍了21世纪前后兴起的刑事和解改革的背景和入法过程,着重研究死刑案件中的刑事和解实践。因刑事诉讼法对刑事和解的范围进行了严格限制,但死刑案件中对刑事和解的普遍适用似乎构成了一个悖论,本章着重探讨了这种现象及其背后的原因。

第一章
死刑案件的权力配置

在中国,与废除死刑相比,限制死刑显然是一个更为现实的选项。在保留死刑的西方国家,控制死刑的关键在于消除死刑适用的"任意性",[1]中国话语则是"防止错杀""严禁乱杀""坚持少杀"。[2]为了体现对死刑的慎重适用,我国专门针对死刑案件设置特别程序——死刑复核程序,旨在全面审查死刑判决或裁定在认定事实和适用法律上是否正确,保证死刑的正确适用。从1954年《人民法院组织法》,到2006年全国人大常委会通过《关于修改人民法院组织法的决定》,死刑核准权经历几起几落,最终于2007年统一收归最高人民法院。然而,死刑核准权的回收并没有一劳永逸地解决死刑复核程序中存在的问题。近年来,我国在死刑复核制度中投入了大量的人力、物力、财力,却总是难以摆脱来自各种角度的批评和责难。本书以死刑案件中的权力配置为视角,力求破解死刑程序问题的迷局,探索相对合理的解决方案。

第一节 中国死刑权力配置的集中模式

一、古代法时期

秦汉时期,郡守一级对一般案件有杀人权,不必奏请皇帝核准。隋唐时,

---

[1] 例如,《公民权利和政治权利国际公约》第6条第1项规定,"人人有固有的生命权……不得任意剥夺任何人的生命"。又如,在1972年的福尔曼案[Furman v. Georgia, 408 U.S. 238 (1972)]中,美国联邦最高法院以5:4认定两个州内适用的死刑程序违宪,并进而导致全国的死刑法律失效。在这个引发全美范围内死刑案件审判程序重大改革的里程碑式案件中,虽然多数派法官所持的理由各有不同,但其重要的共同点是认为死刑的适用是"任意和恣意的"。——参见[美]琳达·E.卡特、埃伦·S.克赖斯伯格、斯科特·W.豪尔:《美国死刑法精解》(第二版),王秀梅、邱陵、曾赛刚译,北京大学出版社2009年版,第25页。

[2] 参见《毛泽东选集》第5卷,人民出版社1977年版,第282页;参见《毛泽东选集》第4卷,人民出版社1991年版,第1271页。

死刑通常需由中央有关部门审查后再报皇帝核准。宋元时期成为定制，死刑必须由皇帝核准。明清时期，死刑复核制度臻于完备。凡是性质特别严重的死刑案件如谋反，要立决，一般死刑则待秋后决。立决的案件，一般先经刑部审定，都察院参核，再送大理寺审允。对于秋后处决的案件，明朝建立了朝审制度，由"三法司同公、侯、伯会审重囚"。[1]朝审不仅审批死刑，而且有宽宥之意，分别情况，作出不同处理，情节有矜悯或可疑的则改为戍边。清朝在继承明朝朝审制度的基础上分为秋审和朝审。秋审是审核地方各省所判的监候案件，朝审是审核刑部所判的监候案件。秋审和朝审都作出四种处理：情实（罪情确实，刑罚恰当，应予处决）、缓决（有需要考虑的问题，暂缓处决，等下次秋审再定）、可矜（老幼废笃疾及有其他值得同情的情节，可免死）、留养承祀（家中无人奉养父母和继承祭祀，可免死）。最后奏请皇帝最后审批。[2]对于死刑已经定判的案件，行刑前又必须奏请皇帝再次核准，这是中国古代独特的死刑复奏制度。死刑复奏制度正式开始于隋朝，唐以后的宋和明、清，法律上均规定有死刑复奏制度。

死刑复核与死刑复奏，前者属于刑事审判程序，后者属于刑事执行程序。死刑案件之所以要复核，是为了使复核机关全面了解案情，以便从"理"上保证死刑适用的正确性；死刑案件之所以又要复奏，则是给皇帝最后考虑的机会，使皇帝能从"情"上来决定是否适用死刑。[3]

二、转型时期：晚清到民国

20世纪初，危机四伏的大清帝国试图以保守的改革重建政府体制，由此开启了晚清仿行宪政的十年改革。在中国传统政治体制下，行政司法不分，在中央，刑部、大理寺、都察院虽号称"三法司"，但它们在主理司法事务的同时，也具有诸多行政职能，而其他行政机关也握有一定的司法权。晚清要仿行宪政，就必须有专门负责司法事务的部门。根据当时的中央官制改革方

---

[1]《明史·刑法志》。
[2] 参见陈光中、沈国峰：《中国古代司法制度》，群众出版社1984年版，第158-162页。
[3] 周国均、巩富文：《我国古代死刑复核制度的特点及其借鉴》，载《中国法学》2005年第1期。

案,"刑部著改为法部,专任司法,大理寺著改为大理院,专掌审判"[1]。原先由中央三法司分享的司法权,转而由法部、大理院分担。司法权被设定为司法行政权与司法审判权,司法行政权由法部掌控,司法审判权由法部与大理院分享,并且由法部监督大理院。其实质是通过司法行政机关制约司法审判机关,实现集权的企图。显然,官制改革方案中违背审判独立的设计与司法改革的方向形成了深刻的矛盾,导致法部和大理院在一系列重要问题上发生激烈冲突,史称"部院之争"。

晚清部院之争的焦点之一,便是死刑案件的权力分配问题。在传统的司法体制中,刑部在死刑复核程序中处于中枢地位,是死刑判决的拟定者。官制改革之后,重案复核权转由法部行使,法部实际上成为凌驾于大理院之上的最高审级,这与司法权与行政权分离的精神无疑是相违背的。在部院之争中,大理院高举"裁判独立"的大旗,从主张自身对死刑案件的具名权开始,向法部的死刑案件复核权提出了质疑。1910年2月7日,《法院编制法》奏准颁行,从组织法的角度对审判权与司法行政权作出了原则性的界定。随后出台的《死罪施行详细办法》则从诉讼程序上明确了审判机关与司法行政机关的职权及其界限,至此,有关死刑复核权问题的争论才最终在制度上有了一个交代。《死罪施行详细办法》在死罪案件的奏报与执行程序上借鉴了西方刑事诉讼制度,死罪案件宣告后,检察官要将诉讼记录向司法大臣汇报,未得到司法大臣命令前不得执行死刑。审判权与行政权在死罪案件上的界限是:审判各官的职权,止于按律定罪,定罪后一切上奏、施行、审察事务,则纯属行政范围。死罪案件的终审权由初级以上的各级审判厅掌握,法部只负责奏报等程序上的事务以及执行事务。理论上说,死罪案件的判决还要经皇帝批准才能正式生效,但是,随着部院分工逐渐趋于明确,"经皇帝批准"已经流于形式。[2]《死罪施行详细办法》奠定了死刑案件权力配置基本格局,历经北洋政府、民国时期,一脉相承至我国台湾地区"刑事诉讼法"。直到今天,我国台湾地区的死刑案件中基本上保持着这种权力配置格局。

---

[1]《裁定奕劻等核拟中央各衙门官制谕》,载故宫博物院明清档案部编:《清末筹备立宪档案史料》,中华书局1979年版,第464页。

[2] 参见张从容:《部院之争:晚清司法改革的交叉路口》,北京大学出版社2007年版,第173—174页。

三、革命根据地时期到新中国成立初期

从1928年至1931年，中国共产党在广大农村地区相继成立苏维埃政权。中华苏维埃共和国临时中央政府成立后，在中央设最高法院，在省、市、县、区有裁判部。1932年井冈山根据地颁布了《裁判部暂行组织及裁判条例》，其中规定，"凡判决死刑的案件，虽被告人不上诉，审理该案件的裁判部也应把判决书及该案件的全部案卷送给上级裁判部批准"。[1]抗战时期，苏维埃政府改称中华民国陕甘宁边区政府。边区的司法制度遵从中华民国法院组织法，边区高等法院（延安）形式上居于国民政府最高法院之下；在延安设地方法院，在各县政府中设司法处，受理辖区内第一审民、刑事案件。[2]形式上是三级三审，但由于边区政府实际上的独立地位，边区司法体系仅有两级，实行两级两审制。但是，通过边区政府对于司法的领导及具体参与，成为变通形式的三级三审。边区政府享有对死刑案件的最终审核权，并有权在审核中改变量刑。但中央和军委在一些影响重大的案件中也会参与核准，如著名的黄克功案中，边区高等法院对黄克功处以死刑的决定，就是经过中央和军委核准的。[3]

新中国成立后，1950年召开的全国政法会议提出，"一般死刑案件由省级以上人民法院核准执行，重大案件送请上级人民法院核准执行"。同年7月20日政务院通过的《人民法院组织通则》及7月23日政务院和最高人民法院联合发布的《关于镇压反革命活动的指示》均规定，县（市）人民法庭（分庭），由省人民政府或者省人民政府特令指定的行政公署，大行政区直辖市人民法庭（分庭）判处死刑的，由大行政区人民政府（军政委员会）批准，中央直辖市判处死刑的，由最高人民法院院长批准。[4]这一时期，死刑复核权开始由人民政府执掌，向法院执掌过渡。直到1954年第一届全国人民代表大会召开并通过《宪法》和《人民法院组织法》之后，死刑复核权才完全归属到法院（最高人民法院和高级人民法院）的手中。1956年召开的中共"八大"通过的《关于政治报告的决议》规定，需要处死刑的案件，应当一律由

---

[1] 转引自罗智勇：《死刑复核应当以诉讼的方式进行》，载《法学杂志》2006年第4期。

[2] 1949年以后，各县司法处，先后改称为人民法院。艾绍润：《陕甘宁边区审判史》，陕西人民出版社2007年版，第31页。

[3] 汪世荣等：《新中国司法制度的基石》，商务印书馆2011年版，第139页。

[4] 参见罗智勇：《死刑复核应当以诉讼的方式进行》，载《法学杂志》2006年第4期。

最高人民法院判决或者核准。1958年，最高人民法院《关于高级人民法院判处或者审核的"死缓"案件不再报送本院复核的通知》明确规定，凡是由高级人民法院判处或者审核的死刑缓期执行案件，一律不再报最高人民法院核准。至此，由最高人民法院统一核准死刑立即执行案件的原则正式确立。但死刑复核的方式，未能摆脱以往行政审查的特点。

四、死刑核准权的下放与收回

"文化大革命"期间，死刑批准权被下放给各省、自治区、直辖市革命委员会行使，死刑复核程序则完全被搁置。"文化大革命"结束后，1979年7月1日，五届全国人大二次会议通过了新中国首部《刑法》和《刑事诉讼法》，1980年1月1日起正式实施。1979年《刑法》第43条规定，死刑除依法由最高人民法院判决的以外，都应当报请最高人民法院核准。死刑缓期执行的，可以由高级人民法院判决或者核准。1979年《人民法院组织法》第13条规定，死刑案件由最高人民法院判决或者核准。

但是，1979年《刑法》和《刑事诉讼法》通过后不久，社会治安形势恶化。[1]作为应对，1980年2月12日，五届全国人大十三次会议决定部分下放死刑复核权，即在1980年内，对现行的杀人、强奸、抢劫、放火等犯有严重罪行应当判处死刑的案件，最高人民法院可以授权省、自治区、直辖市高级人民法院核准。1981年6月10日，全国人大常委会又通过了《关于死刑案件核准问题的决定》，其规定，在1981年至1983年内，对犯有杀人、抢劫、强奸、爆炸、放火、投毒、决水和破坏交通、电力等设备的罪行，由省、自治区、直辖市高级人民法院判决死刑的，被告人不上诉的，都不必报最高人民法院核准。1983年9月2日，第六届全国人大常委会通过了《关于迅速审判严重危害社会治安的犯罪分子的程序的决定》和《关于修改人民法院组织法的决定》。此次组织法修改，将《人民法院组织法》原第13条修改为：死刑案件除由最高人民法院判决的以外，应当报请最高人民法院核准。杀人、强

---

[1] 例如，1979年9月9日，在上海市控江路江浦路口，执勤的交通民警制止一青年抢夺农民出售的螃蟹，因方法不当，发生了砸自行车、向公共汽车投掷石块、趁机抢夺群众财物、侮辱妇女和攻击民警的群众性事件。这一事件被称为"控江路事件"。在北京、广州等城市也发生了类似的恶性案件。参见杨宇冠主编：《死刑案件的程序控制》，中国人民公安大学出版社2010年版，第337页，注1。

奸、抢劫、爆炸以及其他严重危害公共安全和社会治安判处死刑案件的核准权，最高人民法院在必要的时候，得授权省、自治区、直辖市的高级人民法院行使。

1983年以后，最高人民法院先后多次作出下放死刑复核权的决定。1983年9月7日，最高人民法院发布了《关于授权高级人民法院核准部分死刑案件的通知》，该通知规定，为了及时严惩严重危害公共安全和社会治安的犯罪分子，除由最高人民法院判决的死刑案件外，各地对反革命案件和贪污等严重经济犯罪案件判处死刑的，仍应由高级人民法院复核同意后，报最高人民法院核准；对杀人、强奸、抢劫、爆炸以及其他严重危害公共安全和社会治安判处死刑的案件的核准权，由最高人民法院依法授权各省、自治区、直辖市高级人民法院和解放军军事法院行使。此后，随着毒品犯罪的蔓延，最高人民法院于1991年6月6日、1993年8月18日、1996年3月19日和1997年6月23日，分别授权云南、广东、广西、四川、甘肃和贵州六个省、自治区的高级人民法院对毒品犯罪案件行使死刑核准权。1997年9月23日，最高人民法院发布《关于授权高级人民法院和解放军军事法院核准部分死刑案件的通知》，再一次将部分死刑案件的核准权下放。

从1980年到2007年1月1日之前，中国死刑核准权的归属形成了以下基本格局：

首先，根据最高人民法院的授权，高级人民法院对特定案件享有死刑复核权。具体分为两种情形：一是对于毒品犯罪，云南、广东、广西、甘肃、四川和贵州的高级人民法院享有死刑核准权；二是对于其他犯罪案件，除危害国家安全、破坏社会主义市场经济秩序、贪污贿赂判处死刑的案件外，各地高级人民法院享有死刑核准权。

其次，根据最高人民法院的司法解释，对于死刑复核权下放的案件，如果具有以下情形，仍应报请最高人民法院死刑复核：被告人被判处死刑的数罪中，有一罪或一人归最高人民法院核准的，必须全案报请最高人民法院核准；抗诉后改判死刑立即执行的，必须报请最高人民法院核准；依法应当由最高人民法院核准的死刑案件，判处死刑缓期二年执行的罪犯，在死刑缓期执行期间，如果故意犯罪，查证属实，应当执行死刑的，由高级人民法院报请最高人民法院核准。

死刑核准权下放的二十几年间，造成了诸多的问题。[1]在学界、实务界的强烈呼吁下，2006年10月31日，第十届全国人民代表大会常务委员会第二十四次会议决定对《人民法院组织法》作如下修改：原第13条修改为，"死刑除依法由最高人民法院判决的以外，应当报请最高人民法院核准"。删去了"杀人、强奸、抢劫、爆炸，以及其他严重危害公共安全和社会治安判处死刑案件的核准权，最高人民法院在必要的时候，得授权省、自治区、直辖市的高级人民法院行使"的规定。至此，中国的死刑核准权重新收归最高人民法院统一行使。

五、小结

考察中国死刑案件权力分配的历史发展，虽然过程不乏曲折，仍可以较为清晰地看出以下几个特点：第一，死刑案件的决定权，经历了从地方向中央的转移。古代法时期，直至隋唐建立起较为完善的死刑复核和死刑复奏制度，死刑决定权才正式转移至中央。从根据地时期到新中国成立初期，死刑复核权也经历了一个从地方逐渐向中央过渡的过程。第二，死刑案件的决定权，经历了从行政机构向司法机关的转移。清末的"部院之争"拉开了大理院向行政机关争夺死刑终审权的大幕，最终成功地将死刑终审权掌握在司法机关的手中。从根据地时期到新中国成立初期这段特殊的历史，也显现出相同的趋势。第三，对死刑案件的审核并不区分事实问题与法律问题，而是由复核机关进行全面审查。第四，古代法时期虽然分别设有死刑复核和死刑复奏制度，旨在兼顾法理与人情，但最终的核准主体和复奏对象没有分化（均为皇帝）。基于以上特征，中国的死刑案件的权力配置模式基本上可以归纳为由中央司法机关行使的"集中模式"。

第二节　死刑权力配置的分化模式

目前，世界上大约有128个国家的法律没有规定死刑，或者在实践中不

---

[1] 比如，杨宇冠教授总结了死刑核准权下放造成的几大问题：一是法律规定互相冲突；二是死刑适用标准不统一；三是大部分死刑案件并不真正经过死刑复核程序。参见杨宇冠主编：《死刑案件的程序控制》，中国人民公安大学出版社2010年版，第338-339页。

再执行死刑。欧洲大部分国家已经废除了死刑，只有在美国、中东和亚洲一些国家或地区仍然保留有死刑。因此，本研究选取目前仍保留有死刑的美国、日本等国家及地区作为制度样本。

一、美国

目前，美国有 27 个州以及联邦政府和军事法律体系允许适用死刑。[1]自 20 世纪 70 年代中期以来，美国的死刑判决及救济程序相对比较稳定，其中体现的权力配置脉络也比较清晰。

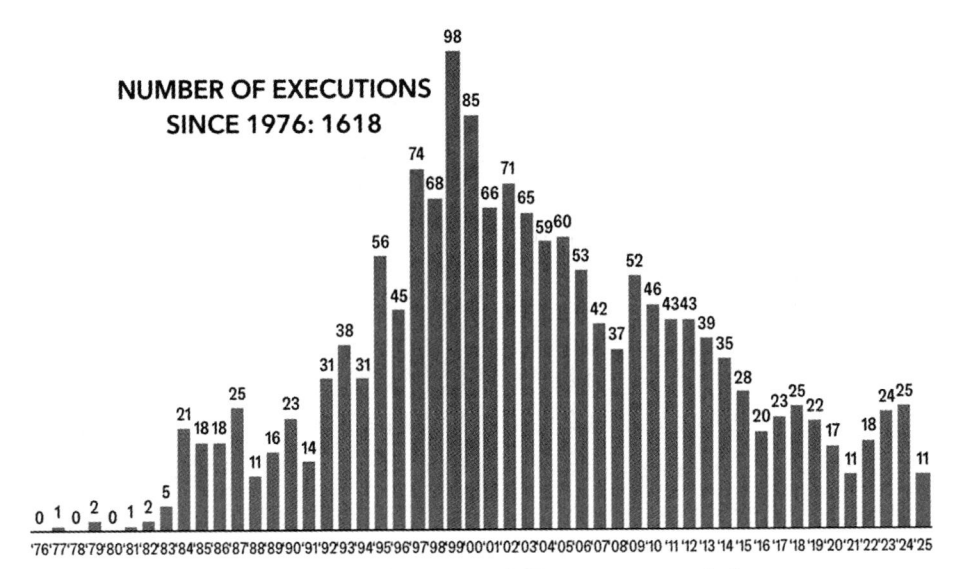

NUMBER OF EXECUTIONS SINCE 1976: 1618

图 1-1　美国历年死刑执行数量（1976—2025）[2]

（1）两阶段诉讼程序。1972 年，美国联邦最高法院在福尔曼诉佐治亚州案[3]中以 5∶4 认定佐治亚州死刑制定法违宪。在判决该案的过程中，联邦最

---

[1] 截至 2025 年 4 月，美国保留死刑的州有：Alabama；Arizona；Arkansas；California；Florida；Georgia；Idaho；Indiana；Kansas；Kentucky；Louisiana；Mississippi；Missouri；Montana；Nebraska；Nevada；North Carolina；Ohio；Oklahoma；Oregon；Pennsylvania；South Carolina；South Dakota；Tennessee；Texas；Utah；Wyoming。另外，联邦和军事法院系统也保留有死刑。

[2] 数据来源于美国死刑信息中心网站，载 https://dpic-cdn.org/production/documents/pdf/FactSheet.pdf，最后访问日期：2025 年 4 月 12 日。

[3] Furman v. Georgia, 408 U. S. 238 (1972).

高法院内部存在着巨大的分歧,并没有形成多数意见,然而,大法官们却一致认为,现有死刑制定法规定的有关诉讼程序,具有以任意和反复无常的方式适用死刑的实质性危险,足以导致死刑判决违宪。这件事影响深远,直接导致美国40个州的死刑制定法以及600多个死刑判决无效。联邦最高法院通过解释第八修正案的"残忍和不寻常刑罚",确立了两个重要的方针:第一,要对量刑主体的自由裁量权作出指导,避免恣意或任意地适用死刑;第二,要向量刑主体提供所有相关证据,以便量刑主体对于被告人应否被判处死刑作出个别化考量。上述方针随之导致了"两阶段"死刑诉讼程序的发展形成。35个州的立法机关在福尔曼案判决之后通过了新的死刑制定法,1976年,部分州的新死刑法呈送联邦最高法院接受审查。虽然州与州之间的诉讼程序差别较大,但每一个新颁布的死刑法都规定了两个独立的阶段:第一个阶段是决定有罪还是无罪的问题,第二个阶段是量刑程序,只有在法官或者陪审团认定被告人罪名成立之后才会启动。[1]但是,尽管有两个阶段,宪法只要求有一个陪审团。联邦最高法院于1976年审查这些死刑法时,承认两阶段审判程序是确保死刑不被以任意、反复无常或捉摸不定的方式适用的保护措施之一。[2]

(2)直接上诉。美国所有州和联邦政府都规定了死刑定罪和量刑的上诉程序。虽然宪法没有规定刑事案件(包括死刑案件)的上诉权,但联邦最高法院一直认为,上诉复核是提高死刑量刑可靠性与一致性的重要措施。联邦最高法院于1976年审查死刑法时,每个州的死刑制定法都规定了死刑判决的自动上诉程序。这是联邦最高法院认定不以任意和反复无常的方式适用死刑的一个重要因素。在大多数州,死刑案件上诉到州最高法院,联邦死刑案件上诉到联邦巡回上诉法院。但是,在上诉案件中,上诉法院并不审查初审判决认定的案件事实,而是审查在定罪量刑过程中是否存在法律和宪法性错误。

(3)定罪后程序。如果被告人在州法院被定罪并被判处死刑,然后直接上诉到州最高法院,被维持原判,接着他向美国联邦最高法院申请调卷令,又遭到否决。到此为止,他为针对定罪和量刑而上诉的直接途径彻底完结。

---

[1] 参见[美]琳达·E.卡特、埃伦·S.克赖斯伯格、斯科特·W.豪尔:《美国死刑法精解》(第二版),王秀梅、邱陵、曾赛刚译,北京大学出版社2009年版,第5页。

[2] Gregg v. Georgia, 428 U.S. 153, 188 (1976).

被告人现在可以做的就是寻求对定罪和判决的附带性质疑，这是一种定罪后程序，通常通过人身保护令程序来实现。与上诉程序不同，人身保护令的目的是把被告人从错误的关押中解救出来，因此，被告人一般只有在被关押起来之后才能申请人身保护令。提起人身保护令的理由通常是审判中被告人的宪法性权利被侵害，因此申请过程中必须提交证明关押违法或者违宪的证据。[1]

（4）赦免。赦免是死囚能够寻求救济的最后办法。美国的赦免制度来源于英国。赦免在英国是作为一种"恩赐"由国王或女王批准，被判处死刑的人可以因身为神职人员、年幼或者患有精神病而得到赦免减刑。后来逐渐发展出一种由行政机关依据裁量决定赦免的理念，在美国早期的发展中，赦免的权力转移给了州长，或者是专门的执行委员会，州长或执行委员会可以根据他们选择的任何理由批准赦免。对于联邦犯罪，宪法将赦免权赋予总统行使。在美国，赦免的核心理念被界定为"宽恕"，另一个目的是补救刑事案件中的错误或者不公正结果，即在法律制度自身不能实现正义结果时施以正义。[2]

（5）死刑的执行。在美国，死刑执行命令由州长或者总统签发。监狱是具体负责死刑执行的机关，拥有专门的死刑执行人员。在法院判决被告人死刑时会确定一个死刑执行期限，在州长签发的死刑执行命令中也会确定一个死刑执行期限，但是，已经确定的死刑执行期限经常会被烦琐的救济程序打断，因此大多数等待执行死刑的被告人会在监狱中被关押数年。

二、日本

日本是少数几个仍保留死刑的发达国家之一，但战后以来一直对死刑的适用持审慎的态度。除在实体法上严格限制死刑的适用外，日本也在诉讼程序上尽量保证死刑判决的正当性。在日本，绝大多数可能判处死刑的案件都是由地方法院管辖。一审法院判决后的救济程序包括控诉、上告、抗告、再

---

[1] 参见杨宇冠主编：《死刑案件的程序控制》，中国人民公安大学出版社2010年版，第88-89页。

[2] 参见[美]琳达·E.卡特、埃伦·S.克赖斯伯格、斯科特·W.豪尔：《美国死刑法精解》（第二版），王秀梅、邱陵、曾赛刚译，北京大学出版社2009年版，第260页。

审、非常上告等，其中控诉和上告是常规的救济途径。

（1）控诉。控诉是指向高等法院提出的上诉。日本旧法认为，受理控诉案件的高等法院有权力和义务审查全部案件，而现行法要求控诉申请人提出控诉理由。[1]控诉理由可以包括：诉讼程序违反法令；适用法律有误；量刑不当；事实认定有误；判决后情况变更。由此可见，日本的控诉审其性质仍为事实审。但日本通说认为，控诉审的结构是事后审，即不是对案件本身的审理，而是审查原判决是否得当。[2]因此，控诉意向书中引用的事实，限定于诉讼记录和原法院调取的证据中所反映的事实，[3]控诉审中也严格限制调查在第一审中没有调查的新证据。[4]

（2）上告。上告的对象是高等法院的判决，是向最高法院提出的上诉。高等法院的判决，绝大多数都是第二审，即控诉审的判决，但有两个例外：一是少数由高等法院负责第一审的特别案件，如内乱罪案件，上告的对象是第一审判决；二是认为地方法院、家庭法院和简易法院的判决违反宪法的，也可以直接提出上告。上告审与控诉审的申诉理由不同，上告理由是违反宪法及判例。因此，上告审性质上属于法律审。日本的控诉和上告均属上诉的范畴，根据日本《刑事诉讼法》第360条之二，对判处死刑、无期惩役和无期监禁的上诉，不得放弃，即实行强制上诉原则。

（3）死刑的执行。死刑根据法务大臣的命令执行，从判决确定之日起6个月内执行。但是，请求再审、申请非常上告或恩赦的，上述程序终了以前的时间，不计入该期间。法务大臣签发死刑执行命令的，必须在5日内执行。死刑执行前，必须有检察官、检察事务官和监狱长等人在场，在监狱内用绞刑的方法执行。

三、小结

上述保留死刑的制度范本中，诉讼传统和具体程序方面的差异不言而喻。但是在差异的背后，各研究样本在死刑案件权力配置方面显现出一些共同之

---

[1] 日本《刑事诉讼法》第376条。

[2] [日]田口守一：《刑事诉讼法》，张凌、于秀峰译，中国政法大学出版社2010年版，第356—357页。

[3] 日本《刑事诉讼法》第381条、第382条。

[4] 日本《刑事诉讼法》第382条之二。

处：第一，事实问题与法律问题在各制度范本中都有着较为明确的区分，并以此为基础分配司法权力。这方面最为典型的是美国。由于实行陪审团审判，因此刑事案件的事实认定权和法律适用权分别分配给了陪审团和法官。在日本等国家及地区，在初审和第一次上诉审中并不区分事实问题与法律问题，但是第二次上诉只接受以法律理由提出的上诉，这种区分开始清晰。第二，事实认定权在各制度样本的法院系统中有下沉的趋势。在美国，虽然死刑判决的救济途径种类繁多，涵盖了直接上诉、定罪后救济、赦免等程序，但这些救济途径，均针对一审中的法律错误而设。就事实认定而言，初审判决有着一锤定音的效果。在日本等国家及地区，对初审法院作出的判决，第一次上诉可以就事实问题提起，第二次上诉则只能针对法律问题提起。因此，事实问题在初审或者第一次上诉之后即不再讨论。第三，在死刑案件中区别"法理"与"人情"，分别交给不同的主体作出权威判断。法律具有确定性、普适性，而社会是复杂的，尤其是死刑判决，经常会遇到"法理"与"人情"的冲突。因此，上述制度样本均在诉讼程序之外设置赦免制度，并交由司法系统之外的行政首脑裁量行使，以弥补法律缺憾，在法律之外施以仁慈。第四，死刑决定权与死刑执行权分离，前者由司法系统掌握，后者交由行政系统负责。基于上述特征，作为比较制度样本的死刑案件权力配置模式可以概括为"分权模式"。

第三节 中国死刑案件权力配置再思考

中国经过特殊的历史发展而形成，并经 2007 年回收死刑核准权再次得到强化的"集中模式"的死刑控制制度，比起西方的死刑案件裁判制度，理论上具有一定的优势。比如：在常规的审判程序和审级制度之外额外增加一道审核程序，等于给死刑案件被告人多上了一层保险；由中央最高司法机关统一掌握死刑的核准权，有利于统一标准，控制死刑人数；等等。但是，这种"集权式"的死刑控制制度也会带来一系列的问题。

例如，我国 1979 年《刑事诉讼法》将死刑复核程序置于第三编"审判"之下，为审判程序之一种。但是，在死刑核准权由根据地时期的行政机关转移到法院手中之后，死刑复核程序的实施方式并没有随之发展为诉讼化模式，而是保留了相当大程度的行政化的运作方式：首先，最高人民法院合议庭的阅卷活动是形成初步裁判意见的基础，这是典型的"办公室作业"和书面审查活动，与侦查人员和公诉人的秘密阅卷活动没有本质的区别；其次，最高人民法院法官前往羁押地提讯被告人和进行单方面调查核实证据的活动，是在控辩双方不能同时在场的情况下进行的秘密审查活动；再次，最高人民法院法官对辩护律师意见的听取和接收方式，不仅带有"单方面接触"的色彩，而且具有极大的随意性；最后，最高人民法院审判委员会对死刑案件的讨论，更是带有"行政会议"的色彩，这些委员获取案件信息的途径无非是听取承办法官的口头汇报，无论是检察官还是辩护律师都无法参与其中。[1]2012年刑事诉讼法修改在死刑复核程序中增设两个条文，即第239条和第240条（现行《刑事诉讼法》第250条和第251条），增加了死刑复核案件处理结果、复核死刑案件应当讯问被告人、听取辩护律师意见，以及最高人民检察院对死刑复核案件提出意见的规定。但是，上述问题并没有得到根本的改观。由于2012年刑事诉讼法并没有对死刑复核程序进行彻底的诉讼化改造，因而引发了人们对死刑复核程序中辩护律师的地位、意见获得听取的渠道与保障，以及死刑复核程序中的法律援助等问题的新一轮关注，并进而引发了对于死刑复核程序公正性的普遍质疑。

　　为了配合死刑核准权的回归，最高人民法院成立了新的刑事庭并大量引进刑事法官。目前，最高人民法院负责刑事案件的审理和死刑案件的核准工作的刑事庭有五个，新招募或者调入的刑事法官多达数百人，刑事法官的规模堪称"世界之最"。但是，即便如此，由我国死刑案件的规模所决定，仅是阅卷工作一项，法官们就已经不堪重负。2012年刑事诉讼法修正案作出的学界认为远远不够地迈向诉讼化的有限努力，也已经给最高人民法院带来了很大的负担。我国幅员辽阔，不少省份距北京十分遥远，有些被告人还异地羁押，这些都给最高人民法院法官到当地讯问被告人、调查死刑案件带来人力、物力、财力上的巨大压力。负责死刑复核的法官一年中几乎有三分之一的时间在地方上奔波，大量的精力和时间花费在往返于地方县市和首都之间，令法

---

[1] 参见陈瑞华：《中国刑事司法的三个传统——以死刑复核制度改革问题为切入点的分析》，载《社会科学战线》2007年第4期。

官们苦不堪言。[1]

　　与此同时,不少学者又对最高人民法院在死刑复核程序中纠正事实错误的情形提出质疑。[2]根据一般常识,在认定事实的能力方面,上诉法院并不优于初审法院。与初审法院相比,上诉法院进一步远离了犯罪的时间和地点,案发时遗留下来的痕迹和物品损毁或者灭失的可能性更大,残存在证人记忆中的印象也将进一步淡化。证据的进一步减少使得上诉法院"对于发生在离犯罪时间更远的几个月后的新的审判能更好地查明事实这一点,令人怀疑"[3]。我国台湾地区学者陈朴生也指出:"第二审之审理,其距离犯罪时间与场所较第一审为远,其获得之诉讼资料未必较第一审为优。加之,证据易因时间之经过而丧失其真实性。使为重复之调查,徒增程序繁剧,证据纷乱,影响证明力之判断。"[4]而与第二审程序相比,死刑复核程序距发案地和发案时间更为遥远,在事实判断方面居于更加不利的地位。

　　此外,"集中式"的死刑权力配置还可能产生意想不到的政治后果。死刑案件的最终决定权集中在最高人民法院,在某种程度上意味着将矛盾也集中到了最高人民法院,集中到了北京。各国司法制度一般都通过审级制度的设计来分散处理社会矛盾,增加社会不满的吸纳点和提高其吸纳能力,尽量避免将大量社会矛盾引向中央政府机关。但是,由最高人民法院集中核准死刑,导致大量涉及死刑的申诉、上访涌向最高人民法院、最高人民检察院,甚至是党纪、行政部门。这不仅会给最高人民法院的正常工作和首都的社会治安带来极大的隐患,而且令中央最高司法机关直面大量的社会矛盾,一旦处理不慎,容易引发政治风险。

　　鉴于上述问题的存在,有必要对我国的死刑权力配置进行一定的调整。现行的死刑权力配置,过于倚重最高司法机关的死刑复核程序,也在死刑复

---

[1] 参见胡铭:《大区巡回法院:一个现实主义的进路——以死刑复核程序为例的分析》,载《浙江社会科学》2012年第9期。

[2] 参见陈瑞华:《通过行政方式实现司法正义?——对最高人民法院死刑复核程序的初步考察》,载《法商研究》2007年第4期。另参见聂昭伟:《"治愈"抑或"缓解":死刑复核程序的功能评析——死刑复核程序功能之不足与补足》载《比较法研究》2008年第2期;刘计划:《质疑死刑复核权的程序功能——以最高人民法院收回死刑核准权为切入点》,载《法商研究》2005年第6期。

[3] [德]托马斯·魏根特:《德国刑事诉讼程序》,岳礼玲、温小洁译,中国政法大学出版社2004年版,第222页。

[4] 陈朴生:《刑事证据法》,海天印刷厂有限公司1979年版,第62页。

核制度中投入了大量的司法资源，但弊端已如前述。要改变这种"集中式"的死刑权力配置模式，在死刑控制上适当分权，意味着要改变目前死刑案件的权力配置格局，从而也意味着要重新配置死刑案件中的司法资源。为此，本书提出以下建议：

第一，调整死刑控制思路，加大第一审程序中制度资源和司法资源的投入。鉴于死刑复核程序纠错能力方面的有限性，必须将制度建设的重点放在第一审程序，即加强侦查、审查、起诉和第一审程序的规范化建设。具体说来，提高辩护律师参与侦查阶段的广度和深度；强化侦查阶段犯罪嫌疑人的权利保障；理顺公、检、法关系，强化制约机制，防患于未然；加大立法和司法投入，提高证人出庭率，保障被告人的对质权；等等。

第二，在死刑案件中设立独立的量刑程序。在我国，由于定罪和量刑并没有如英美法中那样分化为法官的职能和陪审团的职能，因此传统上采用定罪和量刑"一体化"的程序模式。[1]由此导致的问题是量刑决策不透明、不公开，无法约束法官的自由裁量权；控辩双方也无法针对量刑问题提出充分的意见，难以对量刑施加有效的影响。2012年刑事诉讼法修改以及随后出台的司法解释有意强化了对量刑问题的调查和辩论，[2]但距离真正的独立量刑还有一段距离。在死刑案件中，独立的量刑程序具有特别的意义，是消除死刑"任意性"责难的必要之举，因此，可以考虑在死刑案件中率先实现独立量刑。

第三，对第一审、第二审法院的事实认定能力给予充分的承认和尊重。最高人民法院在死刑复核程序中不仅远离发案地和发案时间，而且缺乏理解案发情境所必需的"地方性知识"，对事实的认定更是采取一种高度行政化的秘密、间接和书面调查方式。但是，最高人民法院却用这种秘密调查方式审查第一审、第二审法院通过公开审判得出的裁判结论，甚至予以否定，令人难以信服。因此，最高人民法院应当尊重第一审、第二审法院的事实认定权，不直接介入事实问题的审理，而应当将自己的功能定位于统一法律适用。同时，由于死刑案件关系重大利益，可以考虑引入"强制上诉"或"职权上

---

〔1〕 陈瑞华：《量刑程序改革的模式选择》，载《法学研究》2010年第1期。

〔2〕 参见2012年《刑事诉讼法》第193条以及2012年《最高人民法院关于适用〈中华人民共和国刑事诉讼法〉的解释》（以下简称《刑诉法解释》）第225-231条的规定。

诉"原则，不待当事人上诉，即可引发第二审程序，对第一审死刑判决从事实认定到法律适用进行全面审查。

第四，承认法律之外的"正义"与"仁慈"价值，激活并完善死刑犯赦免制度。我国明清时期即有老幼废笃疾及有其他值得同情的情节（可矜），或者家中无人奉养父母和继承祭祀（留养承祀），可免死的制度。西方国家还以赦免制度来补救刑事案件中的错误或者不公正结果，即在法律制度自身不能实现正义结果时施以正义。[1]对此，一位美国法官总结道："法律的范围小于正义，仁慈的范围既大于法律也大于正义，正义可以不施仁慈。"[2]在我国现行的死刑制度中，法律之外的"正义"与"仁慈"并没有得到应有的考虑，当然，法律与司法有其固有的思维逻辑，这些价值也不适于纳入司法机关考虑的范围。因此，这个缺憾就应该由司法制度之外的赦免制度来弥补。但是，目前我国的赦免制度还很不健全，而且1975年后再无赦免的实践，因此，有必要重新激活并完善我国的赦免制度。

第五，执行死刑的权力应该从法院系统剥离出来，交给司法行政机关。目前，我国的死刑执行命令由最高人民法院院长签发，原审人民法院执行。但是，死刑执行从性质上属于行刑权，具有行政属性，而司法系统的本性在于判断，因此，由法院系统动手执行死刑，从权力配置的角度来看并不妥当。

---

[1] [美] 琳达·E. 卡特、埃伦·S. 克赖斯伯格、斯科特·W. 豪尔：《美国死刑法精解》（第二版），王秀梅、邱陵、曾赛刚译，北京大学出版社2009年版，第260页。

[2] Janice Rogers Brown, "The Quality of Mercy", 40 UCLA L. Rev. 327 (1992).

第二章
死刑的程序模式

在"废除死刑"的国际大潮流中,中国和美国这两个世人眼中的死刑大户,各有自己不废除死刑的理由,但严格控制并逐步减少死刑的适用,却是不可逆转的共同发展趋势。[1]然而,在控制死刑的具体路径上,中、美两国却走上两条截然不同的道路,形成了各具特色的程序模式,也面对着不同的问题和挑战。本书主要选取美国作为与中国进行对比分析的制度样本,力求构建控制死刑方面的基本模型,分析其优点与不足,以期为中国的死刑程序改革提供些许启示。

第一节 美国的死刑程序模式

美国限制死刑程序模式的总体特征是,以保障被告人个体权利为核心而构建的死刑控制体系,该模式围绕被告人权利发展出复杂的程序规则和多样化的救济途径,以被告人行使诉讼权利的行为为基本驱动力,实现控制死刑的预设功能。本书将其概括为"权利驱动型"死刑限制模式。在"权利驱动型"死刑控制模式中,对死刑判决并非不存在来自司法高层的审查活动,但这样的审查往往借助被告人自下而上地行使权利而发动或者推进。

一、制度目标:消除死刑适用的"恣意性"

消除适用上的"恣意性",是美国宪法第八修正案"禁止残酷和不寻常刑

---

[1] 近年来,美国保留死刑的州的数量稳步减少,2000年为38个,2011年降至34个,2012年为33个,2013年为32个,2020年为28个,截至2024年1月,美国保留死刑的州为27个,外加联邦系统,载 https://dpic-cdn.org/production/documents/pdf/FactSheet.pdf,最后访问日期:2025年4月12日。2021年9月9日中国政府发布的《国家人权行动计划(2021—2025)》提出"严格慎重适用死刑"。

第二章 死刑的程序模式

罚"条款在死刑问题上的核心要求。美国的死刑政策大体经历了三个不同的时期。1791年宪法第八修正案通过时,所有的州统一根据普通法实践,将死刑作为某些罪行唯一且强制的刑罚。[1]然而,几乎从一开始,强制死刑的严苛性就引起陪审团的反感,因此,即使被告人实施犯罪行为的证据很充分,很多时候陪审团仍然会行使废止权(Nullification),拒绝认定被告人有罪,以此避免被告人被判处死刑。[2]有鉴于此,废除自动强制死刑的趋势在各州陆续出现。截至1963年,联邦系统和所有的州要么彻底废除死刑,要么用陪审团酌定量刑取代了自动强制适用死刑的制度。[3]死刑适用进入自由裁量时代。1972年,联邦最高法院在福尔曼诉佐治亚州案中认定佐治亚州死刑制定法违宪。[4]福尔曼案的判决理由是处境相似的被告人受到的刑罚并不相同,因此佐治亚和得克萨斯州的死刑程序具有过度恣意性,未能满足宪法第八修正案对"残酷和不寻常刑罚"的禁止性规定。[5]福尔曼案实际上导致全国的死刑制定法归于无效,因为很多州都颁布了类似的死刑制定法。随后,35个州通过立法颁布了新的死刑程序规则,有5个州的新死刑立法得以呈送联邦最高法院接受审查,以确定是否完全解决了福尔曼案提出的恣意性问题。联邦最高法院在1976年对这5个死刑案件作出判决,确定了各州必须遵循的两条指导意见:(1)必须提供客观的标准,对陪审团的自由裁量权进行充分的指导,以确保陪审团不以任意和反复无常的方式作出决定;(2)裁决必须在陪审员独

---

[1] 根据英国普通法,所有杀人行为,只要是非无意识的、非被挑衅的、非正当的,或者非应被免除责任的,均构成谋杀,且强制适用死刑。参见〔美〕柯恩、唐哲、高进仁,〔美〕蔡婷霞编:《当代美国死刑法律之困境与探索:问题与案例》,刘超、刘旷怡译,北京大学出版社2013年版,第9页。

[2] 陪审团废止权(Nullification),是指陪审团享有的违背事实与证据作出被告人无罪裁决的权力,这样的裁决,导致刑事实体法无法在现实生活中发挥作用,实际上"废止"了该实体法。在陪审团审判中,有两个因素成就了陪审团的"废止权":陪审团只需对被告人的罪责问题作一个概括性的裁决,不需要说明理由;美国联邦宪法第五修正案保证的"禁止双重危险"条款阻止了对被判无罪的被告人的再次追诉。See Joshua Dressler & Alan C. Michaels, Understanding Criminal Procedure (4th ed., vol. 2), Matthew Bender & Company, Inc., 2006, p. 297.

[3] 参见〔美〕柯恩、唐哲、高进仁,〔美〕蔡婷霞编:《当代美国死刑法律之困境与探索:问题与案例》,刘超、刘旷怡译,北京大学出版社2013年版,第9页。

[4] Furman v. Georgia, 408 U. S. 238 (1972).

[5] 参见〔美〕琳达·E.卡特、埃伦·S.克赖斯伯格、斯科特·W.豪尔:《美国死刑法精解》(第二版),王秀梅、邱陵、曾赛刚译,北京大学出版社2009年版,第46页。

025

立考察犯罪情节、罪犯性格特点和生活背景的个别化基础上作出。[1]从此,死刑程序规制的重点开始转向量刑者的裁量权。各州立法机关在福尔曼案后通过的新的死刑制定法都规定了包含独立量刑程序的两阶段审判制度。联邦最高法院在1976年审查这些死刑立法时,承认"两段式"审判程序是确保死刑不被以恣意、反复无常或者捉摸不定的方式适用的保护措施之一。[2]联邦最高法院提出,合宪的死刑制度必须具备两个功能:(1)确定适用死刑的资格(Death-Penalty Eligibility),即通过各种实体上和程序上的限制,有效地约束量刑主体的自由裁量权,削减适用死刑的罪名类别,仅对最严重的罪行判处死刑。(2)确定选择适用死刑(Death-Penalty Selection)。如果被告人被认定满足死刑适用条件,量刑主体便会具有相对广泛的裁量权,作出更加全面和个别化的考量,以确定特定被告人是否应当被判处死刑。[3]

二、权威结构:多元而分化的权威

根据启蒙思想家的经典理论,行政、立法和司法的分权,互相制衡,是公民自由的保障。[4]以被告人权利为核心构建起来的"权利驱动型"死刑控制体系也贯彻着相同的思想,存在着多元而分化的权威结构。正是这种多元化的权威结构,为死刑案件被告人提供了多样化的救济途径。

美国联邦制政治体制的存在,在死刑问题上分化形成了州和联邦两种权威。根据美国的体制,将何种行为规定为犯罪、判处什么样的刑罚以及适用什么样的诉讼程序首先是州政府管理的事务,但是,如果这种管理触犯了联邦宪法及其修正案对州政府权力施加的限制,联邦法院可能会借由个案加以干预。对刑事被告人而言,这意味着额外的救济途径。因此,在州法院系统寻求直接上诉和人身保护令遭受失败的被告人,在穷尽了州司法系统提供的救济手段之

---

[1] 参见[美]柯恩、唐哲、高进仁,[美]蔡婷霞编:《当代美国死刑法律之困境与探索:问题与案例》,刘超、刘旷怡译,北京大学出版社2013年版,第15页。

[2] Gregg v. Georgia. 428 U.S. 153, 188 (1976). 在美国,刑事审判的原型即是由陪审团作出定罪判决、法官作出量刑判决。但不知为何,"两段式"审判却很少指代这种基本的分段形式,可能是因为美国人认为"审判"阶段的任务限于定罪,"量刑"传统上并不属于"审判"的一部分。在死刑案件中,陪审团的定罪和量刑属于"审判"的两个不同阶段。

[3] 参见[美]柯恩、唐哲、高进仁,[美]蔡婷霞编:《当代美国死刑法律之困境与探索:问题与案例》,刘超、刘旷怡译,北京大学出版社2013年版,第38-39页。

[4] [法]孟德斯鸠:《论法的精神》,张雁深译,商务印书馆1963年版,第156-157页。

后，还可以向联邦最高法院申请调卷令，或者向联邦法院申请人身保护令。

在美国，刑事案件审判中存在事实问题和法律问题的区分，分别对应着两个不同的权威主体：陪审团和法官。在事实问题上，陪审团享有绝对的权威。这种权威的极端表现方式是上文提到的陪审团废止权（Nullification），即陪审团有权不顾事实与证据认定被告人无罪，从而在实际上废止实体法的权力。[1]还有一种常见的表现方式是被告人的上诉只能针对法律问题而提起，一般不能涉及事实问题。但是在法律问题上，对被告人而言则存在多种救济途径。在美国，上诉不是被告人的宪法权利，[2]但联邦最高法院一直认为，上诉复核是提高死刑量刑可靠性与一致性的重要措施。联邦最高法院于1976年审查死刑法时，每个州的死刑制定法都规定了死刑判决的自动上诉程序。这是联邦最高法院认定不以任意和反复无常的方式适用死刑的一个重要因素。[3]在上诉案件中，上诉法院并不审查初审判决认定的案件事实，而是审查在定罪量刑过程中是否存在法律和宪法性错误。除了对死刑判决提起直接上诉外，被告人还可以对死刑判决的定罪和量刑提出附带性质疑，被告人可以提出任何宪法范围内的诉求。

在死刑案件中区别"法理"与"人情"，分别交给不同的主体作出权威判断。法律具有确定性、普适性，而社会是复杂的，尤其是死刑判决，经常会遇到"法理"与"人情"的冲突。因此，美国在司法程序之外设置赦免制度，并交由司法系统之外的行政首脑裁量行使，以弥补法律缺憾，在法律之外施以仁慈。死刑案件被告人在用尽法律上的救济手段之后，还可以申请赦免。在美国早期的发展中，赦免的权力转移给了州长，或者是专门的执行委员会，州长或执行委员会可以根据他们选择的任何理由批准赦免。对于联邦犯罪，宪法将赦免权赋予总统。赦免的核心理念被界定为"宽恕"，另一个目

---

[1] See Joshua Dressler & Alan C. Michaels, Understanding Criminal Procedure (4th ed., vol.2), Matthew Bender & Company, Inc., 2006, p.297.

[2] 美国联邦最高法院曾在不同的场合多次强调这一点。See, e.g., McKane v. Durston, 153 U.S.684, 687 (1894); Jones v. Barnes, 463 U.S.745, 751. (1983).

[3] Proffitt v. Florida, 428 U.S.242 (1976). 在该案中，联邦最高法院指出，佛罗里达州的上诉复核制度将恣意地和反复无常地适用死刑的风险降至最低；Jurek v. Texas, 428 U.S.262 (1976)。联邦最高法院在该案中认为："通过对陪审团判决进行迅速的司法复核，得克萨斯州找到了一种更加正义、合理和一贯的死刑审判方法。"

的是补救刑事案件中的错误或者不公正结果,即在法律制度自身不能实现正义结果时施以正义。[1]

死刑案件的判决权和执行权分离,分别交给司法系统和行政主体行使。在美国,死刑执行命令由州长或者总统签发,监狱负责具体执行,拥有专门的死刑执行人员。在法院判决被告人死刑时会确定一个死刑执行期限,在州长签发的死刑执行命令中也会确定一个死刑执行期限,但是,已经确定的死刑执行期限经常会被烦琐的救济程序打断,因此大多数等待执行死刑的被告人会在监狱中被关押数年。

三、第一审:当仁不让的重心

在美国,虽然对死刑案件设置了复杂的程序体系或救济体系,但一审在整个程序体系中仍然保持着重心的地位。在事实认定方面,一审判决有着一锤定音的效果,初审后的直接上诉原则上只能针对法律错误而提起,对事实问题几乎没有置喙的余地。即便是法律错误,在上诉审查中也未必总是能够得到救济。在美国联邦系统,有三个重要的规则保护着一审判决的核心地位,许多州法院系统也遵循着类似的规则:(1)如果被告人没有在初审法院对一项裁定或者程序错误提出异议,那么被告人不得在上诉中(第一次)提出,除非该错误属于"显而易见的错误"(plain error),否则这就是所谓的"未提出视为放弃"的规则(raise-or-waive rule)。[2](2)对一审中的错误要进行"无害错误"分析(harmless error analysis),除非一个错误具有影响结果的充分可能性,否则该错误不会导致定罪被撤销。[3](3)二审法院只能审查原审

---

[1] 参见[美]琳达·E.卡特、埃伦·S.克赖斯伯格、斯科特·W.豪尔:《美国死刑法精解》(第二版),王秀梅、邱陵、曾赛刚译,北京大学出版社2009年版,第260页。

[2] "未提出视为放弃"规则的理论基础在于贯彻当事人主义和确保司法经济:(1)在当事人进行主义下,诉讼之争点和证据应由当事人自行提出,然后再由法院裁判。(2)下级审未发生错误,上级审不应干预。当事人在一审中从未主张并提出的问题,一审当然没有做出正确裁判的机会,如果因此指摘下级审裁判错误,于理不合。(3)如果没有该规则,败诉一方可以提出上诉,若上诉审发回重审,会造成国家和其他当事人必须负担重新审判的费用。如果当事人当初在一审中就提出主张,则可以在一审解决争点,可以节省当事人和国家上诉审和重审的费用。所以该规则迫使当事人在一审中提出所有主张,提升审判程序的效率。See Wayne R. LaFave & Jerold H. Israel, and Nancy King, Criminal Procedure (2ed), West Publishing Co. (1992), p.1158.

[3] See Joshua Dressler & Alan C. Michaels, Understanding Criminal Procedure (4th ed., vol.2), Matthew Bender & Company, Inc., 2006, p.380.

卷宗，不得调查卷宗以外的材料，不考虑新的事实和证据。上述规则的综合效果，使得第一审成为名副其实的程序重心。

当然，美国一审程序的重心地位，是与一审程序中完备的诉讼权利保障互为因果的。20世纪60年代之前，美国联邦宪法前十条修正案（"权利法案"）中的权利仅适用于少数联邦案件，经由沃伦法院的"正当程序革命""权利法案"中涉及刑事诉讼的权利绝大部分已经合并到宪法第十四修正案"正当程序"条款，成为州司法系统必须要为刑事被告人提供的宪法保障。[1]经过"正当程序革命"，刑事被告人可以说是"武装到牙齿"。

在宪法为刑事被告人提供的所有诉讼保障中，居于核心地位的是对质权。第六修正案对质条款规定："在刑事诉讼中，被告人享有与不利证人对质……的权利。"对质条款保护的是被告人让证人当庭作证的权利。联邦最高法院认为，这项权利用以确保证据接受"严格的对抗式检验"，但必要时也允许有例外。2004年以前，联邦最高法院设定的对质条款例外是庭外陈述具有"充分的可信性保障"。2004年联邦最高法院判决了克劳弗诉华盛顿案。[2]被告人克劳弗的妻子向警察作出了不利于克劳弗的陈述，到了审判阶段，被告人行使配偶特权，禁止他的妻子出庭作证。控方在法庭上出示了克劳弗妻子在警察局所作陈述的录音，克劳弗被定罪。在上诉中，华盛顿州最高法院根据联邦最高法院以往的立场，认为被告人妻子的庭外陈述具备"充分的可信性保障"，因而维持了对克劳弗的有罪判决。联邦最高法院则在该案中改变了路线，指出如果一项庭外陈述属于"证言性陈述"，[3]那么对质条款禁止采纳该陈述，除非作出陈述的人曾经接受过交叉询问。而克劳弗案显然是不符合

---

[1] "权利法案"中被沃伦法院"选择性合并"到联邦宪法第十四修正案"正当程序"条款的权利包括第四修正案"不受无理逮捕、搜查、扣押"的权利；第五修正案禁止双重危险、反对强迫自证其罪特权；第六修正案迅速公开审判权、陪审团审判权、告知权、对质权和律师权；第八修正案禁止残忍和不寻常刑罚。没有被合并到第十四修正案"正当程序"条款的权利是第五修正案大陪审团起诉权和第八修正案禁止过多保释金条款。在美国，大约95%的案件都是在州法院处理，只有5%的案件是在联邦系统处理，经过20世纪60年代沃伦法院的努力，"权利法案"中的绝大部分权利推广适用于各州，深刻地改变了美国刑事司法的面貌，史称"正当程序革命"。

[2] Crawford v. Washington, 541 U.S. 36, 42 (2004).

[3] 所谓"证言性陈述"（testimonial statement），是指"为在法庭上使用它而制作的陈述"，因此，"证言性陈述"至少包括在警察讯问、预审、大陪审团程序中作出的陈述。See Joshua Dressler & Alan C. Michaels, Understanding Criminal Procedure (4th ed., vol. 2), Matthew Bender & Company, Inc., 2006, pp. 243–244.

这个条件的，因此，被告人妻子的庭外陈述应当被排除。

四、问题和挑战

以死刑案件被告人的宪法性诉讼权利为核心，美国构建了一个复杂的程序体系和救济体系，形成了独特的"权利驱动型"死刑控制模式。这个控制模式的真正重心在于给被告人提供完备的宪法性保障的一审程序。此外，被告人还可以利用各种宪法或成文法权利寻求救济。被告人除了可以对一审死刑判决进行正面攻击（直接上诉）外，还可以进行侧面攻击（人身保护令）；除了可以在州司法系统寻求救济之外，还可以到联邦司法系统寻求救济；在穷尽了司法系统的救济途径之后，还可以向行政首脑申请赦免。然而，正如美国20世纪60年代的"正当程序革命"意外地造成辩诉交易的异军突起一样，[1]这种"权利驱动型"死刑控制模式也产生了自己的副产品。

（1）成本和时间。有多项研究表明，死刑案件的调查、律师咨询、审判、上诉以及定罪后的程序比一般案件都更耗费金钱。美国城市研究所（Urban Institute）在2008年进行过一项综合成本研究估算，在马里兰州，1978—1999年起诉的死刑案件额外花费纳税人1.86亿美元。一个死刑判决从初审、上诉到死囚监禁的总费用是300万美元，而如果不寻求死刑的话，相应的费用是110万美元。[2]科罗拉多州博尔德县一位地区检察官2012年年底在公开场合指出："一个死刑案件从起诉到作出初审判决，控方就要花费100万美元。我的办公室总预算是460万美元，我们每年要用这笔预算起诉1900起重罪。据他估计，上诉费用甚至更高——走完所有的上诉费用会高达1800万美元。"[3]除金钱外，死刑案件也比普通案件花费更多的时间。一项发表在2013年《丹佛

---

[1] 美国伊利诺伊大学的拉菲弗教授指出，正当程序革命给被告人提供了额外的权利，强化了被告人的地位，这是美国辩诉交易兴起的原因之一。See Wayne R. LaFave & Jerold H. Israel, and Nancy King, Criminal Procedure (2ed), West Publishing Co. (1992), p.899.

[2] Richard C. Dieter, Executive Director, Death Penalty Information Center, Testimony Submitted to Judicial Committee Hearing on the Death Penalty, Lincoln, Nebraska, (Mar. 13, 2013), Sources: http://www.deathpenaltyinfo.org/documents/NebraskaTestimony.pdf, visit on Dec. 6, 2023.

[3] S. Garnett, "DA: Death penalty not practical in Colorado", Daily Camera, December 16, 2012, Sources: http://www.dailycamera.com/ci_22194910/da-death-penalty-not-practical-colorado, visit on Dec. 6, 2023.

大学刑事法评论》上的研究发现,死刑案件比终身监禁不得假释的案件要多花费6倍的法庭时间。终身监禁不得假释的案件平均需要开庭24.5天,而死刑案件平均需要147.6天。作者指出,终身监禁不得假释的案件挑选陪审团大约需要1.5天;在死刑案件中,陪审团遴选平均需要26天。在对比了从指控被告人到最后量刑持续的时间后,该研究发现终身监禁不得假释的案件平均花费526天结案;死刑案件则需要五年多——1902天。该研究还发现,即使死刑案件最后以答辩协议和终身监禁收场,诉讼程序也比审判一个终身监禁不得假释的案件多花一年半的时间。[1]

(2)死囚现象。死刑案件复杂的救济体系对政府而言意味着金钱和时间的巨额投入,对被告人而言则意味着在漫长的时间里等待死刑的执行,这形成了美国独特的死囚现象。2000年,死囚待在牢房中的平均时间是11年,[2]有的案件中被告人候死甚至长达27年。[3]死囚现象使得美国政府遭受内外两个方面的质疑和指责。一方面,囚犯主张执行死刑前的长期拖延构成了残酷和不寻常的刑罚,联邦最高法院不得不面对长期拖延是否合宪的问题;另一方面,死囚现象也引起国际社会的指责,外国司法机关拒绝向美国引渡被告人,理由是死囚现象违反了人权公约。欧洲人权法院曾判决:"考虑到在如此恶劣的条件下,在死囚室里的漫长时间,与日俱增的等待死刑的极端痛苦,考虑到申请人的个人情况,特别是犯罪时的年龄和心理状态,申请人被引渡回美国将使他受到违背《欧洲人权公约》第3条的超出初始刑罚的惩罚。"[4]

(3)法律伦理困境。以被告人宪法性诉讼权利为核心构建的"权利驱动型"死刑控制体系隐含着一个重要的前提——被告人是追求自身利益最大化的理性人,借助被告人行使诉讼权利的行为带动整个死刑控制体系发挥设定的功能。但是,现实生活中有的被告人却选择放弃救济,自愿求死——有的

---

[1] J. Marceau and H. Whitson, "The Cost of Colorado's Death Penalty", 3 Univ. of Denver Criminal Law Review 145 (2013).

[2] 参见[美]琳达·E.卡特、埃伦·S.克赖斯伯格、斯科特·W.豪尔:《美国死刑法精解》(第二版),王秀梅、邱陵、曾赛刚译,北京大学出版社2009年版,第287页。

[3] Foster v. Florida, 537 U.S. 990 (2002).

[4] Soering v. United Kingdom, 11 Eur. Ct. H. R. 439, 478 (1989).

在上诉阶段放弃诉讼，有的甚至在审判阶段就寻求死刑。[1]自愿求死的被告人引发了宪法、法律和伦理问题。美国所有保留死刑的州都规定有自动上诉程序，被告人是否可以放弃？联邦宪法是否要求必须对死刑判决进行上诉审查？辩护律师是否可以从道义出发，违背委托人意愿提供减罪证据或者提起上诉？通常情况下，被告人的所有宪法权利都是可以放弃的，死刑制度也是为了保护被告人的个人尊严而设计，因此被告人应该享有在死刑和终身监禁之间进行选择的自决权。但是，另一种观点认为，死刑的公平、合理适用中包含有社会利益，联邦宪法第八修正案代表社会对防止残酷和不寻常刑罚的要求，如果死刑程序不能将应该被判处死刑的人和不应该判处死刑的人区分开来，死刑判决就违反了第八修正案的规定。[2]正如有学者指出的，这里的困境是"罪犯的尊严与法律的尊严发生了冲突"。[3]此外，联邦宪法第六修正案律师权也包含被告人自我代理的权利。从被告人的角度看，辩护律师独立提供减轻证据的行为干预了他的目标和策略。这里就产生了第六修正案自我代理权和第八修正案禁止残酷和不寻常刑罚之间的冲突。而且，参与案件的辩护律师会发现自己处于伦理和道德的两难境地。他们个人通常认为死刑是错误的，即使他们不认为死刑是错误的，他们也可能认为当前的案件中有理由反对适用死刑。但是，根据美国律师协会的规则，要由被代理人掌控"代理的目标"。美国联邦第五巡回法院曾认定律师独立提供减轻证据剥夺了被告人对辩护内容的控制。[4]因此，在被告人自愿求死的情况下，辩护律师就要被迫在反对适用死刑的自我立场和促进委托人的目标之间作出选择。随着美国死囚数量的增长，自愿求死的被告人可能会越来越多，如何处理由此引发的宪法、法律和伦理冲突，将会是联邦和各州司法系统或者立法机关接下来要应对的问题。

---

〔1〕例如，在阿克斯案的初审阶段，被告人阿克斯承认犯了谋杀罪，让他的律师不要提供任何减轻证据，并且要求法院判处自己死刑，参见：Akers v. Commonwealth, 535 S. E. 2d 674 (2000)；又如在吉尔莫案中，被告人吉尔莫走完了初审的对抗式程序，然而，在上诉阶段，被告人坚持不上诉到犹他州最高法院，并希望立即被处以死刑，参见：Gilmore v. Utah, 429 U. S. 1012 (1976)。

〔2〕参见［美］琳达·E. 卡特、埃伦·S. 克赖斯伯格、斯科特·W. 豪尔：《美国死刑法精解》（第二版），王秀梅、邱陵、曾赛刚译，北京大学出版社2009年版，第324页。

〔3〕Richard J. Bonnie, The Dignity of the Condemned, 74 Va. L. Rev. 1363, 1377 (1988).

〔4〕United States v. Davis, 285 F. 3d 378 (2002).

第二节 中国的死刑程序模式

中国的死刑限制程序模式总体特征是，以高级别法院对死刑案件自上而下的审查为核心构建的死刑程序控制体系，该模式并非不给被告人的权利预留空间，但程序规则的设置并不以此为中心，死刑控制体系的运作也不依赖于被告人行使权利而带动。相反，整个程序控制系统往往从司法权力运行的视角设置规则，当事人行使权利的空间相对有限。本研究将其概括为"审查导向型"程序模式。

一、制度目标：死刑适用的统一性

统一适用死刑是单一制国家的必然要求。在中国，"统一"往往意味着令出一家，即由单一主体行使适用死刑的最终决定权。从中国死刑政策发展的两条不同的历史脉络，都可以看到两个清晰的发展趋势：一是死刑决定权逐渐从地方向中央转移；二是死刑决定权从行政系统剥离，向司法机关转移。

秦汉时期，郡守一级官员在审理杀人案件时，无需奏请皇帝核准即可执行死刑。至隋唐时期，死刑案件通常需先经中央相关部门审查，再呈报皇帝进行核准。到了宋元时期，这一做法已然成为定制，所有死刑案件均须皇帝亲自核准。明清时期，死刑复核制度进一步完善。对于性质特别严重的死刑案件，如谋反等，需立即执行；而一般死刑案件则需待秋后执行。对于立决案件，一般先由刑部进行审定，都察院参与复核，再送至大理寺进行最终审允。对于秋后处决的案件，明朝创立了朝审制度，由"三法司"与公、侯、伯等共同会审重囚。[1]清朝在继承明朝朝审制度的基础上，进一步区分了秋审和朝审。秋审主要负责审核地方各省所判的监候案件，朝审则审核刑部所判的监候案件，最终均需奏请皇帝审批。[2]即便死刑案件已经定判，在行刑前也必须再次奏请皇帝核准，此即死刑判决执行上的复奏制度。20世纪初，危机四伏的大清帝国开始了晚清仿行宪政的十年改革。晚清时期部院之争的关键议题之一，是死刑案件的权力划分问题。在传统司法体系里，刑部在死刑复

---

[1]《明史·刑法志》。
[2] 参见陈光中、沈国峰：《中国古代司法制度》，群众出版社1984年版，第158-162页。

核环节占据核心位置，负责死刑判决的拟定工作。官制改革推行后，重案复核权转到法部，法部由此成为实际上高于大理院的最高审级，这显然与司法权和行政权分离的原则相悖。在部院之争中，大理院先是从主张自身对死刑案件的具名权入手，进而对法部的死刑案件复核权提出质疑。1910年2月7日，《法院编制法》获准颁行，它从组织法的层面，对审判权与司法行政权作出了原则性的界定。随后出台的《死罪施行详细办法》，则从诉讼程序方面明确了审判机关和司法行政机关各自的职权及界限。至此，关于死刑复核权的争论在制度层面才有了明确的结果。《死罪施行详细办法》在死罪案件的奏报与执行程序上，借鉴了西方刑事诉讼制度。死罪案件宣判后，检察官要把诉讼记录呈报给司法大臣，在未得到司法大臣的命令之前，不得执行死刑。审判权与行政权在死罪案件上的界限为：审判官员的职权仅限于依据法律定罪，定罪之后的上奏、施行、审查等事务，全部属于行政范畴。死罪案件的终审权由初级及以上各级审判厅掌控，法部仅负责奏报等程序性事务以及执行事务。从理论上讲，死罪案件的判决还需经皇帝批准才能正式生效，然而，随着部院分工逐渐清晰明确，"经皇帝批准"这一环节已流于形式。[1]《死罪施行详细办法》确立了死刑案件权力配置的基本格局，在法律层面平息了法部和大理院围绕死刑案件权力分配的争议。

　　1928年至1931年间，中国共产党在广大农村地区陆续建立起苏维埃政权。中华苏维埃共和国临时中央政府成立之后，在中央层面设立了最高法院，在省、市、县、区则设有裁判部。1932年，井冈山根据地颁布了《裁判部暂行组织及裁判条例》，该条例明确规定，对于判处死刑的案件，即便被告人未提出上诉，审理该案的裁判部也需将判决书以及案件的全部案卷报送上级裁判部进行批准。到了抗战时期，苏维埃政府更名为中华民国陕甘宁边区政府。在延安设有地方法院，各县政府内则设有司法处，负责受理辖区内的第一审民事、刑事案件。[2]从形式上看，边区司法体系为三级三审制，然而鉴于边区政府实际上处于独立地位，其司法体系实质上仅有两级，实行两级两审制。

---

〔1〕 张从容：《部院之争：晚清司法改革的交叉路口》，北京大学出版社2007年版，第173-174页。

〔2〕 1949年以后，各县司法处，先后改称为人民法院。参见艾绍润：《陕甘宁边区审判史》，陕西人民出版社2007年版，第31页。

第二章　死刑的程序模式

但是，边区政府会直接参与并领导司法工作，由此形成了一种特殊的三级三审模式。边区政府拥有对死刑案件的最终审核权，并且有权在审核过程中对量刑进行调整。在一些影响重大的案件中，中央和军委也会参与审核工作，例如在著名的黄克功案里，边区高等法院对黄克功判处死刑的决定，就是经过中央和军委核准后才生效的。[1]新中国成立后，1950年召开的全国政法会议作出决定，一般死刑案件由省级以上人民法院负责核准执行，重大案件则需送请上级人民法院核准执行。同年7月20日，政务院通过了《人民法院组织通则》；7月23日，政务院和最高人民法院联合发布了《关于镇压反革命活动的指示》。这两份文件均规定，县（市）人民法庭（分庭）判处死刑的，需由大行政区人民政府（军政委员会）批准；中央直辖市判处死刑的，则由最高人民法院院长批准。在这一时期，死刑复核权开始从人民政府逐步向法院过渡。直至1954年第一届全国人民代表大会召开，并通过了《宪法》和《人民法院组织法》之后，死刑复核权才完全交由法院（最高人民法院和高级人民法院）行使。1956年，中共"八大"通过的《关于政治报告的决议》提出，凡是需判处死刑的案件，都应当一律交由最高人民法院判决或者核准。1958年，最高人民法院发布的《关于高级人民法院判处或者审核的"死缓"案件不再报送本院复核的通知》明确规定，凡是高级人民法院判处或者审核的死刑缓期执行案件，一律不再报送最高人民法院核准。至此，由最高人民法院统一核准死刑立即执行案件的原则正式得以确立。

追求死刑适用统一性的制度目标对任何造成不一致适用的政策均会产生排异反应。自1980年以来，由于社会治安形势恶化，最高人民法院根据全国人民代表大会常务委员会的有关决定和1983年《人民法院组织法》第13条先后8次授权高级人民法院核准死刑。全国共有34个高级人民法院，加上解放军军事法院，这意味着除了最高人民法院以外，全国还有35家法院可以行使死刑的最终决定权。如此众多的法院行使死刑核准权，我国刑法关于死刑的规定又比较原则，各个高级人民法院辖区内的社会、经济发展水平、社会治安情况又各不相同，不可避免地造成各省适用死刑的标准不一致。[2]在学

---

[1]　汪世荣等：《新中国司法制度的基石》，商务印书馆2011年版，第139页。
[2]　死刑核准权下放产生的问题还有，死刑复核权授权高级人民法院行使，使得实践中死刑复核程序和第二审程序合二为一，在两审程序之外专门设置的死刑复核程序失去了实际的意义，难以发

界和社会各界的推动和呼吁下，2004年年底，中央司法改革领导小组提出了关于司法体制和工作机制改革的初步意见，要求改革授权高级人民法院行使部分死刑案件核准权的做法，将死刑案件核准权统一收归最高人民法院行使。最高人民法院《人民法院第二个五年改革纲要（2004—2008）》中明确提出，改革和完善死刑复核程序，落实有关法律的规定和中央关于司法体制改革的部署，由最高人民法院统一行使死刑核准权。2006年10月31日，第十届全国人民代表大会常务委员会第二十四次会议通过《关于修改〈中华人民共和国人民法院组织法〉的决定》，将死刑核准权收归最高人民法院统一行使。

二、权威结构：分级的权威和综合的审查

政策上的统一性必然要求权威的集中化，这是一个问题的两个方面。在侦查力量和起诉力量的组织上，集中是一个基本的结构原则。这种集中性表现在两个方面：一是我国刑事诉讼中侦查主体和起诉主体的最小单元是"公安机关"和"人民检察院"，几乎所有刑事诉讼法上有意义的行为或决定都是由机关整体统一作出，并不凸显作为个体的侦查人员和检察官。二是全国的公安机关和检察机关按照规范的等级结构形成统一的公安系统和检察系统。居于金字塔顶层的中央公安机关和最高检察机关不仅可以对地方各级公安机关和检察机关发布具有约束力的一般性规范（或司法解释），而且可以在具体案件的处理上给予指示。审判力量的集中必然和审判独立的要求发生一定的碰撞，但这并未阻止中国的审判力量走向集中化。与法官个体即可作出有法律效力裁定的西方传统不同，[1]中国刑事诉讼法中审判力量的最小单位是审判庭，包括独任庭和合议庭，即便是审判庭作出的裁判，根据中国法院现有的内

（接上页）挥应有的监督和救济功能。另外，人民法院组织法与刑法、刑事诉讼法有关死刑复核的规定不一致。《刑法》第48条规定，死刑除依法由最高人民法院判决的以外，都应当报请最高人民法院核准；1996年《刑事诉讼法》第199条规定，死刑由最高人民法院核准。1983年《人民法院组织法》第13条却规定：杀人、强奸、抢劫、爆炸以及其他严重危害公共安全和社会治安判处死刑的案件的核准权，最高人民法院在必要的时候，得授权高级人民法院行使。刑法和刑事诉讼法关于死刑复核的规定是一致的，而人民法院组织法的规定与上述两部法律都不一致。参见李洪江：《〈关于统一行使死刑案件核准权有关问题的决定〉的理解与适用》，载《人民司法》2007年第2期。

[1] 英美的治安法官、法国的预审法官、德国的侦查法官和意大利负责审前阶段的法官均可在审前作出一系列具有法律效力的裁定，如签发逮捕令、搜查令，决定是否保释等。

部工作机制，也需要主管庭长和主管院长行政式的审批才能对外发布。

此外，如同任何拥有重视政策统一的国家一样，中国也有抗拒审判独立所产生的离心力倾向的传统武器——上诉制度。[1]在中国，刑事上诉制度不仅被理解为对被告人的救济，同时也被设计为上级法院对下级法院判决进行监督审查的机制。中国的立法对当事人的上诉持鼓励态度，上诉被设计为一种低成本、低风险的诉讼行为——不仅上诉不需要说明理由，而且上诉审实行"上诉不加刑"原则以消除当事人的后顾之忧。在死刑案件中，在普通的两个审级之外，还设置一个自动启动的强制性的死刑复核程序，由最高的中央审判机关统一对死刑的适用进行审核。在审理范围方面，第二审实行"全面审查"，可以对第一审判决认定的事实、适用的法律甚至量刑进行全面、综合的审查，不受上诉范围的限制。因此，第二审不仅是对案件的重新审判，同时也是第一审的继续，可以接受新的证据，审理新的事实。死刑复核程序的审查范围刑事诉讼法并没有明确规定，但根据最高人民法院有关司法解释，其审查范围涵盖了案件事实、证据、情节、法律适用、诉讼程序等可能影响死刑适用的方方面面。[2]

由于判决中认定的事实会受到来自上级法院甚至最高人民法院的审查，初审法院一般会采取两种举措应对这种审查。一是主动接受最高人民法院在事实认定方面的规范指引，偏爱细化的事实认定规则。2010年6月13日，"两高三部"联合发布的《办理死刑案件证据规定》就涉及大量的证明力判断规则。例如，《办理死刑案件证据规定》第22条第2款和第3款规定，"被告人庭前供述一致，庭审中翻供，但被告人不能合理说明翻供理由或者其辩解与全案证据相矛盾，而庭前供述与其他证据能够相互印证的，可以采信被告人庭前供述。被告人庭前供述和辩解出现反复，但庭审中供认的，且庭审

---

[1] 达玛斯卡教授认为，上诉制度起源于中世纪后期现代国家逐渐出现之际欧洲统治者控制以前独立的地方势力的需要。See Mirjan Damaška, Structures of Authority and Comparative Criminal Procedure, 84 The Yale Law Journal 480 (1975).

[2] 《刑诉法解释》第348条规定，"复核死刑、死刑缓期执行案件，应当全面审查以下内容：（一）被告人的年龄，被告人有无刑事责任能力、是否系怀孕的妇女；（二）原判认定的事实是否清楚，证据是否确实、充分；（三）犯罪情节、后果及危害程度；（四）原判适用法律是否正确，是否必须判处死刑，是否必须立即执行；（五）有无法定、酌定从重、从轻或者减轻处罚的情节；（六）诉讼程序是否合法；（七）应当审查的其他情况"。

037

中的供述与其他证据能够印证的,可以采信庭审中的供述;被告人庭前供述和辩解出现反复,庭审中不供认,且无其他证据与庭前供述印证的,不能采信庭前供述"。类似的规定还有第15条、第37条。二是尽量提高事实认定在书面上的可检验性,注重证明的外部特征,强调证据间的客观印证,形成一种独特的"印证证明模式"。[1]因为,外部检验标准的缺乏会导致上级法院质疑甚至否定第一审的事实认定结论。所以,如果说中国的法官存在自由心证,也是一种具有浓厚形式化倾向的自由心证。

逐级的上行审查使得死刑程序控制体系形成一种等级化的权威结构。死刑案件第一审、第二审和死刑复核程序构成了不同的权威层级。同时,由于第二审和死刑复核程序均在法律上或者实践中贯彻"全面审查"原则,其审查范围不限于法律问题,这意味着第二审法院或者死刑复核法院可以在事实认定、法律适用或者刑罚量定中的任何一个方面否定前一个审级的判决,因此,审级越高,权威越大。可见,中国的死刑程序控制体系中存在一种上行的权威,真正的重心是最高人民法院的死刑复核程序。

三、第一审:失落的重心

如前所述,逐级的上行审查使得中国的死刑程序控制体系形成一种等级化的权威结构,级别越高,权威越大,整个程序控制体系的重心经由死刑第二审程序上行至死刑复核程序。在现实层面的控制死刑的路径选择上,中国也习惯性地偏向高端路线,对死刑复核程序和死刑案件二审程序寄予厚望。中国官方和民间在死刑程序问题上的关注重点长期以来都主要集中于"回收死刑核准权"、死刑案件二审开庭等议题;[2] 2005年最高人民法院宣布收回死刑核准权,全面展开收回死刑核准权的各项准备工作;2005年12月,最高人民法院下发《关于进一步做好死刑第二审案件开庭审理工作的通知》,开始部署死刑案件二审开庭审理工作,要求关键证人出庭作证;2006年2月,最高人民法院在郑州市召开"死刑案件第二审开庭审理工作座谈会";同年5月,最高人民法院又在广州市召开"全国刑事审判座谈会",主要议题仍是死

---

[1] 龙宗智:《印证与自由心证——我国刑事诉讼证明模式》,载《法学研究》2004年第2期。
[2] 学界还有死刑复核程序"诉讼化改造"的议题,但直到2012年刑事诉讼法修正,这种观点也没有完全为立法所吸收。

刑案件二审开庭；2006年9月最高人民法院、最高人民检察院联合发布《关于死刑案件第二审开庭审理程序若干问题的规定》，正式推行死刑案件二审开庭审理；2007年1月起最高人民法院统一行使死刑核准权。

相比之下，处于整个死刑程序控制体系底座的第一审程序则显得相对寥落。在我国刑事诉讼法中，一审程序涉及死刑案件的特殊规定只有级别管辖、强制辩护、讯问时录音录像和一审办案期限等寥寥数条。除此之外，我国普通刑事案件一审程序中普遍存在的量刑程序不独立、[1]证人出庭率不高等问题，也同样存在于死刑案件一审程序中。

尤其是，在被告人的权利保障体系中处于核心地位的对质权，在一审程序中并没有得到有效保障。我国2012年《刑事诉讼法》第60条规定，"凡是知道案件情况的人，都有作证的义务"，但同年增设的第187条又把证人应当出庭作证的情况限定为，"公诉人、当事人或者辩护人、诉讼代理人对证人证言有异议，且该证人证言对案件定罪量刑有重大影响，人民法院认为证人有必要出庭作证的"。证人是否应当出庭作证，很大程度上取决于人民法院对于出庭必要性的判断，而不是从保障被告人对质权的角度判断。为了提高证人的出庭率，2012年《刑事诉讼法》又在第188条增加了强制证人出庭的规定，即"经人民法院通知，证人没有正当理由不出庭作证的，人民法院可以强制其到庭"，同时"被告人的配偶、父母、子女"可以免于强制出庭。立法者的初衷是吸收西方亲属免证权维系家庭关系和谐的精神，[2]但由于只承认特定亲属"可以免于强制出庭"，并不承认"拒证权"，更不认为被告人是"拒证权"的主体，这在实践中带来了意想不到的效果。

四、问题和挑战

以死刑适用的统一性为目标的"审查导向型"死刑控制模式，比起西方的死刑案件程序制度，在理论上具有一定的优势。比如，在常规的审判程序和审级制度之外额外增加一道审核程序，等于给死刑案件的被告人多上了一

---

[1] 2012年《刑事诉讼法》修改以及随后出台的司法解释有意强化了对量刑问题的调查和辩论，但距离真正的独立量刑还有一段距离。参见2012年我国《刑事诉讼法》第193条以及《刑诉法解释》第225—231条的规定。

[2] 参见王尚新、李寿伟主编，全国人大常委会法制工作委员会刑法室编著：《〈关于修改刑事诉讼法的决定〉释解与适用》，人民法院出版社2012年版，第189页。

层保险；由中央最高司法机关统一掌握死刑的核准权，有利于统一标准，控制死刑人数等。而且从最高人民法院收回死刑核准权的实际效果来看，死刑的数量确实得到了有效的控制。时任最高人民法院副院长姜兴长曾表示，2007年死刑数量已降至此前10年来的最低点。[1]最高人民法院一位法官也表示，2007年收回死刑核准权以来，判处死刑缓期二年执行的罪犯人数首次超过判处死刑立即执行的人数。[2]但是，这种倚重高层司法权威统一把关的"审查导向型"死刑控制模式也会带来一系列的问题。

1979年新中国第一部《刑事诉讼法》将死刑复核程序置于第三编"审判"之下，将死刑复核程序定性为审判程序，之后的1996年、2012年和2018年刑事诉讼法修正案也完全接受这种安排。但是，死刑核准权从根据地时期的行政机关转移到法院手中之后，死刑复核的实施方式并没有随之诉讼化，而是保留了相当大程度的行政化运作方式。这种运作方式的最大特点，是习惯于从方便权力运作的角度，而非从权利保障的角度设置程序规则。从情理上讲，死刑复核程序中的被告人距离死刑比一审、二审更近一步，因而其诉讼权利更应得到有效的保障。但是，1979年和1996年刑事诉讼法"死刑复核程序"章中全部都是规范法院权力运作的条文，没有任何一条提到或者涉及被告人权利。2012年修正后的刑事诉讼法有所改进，在第240条（现第251条）第1款增加了"最高人民法院复核死刑案件，应当讯问被告人，辩护律师提出要求的，应当听取辩护律师的意见"的规定。但是，辩护律师在死刑复核程序中的法律地位并不明朗。是死刑复核活动中法院的助手，还是辩护权利的行使者？如果辩护律师被定位为法官助手，那么法官就可以根据复核案件的需要来决定是否"接见"辩护律师；如果辩护律师被定位为权利的行使者，就应当为辩护律师开辟参与死刑复核的正式程序空间。从实践中辩护律师会见复核法官难的现象来看，辩护律师被理解为"助手"的成分恐怕更多一些。对律师来说，"听取辩护律师意见"的规定能否落实往往取决于律师本人调动人脉资源的能力，或者干脆在实践中成为具文。还有，在一审、二审中都能保障的获得指定律师的权利经由2012年刑事诉讼法修正案已向前

---

[1] 宗边：《死刑核准权收归最高法院统一行使后死刑数量明显下降》，载《人民法院报》2007年9月6日。

[2] 李武清：《从死刑状况看中国人权》，载《今日中国论坛》2008年第8期。

延伸至侦查阶段、审查起诉阶段，甚至也经由最高人民法院司法解释延伸至高级人民法院复核死刑的程序，[1]但是，对被告人来说是"最危险的时候"的最高人民法院复核死刑的活动是否适用强制辩护，至今仍是无解，死刑复核司法实践基本是否定的回答。

为了配合死刑核准权的回归，最高人民法院从2005年即开始积极地筹备工作。最高人民法院在原有两个刑事审判庭的基础上，新设立了三个刑事审判庭，明确了五个刑事审判庭的分工，同时从下级法院、大专院校、科研单位和律师队伍中选调和招录了一批符合条件的法官和其他工作人员。目前，最高人民法院负责刑事案件的审理和死刑案件核准工作的刑事庭有五个，新招募或者调入的刑事法官多达数百人，刑事法官的规模堪称"世界之最"。但是，即便如此，由中国死刑案件的规模所决定，仅是阅卷工作一项，法官们就已经不堪重负。2012年《刑事诉讼法》作出的学界认为远远不够的迈向诉讼化的有限努力，也已经给最高人民法院带来了很大的负担。我国幅员辽阔，不少省份距北京十分遥远，有些被告人还异地羁押，这些都给最高人民法院法官到当地讯问被告人、调查死刑案件带来人力、物力、财力上的巨大压力。负责死刑复核的法官一年中几乎有三分之一的时间在地方上奔波，大量的精力和时间花费在往返于地方县市和首都之间，令法官们苦不堪言。

然而，死刑核准权收归最高人民法院后，是否就能够实现死刑的统一适用？当然，相比于死刑核准权收回之前最高人民法院仅对经济和职务犯罪等少数案件行使死刑核准权，实际上造成了官民在死刑适用程序上的不平等，收回死刑核准权确实有促进平等、统一标准的效果。但是，最高人民法院内部设有五个刑事审判庭，而且并非所有的死刑案件都会提交最高人民法院审判委员会讨论决定，因此，五个刑事审判庭之间在死刑适用上的不一致几乎是难以避免的。即使是在同一个刑事审判庭内部，死刑的适用标准也未必能做到完全统一。达玛斯卡教授曾指出，法官自动适用法律是一种不乏乌托邦色彩的理想，其前提假设是法律规则非常明确和全面，在适用于个案的时候不

---

[1]《刑诉法解释》第42条第2款规定，"高级人民法院复核死刑案件，被告人没有委托辩护人的，应当通知法律援助机构指派律师为其提供辩护"。

需要法官任何的创造性。[1]而依据常识，任何立法都不可能如此完美。因此，除非彻底废除死刑，否则死刑的统一适用只是一个乌托邦式的理想。

此外，"审查导向型"死刑控制模式还可能产生政治风险。以最高人民法院核准死刑为制度重心，在某种程度上也意味着将矛盾集中到了最高人民法院，集中到了北京。各国司法制度合理设计审级制度的出发点之一是将社会矛盾分散化处理，增加社会不满的吸纳点和吸纳能力，尽量避免将大量社会矛盾引向中央政府。但是，倚重最高人民法院复核死刑的控制模式，导致大量涉及死刑的申诉、上访涌向最高人民法院、最高人民检察院，甚至是党纪、行政部门。这不仅会给最高人民法院的正常工作和首都的社会治安带来隐患，而且令中央机关直面大量的社会矛盾，一旦处理不慎，就容易引发政治风险。

第三节　中国死刑程序模式之优化

"权利驱动型"死刑控制模式以被告人权利为核心构建了一套复杂的程序规则和救济体系，并以自动上诉程序作为必要的修正。死刑程序的核心人物显然是被告人，整个程序控制体系的重心是第一审。"审查导向型"死刑控制模式以审级为阶梯构建了一个等级化的死刑控制体系，整个程序控制体系中存在一种上行的权威，而且越是上行，越是接近行政式的审查活动，程序规则也越来越围绕官方的审查活动而设立。被告人的程序权利相对薄弱。美国的"权利驱动型"模式远非完美，除了上文所提及的副产品外，它在死刑质量控制方面的实际效果也令人怀疑。美国学者雨果·贝多（Hugo Bedau）曾指出："在格雷格案（联邦最高法院1976年判决的5个死刑案件之一）之后，无论是通过立法机关制定的法律，还是通过州和联邦上诉法院创制的判例，所有试图提高死刑制度的效率和公正性的努力，都不幸被证明……是令人难堪的失败。"[2]联邦最高法院的奥康纳大法官也在一次演讲中指出："在高等法院任职20年之后，我不得不承认，就死刑是否在这个国家得到公正的执行

---

〔1〕See Mirjan Damaško, Structures of Authority and Comparative Criminal Procedure, 84 The Yale Law Journal 480（1975），p. 494.

〔2〕John H. Blume and Jordan M. Steiker, Death Penalty Stories, eds., Reuters Press, 2009, p. 167.

和适用问题,一直存在着各种严肃的质疑。"[1]然而,死刑适用上的公正性问题也许只是死刑制度不得不接受的另一个副产品,贝多教授和奥康纳大法官所提出的批评或许只有通过废除死刑才能得到彻底解决。相对于走向另一极的"审查导向模式","权利驱动模式"仍有一定的启发价值。再如,死刑程序归根结底是为刑事被告人而设置的,因此死刑程序控制体系应当将被告人的权利保障置于核心地位,偏离这一宗旨的程序控制模式不免有"跑偏"之嫌。再如,在死刑案件质量控制的总体思路上,是沿着审级向上叠床架屋式地增加事实审查的程序环节,仰赖高层权威的行政式审查实现纠错功能,还是立足于第一审程序,围绕被告人的对质权做足文章,充分发掘第一审程序的事实发现功能?在一个"权利的时代",答案不言自明。实际上,"重心越低,稳定性越高"的物理学定理也完全适用于社会科学领域,这似乎也是不二的选择。故此,对我国未来的死刑程序改革,本书提出如下建议:

一、以保障被告人的质权和独立量刑程序为核心,打造坚实的第一审

如前所述,中国刑事诉讼法中涉及对质的主要条文是2012年增设的第192条和第193条。但是,从保护对质权的角度来看,这两个条文所构建的保障机制却包含着严重的缺陷。其一,没有明确承认对质的权利属性,相反,证人是否应当出庭很大程度上取决于人民法院的裁量,即人民法院是否"认为证人有必要出庭作证",这就带来很大的随意性,被告人对质的机会可能会被轻易地剥夺。其二,证人不出庭作证的,其庭外证言是否可以采用没有明确说法。2018年《刑事诉讼法》第193条第2款规定了证人不出庭的后果,即"证人没有正当理由拒绝出庭或者出庭后拒绝作证的,予以训诫,情节严重的,经院长批准,处以十日以下拘留"。但是,证人不出庭在诉讼法上的后果,刑事诉讼法以及相关的司法解释只字未提。相反,2018年《刑事诉讼法》第195条却规定,"对未到庭的证人的证言笔录……应当当庭宣读",这等于变相肯定了庭外证言的证据资格。上述两个问题的存在,使得被告人的对质权基本上丧失了有效的法律保障。没有坚实的对质权,一审就失去了一个发掘事实真相的强大引擎,法庭审判就沦为对侦查结论的公开确认程序;

---

[1] 时任联邦最高法院大法官的桑德拉·德·奥康纳(Sandra Day O'Connor)于2001年7月在明尼苏达州女律师协会上的演讲,地点为明尼苏达州的明尼阿波利斯市。

没有充分的与不利证人对质的机会，被告人就不可能认赌服输、坦然接受不利判决，很可能会另辟蹊径，寻求其他救济途径。这样一来，不仅程序的终局性荡然无存，坚实的一审也无从谈起。因此，要打造坚实的一审，必须先打造坚实的对质权。

保障质权只是打造坚实一审的第一步，被告人在法庭上还应当享有申请"有利证人"出庭的权利，对于被告人的申请，除非具备法律明确列举的情形，法庭不得拒绝。当然，坚实一审的前提是坚实的侦查，为此，要强化侦查中的法律监督，引入对干预基本权利侦查行为的司法审查，规范侦查权的适当行使。在侦查与审判的关系上，要塑造审判的中心地位，改革起诉方式，限制卷宗移送，为保障被告人的对质权营造良好的程序环境。

在中国，由于定罪和量刑并没有如英美法中那样分化为法官的职能和陪审团的职能，因此传统上采用定罪和量刑"一体化"的程序模式。[1]由此导致的问题是量刑决策不透明、不公开，无法约束法官的自由裁量权；控辩双方也无法针对量刑问题提出充分的事实和意见，难以对量刑施加有效的影响。2012年刑事诉讼法修改有意强化了对量刑问题的调查和辩论，[2]但距离真正的独立量刑还有一段距离。在死刑案件中，独立的量刑程序具有特别的意义，是消除死刑"恣意性"的必要之举，因此，可以考虑在死刑案件中率先实现独立量刑。

二、强化第二审程序的救济功能

一般认为，上诉制度目的有二：一是保证法院对个案的决定是根据适当的程序和实体法作出的，保障当事人的合法权利；二是借由审级制度的运作，上级法院得以撤销、纠正下级法院违法或者不当之审判，减少下级法院擅断、误判的机会。[3]在第二审功能的设定上，我国历来偏重借助第二审贯彻上级法院的审判监督，鼓励当事人提出上诉，不要求当事人提供上诉理由并实行"上诉不加刑"免除其后顾之忧。这种基本定位对第二审的程序结构产生了重

---

〔1〕 陈瑞华：《量刑程序改革的模式选择》，载《法学研究》2010年第1期。
〔2〕 参见2012年《刑事诉讼法》第193条（现第198条）。
〔3〕 参见［德］托马斯·魏根特：《德国刑事诉讼程序》，岳礼玲、温小洁译，中国政法大学出版社2004年版，第215页；林钰雄：《刑事诉讼法》（下册），中国人民大学出版社2005年版，第216页。

大影响,在第二审程序规则的设置上,往往是立足于第二审法院审查的视角,并不突出为当事人提供救济的功能。比如,我国现行的第二审程序,一方面在立法上实行"全面审查"原则,即如 2018 年《刑事诉讼法》第 233 条第 1 款规定,"第二审人民法院应当就第一审判决认定的事实和适用法律进行全面审查,不受上诉或者抗诉范围的限制"。另一方面在第二审程序开展的方式上,除法律明确列举的"被告人、自诉人及其法定代理人对第一审认定的事实、证据提出异议,可能影响定罪量刑的上诉案件;被告人被判处死刑的上诉案件;人民检察院抗诉的案件;其他应当开庭审理的案件"四种情形下,除人民法院应当组成合议庭开庭审理外,其他案件均由人民法院裁量决定是否开庭审理。[1] 第二审"全面审查"必然造成审判重心从第一审移向第二审,而第二审"不开庭审理"的常态化又加剧了对这种重心上移的合理性质疑——第二审人民法院以书面案卷为基础作出的事实认定,何以优于第一审法院开庭审理作出的事实认定?[2]

解决上述问题的根本之道,在于突出第二审程序的救济功能,允许当事人或者人民检察院仅就第一审判决的一部分提起上诉或者抗诉,第二审法院受其约束,原则上其审理范围仅限于对原审判决提出上诉或者抗诉的部分。这样处理有三个方面的理由:首先,从当事人的角度来看,允许对判决的一部分提起上诉既合乎上诉的目的,又有利于当事人的攻击防御。上诉既然是对原判决声明不服的方法,上级审若能集中于当事人不服而仍有争执的部分,当然更为符合当事人提起上诉的目的。而且,当事人可以借部分上诉突出攻击防御的焦点,主动限定第二审法院的审理范围,增加上诉结果的可预期性,不至于发生对原判决服判的部分却被第二审法院改判的危险。其次,从法院负担来看,"全面审查"意味着第二审法院必须依职权对于原审判决控辩双

---

[1] 参见 2018 年《刑事诉讼法》第 234 条。1996 年《刑事诉讼法》第 187 条将"应当开庭"作为人民法院审理二审案件的一般原则。但近十几年的司法实践表明,二审的上诉、抗诉案件,大多通过书面审作出判决,原则上不开庭审理。2012 年刑事诉讼法修正案改变了立法方式,不再将开庭作为一般原则,而是列举了应当开庭审理的四种情形。王尚新、李寿伟主编,全国人大常委会法制工作委员会刑法室编著:《〈关于修改刑事诉讼法的决定〉释解与适用》,人民法院出版社 2012 年版,第 217 页。

[2] 死刑案件二审开庭工作从 2005 年最高人民法院开始部署,到 2012 年刑事诉讼法修正正式进入立法,死刑案件第二审开庭问题已经基本解决。因此,就这一问题而言,普通刑事案件比死刑案件更为突出。

方已无争执的部分重复审理，重新调查证据、认定事实。这种做法，耗时费力，浪费有限的司法资源，没有实际利益，而且可能会对有实质争执案件的开庭审理产生消极影响，拖累第二审案件的整体审判质量。以当事人上诉部分约束第二审法院的审理范围则可以节省司法资源，将有限的司法资源投入在对于一审判决确实有争执的部分，提高二审开庭的比例和审判质量。最后，从审级结构来看，第二审"全面审查"可能会架空第一审，导致诉讼重心上移。相反，以当事人上诉或者检察机关的抗诉限制第二审法院的审理范围，则可以避免程序重心移往上级审的现象，保证第一审的程序重心地位。

三、合理发挥死刑复核程序的统一死刑适用功能

由最高人民法院统一核准死刑，在中国单一制的体制下是必要的，因为死刑的适用在同一个司法体系内应该保持政策标准的统一性。[1]这也决定了最高人民法院死刑复核程序与死刑案件第一审程序、第二审程序的着眼点应该有所不同。死刑案件第一审程序重在审理死刑适用在个案中的妥当性，包括认定事实、适用法律、诉讼程序是否合乎法律规定，适用死刑是否合法与妥当。第二审程序的重点应当是在个案中对第一审判决出现的错误提供具体的救济。而统领全局的最高人民法院，应当侧重于把握案与案之间在适用死刑时是否标准统一，是否合法、公平并合乎比例。

但是，统一的标准并不必然是公平合理的标准。我国1998年签署、目前尚未批准的联合国《公民权利和政治权利国际公约》第6条规定，"人人有固有的生命权……不得任意剥夺任何人的生命"。"在未废除死刑的国家，判处死刑只能是作为对最严重的罪行的惩罚……"我国《刑法》第48条第1款规定，死刑只适用于罪行极其严重的犯罪分子。2011年《刑法修正案（八）》一次性取消了13种经济性、非暴力犯罪的死刑。2015年8月，《刑法修正案（九）》又废除了走私武器、弹药罪，走私核材料罪，走私假币罪，伪造货币罪，集

---

[1] 福尔曼案之后，美国所有的州都规定了死刑案件的自动上诉程序。在大多数州，死刑案件直接上诉到州最高法院，上诉复核的目的通常是确保死刑判决公平、符合比例或者宪法。See Akers v. Commonwealth, 535 S. E. 2d 674 (2000).　由于州是相对独立的自治体，因此，在某种意义上说，这种上诉复核也是在同一个自治体内统一死刑适用的举措。

资诈骗罪，组织卖淫罪，强迫卖淫罪，阻碍执行军事职务罪，战时造谣惑众罪，一共 9 个罪名的死刑。这些限制死刑的积极努力获得了国际社会的认可。但是，在中国刑法中保留有死刑的罪名中，仍存在绝对死刑的立法模式，表述为"……的，处死刑"。[1]美国联邦最高法院在 1976 年裁决强制适用死刑违宪时曾经指出这种立法模式的致命缺陷：过于严苛和死板，排除了对被告人的性格特征和背景作个别化考察的可能性。[2]因此，对于这些罪名，我国未来应该修改为相对死刑立法模式。此外，我国《刑法》在第 61 条非常笼统地规定了所有犯罪的一般量刑根据，"对于犯罪分子决定刑罚的时候，应当根据犯罪的事实、犯罪的性质、情节和对于社会的危害程度，依照本法的有关规定判处"。除此之外，法律对适用死刑的裁量权再无其他的限制和引导。死刑量刑具体标准的缺失很难消除死刑适用上的"任意性"。为此，最高人民法院可以通过发布死刑案件量刑的具体标准来弥补立法上的缺陷。必要的时候，可以参考美国区分"资格"判断和"择刑"判断的做法，将死刑量刑分化为两种不同的标准：被告人是否属于能够判处死刑的类型？以及是否应当对该被告人实际适用死刑？在"资格"判断环节，应当列举各种加重情节；在"择刑"环节，则应当同时列举加重情节与减轻情节供量刑主体进行个别化的考察。

上诉审理论上可以分为"复审""续审"和"事后审查审"三种类型。[3]目前，最高人民法院在死刑复核程序中实行全面审查。但是，这并不意味着我国死刑复核程序必然实行"复审制"，因为最高人民法院在死刑复核程序中并不是取代原审法院自行审理案件，而是审查原审判决在认定事实、适用法律、量定刑罚和诉讼程序上是否存在重大瑕疵。而且，如果实行复审制，那么上诉审法院会"一律对案件本身为审理，进而依审理之结果，对于案件本身自为判决。于自为判决外，上诉审法院认为上诉有理由时，应将原审判决经上诉部分加以撤销"[4]。根据我国 2018 年《刑事诉讼法》第 250 条的规定，

---

〔1〕 目前仍保留绝对死刑的罪名有：第 121 条劫持航空器罪（致人重伤、死亡或者使航空器遭受严重破坏的）；第 240 条拐卖妇女、儿童罪（情节特别严重的）；第 317 条第 2 款暴动越狱罪以及聚众持械劫狱罪（情节特别严重的）。

〔2〕 Woodson v. North Carolina, 428 U. S. 280 (1976); Roberts v. Louisiana, 428 U. S. 325 (1976).

〔3〕 参见林钰雄：《刑事诉讼法》（下册），中国人民大学出版社 2005 年版，第 239 页。

〔4〕 黄朝义：《刑事第二审构造及其未来走向》，载《月旦法学》2007 年第 143 期。

"最高人民法院复核死刑案件，应当作出核准或者不核准死刑的裁定。对于不核准死刑的，最高人民法院可以发回重新审判或者予以改判"。这种先裁定不核准，再发回重审或者予以改判的做法更接近"事后审查审"。所谓"事后审查审"，是指"上诉审之审判并非针对案件本身进行审查，而是……审查该案件所为之判决妥当与否，或者审查所为判决之程序有无违误之审判方式。"[1]德国、日本等国家及地区的第三审，以及英美的上诉审，皆属"事后审查审"。

但是，我国目前的死刑复核程序与典型意义上的"事后审查审"相比，仍有两点不同：一是"事后审查审"的调查范围一般仅限于上诉理由指摘之事项。我国的死刑复核程序对死刑案件自动且强制启动，不待当事人提出上诉，因此不存在上诉理由问题。二是"事后审查审"基本上是法律审。但是，所谓的法律审查并不绝对排除对事实问题的审查。在德国，如果上诉理由违反了实体法，那么第三审法院就要审核原审法院认定的事实，以确定是否正确地适用了实体法。[2]德国联邦法院近年来基于法律错误的上诉扩大了对原审法院事实认定的审查范围，具体方法是当事人主张原审法院违反了德国《刑事诉讼法》第244条第2款所规定的收集所有相关证据的义务，因而判决建立在不充分的事实基础之上。这是一种程序违法主张。根据法律错误的上诉对原审法院事实认定进行审查的另一种方式是对判决的内在一致性进行审查，尤其是对它是否符合逻辑法则和评判证据时是否考虑了全部的可能性进行审查。如果判决没有考虑其他"明显的"可能性，因而不能给判决一个一致而全面的解释，那么就应当撤销原判。[3]在日本，当事人提出上告（第三审）的理由仅限于违反宪法和违反判例，但是，上告审一旦发动，在"量刑显著不当"和"给判决带来影响的重大事实认定有错误"等情况下，上告审法院可以依职权撤销原判决。实践中，当事人提出上诉多是为了促使法院发动这种职权，从而实现事实审查的效果。[4]即便在美国，法律审也未能阻止

---

〔1〕 黄朝义：《刑事第二审构造及其未来走向》，载《月旦法学》2007年第143期。

〔2〕 参见［德］克劳思·罗科信：《刑事诉讼法》，吴丽琪译，法律出版社2003年版，第515页。

〔3〕 参见［德］托马斯·魏根特：《德国刑事诉讼程序》，岳礼玲、温小洁译，中国政法大学出版社2004年版，第226-227页。

〔4〕 参见［日］松尾浩也：《日本刑事诉讼法》，丁相顺、张凌译，金光旭校，中国人民大学出版社2005年版，第269页。

上诉法院对事实认定问题的审查。被告人在上诉中经常提出的一种主张是,支持被告人有罪判决的证据不充分。联邦最高法院对此确立的标准是:"从最有利于控方的角度审查全部证据后,任何理性的事实裁判者是否都会排除合理怀疑地认定犯罪要素的存在。"[1]可见,法律审并不能完全排除对原审判决的事实认定进行审查,但这种审查又和初审法院的事实认定有侧重点的不同,即基本不触及证据的"质"的问题,只审查证据的"量"和形式性问题,即证据的充分性和事实认定的内在逻辑性。因为上诉审法院并没有审查证据可靠性的条件,不能调取新的证据,只能在原审法院移送的案卷基础上作出判断。

上述国家通过法律审审查事实问题的特点对我国的死刑复核程序改革有一定的启示意义。在我国现阶段,完全排除死刑复核法院对于事实问题的审查并不现实。但是与原审法院相比,我国最高人民法院同德日等国的第三审上诉法院一样缺少"核实"证据的必要手段,其在事实认定问题上并不占据优势地位。以最高人民法院目前可以借助的调查手段而言,将审查重点集中于证据的充分性、事实认定的内在逻辑性以及死刑案件之间标准的一致性与统一性是比较合理的。实际上,作为负责死刑统一适用的最高人民法院,若上述功能能够实现已经足够。这样一来,既节省了时间、成本、资源和复核法官的精力,又实现了死刑复核程序与第一审、第二审基本功能的合理分化,也保护了第一审的程序重心地位。

(4) 应当摈弃现行的行政审批色彩浓厚的复核方式,改采开庭审理方式。最高人民法院在对被告人核准死刑之前,应当讯问被告人,并听取控辩双方的口头辩论意见,口头辩论应当公开进行,接受社会监督。

(5) 死刑复核程序应当贯彻强制辩护原则,对于被告人没有辩护律师的,应当通知法律援助机构指派律师。在此方面,中国的立法和实践近年来取得重大发展。

在刑事诉讼中,被追诉人获得的法律援助大体可以分为两大类:一类是"法定法律援助",亦即在没有委托辩护的前提下,对于符合特定条件的被追诉人(如未成年人、聋哑人),法律援助机构"应当"为其指派法律援助律师;另一类则是"酌定法律援助",亦即对于符合相应条件(通常是经济困

---

[1] Jackson v. Virginia, 443 U.S. 307 (1979).

难）的被追诉人，法律援助机构享有一定的裁量权，"可以"根据具体情况决定是否为其指派法律援助律师。

从规范层面来看，1954年《宪法》规定，"被告人有权获得辩护"，同年《人民法院组织法》进一步落实辩护权的规定，在第7条第2款明确指出被告人不仅有权委托辩护，而且"人民法院认为必要的时候，也可以指定辩护人为他辩护"。这一规定被认为塑造了我国刑事辩护法律援助制度的雏形。1979年我国第一部《刑事诉讼法》第27条规定，"公诉人出庭公诉的案件，被告人没有委托辩护人的，人民法院可以为他指定辩护人。被告人是聋、哑或者未成年人而没有委托辩护人的，人民法院应当为他指定辩护人"。虽然该条以强制辩护的方式首次确立了"法定法律援助"的依据，但其适用范围十分狭窄，仅限于"被告人是聋、哑或者未成年人而没有委托辩护人的"情形，并未涉及死刑案件。1996年《刑事诉讼法》修改，增设第34条第3款，规定"被告人可能被判处死刑而没有委托辩护人的，人民法院应当指定承担法律援助义务的律师为其提供辩护"。这标志着死刑案件被告人在审判阶段第一次被正式纳入了"法定法律援助"的范畴。

2012年《刑事诉讼法》再次修改，第34条第3款被修正为，"犯罪嫌疑人、被告人可能被判处无期徒刑、死刑，没有委托辩护人的，人民法院、人民检察院和公安机关应当通知法律援助机构指派律师为其提供辩护"。这里有两点大的变动：第一，法律援助的方式发生了变化，从原来的"人民法院应当指定承担法律援助义务的律师"变为了"人民法院……应当通知法律援助机构指派律师"。这一立法表述的转变主要是因为2003年国务院颁布了《法律援助条例》，我国建立起了系统、正式的法律援助制度，明确了法律援助是政府的责任，由司法行政部门负责监督管理法律援助工作，各级法律援助机构负责受理、审查法律援助申请，指派或者安排人员提供法律援助。第二，刑事法律援助的时间也从审判阶段向前拓展到了审查起诉乃至侦查阶段，相应地，公安机关、人民检察院和人民法院在发现被追诉人可能被判处死刑而没有委托辩护的情况下，都负有通知法律援助机构的义务，死刑案件辩护权的保障得到了更进一步的强化和完善。

但遗憾的是，即便是在2012年法律援助的适用阶段扩张之后，刑事诉讼法也没能在"全流程"实现"法定法律援助"对死刑案件被追诉人的全覆盖。问题的关键在于第 34 条第 3 款中"犯罪嫌疑人、被告人可能被判处无期徒刑、死刑"的规定,通常被认为并不当然包括"死刑复核程序中的被告人"。这一点,可以从以下三个方面得到支撑和印证:第一,从学理上来看,有学者指出一方面死刑复核程序是一种不同于一审、二审的特殊救济程序,具有"行政报核"的性质,因此可能判处死刑的被告人在一审、二审中所享有的法律援助优待并不当然及于死刑复核程序。另一方面,从文义解释出发,经过了一审、二审,被告人"已经"被判处死刑,只不过判决尚未生效。而在死刑复核程序中,最高人民法院也只能作出核准或者不核准死刑的裁定,不能"判处"死刑,因此"死刑复核程序中的被告人"无法被解释为第 34 条第 3 款所规定的"被告人可能被判处死刑"的情形。第二,从相关司法解释、规范性文件来看,《刑诉法解释》第 42 条第 2 款规定:"高级人民法院复核死刑案件,被告人没有委托辩护人的,应当通知法律援助机构指派律师为其提供辩护。"但对于最高人民法院复核死刑案件时是否有义务为没有委托辩护的被告人提供法律援助则没有提及。2015 年,中共中央办公厅、国务院办公厅印发《关于完善法律援助制度的意见》,其第 4 条进一步指出要"建立法律援助参与刑事和解、死刑复核案件办理工作机制,依法为更多的刑事诉讼当事人提供法律援助",但依然没有明确提出要实现辩护律师(或者说"法律援助")在死刑复核程序中的全覆盖。因此,可以说,至少在规范层面,最高人民法院截至当时并没有义务在死刑复核程序中为没有委托辩护的被告人提供法律援助。2018 年刑事诉讼法修改也并未改变这一局面。第三,从司法实践来看,2012 年刑事诉讼法修改后最高人民法院的死刑复核程序确实也没有实现刑事辩护的全覆盖,甚至可以说辩护律师在这一程序中的参与度严重不足。比如,有学者通过考察最高人民法院在 2014 年 1 月 1 日到 2016 年 8 月 31 日作出并公布在中国裁判文书网上的所有死刑复核刑事裁定书,发现在 255 个案件中,死刑复核阶段有辩护律师参与的案件仅有 22 个,占比低至 8.63%。可见,立法上"法定法律援助"的缺失使得最高人民法院死刑复核程序中的律师参与很不充分,这与死刑复核程序作为死刑适用"最后一道屏障"的地位,以及被告人在死刑复核程序中对获得律师帮助的迫切需求之间,无疑存在着巨大的张力。

正是在这样的背景下,经过学术界和实务界多年的共同努力,2022 年 8

月《法律援助法》正式出台，以国家立法的形式确立了死刑复核程序的法律援助制度。该法第25条第1款规定，"刑事案件的犯罪嫌疑人、被告人属于下列人员之一，没有委托辩护人的，人民法院、人民检察院、公安机关应当通知法律援助机构指派律师担任辩护人：……（五）申请法律援助的死刑复核案件被告人……"，这意味着死刑复核程序被正式纳入了"法定法律援助"的范畴。但以下两点值得注意：

第一，按照《法律援助法》第25条的规定，通知程序的启动，不是法院发现死刑复核案件的被告人没有委托辩护人，就应当通知法律援助机构为其指派律师担任辩护人，而是还需要被告人"申请法律援助"。有学者将这种立法选择称为"中间路线"，认为立法者一方面认识到了死刑复核引入法律援助确有必要，另一方面也考虑到了死刑复核程序不同于一审、二审的特殊性，因而引入被告人的意愿，将"申请法律援助"作为法院在死刑复核程序中为（没有委托辩护人的）被告人指定辩护的前置条件。

第二，《法律援助法》第25条第1款第5项的规定与最高人民法院于2021年1月26日公布的《关于适用〈中华人民共和国刑事诉讼法〉的解释》（以下简称新《刑诉法解释》）第47条第2款的规定应当如何衔接？如前所述，早在2012年，《刑诉法解释》第42条第2款就规定，"高级人民法院复核死刑案件，被告人没有委托辩护人的，应当通知法律援助机构指派律师为其提供辩护"。新《刑诉法解释》第47条第2款沿用了这一规定。但按照同年8月出台的《法律援助法》第25条第1款第5项的规定，在死刑复核程序中只有（没有委托辩护人的）被告人申请法律援助的，法院才应当通知法律援助机构为其指派律师。

对于这两者之间的冲突，如果简单地按照上位法优于下位法的逻辑，那么，从作为"法律"的《法律援助法》开始施行之日起，新《刑诉法解释》第47条第2款作为"司法解释"的规范便与上位法冲突，办案机关就应当优先适用《法律援助法》第25条的规定。但如此一来，反而会弱化被告人原本在高级人民法院办理死刑复核案件过程中所能受到的权利保障，这种结果想必不是立法者以"国家法"的形式确立死刑复核程序法律援助制度的初衷。

因而，有学者从立法目的和规范沿革的角度作出了解释，指出考虑到从2012年以来，高级人民法院办理的死刑复核案件都应当提供法律援助，因此

《法律援助法》第 25 条第 1 款第 5 项调整的对象主要指的是最高人民法院办理的死刑复核案件。此外，还有学者从法律解释的角度提出了一种新的协调方案，具体而言，就是把《法律援助法》第 25 条第 1 款第 5 项的规定视为死刑复核程序中对被告人提供法律援助的"最低限度要求"，如果《刑诉法解释》的相关规定低于此要求，就会因为突破了底线而违法；但如果《刑诉法解释》的相关规定提高了权利保障的幅度和标准，那么就可以认可相关规定的有效性。换言之，在高级人民法院复核死刑的过程中，在没有委托辩护的前提下，即使被告人没有提出法律援助的申请，法院也会主动履行通知法律援助机构的义务，这种做法在《法律援助法》施行之后依然必要且正当。2021 年年底，最高人民法院和司法部联合印发的《规定》也是针对最高人民法院复核死刑案件时，应当如何为提出申请的被告人提供法律援助作出的规定，对于高级人民法院复核死刑案件时应当以何种形式和程序为被告人提供法律援助，则未涉及，这似乎从侧面证明了新《刑诉法解释》第 47 条第 2 款依然是高级人民法院办理死刑复核案件时所应当遵照的有效规范。

第三章
"以审判为中心"视角下的死刑程序改革

第一节 "以审判为中心"改革的理论图景

党的十八届四中全会通过的《中共中央关于全面推进依法治国若干重大问题的决定》（以下简称《决定》）首次提出了"严格司法"的概念。从实现司法公正和进一步完善司法制度机制的角度，该《决定》对严格司法提出一系列具体的任务和举措，其中之一便是"推进'以审判为中心'的诉讼制度改革"。虽然中央有关文件并未将"以审判为中心"改革限定于死刑案件，但死刑案件无疑是推进"以审判为中心"改革或实践中的庭审实质化改革的重中之重，因此，以死刑案件为样本讨论以审判为中心改革具有典范意义。然而，"以审判为中心"究竟所指为何，目前仍未形成统一的见解。为顺利推进该《决定》提出的各项诉讼制度改革，贯彻"严格司法"的要求，从理论角度厘清"以审判为中心"的内涵十分必要。

一、"以审判为中心"改革的背景

21世纪之初，刑事诉讼法学界即有"审判中心论"与"诉讼阶段论"之争。前者着眼于英美传统的"诉讼即审判"的观念，认为审判为整个诉讼程序当之无愧的中心；后者则认为，随着诉讼职能的不断分化，刑事诉讼的阶段逐渐增多，因此，传统的"审判中心论"应为"诉讼阶段论"所取代。[1]从历史的视角来看，"诉讼阶段论"的确描述了一个事实，即近代以来，欧洲大陆和英美的刑事司法虽然路径不同，但殊途同归，都经历了一个诉讼阶段

---

[1] 关于"审判中心论"与"诉讼阶段论"之争，参见陈瑞华：《刑事诉讼的前沿问题》，中国人民大学出版社2000年版，第132—134页。

第三章 "以审判为中心"视角下的死刑程序改革

从无到有,并逐渐分化、成形的过程。从这个角度来看,英美和欧洲大陆刑事诉讼最终都走向了"诉讼阶段论"所描述的格局。然而,可以继续追问的是,在审判和审前各阶段分化形成之后,它们之间是一种什么样的关系?是相互平行,还是"以审判为中心"?

在西方发达国家的学术语境中,很少有"以审判为中心"或者"审判中心主义"之类的表述。[1]但是,专业术语的阙如并不必然意味着制度实践的缺失。[2]因为,专业术语往往产生于一定的问题意识。换言之,西方学术语境中"以审判为中心"术语的缺失,并不代表西方不存在"以审判为中心"的制度实践,[3]相反,更可能的情况是因为"以审判为中心"已经内化为日积月累的制度实践,早已不成为问题了。至于"以审判为中心"观念何以根深蒂固地扎根于西方司法实践,则与基督教文化的影响有关。早期基督教有所谓"血罪"观念,即任何形式的杀人、流他人血的行为,无论合法还是非法,包括法官判决他人死刑,都被视为罪孽,要遭受地狱之灾。[4]为了帮助法官逃避"血罪",早期基督教区分法官的"公共身份与私人身份",确立了"法官以公共身份杀人不是罪"的原则。因此,中世纪的法官,为了保证自己免受地狱之灾,谨守"公共身份与私人身份"的界限,从来不敢迈出法庭大门调查犯罪,也从不动用自己的个人知悉判决案件,这是西方审判中心主义司法传统的神学渊源。[5]

然而,在中国,无论是立法还是司法,无论是宏观的诉讼结构,还是微观的制度和技术,都与"以审判为中心"存在相悖之处。在立法层面,例如对于"证据"一词的理解,《刑事诉讼法》第50条规定,"可以用于证明案

---

[1] 本书所谓"审判中心主义",皆在"以审判为中心"意义上使用。

[2] 例如,英国没有"自由心证"的概念,却一直有"自由心证"的实践。法国大革命后,议员杜波儿在第一届国会上提出"自由心证"(l'intime conviction)的概念,即是借鉴英国的制度实践。由于此前法国盛行法定证据制度,为了与旧制度决裂,有必要标新立异创造出一个新的术语,"自由心证"一词就此产生。

[3] 例如,德国《刑事诉讼法》第261条规定,法庭应当根据审判全过程确立自由心证,根据由此得出的证据调查结果作出判决。《德国刑事诉讼法典》,李昌珂译,中国政法大学出版社1995年版,第106页。又如,意大利《刑事诉讼法》第526条规定,法官在评议中不得采用不是依法在法庭审理中调取的证据。《意大利刑事诉讼法典》,黄风译,中国政法大学出版社1994年版,第186页。

[4] See James Q. Whitman, The Origins of Reasonable Doubt, Yale University Press, 2007, pp. 32-33.

[5] 佀化强:《形式与神韵——基督教良心与宪政、刑事诉讼》,上海三联书店2012年版,第80页。

055

件事实的材料，都是证据"。这一证据定义贯穿于整个第五章，从而也贯穿于从立案、侦查、审查起诉、审判等整个诉讼过程。《刑事诉讼法》第52条的规定更为明确，"审判人员、检察人员、侦查人员必须依照法定程序，收集能够证实犯罪嫌疑人、被告人有罪或者无罪、犯罪情节轻重的各种证据"。又如《刑法》第305条关于伪证罪的规定，在刑事诉讼中，证人、鉴定人、记录人、翻译人对与案件有重要关系的情节，故意作虚假证明、鉴定、记录、翻译，意图陷害他人或者隐匿罪证的，处……可见，无论是"证据"还是"伪证"的概念，在中国立法上都并非仅局限于审判阶段，也并非仅针对法庭或法官。在诉讼的纵向结构上，宪法和刑事诉讼法确定的三机关分工负责、互相配合、互相制约原则，在司法中落实成了侦查、审查起诉、审判等诉讼阶段相互平行、首尾相继的"流水线"型诉讼结构，审判只是在侦查、审查起诉阶段工作的基础上对案件的深加工，对案件事实的再认识。在制度和技术层面，如《刑事诉讼法》第56条第2款规定，"在侦查、审查起诉、审判时发现有应当排除的证据的，应当依法予以排除，不得作为起诉意见、起诉决定和判决的依据"。非法证据排除规则的适用阶段不限于审判阶段，适用主体也不限于法庭。"以审判为中心"观念在立法、诉讼结构、制度和技术层面的缺失，其实际效果是审判偏离了整个诉讼程序的"中心"，呈现出"离心化"倾向。

审判的"离心化"倾向，在司法实践中产生了一定的后果。例如，侦查、审查起诉、审判之间相互平行、首尾相继的"流水线"型诉讼结构，一旦进入公安机关在中国政法系统中居于强势地位的法制传统，再结合公、检、法机关内部的考评机制，在实践中异化成了"侦查中心主义"。对于侦查中犯下的错误，很难期待通过法庭审判纠正。中国近年来发现的一系列冤案，究其原因，公安机关在侦查过程中的行为偏差固然是祸首，但是，根据中国宪法和刑事诉讼法"分工负责、互相配合、互相制约"的结构设计，即使侦查结论错误，如果审判的制约机制有效发挥作用，也不至于演变成板上钉钉的冤案。所以，冤案的发生，无一不是审判的制约作用失灵所致。

中国"流水线"型诉讼结构之所以能够形成，关键在于诉讼案卷在侦查、审查起诉、审判三个不同诉讼阶段之间发挥勾连作用，这意味着，侦查案卷可以无障碍地进入审判，如果不对侦查案卷的使用有意识地施加限制，侦查案卷势必会对法庭裁判产生实质性影响。这样一来，法庭裁判并非完全建立在法庭上出示的证据的基础上，法庭审判就难以在查明事实、认定证据中发挥决定性作用；审判中的辩护活动也很难得到法庭的足够重视，质证权也没有机会充分发育，证人、鉴定人出庭率低的问题也不可能得到根本解决。此外，在法庭审判中，一旦辩护律师对事实、证据提出不同意见，则不仅是挑战公诉人，也是对法官依据侦查案卷形成的"先见"提出挑战，法官与律师之间就难免关系紧张。中国刑事法庭上奇特的法官与律师冲突的现象，难说与此无关。

从水平的侦查、审查起诉、审判三者关系中观察到的审判"离心化"倾向，如果转换一下观察视角，在垂直的一审、二审，以及死刑案件中的死刑复核程序之间，又转化成一审的"失重"现象。第二审程序和死刑案件中的死刑复核程序均实行"全面审查"原则，[1] 这意味着第二审法院或者死刑复核法院可以在事实认定、法律适用或者刑罚量定中的任何一个方面否定前一个审级的判决。可见，中国的刑事程序体系中存在一种上行的权威，审级越高，权威越大，整个程序体系的重心也经由第二审程序、死刑复核程序逐级上行。其结果是第一审程序失去"重心"地位。与此互为因果的，则是第一审程序中存在的证人出庭率不高、被告人质证权发育不充分等诸多问题。

因此，"以审判为中心"的提出，带着鲜明的问题意识，触及中国刑事诉讼宏观结构中一个由来已久的症结。正是因为中国刑事司法在不同层面、不同方向上存在不同程度的"离心"和"失重"现象，所以，即使是西方缺失这一术语，在中国当前的语境下，"以审判为中心"作为概念提出仍然是有意义的。基于同样的原因，所谓"推进以审判为中心的诉讼制度改革"，也需要在不同的层面、不同的方向上展开。

二、侦查、审查起诉与审判之关系：实现"审判中心主义"

"以审判为中心"，其核心要求是作为裁判根据的案件信息，形成于并仅

---

[1] 死刑复核程序的审查范围刑事诉讼法没有明确规定，但新《刑诉法解释》第427条规定，"复核死刑、死刑缓期执行案件，应当全面审查以下内容：（一）被告人的年龄，被告人有无刑事责任能力、是否系怀孕的妇女；（二）原判认定的事实是否清楚，证据是否确实、充分；（三）犯罪情节、后果及危害程度；（四）原判适用法律是否正确，是否必须判处死刑，是否必须立即执行；（五）有无法定、酌定从重、从轻或者减轻处罚的情节；（六）诉讼程序是否合法；（七）应当审查的其他情况"。可见，死刑复核程序奉行的实际上也是"全面审查"原则。

仅形成于审判程序。所以，"以审判为中心"，并非忽视侦查、审查起诉程序，侦查和审查起诉是审判的准备，其收集和运用证据的质量关乎审判之公正，高质量的侦查和起诉，可以从源头上防范冤假错案于未然。然而，从结构角度考虑，为了保证作为裁判基础的案件信息形成于审判，须人为割断侦查和起诉信息顺利进入审判程序的通道。仅就"以审判为中心"而言，对抗制诉讼结构较之非对抗制诉讼结构更为成功，就是因为在对抗制结构之下，由于一系列制度和规则的存在，阻断审前信息流动显得更为卓有成效。[1]这一点，在由非对抗制诉讼传统向对抗制诉讼结构转型的国家，尤其明显，因为这种转型是否成功，在很大程度上取决于能否成功地阻断审前信息进入审判程序。

以日本为例。"二战"之前，日本在法国法和德国法的影响之下确立了职权主义诉讼结构，战后在美国的强烈影响下转向对抗制诉讼结构，为此，日本采取一系列举措阻断审前信息向审判阶段的自由流动。例如，实行起诉状一本主义，禁止起诉时移送案卷和证据，也不得在起诉书中添附可能使法官对案件产生预断的文书及其他物品，或者引用该文书的内容。[2]又如，在提起公诉后到第一次公审期日前，关于羁押的处分，必须由负责审判的法官以外的法官作出，以防止有关法官通过羁押处分，对案情产生预断。[3]再如，确立传闻证据排除规则，排除形成于法庭之外的陈述成为证据。[4]

1988年，立足于职权主义诉讼传统的意大利通过新的法典，开始向对抗制全面转型。在欧洲大陆传统中，警察和当事人在审前的侦查阶段收集的所有证据都被放入一个官方的案卷，该案卷会对审判产生非常重要的影响。1988

---

〔1〕 例如，对抗制造成了控辩双方之间的信息隔绝，因为"对抗"的前提假设阻断了自愿的审前信息交流；又如，"禁止单方接触"原则阻却了法官单方面通过当事人对案件信息的获取。所谓"单方接触"（Ex Parte Communications），是指在正式审判之前，一方当事人在另一方当事人不在场的情况下与法官单独接触。See Michael D. Bayles, Procedural Justice, Boston: Kluwer Academic Publishers (1990), p. 35.

〔2〕 参见日本《刑事诉讼法》第256条第6款。《日本刑事诉讼法》，宋英辉译，中国政法大学出版社2000年版，第60页。

〔3〕 参见铃木茂嗣：《日本刑事诉讼法的特色及解释上的诸问题》，载〔日〕西原春夫主编：《日本刑事法的形成与特色：日本法学家论日本刑事法》，李海东等译，法律出版社（中国）、成文堂（日本）联合出版1997年版，第54页。

〔4〕 日本《刑事诉讼法》第320条规定，除第321条至第328条规定的以外，不得以书面材料作为证据代替公审期日的供述，或者将公审期日外以其他人的供述为内容所作的供述作为证据。《日本刑事诉讼法》，宋英辉译，中国政法大学出版社2000年版，第72页。

年以前，审判形同对审前收集的证据进行确认的程序。1988年通过新法典有意对案卷的作用作出限制。审判法官根本不接触侦查案卷，侦查案卷的作用是供对立双方查阅。法官受理案件后，要准备一个新的审判案卷，在开庭前，审判案卷应当是空白的，只有在法庭上出示和调查过的证据才能记入审判案卷，审判法官只能根据审判案卷中有记载的证据作出判决。这就是意大利独特的"双重案卷"制度。[1]新法典严格限制自动提交审判法官的案卷材料的范围，任何一方当事人想要审判法官接触一项额外证据，就要由另一负责预备聆讯的法官（giudice dell'udienza preliminare）举行听证，由他决定是否将证据提交给审判法官。1988年以后，审判成为整个诉讼的核心。

我国1996年《刑事诉讼法》第一次修正时也曾经有过向抗辩制审判转型的努力。为此，1996年《刑事诉讼法》借鉴日本的"起诉状一本主义"，改革了起诉方式和公诉审查方式，从原来的"案卷移送主义"的起诉方式和实体性审查的公诉审查方式，[2]转向以"复印件主义"和程序性审查为主，[3]以尽量控制审前信息向审判程序的流动。然而，由于制度环境不相契合，实施效果并不理想。[4]2012年《刑事诉讼法》第二次修正，放弃了向"起诉状一本主义"转型的努力，重回"案卷移送主义"。[5]综上所述，无论在过去

---

[1] 关于意大利的双重案卷（double dossier）制度，参见Antoinette Perrodet, The Italian System, Mireille Delmas-Marty and J. R. Spencer (ed), European Criminal Procedures, Cambridge University Press (New York), 2002, p.369.

[2] 1979年《刑事诉讼法》第108条规定，"人民法院对提起公诉的案件进行审查后，对于犯罪事实清楚、证据充分的，应当决定开庭审判；对于主要事实不清、证据不足的，可以退回人民检察院补充侦查；对于不需要判刑的，可以要求人民检察院撤回起诉"。人民法院在开庭前的公诉审查环节即对证据的充分性作出初步判断，这是一种实体性的公诉审查方式。

[3] 1996年《刑事诉讼法》第150条规定，"人民法院对提起公诉的案件进行审查后，对于起诉书中有明确的指控犯罪事实并且附有证据目录、证人名单和主要证据复印件或者照片的，应当决定开庭审判"。

[4] 比较权威的说法是，这一改革在司法实践中的效果并不好，主要是法官在庭前对大部分案卷材料并不熟悉，不了解案件主要争议的问题，难以更好地主持、把握庭审活动，而且由于检察机关不在庭前移送全部案卷材料，辩护律师也无法通过到法院阅卷了解全案证据，特别是对被告人有利的证据。参见王尚新、李寿伟主编，全国人大常委会法制工作委员会刑法室编著：《〈关于修改刑事诉讼法的决定〉释解与适用》，人民法院出版社2012年版，第175页。

[5] 2012年《刑事诉讼法》第172条（现第176条）规定，"人民检察院认为犯罪嫌疑人的犯罪事实已经查清，证据确实、充分，依法应当追究刑事责任的，应当作出起诉决定，按照审判管辖的规定，向人民法院提起公诉，并将案卷材料、证据移送人民法院"。

十几年的时间里立法上如何规定,在实务层面,法官在开庭前,或者在第一次开庭后均有机会阅览全卷。[1]

表 3-1 某市检察机关 2004—2013 年起诉、不起诉和移送单位撤回案件情况

年份	起诉受案（人）	起诉（人）	起诉率（%）	不起诉（人）	移送单位撤回（人）	不起诉率（%）	不起诉和移送单位撤回率（%）
2004	31 543	28 261	89.6	443	1574	1.40	6.39
2005	28 669	25 108	87.6	466	1601	1.63	7.21
2006	29 922	26 581	88.8	522	1751	1.74	7.60
2007	31 054	28 541	91.9	666	1686	2.14	7.57
2008	28 967	26 793	92.5	481	898	1.66	4.76
2009	28 850	27 383	94.9	524	790	1.82	4.55
2010	28 839	26 485	91.8	695	734	2.41	4.96
2011	28 398	26 058	91.8	955	742	3.36	5.98
2012	31 504	27 361	86.8	1527	1707	4.85	10.27
2013	26 165	22 178	84.8	2302	15	8.80	8.86
总计	293 911	264 749	90.1	8581	11 498	2.92	6.83

为确切了解侦查结论对于审查起诉阶段的影响,课题组曾赴某市检察机关调研,得到该市检察机关关于起诉、不起诉、移送单位撤回案件情况的统计数据。如表 3-1 所示,2004—2013 年,该市检察机关受案人数整体稳定,维持在年均 29 000 人左右,其中 2013 年起诉受案人数有较为明显的下降,受案人数减少 5339 人,比上年下降了 16.95%。2004—2013 年,该市检察机关起诉率、不起诉率和移送单位撤回率等核心数据,波动明显。这种波动,一方面反映了该市检察机关在不同时期对维护社会稳定的需求、在起诉政策上

---

[1] 1996 年《刑事诉讼法》修正后,最高人民法院于 1998 年据此发布了司法解释（法释〔1998〕23 号）,其第 152 条第 1 款规定,"对于公诉人在法庭上宣读、播放未到庭证人的证言的,如果该证人提供过不同的证言,法庭应当要求公诉人将该证人的全部证言在休庭后三日内移交"。此条规定在实践中演变成了第一次开庭后移送卷宗。

的回应,另一方面反映了实体法在罪名上的变化。例如,2008年、2009年由于要为奥运会、60年国庆营造稳定的社会环境,这两年的起诉率明显较高,不起诉率明显较低。2009年后,这种适度从严的执法尺度得到逐步调整,起诉率开始走低。又如,《刑法修正案(八)》降低了盗窃罪的入刑门槛,将醉驾、飙车、拒不支付劳动报酬等行为入刑,《刑法修正案(八)》2011年5月1日生效,这一立法变化导致2012年、2013年该市检察机关的起诉率下降比较明显。但总体而言,十年间该市检察机关不起诉和移送单位撤回率虽有波动,最低4.55%,最高10.27%,但整体上维持在较低比率。同时,起诉率基本保持在较高水平,尤其是2007—2011年五年间起诉率都保持在91%以上的高位。这意味着,侦查机关移送审查起诉的案件中,绝大多数都做出了提起公诉的决定。

表3-2 某市检察机关2006—2013年提起公诉、无罪判决、撤回起诉情况

年份	提起公诉(人)	无罪判决(人)	撤回起诉(人)	无罪判决(撤回起诉)率(%)
2006	26 581	3	120	0.46
2007	28 541	5	64	0.24
2008	26 793	4	26	0.11
2009	27 383	7	36	0.16
2010	26 485	6	39	0.17
2011	26 058	11	65	0.29
2012	27 361	11	38	0.18
2013	22 178	13	42	0.25
合计	211 380	60	430	0.23

表3-2是课题组在该市检察机关调研得到的2006—2013年该市检察机关提起公诉、无罪判决的情况。鉴于司法实践中人民法院在不认可检察机关的起诉时往往会商请检察机关撤回起诉的做法,因此,课题组也收集了相应年份该市检察机关在审判阶段撤回起诉的数量,本表所统计的无罪判决率属于广义的无罪判决率,即将撤回起诉的案件数量也计算在内。从表2反映的情

况来看，该市检察机关起诉到人民法院的案件中，被判决无罪（含撤回起诉）的比率，在2006—2013年八年的时间里有一定波动，例如2008年无罪判决和撤回起诉的比率最低，只占0.11%，这在一定程度上反映了奥运会和国庆60周年维护社会稳定的需要，但是，总体而言，无罪判决（含撤回起诉）率一直徘徊在很低的水平，平均只有0.23%。这意味着，检察机关起诉到人民法院的刑事案件，绝大多数都做出了有罪判决，无罪判决（含撤回起诉）只是少见的例外。

综合表3-1和表3-2反映的情况，在2004—2013年十年的时间里，在该市检察机关接受侦查机关移送审查起诉的犯罪嫌疑人，绝大多数（平均90.1%）都作出了起诉决定；在2006—2013年八年的时间里，由该市检察机关向人民法院提起公诉的被告人中，绝大多数（约99.77%）都作出了有罪判决，作出无罪判决或者撤回起诉的，只是少见的例外（0.23%）。鉴于该市检察机关、人民法院在执法理念和执法规范性方面在全国都属先进，由此推测全国的起诉率、有罪判决率只会更高，不会更低。[1]以表3-1和表3-2反映的情况为基础，基本可以得出结论，一旦侦查机关作出犯罪嫌疑人有罪的认定，绝大多数都会被检察机关提起公诉；一旦检察机关提起公诉，绝大多数都会被人民法院宣告有罪。二者联动的结果是，侦查结论在某种程度上决定着判决的结果。因此，现实的中国刑事诉讼实践状况更接近"侦查中心主义"，高企不下的有罪判决率反映了审判阶段的尴尬地位——不是"以审判为中心"，相反，审判是"离心"的。

究其原因，人们经常会提及诉讼机制之外的司法体制问题——法院、检察院、公安机关的配合有余、制约不足。加之三机关内部片面追求起诉率、无罪判决率的考评指标设置不尽合理，对中国司法实践中的高起诉率、高有罪判决率起到一定的推波助澜的作用。如前文所述，从历史上看，诉讼阶段

---

[1] 直接统计全国检察机关起诉率以及人民法院无罪判决率存在一个技术上的障碍：无论中国法律年鉴还是历年最高人民法院、最高人民检察院工作报告，均不反映移送审查起诉的侦查机关撤回案件的数字，以及审判阶段检察机关撤回起诉的数字。根据最高人民法院2015年5月7日在《人民法院报》发布的《2014年全国法院审理刑事案件情况分析》，2014年全国法院判决发生法律效力被告人118.4万人，宣告无罪778人，占比0.07%。而根据常识，审查起诉阶段侦查机关撤回案件的数字远高于作出不起诉决定的数字，审判阶段检察机关撤回起诉的数字也远高于作出无罪判决的数字。表3-1和表3-2提供的数据也反映了这一点。

之分化，其根本原因在于诉讼职能之分化，因此，各诉讼阶段之关系，在一定程度上也折射出各诉讼职能执掌主体之关系。在中国刑事诉讼中执掌侦查、审查起诉和审判三大重要职能的公安机关、检察机关和人民法院，公安机关由于历史原因成为政法系统的"龙头老大"，检察机关稳居法律监督机关之宪法地位，其监督对象包括人民法院。由于在刑事诉讼流程中居后的机关相对"弱势"，对前一诉讼流程的制约不免"乏力"，于是形成了"和为贵"的诉讼局面。

然而，特殊的司法体制形成的法院、检察院、公安机关"和谐"共生关系，在一定程度上已经通过前述表3-1和表3-2中记载的审查起诉阶段"移送机关撤回案件"和审判阶段检察机关"撤回起诉"等灰色司法实践得到表达。问题是，中国法院系统超高的有罪判决率是否可以完全归咎于司法体制？诉讼内的案卷移送制度在这个过程中起到什么作用？

德国学者贝恩德·许乃曼教授曾在1979—1986年主持过一项检验案卷信息对判决的影响的实证研究。[1]该研究试图解决的问题是，德国刑事诉讼程序允许职业法官审前获知案卷信息，这是否会妨碍法官在审判程序中不带偏见地加工信息？一共35位刑事法官参与此项研究，他们被随机分配到不同的实验条件：（1）知道案卷信息/有机会询问证人；（2）不知道案卷信息/有机会询问证人；（3）知道案卷信息/没有机会询问证人；（4）不知道案卷信息/没有机会询问证人。供受试者评判的案卷是基于20世纪70年代末慕尼黑法院审理的一个真实案件。研究针对每个受试者单独进行，向受试者呈现相同的审判记录。在具备询问证人机会的实验条件下，受试者可以从出庭的7位证人中选择2位，在他们作完陈述后对他们提出有关案情的问题。受试者不知道的是，他们可以询问的永远是案件中的第一位和第三位证人。所有受试者没有通过亲自提问获得的信息都会在之后的检察官和辩护人对证人的询问中出现。也就是说，无论受试者是否有询问证人的机会，他（她）们所获得的有关案情的信息量其实是相同的。表3-3反映了受试者在不同实验条件下

---

[1] 关于该项实证研究的详细介绍，参见［德］贝恩德·许乃曼等：《案卷信息导致的法官偏见：关于与英美模式比较下德国刑事诉讼程序优缺点的实证研究》，刘昶译，载何挺等编译：《外国刑事司法实证研究》，北京大学出版社2014年版，第74页。

的分布情况，表3-4提供了刑事法官在不同实验条件下判决行为的概况。[1]

表3-3 受试法官分布

	具备询问证人机会的法官人数	不具备询问证人机会的法官人数
侦查案卷+审判程序	8	9
只有审判程序	11	7

表3-4 受试法官的判决行为

		有询问证人机会的法官判决行为（次）	无询问证人机会的法官判决行为（次）
侦查案卷+审判程序	有罪判决	8	9
	无罪判决	0	0
只有审判程序	有罪判决	3	5
	无罪判决	8	2

表3-4呈现的实验结果令人惊异：接触侦查案卷的所有刑事法官都作出了有罪判决，无论是否具备询问证人的机会！相反，当法官不接触侦查案卷，仅知道审判程序中出现的信息，在没有询问证人的机会这一条件下，大部分法官还是判决被告人有罪，但有机会询问证人的条件下，大部分法官会作出无罪判决。就能否看到侦查案卷而言（表3-4左边一栏），两组之间的差别非常显著（有侦查案卷：8人判决有罪/无人判决无罪；无侦查案卷：3人判决有罪/8人判决无罪）。在不能询问证人这一条件下，侦查案卷信息对判决结果的影响没有特别显著地表现出来（表3-4右边一栏）。这一结果也容易理解，因为即使没有侦查案卷信息，大部分法官也会作出有罪判决（5人判决有罪/2人判决无罪）。但引人注意的是，在不接触侦查案卷的条件下比较有

---

[1] 表3-3和表3-4均根据许乃曼教授主持的该项研究提供的数据整理而成，由于原始研究还关注刑事法官和检察官对侦查案卷的不同评价，因此实验涉及受试检察官的判决行为。因主题所限，本书只呈现涉及刑事法官判决行为的数据。参见［德］贝恩德·许乃曼等：《案卷信息导致的法官偏见：关于与英美模式比较下德国刑事诉讼程序优缺点的实证研究》，刘昶译，载何挺等编译：《外国刑事司法实证研究》，北京大学出版社2014年版，第91-92页。

机会和没有机会询问证人的两组：有机会询问证人的一组里更多法官判决被告人无罪，不能询问证人的一组中更多法官判决被告人有罪（3人判决有罪/8人判决无罪与5人判决有罪/2人判决无罪）。

上述结果告诉我们一个结论：侦查案卷信息对法官判决行为的影响之大，超出了我们的想象，即使法官有机会亲自询问证人，也很难修正侦查案卷信息带来的决定性影响。只有在没有条件接触侦查案卷的情况下，是否有机会询问证人才会对法官的判决行为产生重要影响。在不能询问证人的情况下，法官倾向于作出有罪判决，在能够询问证人的情况下，法官更倾向于作出无罪判决。

如果上述结论成立，回到中国刑事诉讼的背景中，在过去或明或暗的案卷移送实践之下，实难期待审判法官在如此强大的有罪提示面前作出其他判决选择，更遑论刑事法庭上证人绝大多数都不出庭，法官根本就没有询问证人的机会。所以，中国较高有罪判决率的背后，或许有司法体制问题作为推手，但是，如果不改变传统案卷移送制度之下案件信息的呈现方式，较高的有罪判决率不可能有实质性改变，侦查决定起诉、起诉决定审判"联动"造成的"侦查中心主义"就不可能松动，"以审判为中心"也就难以实现。

因此，回归"审判中心主义"，其根本解决之道仍是对侦查案卷信息与裁判信息进行必要的切割，要么走向起诉状一本主义，要么对公诉审查主体和审判主体进行适当的分离，何去何从，只能依赖未来的立法修正作出选择。然而，在刑事诉讼法刚刚修正不久，立即启动刑事诉讼法的再修改不太现实的情况下，可以考虑充分利用现有的制度资源，强化法律实施，为"审判中心主义"发掘更大的制度空间。

例如，根据《刑事诉讼法》第161条和第173条的规定，[1]可以推知立法者之良善用意，刑事诉讼法修正虽然重拾案卷移送制度，但案卷中所包含的信息之结构已经悄然发生变化。以往的案卷基本上是一边倒的对犯罪嫌疑人、被告人不利的信息，现在的案卷则同时包含了辩方的意见。但是，这种

---

[1]《刑事诉讼法》第161条规定，在案件侦查终结前，辩护律师提出要求的，侦查机关应当听取辩护律师的意见，并记录在案。辩护律师提出书面意见的，应当附卷。《刑事诉讼法》第173条规定，人民检察院审查案件，应当讯问犯罪嫌疑人，听取辩护人、被害人及其诉讼代理人的意见，并记录在案。辩护人、被害人及其诉讼代理人提出书面意见的，应当附卷。

设计真正发挥作用，在很大程度上依赖于审前阶段，尤其是侦查阶段辩护律师参与的常态化和实质化，最终取决于侦查、审查起诉阶段对辩护律师合法权益的保障。当然，实践中如果按照这种思路继续推进，则可以考虑借鉴意大利单独设立辩护律师案卷的做法，[1]将辩护律师的调查取证和辩护意见单独立卷，待案件将来提起公诉后与公诉案卷一起移送至人民法院。

此外，还可以借鉴欧洲大陆国家为限制侦查案卷对审判的影响而采取的一系列措施。在法国，法国《刑事诉讼法》第347条规定重罪法庭不能将案卷带入评议室。[2]在德国，虽然采用案卷移送制度，但案卷之内容原则上不得用为裁判之根据。[3]在阅览案卷的主体方面，立法也有严格的限制：由于担心陪审员不自觉地受到影响，因此陪审员原则上不得接触案卷；审判长和制作裁判文书的法官也不得阅览案卷。德国还有所谓的"询问本人原则"，即德国《刑事诉讼法》第250条规定的，对事实的证明如果是建立在一个人的感觉之上，要在审判中对他进行询问。不允许以宣读以前的询问笔录或者书面证言代替询问。上述规定未来如果能够以司法解释的形式引入中国的刑事司法实践，也可以在一定程度上限制侦查案卷信息对审判的影响。

三、审判：实现"庭审中心主义"[4]

"以审判为中心"的命题，表述了"审判"与其他诉讼阶段的基本关系。在刑事案件的办理过程中，人民法院、人民检察院和公安机关都对案件实施认识活动，都依法对案件作出处理，如此才能推进诉讼活动的深入和发展，然而，为何只是以"审判"为中心，更为何"未经人民法院依法判决，不得确定任何人有罪"？换句话说，何以人民法院对案件的认识、对案件的处理具有高于人民检察院、公安机关的权威性？一言以蔽之，因为人民法院所主持的庭审活动具备程序正义的最完整形态，人民法院对案件的认识和处理是建

---

〔1〕 根据2000年第397号法律，意大利开始设立单独的辩护律师案卷。参见 Antoinette Perrodet, The Italian System, Mireille Delmas-Marty and J. R. Spencer (ed), European Criminal Procedures, Cambridge University Press (New York), 2002, p. 369.

〔2〕 参见[法]贝尔纳·布洛克：《法国刑事诉讼法》，罗结珍译，中国政法大学出版社2009年版，第487页。

〔3〕 [德]克劳思·罗科信：《刑事诉讼法》，吴丽琪译，法律出版社2003年版，第430页。

〔4〕 本书所谓"庭审中心主义"，皆在"以庭审为中心"意义上使用。

立于庭审活动中控辩双方对证据、法律意见的充分讨论和辩驳之上的。在庭审中，被告人的程序参与权、辩护权得到最有效的保障，公开审判、直接言词、集中审理等基本原则得到最充分的贯彻和体现，各种证据、主张、观点、意见都得到来自正反两个方面的充分讨论和反驳，在此基础上的事实认定和法律适用是最科学和公正的。因此，法院判决的权威性来自庭审程序的公正性和认识活动的科学性。

然而，这也说明，"以审判为中心"不能等同于以"法院"为中心，法院判决的权威性来自公正的庭审，法院自身也不能游离于庭审活动之外进行事实认定活动，相反，人民法院对于案件事实的认定活动应该"以庭审为中心"，杜绝、限制开庭之前、法庭以外的信息对判决产生影响。例如，我国2012年刑事诉讼法修正案对开庭前的准备程序作出修改，增加了"在开庭以前，审判人员可以召集公诉人、当事人和辩护人、诉讼代理人，对回避、出庭证人名单、非法证据排除等与审判相关的问题，了解情况，听取意见"的规定，[1]成为在开庭之前召开庭前会议的基本法律依据。庭前会议制度的基本功能在于为庭审的集中、顺利进行做充分的准备，明确控辩双方争议的焦点，解决案件中的程序性问题。然而，这种"充分"是有限度的，即庭前会议活动不得损害被告人的审判权。因为庭前会议虽然是控辩审三方到场的场合，但毕竟与正式审判程序不同，缺乏正式审判程序提供的诸多程序性保障。因此，与被告人的定罪、量刑密切相关的实质性问题，不应当在庭前会议中讨论。此外，我国立法目前尚未完全贯彻"以庭审为中心"的原则，在一定条件下赋予合议庭"庭外调查权"。[2]为强化"以庭审为中心"，最高人民法院作出两点解释对此加以限制和补充：一是如果庭外调查作为"取证"的手段，则"法庭庭外调查核实取得的证据，应当经过当庭质证才能作为定案的根据"，除非经庭外征求意见，控辩双方均没有异议；[3]二是如果庭外调查被视为"核实"证据的手段，则"必要时，可以通知检察人员、辩护人、自诉

---

[1] 参见我国《刑事诉讼法》第187条。
[2] 我国《刑事诉讼法》第196条规定，"法庭审理过程中，合议庭对证据有疑问的，可以宣布休庭，对证据进行调查核实。人民法院调查核实证据，可以进行勘验、检查、查封、扣押、鉴定和查询、冻结"。
[3] 新《刑诉法解释》第271条第2款。

人及其法定代理人到场"[1]。这样解释,具有将"庭外"调查一定程度上转化为"庭上"调查的效果,即在合议庭对证据有疑问,需要通过勘验、检查、查封、扣押、鉴定、查询、冻结对证据进行调查核实时,事先通知控辩双方到场,对所调查核实的证据发表意见。因为"庭审"并非一个地理概念,其本质上是一个"场合"概念,即在控、辩、审三方到场的"场合"下解决争议的活动。实践中应进一步强化该解释的刚性,将法庭调查核实证据时"通知检察人员、辩护人、自诉人及其法定代理人到场"作为一般原则,只有在例外的情况下才可以不通知控辩双方到场。

"以庭审为中心"也是西方发达国家刑事诉讼的基本惯例。英美对抗制审判借助陪审团认定案件事实,即使不特设规则,也足以保证判决信息基本上完全出自庭审。欧洲大陆由于在中世纪有比较悠久的书面审传统,且进入现代后仍实行案卷移送制度,因此立法上需特设规则防范庭外信息影响判决。比较典型的如德国《刑事诉讼法》第261条规定,法庭应当根据审判全过程确立自由心证决定证据调查的结果,[2]以及意大利《刑事诉讼法》第526条规定,法官在评议中不得采用不是依法在法庭审理中调取的证据。[3]此外,法官私下对犯罪行为有所知悉,只能以证人身份接受询问,不能在本案中继续担任法官职务,也不能将该私下知悉径行用作判决之根据。其他诉讼程序中获得的证据结果也不能径用为证据。[4]

不过,同样是以庭审为中心,欧洲大陆和英美的理论支撑点并不完全一致。欧洲大陆刑事诉讼奉行职权主义,对参与刑事诉讼的所有机关施加发现真相的义务,[5]其思想基础在于有关机关在作出决定时应当寻找和占有完整、准确的信息。[6]因此,职权主义审判最典型的特征是法官对"实体真实"的

---

[1] 参见新《刑诉法解释》第79条。
[2] 《德国刑事诉讼法典》,李昌珂译,中国政法大学出版社1995年版,第106页。
[3] 《意大利刑事诉讼法典》,黄风译,中国政法大学出版社1994年版,第186页。
[4] [德]克劳思·罗科信:《刑事诉讼法》,吴丽琪译,法律出版社2003年版,第435页。
[5] 例如,德国《刑事诉讼法》第160条第1款规定了检察院的职责:通过告发或者其他途径,检察院一旦了解到有犯罪行为的嫌疑时,应当对事实情况进行调查,以决定是否提起诉讼。德国《刑事诉讼法》第244条第2款规定了审判法院的职责:为了调查事实真相,法院应当依职权将证据调查延伸到所有对于裁判具有意义的事实和证据上。
[6] [德]托马斯·魏根特:《德国刑事诉讼程序》,岳礼玲、温小洁译,中国政法大学出版社2004年版,第2页。

追求以及为此所享有的广泛职权，检察官和当事人在审判中居于相对次要的地位。因此，欧洲大陆的法庭审判以法官的认知结构为基础确立规则。在诉讼中，法官对于案件事实的认识是以证据为中介的，形成"法官—证据—案件"的认知结构。为了最大限度地发现案件真相，在这一认知结构的两个环节均要求无介质而具有直接关系。就"法官—证据"环节而言，要求法官以直接的方式面对被告人、证人、鉴定人和其他证据，能够实时地对被告人、证人、鉴定人进行追问和直接交流，对审判材料形成基于个人感受的印象，并在这种个人印象的基础上形成裁判。就"证据—案件"环节而言，则要求作为法官认知手段的证据，必须直接产生于案件事实，或者最大限度地接近案件事实的第一手资料，以此保证发现案件真相。前者基本对应于德国刑诉理论上的"形式的直接审理原则"（die formelle Unmittlebarkeit），后者大致对应于"实质的直接审理原则"（die materielle Unmittlebarkeit）。[1]法律所希望达到的效果是，法官要对被告人与见证犯罪事实的证人的"人的现实"有一种亲身体验。[2]

英美法同样严格区分"法庭上"和"法庭外"的陈述，实际上这一区分正是"传闻"概念产生的基础。所谓传闻，是在审判中作证的人以外的人作出的"法庭外"陈述，提供该陈述是为了证明陈述中所断定的事实的真实性。[3]根据证据规则，传闻证据不可采，除非它属于传闻规则的例外。在2004年的克劳弗诉华盛顿案中，[4]联邦最高法院又认定，如果一项庭外陈述是"证言性陈述"（testimonial），[5]那么，除非作出陈述的人曾经（或者现在正在法庭上）接受交叉询问，否则，根据对质条款，禁止采纳该庭外陈述作为证据。

---

[1] 参见李文伟：《论德国刑事诉讼中直接言词原则的理论范畴》，载《山东社会科学》2013年第2期。

[2] 参见［法］贝尔纳·布洛克：《法国刑事诉讼法》，罗结珍译，中国政法大学出版社2009年版，第487页。

[3] See Fed. R. Evid. 801 (c).

[4] Crawford v. Washington, 541 U. S. 42 (2004).

[5] 所谓"证言性陈述"，根据联邦最高法院的表述，如果一项陈述是"出于在法庭上使用它的目的而作出时"，就很可能会被认定为"证言性陈述"，它至少包括预审、大陪审团程序，或者在以前的审判中作出的先前证言，也包括警察讯问。但是，911接警员的电话录音，报案人为了让警察帮助应对正在发生的紧急情况而作出的陈述，不属于"证言性陈述"。See Joshua Dressler & Alan C. Michaels, Understanding Criminal Procedure (Ⅱ), Matthew Bender & Company, Inc. (2006), p.244.

可见，美国的庭审中心主义，其基本的立足点在于被告人的对质权。在美国当事人主义背景下，这一点并不难以理解。英美刑事诉讼中程序推进和证据调查皆依赖于当事人，法官和陪审团相对消极，主要通过控辩双方的攻击防御活动获取案件信息，这是当事人主义之下形成作为判决基础的案情信息的基本结构。因而当事人是否享有呈现有利证据、质疑对方证据，即交叉询问的机会，无论对于被告人还是裁判者，都至关重要，交叉询问一直被视为"迄今为止为发现真相而发明的最大的法律引擎"[1]。而只有对质权得到有效保障才能使被告人对证人的交叉询问成为可能。美国联邦最高法院也一直认为对质条款的主要目的是防止用书面证言"代替对证人本人的询问和交叉询问"，要求证人本人当庭作证。[2]

可见，虽然认知结构和立足点并不相同，欧洲大陆和英美"以庭审为中心"的核心要求却是近似的，即强调裁判者的亲历性和证人亲自出庭两大要素。关于法官的亲历性，正是目前我国正在全面推进的司法体制改革和审判运行机制改革中亟待解决的问题，篇幅所限，此不赘述。而证人出庭问题，正是我国各项诉讼制度改革能否顺利推进的关节点。

然而，不可否认的现实是，长期以来，我国刑事审判中的证人出庭率，一直徘徊在较低的水平，即便是2012年刑事诉讼法修正后，这种局面也没有任何改观。[3]2012年《刑事诉讼法》第60条规定，"凡是知道案件情况的人，都有作证的义务"。2012年《刑事诉讼法》第187条又把证人应当出庭作证的情况限定为"公诉人、当事人或者辩护人、诉讼代理人对证人证言有异议，且该证人证言对案件定罪量刑有重大影响，人民法院认为证人有必要出庭作证的"。证人是否应当出庭作证，很大程度上取决于法院对于出庭必要性的判断。就这一点而言，我国刑事审判的职权主义底色仍十分浓厚。如同欧洲大陆一样，我国刑事诉讼法赋予各专门机关以查明真相的职责并为此赋予其较为广泛的职权，这在我国"重实体"的文化传统中似乎是必然之选。但是，

---

[1] See California v. Green, 399 U.S. 158 (1970).

[2] See Joshua Dressler & Alan C. Michaels, Understanding Criminal Procedure (Ⅱ), Matthew Bender & Company, Inc. (2006), p.223.

[3] 根据最高人民检察院办公厅于2014年11月28日印发的《关于以十八届四中全会精神为指引进一步贯彻执行好修改后刑事诉讼法的通知》，2013年至2014年9月，全国一审公诉案件证人出庭3086件，鉴定人出庭992件，分别占起诉案件数的0.18%和0.06%。

正如我们不能把"以审判为中心"简单归结为法院、检察院、公安机关三家之间的事，同样也不能把"以庭审为中心"认为只是法院一家的事。"以审判为中心"的诉讼制度改革如果不能最终落实到被告人的权利保障上，就不可能真正破题，也不可能走得太远。司法实践中早已常态化的超低证人出庭率就是明证。我国要真正实现"以庭审为中心"，就必须适当承认并强化被告人的对质权。

我国《刑事诉讼法》中涉及对质的主要条文是第192条和第193条。但是，从保护对质权的角度来看，这两个条文所构建的保障机制却包含着严重的缺陷。其一，没有明确承认对质的权利属性，相反，证人是否应当出庭很大程度上取决于人民法院的裁量，即人民法院是否"认为证人有必要出庭作证"，这就带来很大的随意性，被告人对质的机会可能会被轻易地剥夺。其二，证人不出庭作证的，其庭外证言是否可以采用没有明确说法。《刑事诉讼法》第193条第2款规定了证人不出庭的后果，"证人没有正当理由拒绝出庭或者出庭后拒绝作证的，予以训诫，情节严重的，经院长批准，处以十日以下拘留"。但是，证人不出庭在诉讼法上的后果，刑事诉讼法以及相关的司法解释只字未提。相反，《刑事诉讼法》第195条却规定，"对未到庭的证人的证言笔录……应当当庭宣读"，这等于变相肯定了庭外证言的证据资格。上述两个问题的存在，使得被告人的对质权基本上丧失了有效的法律保障。

为了提高证人的出庭率，2012年刑事诉讼法修正案也曾作出过努力，即在2012年《刑事诉讼法》第187条（现第192条）中增加了强制证人出庭的规定，即"经人民法院通知，证人没有正当理由不出庭作证的，人民法院可以强制其到庭"，同时"被告人的配偶、父母、子女"可以免于强制出庭。立法者的初衷是吸收西方亲属免证权维系家庭关系和谐的精神，[1]但由于只承认特定亲属"可以免于强制出庭"，并不承认"拒证权"，更不认为被告人是"拒证权"的主体，这在实践中带来了意想不到的效果。

对质权起源于一个简单的命题：被指控犯罪的人，有权当面挑战、质疑指证他的人。所以，对质权的核心在于"刑事被告人"与"不利证人"之间的关系，即被告人享有的让证人当庭作证的权利。所谓"当庭作证"，必须包含四个完整的要素：（1）可以接受交叉询问；（2）在伪证罪威胁下提供；

---

[1] 王尚新、李寿伟主编，全国人大常委会法制工作委员会刑法室编著：《〈关于修改刑事诉讼法的决定〉释解与适用》，人民法院出版社2012年版，第189页。

(3) 提供的方式使陪审团能够观察证人的情态举止；(4) 证人与被告人"面对面地"提供证言。[1]对质权并非美国对抗式审判程序的专利。对质条款在《欧洲人权公约》列于第6条"公正审判"条之下的第3款第4项，属于公平审判权的一部分，也是其最低限度的要求。近年来，欧洲人权法院结合《欧洲人权公约》第6条"公正审判"条款，以案例的形式确认，对质权应当包含以下几个方面的保障：(1) 调查证据（包括询问证人）应当在被告人在场时进行；(2) 询问证人的程序必须是对审式的（adversarial）；(3) 在不利证人陈述当时或者稍后程序阶段，必须赋予被告人向不利证人提问疑问的充分而适当的机会。[2]美国和欧洲在对质条款的具体表述上可能有所不同，但其基本前提都是被告人享有要求不利证人出庭作证的权利。在中国的语境下，明确赋予被告人对质权具有两个方面的意义：一是从工具主义的角度，对质权赋予被告人与不利证人当庭对质的机会，可以从反面检验证人证言的可靠性，提高事实认定的准确性，防止冤假错案的发生；二是从程序公正性的角度，赋予被告人以充分的辩驳机会，对于可能遭受不利裁判的被告人而言，也是审判公正性的基本要求。这对于提高被告人对于裁判结果的接受度，实现判决的终局性，具有现实的意义。因此，为了强化对质权的法律保护，我国立法一方面要明确承认被告人享有与不利证人对质的权利；另一方面，对于被告人无法行使对质权的庭外陈述，除符合法律明确规定的例外情况外，应当排除其成为法庭证据的资格。只有如此，对质权才能成为被告人"硬邦邦"的权利。

当然，这只是实现"以庭审为中心"的第一步。"以庭审为中心"的关键在于实现庭审的实质化，归根到底要落实被告人的有效辩护权，而对质权只是实现被告人有效辩护的必要环节之一。被告人在法庭上还应当享有申请"有利证人"出庭的权利，对于被告人的申请，除非具备法律明确列举的例外情形，法庭不得随意拒绝。[3]

---

[1] See Joshua Dressler & Alan C. Michaels, Understanding Criminal Procedure (4th ed., vol. 2), Matthew Bender & Company, Inc., 2006, p. 245.

[2] 参见林钰雄：《对质诘问与上级审》，载《月旦法学》2007年第143期。

[3] 在我国，申请证人出庭作证的权利规定于《刑事诉讼法》第41条，表现为辩护律师的调查取证权。但是，由于刑事诉讼法对于人民法院可以拒绝传唤证人的具体情形没有明确限制，导致这一权利在司法实践中未能有效行使。为此，可以参考德国《刑事诉讼法》第244条的规定，其明确规定了法庭可以驳回被告人申请的具体情形，除此之外，法庭不得拒绝被告人的调查证据申请。

第三章 "以审判为中心"视角下的死刑程序改革

第二节 死刑案件"以审判为中心"改革的实效

推进"以审判为中心"的诉讼制度改革,是党的十八届四中全会作出的重大改革部署。为贯彻中央改革要求,2016年6月中央全面深化改革领导小组审议通过、2016年10月"两高三部"联合发布《关于推进以审判为中心的刑事诉讼制度改革的意见》。2017年2月,最高人民法院制定《关于全面推进以审判为中心的刑事诉讼制度改革的实施意见》。2017年6月"两高三部"又联合发布《关于办理刑事案件严格排除非法证据若干问题的规定》等文件。2017年12月,最高人民法院出台了"三项规程":《人民法院办理刑事案件庭前会议规程(试行)》(以下简称《庭前会议规程》)、《人民法院办理刑事案件排除非法证据规程(试行)》和《人民法院办理刑事案件第一审普通程序法庭调查规程(试行)》(以下简称《法庭调查规程》),全面深入推进"以审判为中心"的刑事诉讼制度改革。

与此同时,全国法院推进以审判为中心的试点工作也渐次展开。充分发挥审判特别是庭审在刑事诉讼中的决定性作用,成为改革的核心要求和重中之重。[1]例如,成都法院系统自2015年2月以来即在全国率先开展"以审判为中心"的刑事庭审实质化改革试点工作;[2]又如,温州市中级人民法院从2015年开始,以严格落实证人出庭制度为主要抓手,也开展了庭审中心与证人出庭改革试点工作。[3]2017年3月,山西省高级人民法院启动刑事案件庭审实质化改革试点,针对刑事庭审证据调查制度完善、健全非法证据排除程序等12个重点项目,分别在45家法院先行先试。[4]2017年6月,最高人民

---

[1] 戴长林、刘静坤:《让以审判为中心的刑事诉讼制度改革落地见效:对"三项规程"重点内容的解读》,载《人民法院报》2017年6月28日,第6版。在2016年7月29日中央政法委举办的第三次全国政法干部学习讲座上,中央政法委书记孟建柱也指出,推进庭审实质化,是"以审判为中心"的诉讼制度改革的关键环节。

[2] 王鑫、刘方祺:《成都 刑事庭审实质化的一年答卷》,载《人民法院报》2016年3月21日,第5版。

[3] 参见温萱:《温州 一场让庭审更具"实战化"的改革》,载《人民法院报》2016年5月9日,第5版。

[4] 参见孟绍群:《刑事庭审实质化改革的山西实践》,载《法制日报》2017年8月8日,第3版。

法院在研究制定深化庭审实质化改革的"三项规程"过程中，先确定河北省廊坊市、山西省太原市等17个中级人民法院及其所辖的部分基层人民法院为试点法院。"三项规程"发布后于2018年1月1日起开始在全国范围内试行，成为法院系统推进中央"以审判为中心"改革、严格实行非法证据排除规则改革的主要抓手。[1]

在此期间，在监察体制改革的驱动下，刑事诉讼法经历了第三轮修改。引人注目的是，原本作为"以审判为中心"的配套改革措施、以提高诉讼效率为主要导向的认罪认罚从宽制度，经过两年试点之后，经由本轮刑事诉讼法修改，上升为正式的法律制度。而"以审判为中心"或者庭审实质化改革，在本轮修改中并未被提及。实际上，认罪认罚从宽制度能否实现既定的立法目标，在很大程度上取决于正式审判程序的发育程度，正式的诉讼制度越是规范和有效，认罪认罚从宽制度的发展就越是健康。因此，在认罪认罚从宽制度正式入法之后，我们反而更有必要回过头来审视"以审判为中心"改革的进展，考察改革的实际效果，客观看待其成效与不足，寻找改革成效最大化的现实路径。

一、改革的实效：基于死刑案件第一审判决的观察

近年来，已有一些法院就庭审实质化改革试点情况进行总结，得出较为乐观的结论。[2]也有学者对地方法院庭审实质化试点情况进行调研，得出更

---

[1] 参见《最高法院部署开展"三项规程"试点工作》，载《人民法院报》2017年6月11日，第1版。

[2] 例如，2015年成都法院共开试验示范庭83件，其中，律师参与辩护83件，召开庭前会议59件，启动非法证据排除程序14件，排除非法证据2件，人证出庭作证53件，当庭认证42件，当庭宣判34件。参见四川省成都市中级人民法院课题组：《成都法院刑事庭审实质化改革试点工作调研报告》，载中华人民共和国最高人民法院刑事审判第一、二、三、四、五庭主办：《刑事审判参考》（总第103集），法律出版社2016年版，第197-198页；王鑫、刘方祺：《成都 刑事庭审实质化的一年答卷》，载《人民法院报》2016年3月21日，第5版；峥嵘：《刑事庭审询问证人制度实证研究报告》，载http://www.legaldaily.com.cn/fxjy/content/2017-02/27/content_7031206.htm?node=70693，最后访问日期：2019年3月28日。其他地方法院的试点也被认为取得了初步成效，参见徐建新、任国权、吴程远：《温州法院推进庭审实质化改革试点工作调研报告》，载中华人民共和国最高人民法院刑事审判第一、二、三、四、五庭主办：《刑事审判参考》（总第103集），法律出版社2016年版，第216页；温萱：《温州 一场让庭审更具"实战化"的改革》，载《人民法院报》2016年5月9日，第5版；孟绍群：《刑事庭审实质化改革的山西实践》，载《法制日报》2017年8月8日，第3版。

第三章 "以审判为中心"视角下的死刑程序改革

为谨慎的"有效但有限"的结论。[1]然而,改革试点进行的研究在方法论上属于"实验研究",将这种来源于自然科学的研究方法延伸应用于社会科学研究时,往往会在控制实验环境等方面面临着更多的现实困难,其最大的问题是可能产生"实验者期望效应",[2]也就是说,试点的各方参与主体在"试点成功"的殷切期待下,可能会不自觉地改变行为模式,推高庭审实质化的各项指标,从而"制造"出一个试点设计者与试点参与者都期待的"积极"结果。显然,"实验者期望效应"对研究有效性的威胁显然是客观存在的,因此,严谨的研究者一般会使用"双盲实验"[3]来避免类似的效应。基于同样的原因,要对庭审实质化的效果进行相对客观地观察,必须避免、至少是最大限度降低这种期待效应。

本次调研不进行介入式的试点研究,尽量将观察者对案件本身的影响降低到零,以避免"实验者期望效应"的干扰。这样一来,中国裁判文书网发布的刑事裁判文书反而成为最佳的研究对象。总体的研究思路是,在特定的检索条件下,选取"2015-01-01 到 2019-12-31"之间的刑事判决文书样本,再通过人工阅读的方式,以裁判文书所反映的特定相关指标为依据,对庭审实质化改革的效果进行量化的观察。

本研究的核心检索条件设定为"对案件事实有异议"和"中级法院"。之所以将研究对象限定为"对事实有异议"的案件,主要是考虑到被告人认罪的刑事案件并非推行庭审实质化的主要对象,将这类案件排除出去,更便于集中精力考察庭审实质化改革的效果。具体取样过程如下:以"事实有异议"为关键词检索全文,同时辅之以"刑事案件""刑事一审""中级法院""判

---

[1] 参见左卫民:《地方法院庭审实质化改革实证研究》,载《中国社会科学》2018年第6期。
[2] 一系列心理学实验表明,实验者在做实验时经常带有某种期望或者偏向,被试捕捉到这种信号后,可能会按照与实验者期待或者偏爱相一致的方向作出反应,从而验证实验者的预期。换言之,实验者期望被试身上发生的某种特殊反应,有时不过是实验者自己带有倾向性的期望所导致的结果。在这种情况下,实验事实上是无效的。这种对心理学实验效度的影响被称为"实验者期望效应"(experimenter expectancy effect)。参见[美]罗杰·R. 霍克:《改变心理学的40项研究》,白学军等译,中国人民大学出版社2015年版,第99页。
[3] 所谓双盲实验(double-blind experiments),是指在一项实验中,究竟是实验组还是控制组被给予了实验刺激,参与实验的双方(指被试和实验者)都不知道,实验刺激是由实验者和被试以外的第三者任意分派和给定的。参见风笑天:《社会学研究方法》,中国人民大学出版社2009年版,第215-216页。

决书"和"故意杀人罪"的类型限定,"2015-01-01 到 2019-12-31"的时间限定,可以得到符合上述条件的判决书 43 份。[1]

变量设计,亦即确定每一份裁判文书所应当观察、统计和分析的具体指标。确定指标的标准有二:一是判决书有所反映,即能够通过人工阅读的方式提取出相关信息;二是与庭审实质化相关。根据这两个标准,本研究主要设定了五类指标,包括:(1)被告人人数;(2)辩护人类型;(3)致死人数;(4)证人出庭(是为"1",否为"0");(5)刑罚。(见表 3-5)

---

[1] 这 43 个案件分别是:1. 李超财故意杀人案(2019)川 34 刑初 51 号;2. 贾海东、董金富等聚众斗殴、故意杀人案(2019)苏 04 刑初 1 号;3. 王洋抢劫案(2019)辽 10 刑初 29 号;4. 黄务英、刘本相故意杀人案(2018)湘 08 刑初 18 号;5. 彭宏威故意杀人案(2019)黑 11 刑初 9 号;6. 田中文故意杀人案(2019)辽 14 刑初 14 号;7. 李德闯故意杀人案(2018)辽 14 刑初 49 号;8. 王维故意杀人案(2018)川 07 刑初 11 号;9. 朱延东故意杀人、抢劫案(2018)桂 04 刑初 18 号;10. 饶乃军故意杀人案(2018)闽 06 刑初 12 号;11. 赵新线故意杀人案(2018)晋 09 刑初 67 号;12. 焦建宁故意杀人案(2017)内 03 刑初 8 号;13. 郭越故意杀人案(2018)辽 11 刑初 8 号;14. 林小栋故意杀人案(2017)闽 01 刑初 122 号;15. 陈都云、陈红开等故意杀人案(2018)湘 04 刑初 23 号;16. 黄掌国故意杀人、寻衅滋事案(2018)赣 09 刑初 6 号;17. 程摇故意杀人案(2018)琼 01 刑初 40 号;18. 孙纪成故意杀人案(2018)黑 01 刑初 80 号;19. 贾成库故意杀人案(2018)宁 04 刑初 4 号;20. 王云东、刘哲故意杀人案(2017)鲁 03 刑初 16 号;21. 范兴源故意杀人案(2018)晋 09 刑初 13 号;22. 吴成龙、任高民等故意杀人案(2019)晋 01 刑初 15 号;23. 杨云故意杀人案(2018)川 11 刑初 9 号;24. 熊月华、赵康兴故意杀人、伪造、变造、买卖国家机关公文、证件、印章案(2017)赣 09 刑初 34 号;25. 陈林康故意杀人案(2018)川 01 刑初 20 号;26. 奚荣越故意杀人案(2017)桂 01 刑初 69 号;27. 范美芳故意杀人案(2017)云 05 刑初 90 号;28. 焦鸿海故意杀人案(2017)新 23 刑初 13 号;29. 姚文学故意伤害案(2017)吉 07 刑初 24 号;30. 刘政德故意杀人、骗取贷款案(2017)吉 07 刑初 35 号;31. 杨勋故意杀人、抢劫案(2016)川 01 刑初 232 号;32. 温鹏故意杀人案(2017)新 40 刑初 10 号;33. 王平清故意杀人、强奸案(2017)湘 31 刑初 10 号;34. 罗某甲故意杀人案(2017)湘 11 刑初 11 号;35. 陈军强奸、故意杀人案(2016)云 01 刑初 678 号;36. 马成珍故意杀人案(2016)鲁 11 刑初 16 号;37. 赵晓军、崔海玉故意杀人案(2016)晋 01 刑初 67 号;38. 何文杰、崔建坤故意杀人、聚众斗殴案(2016)豫 01 刑初 4 号;39. 杨正故意杀人案(2016)粤 02 刑初 20 号;40. 李云森故意杀人案(2016)辽 10 刑初字 1 号 41. 王娜故意杀人案(2016)新 23 刑初 25 号;42. 王小虎故意杀人案(2015)喀中刑初字第 168 号;43. 许彦君故意杀人案(2014)通中刑初字第 59 号。

表 3-5

案由	被告人人数	辩护人类型 委托辩护	辩护人类型 指定辩护	辩护人类型 亲友	致死人数	证人出庭	刑罚
1. 李超财故意杀人案	1	1			1	0	死缓
2. 贾海东、董金富等聚众斗殴、故意杀人案	15	13	5		1	0	死缓+无期+有期徒刑
3. 王洋抢劫案	1	1			2	0	死刑
4. 黄务英、刘本相故意杀人案	2	2			1	0	死缓+无期
5. 彭宏威故意杀人案	1	1			1	0	无期
6. 田中文故意杀人案	1		1		1	0	无期
7. 李德闯故意杀人案	1	1			1	0	有期徒刑11年
8. 王维故意杀人案	1	1			1	0	无期
9. 朱延东故意杀人、抢劫案	1	1			2	0	死刑
10. 饶乃军故意杀人案	1	2			1	0	无期
11. 赵新线故意杀人案	1	2			与另外3名被告人共致死4人	0	无期
12. 焦建宁故意杀人案	1	1	1		1	0	死缓
13. 郭越故意杀人案	1	2			1	0	有期徒刑
14. 林小栋故意杀人案	1	2			1	0	死缓
15. 陈都云、陈红开等故意杀人案	5	5			1	0	无期1+有期4

续表

案由	被告人人数	辩护人类型 委托辩护	辩护人类型 指定辩护	辩护人类型 亲友	致死人数	证人出庭	刑罚
16. 黄掌国故意杀人、寻衅滋事案	1	1			1	0	死缓
17. 程摇故意杀人案	1	1			1	0	有期徒刑
18. 孙纪成故意杀人案	1	1			1	0	无期
19. 贾成库故意杀人案	1	1			1	0	死缓
20. 王云东、刘哲故意杀人案	5	5			1	0	死缓+2有期徒刑+2缓刑
21. 范兴源故意杀人案	1		1		2	0	无期
22. 吴成龙、任高民等故意杀人案	4	3			1	0	有期徒刑
23. 杨云故意杀人案	1	1			1	0	死缓
24. 熊月华、赵康兴故意杀人、伪造、变造、买卖国家机关公文、证件、印章案	4	1	3		1	0	1死刑+1死缓+1无期+1有期徒刑
25. 陈林康故意杀人案	1	1			2	0	死缓
26. 奚荣越故意杀人案	1	2			1	0	无期
27. 范美芳故意杀人案	1		1		1	0	无期
28. 焦鸿海故意杀人案	1	1			1	0	无期
29. 姚文学故意伤害案	1		1		1	0	无期
30. 刘政德故意杀人、骗取贷款案	1	1			1	0	死缓
31. 杨勋故意杀人、抢劫案	1	1		1	1	0	死缓
32. 温鹏故意杀人案	1	1			1	0	无期
33. 王平清故意杀人、强奸案	1	1			0重伤1	0	有期

续表

案由	被告人人数	辩护人类型 委托辩护	辩护人类型 指定辩护	辩护人类型 亲友	致死人数	证人出庭	刑罚
34. 罗某甲故意杀人案	1	1			1	0	无期
35. 陈军强奸、故意杀人案	1		1		1	0	死刑
36. 马成珍故意杀人案	1	1			1	0	无期
37. 赵晓军、崔海玉故意杀人案	2	3			1	0	死缓
38. 何文杰、崔建坤故意杀人、聚众斗殴案	12	9			1	0	无期+有期
39. 杨正故意杀人案	1		2		1	0	有期
40. 李云森故意杀人案	1		1		3	0	死刑
41. 王娜故意杀人案	1	1			1	0	有期
42. 王小虎故意杀人案	1	1			1	0	有期
43. 许彦君故意杀人案	1		1		1	0	死缓

如表3-5所示，本次调研的43个案件共涉及被告人84个，共致死51人，被判处死刑立即执行的被告人和案件有5个，占全部被告人人数的5.95%，占全部案件数的11.63%。由于均属可能判处死刑的案件，所有的案件都有辩护人，辩护人的总数为92人。如果细究辩护人的类型，辩护人为律师的有91人，占比98.90%；其中，委托的辩护律师有73人，占比81.11%；指定的辩护律师有18人，占比19.57%。仅有1位亲友辩护人，还是与委托辩护同时使用。在43个案件中，有35个案件均由委托产生辩护律师，占比81.40%。

从以上数据可以看出，在43起故意杀人案件中，判处死刑的案件仅占11.63%，这说明，对故意杀人案件判处死刑已经成为少数的例外，至少在致死1人的案件中是如此，我国"少杀慎杀"的方针在故意杀人案件中基本是得到贯彻的。在辩护人中律师占比为98.90%，这意味着在故意伤人案件中辩护的专业化程度还是比较高的；其中，超过80%的案件中，当事人或其家属

079

自行委托了辩护律师,这说明被告人委托律师的意愿相当高。这是一个可喜的迹象,说明越来越多的被告人相信律师是有用的,这从侧面反映出中国法治环境的改善。然而,遗憾的是,在43个故意杀人案件中,我们没有发现1起有证人出庭的案件。

二、改革的瓶颈:审判认知结构与判决权威结构

学界已有大量论著指出,"以审判为中心"的诉讼制度改革并非简单的诉讼技术层面的调整,还涉及司法机关体制性改革和工作机制改革,[1]是刑事诉讼的结构性重塑。反观四年来的"以审判为中心"或庭审实质化改革,可以发现两个突出特点:一是主体上,虽然在中央层面,《关于推进以审判为中心的刑事诉讼制度改革的意见》由中央全面深化改革领导小组审议通过、"两高三部"联合发布,在地方层面,各省政法委也牵头起草了涉及法院、检察院、公安厅、司法厅等部门的具体实施方案,但改革的实际设计者和实施者实际上主要局限于法院系统。[2]二是在内容上,本轮改革的规范性文件多是对现行刑事诉讼法和司法解释内容的重述或者技术性改进,缺少制度性推进和结构性变革。[3]这意味着,在现行的诉讼制度和司法体制所形成的审判认知结构和判决权威结构未被根本触动的前提下,"以审判为中心"改革如同"螺蛳壳里做道场",辗转腾挪的空间十分有限,改革效果不显著,也在情理之中。

(一)以"案卷"为中心的审判认知结构

"以审判为中心"的核心要求是"保证庭审在查明事实、认定证据、保护

---

[1] 龙宗智:《"以审判为中心"的改革及其限度》,载《中外法学》2015年第4期;陈卫东:《以审判为中心:当代中国刑事司法改革的基点》,载《法学家》2016年第4期。

[2] 以广东为例,2017年11月广东省委政法委成立"以审判为中心的诉讼制度改革协调领导小组"及两个工作专班,指定广东省高级人民法院牵头"刑事诉讼制度改革工作专班",并由广东省高级人民法院代为拟订全省落实刑事诉讼制度改革的实施方案。2017年年底,广东省高级人民法院向全省各级法院、省公安厅、省检察院、省司法厅等单位发函,征集改革需求和建议,形成《广东省全面落实以审判为中心的刑事诉讼制度改革实施方案》。

[3] 例如,《最高人民法院关于全面推进以审判为中心的刑事诉讼制度改革的实施意见》第14条关于证人出庭的规定,"控辩双方对证人证言有异议,人民法院认为证人证言对案件定罪量刑有重大影响的,应当通知证人出庭作证。控辩双方申请证人出庭的,人民法院通知证人出庭后,申请方应当负责协调相关证人到庭。证人没有正当理由不出庭作证的,人民法院在必要时可以强制证人到庭。根据案件情况,可以实行远程视频作证"。该规定与《刑事诉讼法》第192条和《刑诉法解释》第206条相比并无实质性推进。

第三章 "以审判为中心"视角下的死刑程序改革

诉权、公正裁判中发挥决定性作用"。[1]这意味着，除了法律明确规定的情形，[2]法官据以形成判决基础的信息应当全部来源于庭审。为此，庭审应当贯彻直接、言词、集中原则，形成"法官—庭审证据—案件事实"的基本认知结构，排斥庭审以外的任何可能对判决产生实质性影响的正式、非正式信息交流。比如，法官与检察官在开庭前或者庭下涉及案情的非正式交流，尤其是在对方律师不在场情况下进行的这种交流，即属"单方解除"的不当行为。

然而，目前对"以审判为中心"改革形成认知结构局限的，最主要的还是案卷。德国贝恩德·许乃曼教授在1979—1986年针对案卷对判决行为影响的实证研究结果证实，侦查案卷中记载的信息对法官最终的判决结果有着巨大的影响。[3]长期以来，我国刑事诉讼中一直存在或明或暗的案卷移送实践，案卷中记载的侦查证据信息一直对判决结果产生着难以估量的影响。成为判决基础的，主要是法官通过查阅和研读案卷所形成的主观印象，而不是当庭审理所形成的内心确信。这种裁判方式，有学者将其概括为"新间接审理主义"。[4]审判无法与审前尤其是侦查信息进行有效切割，无法对侦查信息和结论起到制约作用，这是目前实行"以审判为中心"的最大障碍。

"以审判为中心"改革客观上要求对案卷的移送和使用施加明确的限制。然而，在目前出台的各项改革试点文件中并未发现此种倾向。案卷依然是法官心证形成的主导性因素，庭审在一定程度上沦为案卷信息的正式核实和确认程序。相反，由于近年来最高人民法院往往将不同的改革任务交给不同的部门，分别牵头负责起草改革文件，各项改革方案在实际操作中不时出现顾此失彼，甚至熔断"以审判为中心"改革的现象。例如，最高人民法院于2015年9月印发的《关于完善人民法院司法责任制的若干意见》第16条和第17条规定，除承办法官需要阅卷、制作阅卷笔录外，合议庭其他法官也应当

---

[1]《中共中央关于全面推进依法治国若干重大问题的决定》，载《〈中共中央关于全面依法治国若干重大问题的决定〉辅导读本》，人民出版社2014年版，第23页。

[2] 例如，美国《联邦刑事诉讼规则》第804条，日本《刑事诉讼法》第321条、第323条、第326条，德国《刑事诉讼法》第251条。

[3] 关于该项实证研究的详细介绍，参见[德]贝恩德·许乃曼等：《案卷信息导致的法官偏见：关于与英美模式比较下德国刑事诉讼程序优缺点的实证研究》，刘昶译，载何挺等编译：《外国刑事司法实证研究》，北京大学出版社2014年版，第74页。

[4] 参见陈瑞华：《新间接审理主义——"庭审中心主义改革"的主要障碍》，载《中外法学》2016年第4期。

阅卷。又如，最高人民法院、司法部在 2015 年 4 月印发的《人民陪审员制度改革试点方案》中第（4）条提出，"健全人民陪审员提前阅卷机制，人民法院应当在开庭前安排人民陪审员阅卷，为人民陪审员查阅案卷、参加审判活动提供便利"。在随后印发的《人民陪审员制度改革试点工作实施办法》中，第 18 条也规定，"人民法院应当在开庭前，将相关权利和义务告知人民陪审员，并为其阅卷提供便利条件"。2016 年 6 月，在最高人民法院向全国人大常委会所作的《人民陪审员制度改革试点情况的中期报告》中，"建立健全人民陪审员提前阅卷机制，在开庭前安排人民陪审员阅卷，为人民陪审员查阅案卷"提供便利，被作为开展试点的成功经验向全国人大常委会汇报。2018 年正式通过的《人民陪审员法》虽没有出现类似内容，但是，2019 年 5 月 1 日起开始施行的《最高人民法院关于适用〈中华人民共和国人民陪审员法〉若干问题的解释》第 8 条明确规定，"人民法院应当在开庭前，将相关权利和义务告知人民陪审员，并为其阅卷提供便利条件"。

(二)"副卷"背后的判决权威结构

案卷对于法官裁判行为的影响基本属于认知心理学范畴。然而，"以审判为中心"改革实效不佳并不能单纯地归因于案卷移送造成的心理学上的先入为主或者认识偏差。中国刑事司法的问题更为复杂。在中国的司法实践中，一个长期而普遍的做法是案卷材料分为"正卷"与"副卷"，上文所说的案卷，其实指的只是"正卷"。"正卷"之外，还有"副卷"，即法院在装订诉讼卷宗时，将不宜对外公开的材料装订成册而形成的卷宗。[1]案卷材料分立正、副卷的做法最早可以追溯到 20 世纪 50 年代，[2]之后最高人民法院又于

---

［1］ 参见杨治、邓红：《法院诉讼档案"副卷"改革路径探析——基于基层法院 300 份诉讼档案"副卷"的分析与审视》，载《法律适用》2017 年第 7 期。

［2］ 1957 年《最高人民法院、司法部关于律师参加诉讼中两个具体问题的批复》（2002 年废止）："司法部 1956 年 12 月 4 日所发《关于律师参加诉讼中几个具体问题的通知》下列两个具体问题，因与最高人民法院 1956 年 10 月所发《各级人民法院刑、民事案件审判程序总结》中的有关规定不一致，经我们共同研究后，特复复如下：一、关于辩护律师查阅案卷材料问题。《通知》（三）规定，'辩护律师有权查阅全部案卷材料'；但《总结》规定，'评议记录应当保守秘密，当事人及辩护人不能阅览'。我们认为，评议记录可另本装订，附卷。其他虽与案件有关而不属于诉讼过程中的材料（如与他案有关的线索材料等），可另订副卷。评议记录和副卷材料都不予律师阅览。除此以外的全部案卷材料（包括起诉书、答辩书、证据、供词、勘验单、鉴定书等），法院应该无保留地让律师查阅，不得借口保密而不给阅览。"

1984年和1991年两次下发《人民法院诉讼文书立卷归档办法》，为正、副卷分立的做法提供了规范依据。[1] 1990年，最高人民法院下发《关于保守审判工作秘密的规定》,[2] 重申了"副卷不对外公开"的工作原则和保密纪律。可见，虽然同属案卷材料，但"正卷"和"副卷"在刑事诉讼中的地位、作用、公开度却迥然不同：正卷在刑事诉讼法中具有正式的法律地位，辩护律师依法可以查阅、摘抄、复制；而副卷在正式立法中并无一席之地，辩护律师不能查阅，只有办案人员自己能够查阅，或者在出现错案、需要追究责任时，由专案组和上级审查人员查阅。然而，"副卷"却被认为包含着判决的真正原因。近年来，随着一系列热点事件的出现，"副卷"逐渐进入公众视野，引起学界关注，已有学者从不同角度撰文，主张副卷中的内容应当逐步归于正卷，直至彻底废除副卷。[3]

正卷对判决结果的影响基本属于认知范畴，而副卷对判决结果的影响则属于另一个完全不同的向度。根据1991年《人民法院诉讼文书立卷归档办法》第21条，副卷中的诉讼文书材料主要包括：案件承办人的审查报告；承办人与有关部门内部交换意见的材料或笔录；有关本案的内部请示及批复；合议庭评议案件笔录；审判庭研究、汇报案件记录；审判委员会讨论记录；案情综合报告原、正本；判决书、裁定书原本；审判监督表或发回重审意见书；其他不宜对外公开的材料。由此可见，副卷中并不包含案件证据材料，而是客观记录了判决形成过程中承办法官与合议庭其他法官之间、合议庭与庭长主管院长之间、合议庭与审判委员会之间、上下级法院之间、管辖法院与其他领导干部之间就案件处理意见进行交流、汇报、请示、批示等正式或非正式的互动所形成的材料。因此，副卷虽小，却承载了中国司法判决的真实形成过程，折射出判决中多层次、多维度、正式或非正式的权威结构。

---

[1] 1991年《人民法院诉讼文书立卷归档办法》第4条规定，"人民法院的各类诉讼文书，应按照利于保密、方便利用的原则，分别立为正卷和副卷"。

[2] 该规定要求：案件材料的归类、装订、立卷必须内外有别，按规定立正、副卷。案件的请示、批复，领导的批示，有关单位的意见，合议庭评议案件的记录，审判委员会讨论案件的记录，案情报告以及向有关法院、有关单位征询对案件的处理意见等书面材料，必须装订在副卷内。副卷的材料非因工作需要，又未经本院领导批准，任何单位和个人不得查阅。

[3] 相关论文参见刘仁文：《论我国法院副卷制度的改革》，载《法学评论》2017年第1期；杨治、邓红：《法院诉讼档案"副卷"改革路径探析——基于基层法院300份诉讼档案"副卷"的分析与审视》，载《法律适用》2017年第7期。

当然，随着司法改革的推进，副卷里包含的材料也在发生变化。比如，对于再审或上级法院发回重审的案件，传统的做法是，在正式的裁判文书中只是概括性地叙述再审或者发回重审的理由，具体存在哪些实体和程序问题，则另附"内部意见函"，置于副卷之中。[1]对此，1999年最高人民法院制定的《法院刑事诉讼文书样式（修订）》规定，"在裁定书中，原则上应当宣明发回重审的理由"，"不再向原审法院另行附函说明，特殊情况除外"。但实践中各地法院执行不一，有的法院依然将发回重审的理由另外附函说明。再如，领导干部干预、插手具体案件处理的批示、文件往来等，之前法院都作为需要保密的材料归入副卷。但是，2015年最高人民法院发布的《人民法院第四个五年改革纲要（2014—2018）》第55条提出，对于领导干部干预司法活动、插手具体案件的批示、函文、记录等信息……均应当存入案件正卷，供当事人及其代理人查询。因此，在司法改革的大背景下，正如学界所主张的，目前确实存在不断减少副卷中的材料，使其逐步归于正卷的大趋势。然而，即使彻底废除副卷，也只是从"黑箱司法"走向了"公开司法"，如果不触动副卷背后的判决权威结构，"以审判为中心"仍是镜花水月。

在新一轮以司法责任制为核心的司法体制和工作机制改革推动下，对刑事案件办理的各种非法、非正式的插手、干预现象确实明显减少。然而，需要引起注意的是，一些从推进"以审判为中心"角度来看明显不当的措施目前出现了强化甚至制度化的迹象。例如，2018年5月国家监察委和最高人民检察院联合下发的《国家监察委员会与最高人民检察院办理职务犯罪案件工作衔接办法》第34条明确规定政法委协调案件的做法。[2]众所周知，政法委协调案件后敲定的解决方案也必须通过法院内部的行政化链条具体落实，这也意味着人民法院内部的行政化办案方式并没有完全消失。又如，2018年通过的《人民陪审员法》第23条第2款规定，"合议庭组成人员意见有重大分

---

〔1〕 参见杨治、邓红：《法院诉讼档案"副卷"改革路径探析——基于基层法院300份诉讼档案"副卷"的分析与审视》，载《法律适用》2017年第7期。

〔2〕 《国家监察委员会与最高人民检察院办理职务犯罪案件工作衔接办法》第34条规定，"对国家监察委员会移送的案件，最高人民检察院公诉部门应当与最高人民法院相关审判庭共同制定审判预案，对可能出现的突发情况和问题提出应对措施，保证起诉、审判等工作顺利进行。对案件涉及重大复杂敏感问题的，应当及时与国家监察委员会沟通协商，必要时提请中央政法委协调，确保案件办理的政治效果、法律效果和社会效果"。

歧的，人民陪审员或者法官可以要求合议庭将案件提请院长决定是否提交审判委员会讨论决定"。其效果，是强化了陪审案件中审判委员会的职能。再如，2018 年修订的《人民检察院组织法》第 26 条增设了检察长列席审委会会议的条文，后又不时出现控辩双方同时参加审判委员会会议的新闻。[1]辩护律师参加审委会会议，对检察长列席审委会所形成的"单方接触"局面无疑是一种打破和改进，然而，这种安排将进一步加大审判委员会程序在案件处理中的权重，就庭审实质化改革而言是南辕北辙。

所以，在以"案卷"为中心的审判认知结构和"副卷"所反映的判决权威结构所形成的瓶颈效应下，"以审判为中心"改革难以在核心指标上取得明显的成效，也就在意料之中了。未来"以审判为中心"改革能否取得实质性进展，在某种意义上取决于我们能否解决好"两卷"问题。

三、改革的深化：重塑审判认知结构和判决权威结构

2019 年 2 月最高人民法院发布的《人民法院第五个五年改革纲要（2019—2023）》将"深化以审判为中心的刑事诉讼制度改革"作为未来五年的重要任务之一。"以审判为中心"的改革要真正取得实效，必须重塑审判认知结构和判决权威结构，为改革开拓更大的空间。

（一）审判认知结构之重塑

重塑审判认知结构，应当有一"弱"一"强"两方面的举措。一"弱"指的是弱化案卷在审判中的作用。通过确立评议的原则和具体的规则，对案卷在审判中的使用施加限制，这是实行案卷移送制度的法治国家的通行做法。前者例如，德国《刑事诉讼法》第 261 条规定，法庭应当根据审判全过程确立自由心证决定证据调查的结果；[2]意大利《刑事诉讼法》第 526 条规定，法官在评议中不得采用不是依法在法庭审理中调取的证据。[3]后者例如，法

---

[1] 2019 年 6 月 4 日，福建省高级人民法院召开审判委员会会议，邀请辩护律师到会，听取检察机关与辩护律师意见，《全国首例！检辩双方同时在高级法院审委会发表意见》，2019 年 6 月 5 日刊发于"最高人民法院"官方微信公众号。2019 年 5 月 10 日，山西省晋城市中级人民法院审委会会议上，辩护律师与检察官向审委会委员作陈述，参见谭畅、桂天舒、李馥含：《"改造"法院审委会：晋城试点，中国首例》，载《南方周末》2019 年 5 月 23 日，第 1 版。

[2] 参见《德国刑事诉讼法典》，李昌珂译，中国政法大学出版社 1995 年版，第 106 页。

[3] 参见《意大利刑事诉讼法典》，黄风译，中国政法大学出版社 1994 年版，第 186 页。

国《刑事诉讼法》第 347 条规定，重罪法庭不能将案卷带入评议室。[1]在德国，案卷之内容原则上不得用为裁判之根据。[2]在阅卷的主体方面，德国立法也有严格的限制：由于担心陪审员受到案卷的影响，陪审员原则上不得接触案卷；审判长和制作裁判文书的法官也不得阅览案卷。德国《刑事诉讼法》第 250 条还规定了"询问本人原则"，即，如果对事实的证明是建立在一个人的感觉之上，要在审判中对他本人进行询问，不允许以宣读以前的询问笔录或者书面证言代替询问。意大利 1988 年《刑事诉讼法》对侦查案卷的使用施加了严格的限制：法官根本不接触侦查案卷，侦查案卷的作用是供对立双方查阅。意大利法官受理案件后，要准备一个新的审判案卷，在开庭前，审判案卷应当是空白的，只有在法庭上出示和调查过的证据才能记入审判案卷，审判法官只能根据审判案卷中有记载的证据作出判决。这是意大利独特的"双重案卷"制度。[3]对于提交给法官的进入审判案卷的材料，意大利立法也规定了严格的限制，任何一方想要审判法官考虑额外的证据，必须经由另一负责预审的法官举行聆讯，由他决定是否将证据提交给审判法官。

我国要重塑审判认知结构，必须从限制案卷的使用着手。为此，首先应当在立法上确立直接原则。直接原则关注两个方面的关系——法官与证据的关系、证据与案件事实的关系。前者要求法官对证据具有"亲历性"；后者要求法庭上出示的证据必须直接产生于案件事实，不能经过转述、复制等中间传递环节。其次，需要确立具体的规则，对开庭前阅览案卷的主体和内容施加限制。在阅览案卷的主体范围上，首先要排除人民陪审员作为阅览主体；对于合议庭审理的案件，因承办法官需要拟定庭审提纲，所以应由承办法官阅览案卷，审判长或者合议庭其他法官原则上不能阅卷。在阅览案卷的内容上，现行刑事诉讼法虽然恢复了全卷移送制度，但并未恢复实体性庭前审查，并不要求对证据的充分性作出评估，只需要审查起诉书中是否"有明确的指

---

〔1〕 参见［法］贝尔纳·布洛克：《法国刑事诉讼法》，罗结珍译，中国政法大学出版社 2009 年版，第 487 页。

〔2〕 ［德］克劳思·罗科信：《刑事诉讼法》，吴丽琪译，法律出版社 2003 年版，第 430 页。

〔3〕 关于意大利的双重案卷（double dossier）制度，参见 Antoinette Perrodet, *The Italian System*, Mireille Delmas-Marty and J. R. Spencer (ed), European Criminal Procedures, Cambridge University Press (New York), 2002, p. 369.

控犯罪事实"即可。[1]以此标准看,《最高人民法院关于完善人民法院司法责任制的若干意见》(以下简称《司法责任制意见》)第16条所列举的承办法官职责中第3项职责"对当事人提交的证据进行全面审核,提出审查意见"并不适当,应当删除。最后,限制法庭在评议环节对案卷的接触和使用。法庭调查和法庭辩论环节一经结束,审判长应当命令书记员将案卷收存至法院档案室,除非在评议过程中确有必要对案卷中的某项材料进行审查,才可以由审判长命令将案卷送回评议室,在控辩双方同时在场的情况下,同时开卷,进行查阅。[2]

在弱化案卷影响的基础上,如何深化"以审判为中心",涉及改革的着力点问题。有学者将对抗化的庭审作为庭审实质化的指标之一,[3]但是,实质化的庭审并不等于对抗式庭审,否则欧洲大陆各国职权主义主导之下的庭审将永无实质化的可能,我们更倾向于认为,"以审判为中心"改革与审判模式没有必然的关系,无论是对抗式诉讼还是职权主义诉讼,均可以自己的方式实现庭审实质化。如果求取各国制度上的最大公约数,则是国际刑事司法准则,[4]尤其是联合国《公民权利与政治权利国际公约》第14条确定的公正审判的最低限度标准,特别是第3款第(戊)项所保障的"与不利证人对质的权利"。因而,中国进一步改革的着力点,应当是围绕被告人的对质权发力。此即相对于上文"一弱"而言的"一强"。

---

[1] 对比1979年《刑事诉讼法》第108条和现行《刑事诉讼法》第186条的规定可以看出这一点。1979年《刑事诉讼法》第108条规定,"人民法院对提起公诉的案件进行审查后,对于犯罪事实清楚、证据充分的,应当决定开庭审判;对于主要事实不清、证据不足的,可以退回人民检察院补充侦查;对于不需要判刑的,可以要求人民检察院撤回起诉"。人民法院在开庭前的公诉审查环节即对证据的充分性作出初步判断,这是一种实体性的公诉审查方式。现行《刑事诉讼法》第186条规定,"人民法院对提起公诉的案件进行审查后,对于起诉书中有明确的指控犯罪事实的,应当决定开庭审判"。人民法院在开庭前只需要审查起诉书中是否"有明确的指控犯罪事实",立法者显然将庭前审查设计为一种程序性审查。

[2] 类似的规定可参考法国《刑事诉讼法》第347条的规定,"审判长宣布法庭审理结束……审判长命令将诉讼案卷收存至重罪法院书记员手中……如在评议过程中重罪法庭认为有必要对诉讼案卷之一项或数项材料进行审查,审判长得命令将案卷送至评议室,在检察院及被告人与民事当事人的律师当面,重新开卷,以行查阅"。参见《法国刑事诉讼法典》,罗结珍译,中国法制出版社2006年版,第347页。

[3] 参见左卫民:《地方法院庭审实质化改革实证研究》,载《中国社会科学》2018年第6期。

[4] 持类似观点的还有熊秋红教授,参见熊秋红:《刑事庭审实质化与审判方式改革》,载《比较法研究》2016年第5期。

本次调研揭示了证人、鉴定人出庭率不仅在 2014 年处于极低的水平，在推行"以审判为中心"或庭审实质化改革四年之后的 2018 年，仍然没有显著改善的迹象。这种局面与立法在证人出庭问题上自相矛盾的态度有相当大的关系。一方面，《刑事诉讼法》第 62 条规定，"凡是知道案件情况的人，都有作证的义务"，第 61 条也规定，"证人证言必须在法庭上经过公诉人、被害人和被告人、辩护人双方质证并且查实以后，才能作为定案的根据"。另一方面，《刑事诉讼法》第 192 条把证人必须出庭作证的情形限定于"公诉人、当事人或者辩护人、诉讼代理人对证人证言有异议，且该证人证言对案件定罪量刑有重大影响，人民法院认为证人有必要出庭作证的"。证人是否应当出庭，很大程度上是取决于法院关于是否存在出庭必要性的判断。然而，"以审判为中心"不等于以"法院"为中心，要真正实现"以审判为中心"，立法就必须明确承认并适当加强被告人的对质权。

对于被告人对质机会的保障，我国刑事诉讼立法主要是通过 2012 年《刑事诉讼法》增设的第 192 条和第 193 条来实现。然而，就保护对质权而言，上述两个条文构建的保障却包含着缺陷。其一，刑事诉讼法没有明确肯定被告人享有对质的权利，相反，证人是否应当出庭作证基本上完全取决于人民法院对于出庭必要性的判断，即人民法院认为证人是否"有必要出庭作证"，这就具有很大的随意性。其二，在证人没有出庭作证的情况下，立法并未指明书面证言是否具有证据能力。《刑事诉讼法》第 193 条第 2 款规定了证人未出庭的实体后果，即"证人没有正当理由拒绝出庭或者出庭后拒绝作证的，予以训诫，情节严重的，经院长批准，处以十日以下拘留"。然而，在诉讼法和证据法上证人不出庭所导致的后果，刑事诉讼法和有关的司法解释却一字未提。《刑事诉讼法》第 195 条规定，"对未到庭的证人的证言笔录……应当当庭宣读"，相当于变相肯定了庭外证言的证据资格。这两个问题的存在，导致被告人在审判中对质的机会不会受到重视。

为了加强对质权的法律保障，未来应当双管齐下，一方面立法要明确肯定对质的权利属性。刑事被告人享有与不利证人的对质权，早已为多数法治国家宪法所吸纳，成为宪法性保障，同时也为一系列全球性或者区域性人权公约所吸纳，成为国际社会的共识，无关乎意识形态、法律传统和诉讼模式。另一方面，增强对质权的刚性，强化剥夺或限制被告人对质权的程序性制裁机制。我国目前已经存在保障被告人质证权的程序机制，但遗憾的是，多数规则仅存在于最高人民法院的司法解释中，法律层级有限，因而刚性不足，施行中打了折扣。例如，新《刑诉法解释》第71条规定："证据未经当庭出示、辨认、质证等法庭调查程序查证属实，不得作为定案的根据。"第271条规定，对公诉人、当事人及其法定代理人、辩护人、诉讼代理人补充的和法庭庭外调查核实取得的证据，应当经过当庭质证才能作为定案的根据。第458条第3项规定，"原判决、裁定生效前已经收集，但未经质证的证据"应当认定为刑事诉讼法第253条第1项规定的可能引起再审程序的"新的证据"。上述解释，未来应当上升为立法，以确立保障对质权的刚性结构。

（二）判决权威结构之转型

"副卷"及其相关问题的解决之道不是一废了之，因为副卷只是其背后的判决权威结构的集中反映和如实记录，这种"全程留痕"，在某种意义上也充当了一种对法庭之外的各种干预的约束和规范，自有其存在的现实合理性。如果只是简单地废除"副卷"，司法将彻底"黑箱化"，更是一种倒退。将"副卷"内容全部归于"正卷"，也非解决问题的根本办法。副卷材料归于正卷，当事人及其律师可以查阅，这将使司法进一步远离"黑箱化"，成为真正的"阳光司法"。这固然是一大进步，然而，在司法公开之外，尚有"以审判为中心"的改革目标。在"以审判为中心"的改革议题下，正卷除了供当事人及其律师查阅外，本身也是需要限制其用途的材料。因此，废除"副卷"，将其包含的材料全部归于"正卷"，从深化"以审判为中心"改革的角度看，仍是治标不治本。

如前文所述，真正妨碍"以审判为中心"实现的是副卷背后的判决权威结构。所以，深化"以审判为中心"改革，必须以直接原则所要求的司法"亲历性"为核心，调整判决权威结构。这不仅涉及人民法院与外部的党政机关、人民检察院、监察委员会的关系的调整与重塑，也涉及上下级人民法院之间，以及人民法院内部员额法官与院庭长之间、合议庭与审判委员会之间关系的调整与重塑。这也是最新一轮以司法责任制为核心的司法体制和工作机制改革的主要目标。就上述议题已有不少学者发表过真知灼见，这里不再赘述。这里仅就近期成为热点的院庭长的审判监督管理权进行讨论。

一般认为，人民法院院长的审判监督管理职责（权）的法律依据是《人民法院组织法》第41条，"人民法院院长负责本院全面工作，监督本院审判工作，管理本院行政事务"。我国《法官法》第9条也规定："人民法院院长、副院长、审判委员会委员、庭长、副庭长除履行审判职责外，还应当履行与其职务相适应的职责。"所谓"与其职务相适应的职责"即包括审判监督管理职责。院庭长的审判监督管理职责（权）不仅限于宏观层面上进行的审判监督管理，而且还延伸到个案监督。《司法责任制意见》第24条规定，对"涉及群体性纠纷，可能影响社会稳定的；疑难、复杂且在社会上有重大影响的；与本院或者上级法院的类案判决可能发生冲突的；有关单位或者个人反映法官有违法审判行为的"四类案件，院庭长可以进行个案监督。从上述规定来看，院长、副院长就特定类型的案件做批示存在一定的法律依据和政策依据。然而，学术探讨不能止步于此，接下来的问题是，法院内部的行政领导（院庭长）的监督管理职权应当止步于何处？如何区分正当的监督管理与对司法的不当干预？

根据《人民法院组织法》第41条的规定，人民法院院长履行的监督管理职责（权）包括两个方面：一是"监督本院审判工作"；二是"管理本院行政事务"。《司法责任制意见》以此为根据，将此二项权利分别概括为"审判监督权"和"行政事务管理权"。就"行政事务管理权"而言，法院内部的行政事务无非围绕人事调配、财政拨付、物资管理（人、财、物）而产生，这是院庭长作为本院行政首长的固有职权，理论争议不大，但实践中有的院长、庭长等法院内部行政管理者凭借其在行政管理方面的优势地位，干预法官、合议庭的裁判结果，代行本来应当由法官、合议庭独立行使的司法裁判权，导致行政事务管理权与司法裁判权纠缠不清。[1]

人民法院院长的"审判监督权"更加富有争议。原因在于，院长虽然是法院的行政首长，但一般认为，法院内部关系不同于普通行政机关的内部关系。在推进"以审判为中心"的改革大背景下，直接原则要求法官在审判案件的过程中具备"亲历性"，尤其是在认定事实上，院长并不享有高于承办法官的权威。因此，院长对审判工作的监督管理并非无原则、无边界。最高人民法院《司法责任制意见》开篇即指出制定该意见的目的是"建立健全符合

---

[1] 参见陈瑞华：《司法改革的理论反思》，载《苏州大学学报（哲学社会科学版）》2016年第1期。

第三章 "以审判为中心"视角下的死刑程序改革

司法规律的审判权力运行机制,增强法官审理案件的亲历性,确保法官依法独立公正履行审判职责"。所以,在院庭长履行审判监督权,与法官依法独立履行审判职责之间,必须确定一个适当的边界。这实际上也是最新一轮的司法体制和工作机制改革的核心议题。

这并非中国独有的问题。例如,《德国基本法》第 97 条保障法官独立和不受罢免,"只服从法律"。然而,考虑到法官也是有七情六欲的凡人,难免有个别法官贪名好利、违法滥权、怠惰懒散,所以也需要法院首长(院庭长)对本院法官行使"职务监督"权,以督促法官恪尽职守,依法审判。但是,这种"职务监督"是有边界的,不能影响到法官的司法活动,而且法官只在不影响其司法自由的限度内接受这种约束。在德国,一旦法官认为院长的监督行为超越了适当限度,根据德国《法官法》第 79 条的规定,法官有权将这一问题提交职务法庭作出裁决。[1]何为适当限度?在德国,联邦法院职务法庭采纳的是"核心领域理论",[2]并成为学界通说。该理论将法官的裁判行为分为核心领域与非核心领域两大类型。对于非核心领域,原则上属于院庭长行使职务监督的范围。"核心领域"包括裁判行为本身,以及所有直接、间接为准备裁判而进行的行为,在这个范围内原则上排除院庭长的职务监督。但是,对于法官显然错误的职务行为,例如适用已废止的法律,院庭长仍可以进行职务监督。这是唯一的例外。

根据最高人民法院《司法责任制意见》,院庭长的"审判监督权"既包括指导本院本庭各项审判工作、对本院本庭审判质量情况进行监督等宏观意义上的监督职能,也包括在特定的四类案件中行使个案监督职能。在行使个案监督的情况下,院庭长的审判监督权,与刑事诉讼法中的"审判监督"是一种什么关系呢?仔细探究,发现二者存在共通之处,即都是对审判活动行使的监督。但二者在监督主体、监督范围、监督方式、监督时机、监督依据、监督后果等方面存在显著差异:首先,刑事诉讼中的审判监督具有特定含义,既是指对审判活动的监督,又是指以审判的方式进行的监督,其典型表现是依第二审程序对第一审判决进行的监督,以及依审判监督程序对原生效判决

---

[1] Rodolphe Juy-Birman, *The German System*, Mireille Delmas-Marty and J. R. Spencer (eds), *European Criminal Procedures*, Cambridge University Press (New York), 2002, pp. 297-298.

[2] 姜世明:《法院组织法》(修订五版),新学林出版股份有限公司 2016 年版,第 308 页。

进行的监督。这与《司法责任制意见》第 24 条所规定的院庭长的"审判监督"有本质的不同。其次,刑事诉讼中的审判监督从时机上看是一种事后监督,而从《司法责任制意见》第 24 条的规定来看,院庭长监督可以是事前、事中监督。再次,在监督的依据上,刑事诉讼中的审判监督完全是以刑法和刑事诉讼法的相关规定为依据的,而院庭长的"审判监督",既可以进行违法监督,也可以进行违纪监督、职业伦理监督。最后,院庭长的审判监督从效果上受到《司法责任意见》第 24 条的严格限制,即院长、副院长、庭长对案件的审理过程或者评议结果有异议的,不得直接改变合议庭的意见,只能将案件提交专业法官会议、审判委员会讨论。而刑事诉讼中的审判监督,不限于四类案件,既没有案件范围的限制,又没有监督效果的限制,既可以撤销原判、发回重审,又可以直接改判。

从《司法责任制意见》的相关规定来看,在审判的"核心领域"——审判活动本身、为审判活动顺利进行而实施的庭前会议等庭前准备工作,以及作为审判后续工作的制作裁判文书等活动——基本上属于独任庭和合议庭审判人员的职责范围,原则上排除院庭长的具体监督。然而在《司法责任制意见》第 24 条规定的四类案件中,这种审判监督已不止于"非核心领域",已经延伸到"审判过程"和"评议结果"这样的"核心领域"。虽然《司法责任制意见》对院庭长行使个案审判监督的案件范围限于四类案件,在监督效果上也对院庭长的审判监督施加限制,即院庭长如果对审判过程或者评议结果有异议的,"不能直接改变合议庭的意见",只能将案件提交专业法官会议、审判委员会讨论。但这种处理,引发了进一步的问题:其一,《司法责任制意见》第 9 条将审判委员会讨论案件的范围限定为"涉及国家外交、安全和社会稳定的重大复杂案件,以及重大、疑难、复杂案件的法律适用问题"。[1] 而第 24 条规定的四类案件,在审判过程或评议结果不受院庭长认可时,仍可经由院庭长之手提交审判委员会讨论,这相当于变相扩大了第 9 条限定的审判委员会讨论案件的范围。其二,院庭长对"审判过程"和"评议结果"的异议是仅限于法律适用方面的异议,还是对事实认定、证据使用等方面也可以提出异议?如果允许对事实认定、证据使用等方面提出异议,"增强法官审理

---

[1]《司法责任制意见》第 9 条规定,"……审判委员会只讨论涉及国家外交、安全和社会稳定的重大复杂案件,以及重大、疑难、复杂案件的法律适用问题"。

案件的亲历性"恐怕又成了一张画饼,而且也必将使审判委员会讨论的范围突破第9条设定的"法律适用问题",直接消解了《司法责任制意见》优化审判委员会运行机制的改革努力。反之,如果院庭长只限于在法律适用方面对"审判过程"或者"评议结果"提出异议,那么保留院庭长在四类案件中的个案审判监督的意义何在?《司法责任制意见》第9条将审判委员会的职能确定为统一本院裁判标准,在第24条列举的四类案件中,除第3类"与本院或者上级法院的类案判决可能发生冲突的"情形与这一职能设定相关外,其他三类情形下关切的焦点似乎均非"统一本院裁判标准"。在法律职业统一考试、法官遴选委员会层层选拔下产生的员额制法官,在三大诉讼法中已然存在审级之间的审判监督的前提下,在审判的"核心领域",是否还需要院庭长在法律适用问题上进行审判监督?至少目前还看不到明显的制度收益,而消解司法责任制改革的风险确实是始终存在的。因此,在四类案件中,也完全没有必要保留院庭长的"审判监督权"。

第三节 死刑案件"以审判为中心"改革的继续推进

自2014年10月党的十八届四中全会《决定》提出"推进以审判为中心的诉讼制度改革"以来,从2015年年初开始,改革试点工作便由点到面向全国铺开,规范性文件制定工作紧锣密鼓地同步跟进,"以审判为中心"方面的学术研究也如火如荼展开。[1] 遗憾的是,"以审判为中心"改革试点的成果并未搭上由监察体制改革撬动的最新一轮刑事诉讼法修改的便车,未能进入立法。对此,全国人大宪法和法律委员会的解释是,"考虑到这次修改主要是落实中央有关决策部署,指向明确、内容特定;对于这些(社会各界提出的其他修改完善刑事诉讼法的)意见,有的属于具体执行中的问题,可通过进一步

---

[1] 代表性成果包括龙宗智:《"以审判为中心"的改革及其限度》,载《中外法学》2015年第4期;陈卫东:《以审判为中心:当代中国刑事司法改革的基点》,载《法学家》2016年第4期;陈瑞华:《新间接审理主义——"庭审中心主义改革"的主要障碍》,载《中外法学》2016年第4期;顾永忠:《以审判为中心背景下的刑事辩护突出问题研究》,载《中国法学(文摘)》2016年第2期;闵春雷:《以审判为中心:内涵解读及实现路径》,载《法律科学(西北政法大学学报)》2015年第3期;熊秋红:《审判中心视野下的律师有效辩护》,载《当代法学》2017年第6期;魏晓娜:《以审判为中心的刑事诉讼制度改革》,载《法学研究》2015年第4期;等等。

完善工作机制处理；有的可继续探索研究，总结经验。这次暂不做修改"。[1]因此，在审议和征求意见过程中提出的其他一些修改完善意见，特别是将"以审判为中心"的刑事诉讼制度改革的成果和经验通过刑事诉讼法加以确立，未获采纳。[2]然而，这并不意味着"以审判为中心"的改革以及相关研究可以就此止步。相反，改革成果未获采纳恰恰说明相关的改革和研究不够成熟，需要继续探索，反思和总结经验教训。

不可否认，自党的十八届四中全会以来，关于"以审判为中心"的诉讼制度改革，学术界与实务界便发展出两套不同的话语体系，并相应地提出两种不同的改革推进方案。学术界除少数学者外，[3]大多从当前刑事司法制度中妨碍审判中心主义实现的根本问题出发，着眼于刑事诉讼的宏观结构，然而由于动作太大，牵涉太广，反而无从下手，沦为空谈。与学术研究的宏大叙事不同，以法院系统为代表的实务界，从一开始便直接将"以审判为中心"的改革话语置换成"庭审实质化"改革，着眼于具体制度，通过改革试点推进证人出庭、庭前会议、非法证据排除等被视为庭审实质化标志的具体指标。[4]然而，改革试点得出的乐观结论，[5]难以得到全国范围内的数据支持。[6]究其原因，现行的诉讼制度和司法体制所形成的审判认知结构和判决权威结构未被根本触动的前提下，"以审判为中心"的改革如同"螺蛳壳里做道场"，辗转腾挪的空间十分有限。

---

[1]《全国人民代表大会宪法和法律委员会关于〈中华人民共和国刑事诉讼法（修正草案）〉修改情况的汇报（2018年8月27日）》，载 http://www.npc.gov.cn/zgrdw/npc/xinwen/2018-10/26/content_2064436.htm，最后访问日期：2021年8月24日。

[2] 参见喻海松：《刑事诉讼法修改与司法适用疑难解析》，北京大学出版社2021年版，第2-3页。

[3] 参见龙宗智：《"以审判为中心"的改革及其限度》，载《中外法学》2015年第4期。

[4] 参见左卫民：《地方法院庭审实质化改革实证研究》，载《中国社会科学》2018年第6期。

[5] 参见四川省成都市中级人民法院课题组：《成都法院刑事庭审实质化改革试点工作调研报告》，载中华人民共和国最高人民法院刑事审判第一、二、三、四、五庭主办：《刑事审判参考》（第103集），法律出版社2016年版，第197-198页；徐建新、任国权、吴程远：《温州法院推进庭审实质化改革试点工作调研报告》，载中华人民共和国最高人民法院刑事审判第一、二、三、四、五庭主办：《刑事审判参考》（第103集），法律出版社2016年版，第216页；孟绍群：《刑事庭审实质化改革的山西实践》，载《法制日报》2017年8月8日，第3版。

[6] 参见魏晓娜：《以审判为中心的诉讼制度改革：实效、瓶颈与出路》，载《政法论坛》2020年第2期。

除此之外，学术界和实务界缺乏应有的良性互动也是一个不容忽视的因素。学术界在"以审判为中心"主题上的宏大叙事无法找到一个实在的落脚点，而实务界的试点措施又缺乏来自学术界的广泛讨论和辩驳，形成了自说自话、各行其是的局面。当然，在"以审判为中心"改革暂时陷入困境之际，我们也不必就此灰心丧气，实现"以审判为中心"，本就不是毕其功于一役的动作。为今之计，一方面，要系统反思几年来"以审判为中心"改革的得失，包括改革试点和理论研讨方面的经验与教训，增进相互理解与良性互动。另一方面，我们也需要从国外类似改革中汲取外部制度灵感，寻找改革的突破点和发力点。日本百余年前就已萌发公判中心主义改革的理想，近年来引入裁判员制度后才稍有起色。了解近代日本公判中心主义改革的经验与教训，对于我国的"以审判为中心"改革，或许能够提供镜鉴，有助于我们形成一条务实而理性的改革路线。

一、日本公判中心主义改革镜鉴

（一）挫败中前行的公判中心主义改革

在日本，"公判中心主义"作为学术概念，其观念可以追溯至1922年大正刑事诉讼法（也称"旧法"）的时代，当时的学术讨论中已经出现"审判枢要主义"的提法。"枢要"在日语中是重要、核心的意思，审判枢要主义被认为是旧法时期使用的与公判中心主义内涵相同的概念。[1]明治维新后的日本以法、德为师，确立了欧陆式的近代刑事诉讼结构，将整个刑事诉讼分为预审法官主导的"预审"和法庭主导的"审判"两大阶段。预审在整个诉讼程序中占有重要地位，对审前陈述笔录的证据能力限制很少。进入审判程序后，这些笔录从检察官手中转移到法官手中，对于事实认定起着决定性作用。"审判枢要主义"概念的出现，是当时普遍存在的在预审环节进行实质性事实认定，导致审判形式化的问题的反映。

"二战"后，日本对刑事诉讼制度进行彻底的改革，1948年颁布新刑事诉讼法，废除预审制度，刑事诉讼"应以'公判中心主义'为目标"的表述

---

[1] 参见［日］绿大辅：《裁判员裁判与公判中心主义》，2021年3月"中日刑事程序与公判中心主义"国际研讨会论文。

已经成为常见的用语。新刑事诉讼法也采取了一些有利于强化公判中心主义的举措，例如确立当事人主义诉讼结构，采用起诉状一本主义，引入传闻规则等。然而，日本刑事诉讼法一方面确立传闻规则，其第 320 条第 1 款禁止侦查阶段制作的陈述笔录作为证据使用，另一方面，其以 8 个条文规定了传闻规则的例外，使得大量侦查阶段制作的供述笔录和陈述笔录具有合法证据资格，发挥着比法庭上的供述和陈述更为重要的作用。日本宪法保障犯罪嫌疑人的沉默权，但司法实务中常见做法是侦查机关在起诉前对犯罪嫌疑人进行持续 20 天以上、每天超过 8 小时的审讯，侦查人员迫使犯罪嫌疑人按照自己设想的犯罪故事进行自白，并将经过长时间审讯后获得的犯罪嫌疑人自白记载于笔录。日本法律允许侦查人员对嫌疑人在讯问中陈述的内容进行书面总结和归纳，其结果，法庭审判所依赖的口供笔录并非逐字逐句地记录，而是检察官或警察加工过的对话笔录。日本学者常把这种笔录批评为侦查人员撰写的"小作文"。[1]即使如此，自白笔录大多也会被评价为具有任意性而被采纳为证据，审判事实上演变为按照自白笔录记载的供述进行事实认定。其结果，是侦查阶段制作的陈述笔录对审判环节的事实认定起到了决定性作用。即使在法庭上听取证词，法官通常也会在庭审后重新阅读证词的记录，形成心证。在司法实践中，检察官和辩护人的法庭辩论名义上是口头辩论，实际上就是当庭朗读书面笔录，有重大争议的案件中变成了长篇书面朗读。因此，法官并不是通过在法庭上的所见所闻做判决，而是通过在办公室阅读分量厚重的诉讼记录来思考判决。这种刑事诉讼的基本结构，被日本学者概括为"以讯问被羁押的犯罪嫌疑人为中心进行纠问式侦查，依赖侦查机关制作的口供等供述笔录进行法庭审理"，或者"以口供笔录为基础的书面审判"。[2]

1979 年，松尾浩也将日本在缜密侦查基础上高定罪率的司法状况概括为"精密司法"，认为"精密司法"是日本法律文化的产物，在日本根基坚韧，不能轻易进行"根本性变革"。[3]平野龙一则在 1985 年的一篇论文里指出，将审判变成追认侦查结果的现象是"病态的""异常的"，日本刑事司法的未

---

[1] 参见［美］戴维·T. 约翰逊：《日本刑事司法的语境与特色：以检察起诉为例》，林喜芬等译，上海交通大学出版社 2017 年版，第 363 页。

[2] 参见［日］川崎英明：《变革中的日本刑事司法——日本刑事诉讼法和刑事司法改革专题研究》，胡丹、朱丹等译，法律出版社 2021 年版，第 8 页。

[3] 参见［日］松尾浩也：《日本刑事诉讼的特色》，载《法曹时报》第 46 卷第 7 号。

来"令人绝望"。[1]平野龙一指出日本刑事审判的主要问题是：（1）由侦查阶段制作的笔录决定审判的结果。（2）法官不是在审判法庭上形成心证，而是在办公室形成心证。针对"精密司法"，平野龙一教授提出"核心司法"的概念。1999年日本第一轮司法改革初露端倪，平野龙一就建议采用参审制度，提出"在参审制度下，法官和参审员都只能以提交到审判庭上的证据来形成心证"。依托这种"核心司法"，就可以"在很大程度上摆脱现行刑事程序中精密司法和书面审判的弊端"，建立公判中心主义的理想型司法。[2]此后，日本分别在2004年和2016年进行了两轮大规模的刑事诉讼法修订和司法改革。

（二）裁判员制度对公判中心主义的影响

在21世纪初日本第一轮司法改革促成的所有重要立法举措中，[3]裁判员制度的创立无疑影响最为深远，也与公判中心主义的关系最为紧密。2004年5月28日，日本国会通过《关于裁判员参加刑事审判的法案》（以下简称《裁判员法》），2009年5月1日正式实施。当初立法时的设想是每年大约2500件案件由裁判员审理，但实际的案件数量比预想的少得多，接受裁判员审判的被告人的人数，近几年基本徘徊在每年1000人左右。这个数字，占在地方法院接受判决的被告人总人数的1.4%左右。由裁判员参加的合议庭审结的被告人人数从2009年5月施行起至2018年12月共计11 771人。在这审结的11 771名被告人中，有罪判决11 429人，无罪判决99人，移送少年家庭法院11人。在有罪判决的被告人中，死刑判决36人，无期徒刑223人。裁判员审判的无罪率大约是0.9%，对比2017年度地方法院纯法官法庭判决的无罪率大概是0.2%，所以裁判员审判的无罪判决率相对较高。[4]裁判员法庭在性

---

[1] [日]平野龙一：《现行刑事诉讼法的诊断》，载平场安治等编：《团藤重光博士古稀祝贺论文集》（第4卷），有斐阁1985年版，第407页以下。

[2] 参见[日]平野龙一：《采用参审制的"核心司法"》，载平野龙一：《刑事法研究最终卷》，有斐阁2005年版，第190页。

[3] 2004年的司法改革中，日本通过了三部法律：2004年5月28日制定了《部分修改刑事诉讼法的法律》和《关于裁判员参加刑事裁判的法律》，同年5月26日还通过了《综合法律支援法》。上述法律涉及的主题包括：（1）创立裁判员制度；（2）完善国选辩护人制度；（3）修改检察审查会制度。参见[日]田口守一：《刑事诉讼法》，张凌、于秀峰译，法律出版社2019年版，第13页。

[4] 後藤昭「裁判員制度がもたらした変化」一橋大学グローバル・ロー研究センターと中国人民大学刑事法律科学研究中心，『日中の刑事司法における誤判の発見・予防及び救済』国際シンポジウム（2019年3月）参照。

犯罪等案件中，似乎存在比纯法官合议庭量刑更重的倾向。但由此得出裁判员法庭量刑更重的结论也不准确，实际上，裁判员法庭的量刑更难以预测，实践中既出现过超出检察官求刑的判决，也出现过低于辩护人的量刑辩护意见的判决。[1]上述情况说明，裁判员制度的实施带来了判决结果上的一定变化。但这种变化，与第一审的审理方式发生的巨大变化相比，就显得微不足道了。

由于裁判员的参加，刑事审判必须成为"容易理解的审判"，这不仅对于裁判员，对于被告人、被害人和旁听的人也是如此。通过容易理解的审判，刑事审判获得了国民的理解和信赖，司法的国民基础就牢固了。[2]同时，裁判员制度的施行使得刑事审判出现了以下显著变化：

其一，审判的口头化。在裁判员审判中，"用眼看、用耳听能够明白的审判"成为标语，以往的朗读笔录现在变成当事人看着裁判员的眼睛进行容易理解的说明。法庭上的供述比侦查阶段的供述笔录更受重视，即使对被告人自白的任意性没有争议，也不使用供述笔录作为证据，只使用法庭上被告人的供述作为证据，这样的例子越来越多。战后日本修改刑事诉讼法时，为了防止偏重口供，原本将法庭调查环节的讯问被告人特意置于其他证据调查完毕后。[3]但是，裁判员制度实施后，为了避免偏重被告人的供述笔录而使审判变成书证审理，实践中逐渐发展出所谓"讯问被告人先行型审理"，[4]即检察官申请调查被告人供述笔录的证据时，法院保留对是否将供述笔录作为证据采用的判断。庭审中，在不进行供述笔录调查的情况下，先对被告人进行讯问。讯问被告人时，被告人作出的供述与供述笔录相同的，因已经没有在法庭上调查供述笔录的必要，应让检察官撤回调查供述笔录证据的申请。讯问被告人时，被告人作出的供述与供述笔录内容不同的，认为有必要调查

---

[1] 後藤昭「裁判員制度がもたらした変化」一橋大学グローバル・ロー研究センターと中国人民大学刑事法律科学研究中心，『日中の刑事司法における誤判の発見・予防及び救済』国際シンポジウム（2019年3月）参照。

[2] [日]田口守一：《刑事诉讼法》，张凌、于秀峰译，法律出版社2019年版，第300页。

[3] 日本《刑事诉讼法》第301条规定，"依照第322条及第324条第1款的规定可以作为证据的被告人供述是自白时，除非在有关犯罪事实的其他证据经过调查之后，不得请求调查"。

[4] 参见[日]绿大辅：《裁判员裁判与公判中心主义》，2021年3月"中日刑事程序与公判中心主义"国际研讨会论文。

供述笔录时，采用供述笔录作为证据。

其二，重视人证的倾向。在证据调查中，人证调查占用的时间多可以推测是以人证为中心进行审理。日本最高法院曾公布被告人认罪的案件中，人证和书证在法庭调查中分别占用的平均时间。[1]2011年，裁判员参与的庭审中，在检察官申请调查证据的情况下，人证调查的平均时间是20.8分钟（20.0%），书证调查的平均时间是83.4分钟（80.0%）。到了2015年，检察官申请调查的证据中，人证调查的平均时间是51.7分钟（45.6%），书证调查的平均时间是61.7分钟（54.4%）。[2]从数据上看，日本的法庭证据调查正在从以书证为中心转向以人证为中心。

其三，审判的集中化。在裁判员制度引入之前，集中审理原则的贯彻并不理想，两次审判之间间隔一个月以上，花费几年时间才审结的案子并不少见。在实行裁判员审判之后，以审前争点整理程序中制订的审理计划为基础，法庭审理变为连日开庭、短时期终结，不再像过去一样断断续续持续几个月。

其四，询问证人和辩论技术的改进。在裁判员参与的审判中，询问证人被普遍认为是一种影响裁判员心证形成的有效方法，所以诸如"如何询问证人""怎样进行反对询问更有效"等相关技术问题的讨论明显升温。[3]开展询问证人方法的讨论，无论是从审判主体在庭审过程中形成心证的意义上，还是降低侦查笔录的影响的意义上，都能促进公判中心主义的发展。裁判员制度的施行也产生了"溢出"效应，检察官、辩护人的询问和辩论技巧得到磨炼，也影响到无裁判员的审判，在部分由专业法官组成的法庭上，也发生了类似的变化。[4]

综上，日本此轮司法改革虽然引入了裁判员制度，但并未触动侦查制度、

---

[1] 之所以不公布被告人不认罪案件中法庭证据调查的平均时间，是因为不认罪案件因个案具体情况不同，证据调查时间差异巨大，缺乏计算平均值的意义。

[2] 最高裁判所事务总局『裁判员制度10年の総括報告書』（2019年），第6頁。载http://www.saibanin.courts.go.jp/vcms_lf/r1_hyousi_honbun.pdf 2021-09-08。

[3] 参见［日］绿大辅：《裁判员裁判与公判中心主义》，2021年3月"中日刑事程序与公判中心主义"国际研讨会论文。

[4] 参见［日］后藤昭：《裁判员制度带来的变化》，2019年3月"中日刑事司法中误判的发现、预防和救济"国际研讨会论文。

证据制度和上诉制度，并未明确提出"实现直接主义、口头主义"的改革目标。也就是说，裁判员制度只是"嵌入"到"侦查中心主义"以及书面审判等旧有的诉讼结构中。但是，由于裁判员的参加，"在法庭上贯彻直接主义、口头主义的原则进行审理"的"要求更加强烈了"，对公判中心主义起到了意想不到的正向促进作用。日本最高法院自我评价也认为，通过裁判员制度的施行，"恢复追求核心司法与公判中心主义等刑事诉讼法本意的审判，法曹三方也一直为此努力进行配合。"〔1〕

（三）日本改革存在的问题

裁判员制度有力地推动了日本公判中心主义的实现，但仍存在一些问题：其一，公判中心主义改革不彻底。虽然裁判员审判促进了询问证人技术的发展，但实践中，检察官主询问时还是存在将证人、被告人在侦查阶段的陈述笔录、供述笔录的内容直接在法庭上重复陈述的倾向，只不过不再以朗读的形式，而是以询问的形式再现。这导致询问证人的程序并没有从依赖侦查笔录的结构中摆脱出来。辩护人的反询问也多是逐一指出证人的当庭陈述与侦查阶段的陈述笔录之间的矛盾，这意味着辩护人也多是依靠侦查阶段的证言笔录进行反询问。这种情况表明，目前的审判虽然加强了询问证人，但实际上还有依靠侦查笔录的一面，似乎只是具备了公判中心主义的外观，其实质仍未摆脱侦查中心主义。〔2〕其二，改革范围有局限。从公判中心主义的角度看，裁判员制度的确使刑事审判的方式产生了一些变化，但是，不适用裁判员审判的案件并不一定发生同样的变化，多数审判仍然以书证为中心。其结果是形成了两种并行的审判程序，即在一定程度上实现了公判中心主义的裁判员审判和依然延续以书证为中心（侦查中心主义）的审判。

（四）后续司法改革产生的新问题

日本2004年的刑事诉讼法修订和司法改革并未触动侦查制度和证据制度。以2010年大阪地方检察院特搜部篡改证据事件为直接诱因，日本启动了

---

〔1〕 最高裁判所事务总局『裁判员制度10年の総括报告书』（2019年），第6页。载http://www.saibanin.courts.go.jp/vcms_lf/r1_hyousi_honbun.pdf 2021-09-08。

〔2〕 参见［日］绿大辅：《裁判员裁判与公判中心主义》，2021年3月"中日刑事程序与公判中心主义"国际研讨会论文。

最新一轮刑事司法改革。2016年5月24日，日本国会通过了《刑事诉讼法修正案》。修改后的日本《刑事诉讼法》第301条规定，检察官、司法警察官等侦查人员对被逮捕、拘留的犯罪嫌疑人讯问时，原则上必须全程录音录像。但该条并不要求所有的案件都录音录像，仅限于可能判处死刑、无期以及故意犯罪致使被害人死亡的案件。此外，检察官独立展开调查的案件，在对被逮捕或者拘留的嫌疑人讯问时，也应当全程录音录像。按照上述标准，据估计，需要录音录像的案件占全部刑事案件的比例为2%—3%。[1] 讯问录音录像制度的引入引发了新的问题和争论。

其一，2016年修改后的日本刑事诉讼法只规定了下述情况下可以在审判中使用录音录像：被告人在庭审中对侦查笔录记载的供述的任意性提出异议，检察官为了证明制作笔录时犯罪嫌疑人的供述是自愿作出的，根据《刑事诉讼法》第301条之二的规定，应当申请调查录音录像记录资料。也就是说，修正案规定录音录像资料只用于证明供述的任意性，至于能否用作实质性证据，日本正展开激烈的争论。反对录音录像资料作为实质性证据的最主要理由是担心庭审可能会变成讯问录像的放映会，导致审判仍未摆脱对侦查讯问的过度依赖，背离了公判中心主义原则。

其二，2016年修改后的日本刑事诉讼法虽然限制录音录像资料作为证明案件事实的实质性证据，但是，自白笔录仍然可以作为证据使用，法官和裁判员根据自白笔录形成心证也是合法、有效的。根据日本刑事诉讼法的规定，对侦查讯问时得到的供述的任意性有争议时，法官可以通过观看犯罪嫌疑人自白时以及自白前后讯问的录音录像资料进行判断。如果确认该口供具备任意性，则法官采纳自白笔录作为证据。然后，法官和裁判员将再次阅读自白笔录，形成被告人是否是罪犯的心证。因此，即使建立讯问录音录像制度，让被告人在法庭上进行供述，法官和裁判员的审理还是维持根据自白笔录形成心证的状态，而不是根据当庭供述形成心证。在这种情况下，公判中心主义能够在多大程度上实现是有疑问的。

---

[1] 後藤昭「2016年刑事訴訟法における改正背景と概要」中国人民大学刑事法律科学研究中心と一橋大学大学院法学研究科，『東アジア刑事司法改革における現状と課題』学術シンポジウム（2018年3月）参照。

(五) 小结

作者在梳理日本公判中心主义改革历程时，颇有几点感想，分享如下：

其一，日本的公判中心主义改革当然是在与中国不同的制度背景下展开，然而，这并不妨碍我们发现诸多的相似性。例如，中国的"以审判为中心"改革，几乎与人民陪审员制度改革同步发生，同样是在侦查程序、证据制度和上诉制度几乎原封未动的制度结构中嵌入了一个新的裁判主体。又如，中国 2012 年刑事诉讼法修正引入讯问录音录像制度后，关于录音录像材料的性质和用途问题，也发生过较为激烈的讨论，官方立场也游移不定。这种相似性使得我们研究日本公判中心主义改革的经验、教训、后续影响，以及可能发生的制度碰撞，既有可能，又有必要。

其二，即便解决了案卷移送问题，并不自动实现审判中心主义。日本在 1948 年刑事诉讼法通过后，即开始实行起诉状一本主义，彻底解决了案卷移送问题。然而，公判中心主义没有自动实现，相反，刑事审判演变成平野龙一教授笔下"令人绝望"的"笔录审判"。中国学者包括作者本人，在"以审判为中心"主题的研究中，多着眼于刑事诉讼的宏观结构，过多地纠结于案卷移送制度，似乎中国解决了案卷问题，"以审判为中心"改革便会大功告成。然而，日本的教训告诉我们，这种想法过于天真，即使在起诉状一本主义下，刑事审判仍然可能成为依赖纠问式侦查的书面审判、笔录审判。

其三，中国的审判中心主义改革需要寻找突破点。日本在 1948 年刑事诉讼法出台后，后续的改革均是技术性的，谈不上诉讼结构上的大幅度调整。在引入裁判员制度的 2004 年改革中，日本的侦查制度、证据制度、上诉制度基本上都是原封未动，这就相当于只是在旧的诉讼结构中"嵌入"了一个新的裁判主体——裁判员。即便如此，大量外行的裁判主体进入法庭，带来了庭审"口头主义"和"集中主义"的现实需要，并以此为引擎，产生了"蝴蝶效应"，日本法院则顺势而为，推动了公判中心主义的长足进展。由此带给我们的启示是，在宏观诉讼结构改革近期内不太现实的情况下，中国的"以审判为中心"改革，或许也需要一个可以起到"四两拨千斤"作用的突破点。这不由得令人联想到中国的人民陪审员制度改革，问题是，人民陪审员制度改革能否担此大任？

最后，如前所述，日本的公判中心主义改革，未见大开大合的结构性变革，只是将技术性支持规则和制度做得细致到位。例如，为了指引检察官、辩护律师掌握询问证人和辩论的技术，日本最高法院公布的《刑事诉讼规则》用13个条文（第199条之二~第199条之十四）详细地规定了主询问、交叉询问、再次主询问的规则和程序。又如，为了有效实施证人询问，日本实务界积极利用《刑事诉讼规则》第199条之十二关于询问证人时可以使用视觉上的辅助的规定，鼓励控辩双方使用图画、照片、模型和设备等进行询问。学术界则对使用视觉上辅助的审查标准、作为视觉上辅助使用的展示物品的证据属性、可否用作实质性证据等问题展开积极研究。[1]可以说，日本在实现公判中心主义方面，走出了一条具有"日本特色"的道路，其特点是不"死磕"一时无法改变的宏观诉讼结构，而是专注于技术性规则的点滴改进，但量变引起质变，最后借助裁判员制度实现突破性发展。本书将这种实现公判中心主义的进路称为"技术主义路线"。

二、中国改革的技术主义进路

无论承认与否，中国2015年以来开展的"以审判为中心"的刑事诉讼制度改革，事实上走的也是一条技术主义路线，而且在未来相当长的一段时间内，仍会延续这样的改革进路。这一判断是基于以下事实：第一，从改革的推进主体来看，"以审判为中心"改革的实际设计者和实施者主要局限于法院系统。[2]第二，改革主体的单一性决定了改革内容的局限性。从试点之初，法院系统就将"以审判为中心"改革直接切换为"庭审实质化"改革，目的就是不触及侦、诉、审关系的调整。从指导改革的规范性文件的内容来看，也基本上是对刑事诉讼法和司法解释内容的重述或者技术性改进，缺

---

[1] 田淵浩二「刑事訴訟における視覚的補助（展示証拠）の利用ルール」一橋大学大学院法学研究科与中国人民大学刑事法律科学研究中心，『日中刑事手続と公判中心主義』国際シンポジウム（2021年3月）参照。

[2] 以广东为例，2017年11月广东省委政法委成立"以审判为中心的诉讼制度改革协调领导小组"及两个工作专班，指定广东省高级人民法院牵头"刑事诉讼制度改革工作专班"，并由广东省高级人民法院代为拟订全省落实刑事诉讼制度改革的实施方案。2017年年底，广东省高级人民法院向全省各级法院、省公安厅、省检察院、省司法厅等单位发函，征集改革需求和建议，形成《广东省全面落实以审判为中心的刑事诉讼制度改革实施方案》。

少制度性推进和结构性变革。第三，2018年《全国人民代表大会常务委员会关于修改〈中华人民共和国刑事诉讼法〉的决定》受刑事诉讼法修改的背景和任务所限，"以审判为中心"的刑事诉讼制度改革未能得以体现，是一个重大遗憾，但这一事实仍会在可预见的将来对改革的路线产生决定性影响，也就是说，除非等到下一轮刑事诉讼法修改，未来的改革不可能涉及重大的结构性调整，只能通过司法解释或者其他规范性文件进行技术性推进。

因此，并不意外的是，新《刑诉法解释》沿袭技术主义路线，对"以审判为中心"改革试点的经验和成果予以转化和吸收。这样的例子包括但不限于：新《刑诉法解释》第71条规定，"证据未经当庭出示、辨认、质证等法庭调查程序查证属实，不得作为定案的根据"，删去了2012年《刑诉法解释》中的但书"法律和本解释另有规定的除外"，强化了庭审质证原则；新《刑诉法解释》第301条第1款规定，"庭审结束后、评议前，部分合议庭成员不能继续履行审判职责的，人民法院应当依法更换合议庭组成人员，重新开庭审理"，强化了直接审理原则；新《刑诉法解释》第268条第1款增加规定，"对可能影响定罪量刑的关键证据和控辩双方存在争议的证据，一般应当单独举证、质证，充分听取质证意见"，吸收了《法庭调查规程》的相关规定，[1]确立了一证一质原则；新《刑诉法解释》第242条增设第3款"根据案件情况，就证据问题对被告人的讯问、发问可以在举证、质证环节进行"，吸收了《法庭调查规程》第7条第2款的部分规定，对原司法解释作出修改完善，强化了讯问的针对性，突出了讯问与证据之间的关联性；[2]新《刑诉法解释》第220条第1款规定，"对一案起诉的共同犯罪或者关联犯罪案件，被告人人数众多、案情复杂，人民法院经审查认为，分案审理更有利于保障庭审质量和效率的，可以分案审理。分案审理不得影响当事人质证权等诉讼权利的行使"。该款首次旗帜鲜明地提出"质证权"的概念，虽然司法解释法律位阶有限，但改变了我国刑事诉讼法律中"有质证规则而无质证权"的局面。另外，

---

[1]《法庭调查规程》第32条第1款，"对于可能影响定罪量刑的关键证据和控辩双方存在争议的证据，一般应当单独举证、质证"。

[2]《法庭调查规程》第7条第2款规定，经审判长准许，公诉人可以就起诉书指控的犯罪事实讯问被告人，也可以先出示有关证据，再就有关犯罪事实讯问被告人。

新《刑诉法解释》第 216 条第 2 款限缩了审判委员会讨论案件的范围,[1]强化了合议庭的独立性,促进了直接审理原则。

上述司法解释当然会在技术层面点滴推进"以审判为中心",然而,这种技术主义路线要在"以审判为中心"改革方面取得如日本公判中心主义改革那样大的进展,还需要寻找改革的突破口,改进若干重要的技术性规则和制度。尤其重要的是,作为实现"以审判为中心"的工具,相关技术性支持规则和制度应当具备基本的工具主义理性,使之统合于"以审判为中心"的大方向之下。本书接下来讨论在"以审判为中心"改革课题下,被期待成为改革突破口的人民陪审员制度,以及若干重要技术性支持制度和规则的完善。

(一) 突破口:人民陪审员制度

在日本公判中心主义的改革进程中,裁判员制度的施行起到了重要的催化作用。这不由得让我们对我国 2018 年公布施行的《人民陪审员法》充满期待。改革后的陪审法庭,尤其是七人大陪审法庭,由于大量非专业人士的加入,客观上会形成职业法官与人民陪审员之间的信息差。即便在实行起诉状一本主义的日本,由于在第一次审前准备中,法官要对证据开示等争议进行裁定,以达到整理争议和证据、制订审判计划的目的。在这个过程中,法官不可避免地会接触证据、掌握案件事实,所以,参与第一次审前准备程序的法官不可避免地会比没有参与的裁判员获得更多的案件信息,这就导致法官与裁判员之间存在信息差。[2]在日本,这种信息差转化成了实现公判中心主义的"势能",造成了实现直接审理、言词审理的现实需要,催生出"用眼看、用耳听能够明白的审判"。所以,这种信息差并非全然是坏事,如果能利

---

[1] 《最高人民法院关于健全完善人民法院审判委员会工作机制的意见》(以下简称《审委会意见》)(法发〔2019〕20 号)第 8 条列举了应当提交审判委员会讨论决定的案件范围,规定,"高级人民法院、中级人民法院拟判处死刑的案件,应当提交本院审判委员会讨论决定。"所谓"拟判处死刑的案件",既包括拟判处死刑立即执行的案件,也包括拟判处死刑缓期二年执行的案件。新《刑诉法解释》第 216 条第 2 款并未将高级人民法院拟判处死刑缓期二年执行的案件列入应当提交审判委员会讨论决定的范围,也未纳入《审委会意见》第 8 条规定的"涉及国家安全、外交、社会稳定等敏感案件和重大、疑难、复杂案件""法律适用规则不明的新类型案件""拟宣告被告人无罪的案件""拟在法定刑以下判处刑罚或者免予刑事处罚的案件"。

[2] 参见〔日〕川崎英明:《变革中的日本刑事司法——日本刑事诉讼法和刑事司法改革专题研究》,胡丹、朱丹译,法律出版社 2021 年版,第 86 页。

用好，反而是我们借由人民陪审员制度实现审判中心主义的契机。

然而，对这种信息差，我们似乎采取了一个与审判中心主义背道而驰的应对方案。本轮人民陪审员制度改革目标之一是实现陪审实质化，解决人民陪审员"陪而不审"的问题。为此，《人民陪审员法》采取了一系列举措，包括创设七人大陪审法庭。同时，为了弥合职业法官与人民陪审员之间的审前信息鸿沟，最高人民法院、司法部2015年4月印发的《人民陪审员制度改革试点方案》第4条提出，"健全人民陪审员提前阅卷机制，人民法院应当在开庭前安排人民陪审员阅卷，为人民陪审员查阅案卷、参加审判活动提供便利"。在随后印发的《人民陪审员制度改革试点工作实施办法》中，第18条也规定，人民法院应当在开庭前，将相关权利和义务告知人民陪审员，并为其阅卷提供便利条件。2018年正式通过的《人民陪审员法》虽没有出现类似内容，但是，2019年5月1日起开始施行的《最高人民法院关于适用〈中华人民共和国人民陪审员法〉若干问题的解释》第8条明确规定，"人民法院应当在开庭前，将相关权利和义务告知人民陪审员，并为其阅卷提供便利条件"。新《刑诉法解释》也未对人民陪审员阅卷作出限制，其第230条也未禁止人民陪审员参加庭前会议，只是不允许人民陪审员主持庭前会议。[1]可见，职业法官和人民陪审员之间的信息差并未导向利于审判中心主义的解决方案，反而是采取了人民陪审员阅卷、参与庭前会议这样与审判中心主义背道而驰的措施，其结果是，虽走向了陪审实质化，却远离了庭审实质化。

此外，《人民陪审员法》第23条第2款规定，合议庭组成人员意见有重大分歧的，人民陪审员或者法官可以要求合议庭将案件提请院长并决定是否提交审判委员会讨论决定。从表面上看，该款似乎是现行《刑事诉讼法》第185条"合议庭开庭审理并且评议后，应当作出判决。对于疑难、复杂、重大的案件，合议庭认为难以作出决定的，由合议庭提请院长决定并提交审判委员会讨论决定。审判委员会的决定，合议庭应当执行"之规定是顺理成章的产物。然而，这样的处理存在一定的问题。《人民陪审员法》第22条将七人合议庭中的人民陪审员的职能基本上限定于认定事实。而根据最高人民法

---

[1] 新《刑诉法解释》第230条第1款规定："庭前会议由审判长主持，合议庭其他审判员也可以主持庭前会议。"关于人民陪审员可以参加庭前会议的观点，参见喻海松：《刑事诉讼法修改与司法适用疑难解析》，北京大学出版社2021年版，第220页。

院于 2015 年发布的《最高人民法院关于完善人民法院司法责任制的若干意见》，审判委员会只讨论特定案件中的法律适用问题。[1]因此，在七人合议庭审理案件的情况下，对于事实认定方面的疑难、复杂、重大问题，提交审判委员会讨论决定则与司法改革文件对审判委员会的职能界定明显不符。放在"以审判为中心"改革视角下审视，这样的规定也有强化审判委员会功能之嫌。

这说明，我们的人民陪审员制度改革，一开始就没有纳入"以审判为中心"改革的大主题之下，没有将人民陪审员制度作为"以审判为中心"改革的一个有机组成部分。依作者之见，《人民陪审员法》完全没有必要规定审判委员会讨论案件的程序，因为刑事诉讼法已有明确规定。即使不能改变审判委员会讨论案件的做法，至少也不宜在《人民陪审员法》中强化这种实践。对于人民陪审员与职业法官之间的信息差，不应通过让人民陪审员阅卷、参加庭前会议的方式解决，而应致力于通过推动证人出庭作证弥补人民陪审员的信息落差，让法庭审判变得对人民陪审员而言直观鲜活、通俗易懂。

（二）支持性制度：庭前会议

庭前会议本身是为贯彻集中审理原则而设，通过集中审理，审判中心主义所要求的直接审理、言词审理才能够具体地实现。庭前会议的任务可以概括为"程序性问题的汇总解决"和"案件事实和证据材料的整理明晰"。然而，目前的庭前会议制度在这两个方面均存在一定的问题。

"程序性问题的汇总解决"，要求庭前会议的功能充分发挥，第一是要求庭前会议处理的事项要尽可能囊括审理过程中可能出现的所有程序性问题，防止主程序被频频打断，除非该问题在庭审中才出现或者被发现。这些程序性事项，目前集中规定于新《刑诉法解释》第 228 条第 1 款，相比于原司法解释，新《刑诉法解释》所列举的事项有了进一步的扩充，更为详尽。这方面问题不大，问题主要出现在第二个方面的要求，即要求庭前会议中对这些枝节性问题的处理对以后的诉讼程序具有约束力。在后一点上，2017 年的《庭前会议规程》第 10 条第 2 款原本已经规定"对于前款规定中可能导致庭审中断的事项，人民法院应当依法作出处理，在开庭审理前告知处理决定，

---

[1]《最高人民法院关于完善人民法院司法责任制若干意见》第 9 条规定，"审判委员会只讨论涉及国家外交、安全和社会稳定的重大复杂案件，以及重大、疑难、复杂案件的法律适用问题"。

并说明理由。控辩双方没有新的理由，在庭审中再次提出有关申请或者异议的，法庭应当依法予以驳回"，即要求法院"应当"对可能导致庭审中断的程序性事项作出处理，而且该处理在后面的审判程序中具有一定的约束力。最高人民法院在起草新《刑诉法解释》时原本拟吸收上述规定，然而在征求意见过程中，有意见提出："刑事诉讼法第一百八十七条第二款……没有规定人民法院可以在庭前会议中对有关事项作出实质性处理，征求意见稿的有关规定与刑事诉讼法的规定不一致，且法庭审判是刑事诉讼的重要环节，在未开庭的情况下对案件的重要事项作出决定是否与当前正在进行的"以审判为中心"的诉讼制度改革要求冲突，也需要慎重研究。"[1]之后最高人民法院采纳了上述意见，形成了新《刑诉法解释》第228条第3款的规定，"对第一款规定中可能导致庭审中断的程序性事项，人民法院可以在庭前会议后依法作出处理，并在庭审中说明处理决定和理由。控辩双方没有新的理由，在庭审中再次提出有关申请或者异议的，法庭可以在说明庭前会议情况和处理决定理由后，依法予以驳回"。相比《庭前会议规程》，新《刑诉法解释》有两点变化：一是对于相关事项，不再要求法院"应当"作出处理；二是强调了只能在庭前会议"后"作出处理。这是一个遗憾的小幅度倒退。所谓在庭前会议中对重要事项作出决定与"以审判为中心"相冲突是一种片面的理解，如果庭前会议处理的是程序性事项，不但不会损害"以审判为中心"，反而会使主审程序更加集中、连贯，更有利于"以审判为中心"的实现。

如果"程序性问题的汇总解决"的功能不到位，会把原本应在开庭之前解决的程序性争议留到庭审，间接影响审判中心主义实现的话，那么"案件事实和证据材料的整理明晰"的功能越位，则直接损害了审判中心主义本身。新《刑诉法解释》第229条规定了对证据材料、第232条涉及对案件事实的整理明晰。所谓整理明晰，其实是指就相关证据材料和案件事实了解控辩双方的意见，整理出主要分歧点，使之明确、清晰，以在庭审中重点审理。但"以审判为中心"为这一功能设置了红线，即庭前会议活动不得损害被告人实质的审判权。庭前会议虽然是控辩审三方到场的场合，但毕竟与正式审判程序不同，缺乏正式审判程序提供的诸多程序性保障。因此，与被告人的定罪、

---

[1] 参见《最高人民法院关于适用〈中华人民共和国刑事诉讼法〉的解释修改草案专家论证稿》第9.2.2条的起草说明。

量刑密切相关的实质性问题,不应当在庭前会议中讨论,更遑论作出决定。否则,可能导致事实认定活动前移至庭前会议,架空正式审判程序,直接抵触"以审判为中心"。新《刑诉法解释》增设的第 233 条规定,"……对庭前会议中达成一致意见的事项,法庭在向控辩双方核实后,可以当庭予以确认;未达成一致意见的事项,法庭可以归纳控辩双方争议焦点,听取控辩双方意见,依法作出处理。控辩双方在庭前会议中就有关事项达成一致意见,在庭审中反悔的,除有正当理由外,法庭一般不再进行处理"。该解释的问题在于,未对案件事实和证据材料进行区分,包含了在庭前会议中对案件事实进行实质性处理的可能,不仅违背了"以审判为中心",而且仅因控辩双方对案件事实达成一致意见就免除法庭的审理职责,有悖于职权主义之下的法庭职责。因此,该条解释中的处理,应当明确限定于针对证据材料。对于案件事实,庭前会议的功能应当止步于整理出控辩双方的主要争议点,以留待庭审重点调查。

(三) 技术性程序规则

1. "容易理解"的审判与证人出庭

七人大陪审法庭的出现,尤其是人民陪审员人数的增加,提高了人民陪审员的意见在判决中的权重,而根据《人民陪审员法》第 22 条的规定,人民陪审员仅对事实认定进行表决,这就更突出了围绕事实认定展开的法庭调查在整个审判程序中的分量。通过临场感的法庭调查使人民陪审员形成生动直观的心证,是实现"以审判为中心"的核心环节。目前,我们的法庭调查程序似乎只为法律专业人士而设,没有充分照顾到一个法律外行对"容易理解""看得懂""听得懂"的现实需要。

如果证人能够出庭,情况会好得多,倘若证人不能出庭,在法庭上连篇累牍地宣读多份证言,人民陪审员难以分辨多份证言中的细微差别和其中可能隐藏的问题。因此,必须一如既往地推动证人出庭作证。反映在庭审程序规则上,就是要适当限制法庭对拒绝当事人查证申请的裁量权。而新《刑诉法解释》第 247 条赋予法庭过大的裁量权,控辩双方——尤其是辩方——申请证人出庭作证、出示证据能否成功,完全取决于法庭是否"认为有必要"。我们的主张是,证人一般应当出庭,确实符合法定情形不出庭的也应当以视频作证(新《刑诉法解释》253 条第 2 款),以最大限度保证人民陪审员获得有临场感的直观、鲜活的心证。证人出庭后如何进行询问,如何面向人民陪审员进行举证、质证，如何利用图画、照片、模型、设备对人民陪审员进行"容易理解"的讲解，如何说服人民陪审员相信本方的事实主张等，这些恐怕都是在推进"以审判为中心"改革过程中不得不面对和解决的技术性问题，最高人民法院未来也需要在相关的规范性文件中以程序性规则的形式加以指导。这里不再展开。

2. 控辩双方当庭发表的意见与书面意见不一致的问题

新《刑诉法解释》第289条规定，公诉人当庭发表与起诉书不同的意见，属于变更、追加、补充或者撤回起诉的，人民法院应当要求人民检察院在指定时间内以书面方式提出；必要时，可以宣布休庭。人民检察院在指定时间内未提出的，人民法院应当根据法庭审理情况，就起诉书指控的犯罪事实依法作出判决、裁定。人民检察院变更、追加、补充起诉的，人民法院应当给予被告人及其辩护人必要的准备时间。新《刑诉法解释》第290条规定，"辩护人应当及时将书面辩护意见提交人民法院"。结合上述两个条文可以看出，控辩双方都可能存在当庭发表意见与书面意见不一致的问题，只不过新《刑诉法解释》没有对辩护人当庭发表意见与书面意见不同的问题提供处理方案。对于公诉人当庭发表与起诉书不同的意见的问题，其解决需要综合考虑"以审判为中心"的要求、公诉人的地位和辩护权的保障。就最后一点辩护权的保障而言，新《刑诉法解释》第289条已作出较为妥善的处理，即属于变更、追加、补充起诉的，"人民法院应当给予被告人及其辩护人必要的准备时间"。这里不再赘述。

从"以审判为中心"的要求来看，当然应当以公诉人和辩护人当庭发表的意见为准。因为"以审判为中心"的核心要求是保证控辩双方"举证在法庭，质证在法庭，非法证据排除在法庭，辩论说理在法庭，进而使案件的公正裁判形成于法庭"，[1]如果书面意见未经当庭阐述、说理、辩驳，当然不应成为裁判的依据。尤其是庭后提交的书面意见，人民陪审员更是无从判断其是否成立。

然而，目前实务中的立场似乎更倾向于以起诉书为准。例如《刑事审判参考》第130辑第1452号指导案例"王皓集资诈骗案"的主审法官认为，公

---

[1] 陈光中：《推进"以审判为中心"改革的几个问题》，载《人民法院报》2015年1月21日，第5版。

诉人当庭发表的意见与起诉书不一致的，原则上应当提交相关书面材料，并加盖人民检察院印章。人民检察院不提交的，人民法院应当以起诉书为准，不得以公诉人当庭发表的意见为准。理由在于，"提起公诉的职权由人民检察院行使，而不是公诉人个人……出庭公诉人代表人民检察院支持公诉，反映人民检察院的整体意志，必须在代表人民检察院整体意志的起诉书的范围内发表公诉意见，阐明起诉书指控的内容，一般不得发表与起诉书指控内容无关或者不一致的公诉意见"[1]。在新《刑诉法解释》征求意见的过程中，同样有意见提出，刑事诉讼法规定的起诉主体是人民检察院，起诉书是加盖人民检察院印章的法律文书。我国刑事诉讼法、检察院组织法、检察官法均未赋予公诉人独立于检察院之外的主体地位，也没有允许公诉人变更起诉书的内容。[2]

本书不以为然。上述理由混淆了公诉人在"检察机关"中的地位和在"刑事诉讼"中的地位。公诉人作为检察机关组织系统内的个体，当然要服从"检察一体"的组织逻辑，然而，一旦站在法庭上，公诉人即是检察机关的代表。在"检察一体"原则之下，公诉人的言行规范是：在其提出的书面意见中应当按照上级的指令办理，但在法庭上他仍然可以根据其个人的感受提出与书面意见不同的口头公诉意见。法国有法谚"笔杆服从上头，嘴巴听便自由"（la plume est serve, la parol est libre），法国《刑事诉讼法》第33条对此予以肯定：公诉人应当按照依第36条、第37条及第44条规定的条件向其发出的指令提出公诉意见书；公诉人可以自由地阐述其认为有益于司法的口头意见。[3]在德国，检察官在按照上级指令提起公诉后，甚至可以当庭发表被告人无罪的意见。原因是，虽然每一位检察官只是其"高级长官"的代理人，但是其对真实性和公正性的判断具有不可代替性，须由公诉人个体，依据具体情形判断。[4]该检察机关的首长可以借由代位权（Substitutionsrecht）和移转权（Devolutionsrecht），自行办理该案，或者将该案交由另一位检察官办理，

---

[1] 参见付想兵、刘杰：《刑事审判参考｜公诉人当庭发表与起诉书不一致意见的处理规则》，载"壹法辩护"微信公众号，最后访问日期：2022年5月10日。

[2] 参见《最高人民法院关于适用〈中华人民共和国刑事诉讼法〉的解释修改草案专家论证稿》第9.4.10条的起草说明。

[3] 参见［法］贝尔纳·布洛克：《法国刑事诉讼法》，罗结珍译，中国政法大学出版社2010年版，第93页。

[4] 参见［德］克劳思·罗科信：《刑事诉讼法》，吴丽琪译，法律出版社2003年版，第67页。

甚至可以对不服从命令的检察官施以惩戒。由此可见，以检察机关的内部组织原则否定公诉人当庭发表意见的效力在法理上是不成立的。

(四) 技术性证据规则

1. 关于证人庭前陈述的用途

证人的庭前陈述，普通法规则认定其为传闻，不能用作实质性证据使用，但是当庭证言与庭前陈述不一致时，可以用作弹劾证据。需要指出的是，英美证据法中的传闻规则，本身就是庭审中心主义的产物，因为界定传闻的第一个要素就是陈述作出的场合是庭上还是庭外。[1]美国最高法院在2004年的Crawford v. Washington案中指出，在证人出庭的情况下，"对质条款根本不限制先前的言词陈述的使用"，即使在陈述作出时没有接受交叉询问，因为现在可以对作出陈述的人进行盘问了，所以美国最高法院允许采纳这种证据。[2]这一立场，比起日本学者在庭前陈述和当庭证言并存的情况下出于公判中心主义的考虑一味排斥庭前陈述的主张，似乎更为务实。

新《刑诉法解释》第91条规定，证人当庭作出的证言，经控辩双方质证、法庭查证属实的，应当作为定案的根据。证人当庭作出的证言与其庭前证言矛盾，证人能够作出合理解释，并有其他证据印证的，应当采信其庭审证言；不能作出合理解释，而其庭前证言有其他证据印证的，可以采信其庭前证言。经人民法院通知，证人没有正当理由拒绝出庭或者出庭后拒绝作证，法庭对其证言的真实性无法确认的，该证人证言不得作为定案的根据。从该条前两款能够看出最高人民法院所采取的务实态度，目前来看没有大问题，即在证人出庭的情况下，是否采信庭前陈述要根据具体的情形来判断。但第3款规定的证人不出庭情况下，对庭前陈述的处理，仍是基于证明力的考虑，并未否定其证据资格。虽然相比立法的保守立场，已属难能可贵，但距离审判中心主义，仍有差距。

2. 讯问录音录像的用途、移送与查阅

日本在实现公判中心主义的过程中饱受诟病的是侦查讯问笔录对后续审

---

〔1〕 参见《美国联邦证据规则》第801条(c).

〔2〕 [美]约书亚·德雷斯勒、艾伦·C.迈克尔斯：《美国刑事诉讼法精解（第二卷·刑事审判）》，魏晓娜译，北京大学出版社2009年版，第227-228页。

判程序产生的决定性影响,以及2016年立法修改引入讯问录音录像制度后产生的新问题,即录音录像资料能否像讯问笔录那样用作证明被告人有罪的实质性证据。对此日本存在两种意见:首先,目前立法的态度是录音录像资料只用于证明供述的自愿性,不能用作实质性的证据,首要原因是与供述笔录这种文字信息相比,影像和声音对于心证造成的冲击极大,导致裁判员对自白的可信性作出过大,甚至是错误的评价的风险很大;其次,如果允许录音录像资料作为实质性证据,将会使庭审变成讯问的视频放映会,背离了公判中心主义原则。肯定录音录像作为实质证据使用的意见认为,自白笔录并不是逐字逐句记录嫌疑人的供述,侦查人员会根据证明的需要对犯罪嫌疑人的供述进行归纳,并按照侦查人员自身的理解对这些供述进行解释。有时自白笔录甚至被批评是作文笔录,与原供述的内容相差甚远,相比之下,录音录像资料将嫌疑人的供述逐字记录且未作编辑地保留下来,比起供述笔录,可以说是更优质的证据。

我国学者在上述问题上同样存在激烈的争论,主要存在两种不同的立场:一种意见主张出于审判中心主义的考虑,讯问录音录像只能用作过程证据,至少对控方而言是如此;[1]另一种意见则主张讯问录音录像应以防范虚假供述为核心目的,其定位应当是诉讼证据。[2]两种立场都存在很难反驳的支持理由:讯问录音录像只能用作过程证据的观点有审判中心主义作为其强大的理论支撑;如果采用讯问录音录像可以用作实质性证据的观点,那么接下来顺理成章的结论就是,讯问录音录像应当纳入案卷材料,随案移送,辩护律师理所应当地享有查阅、复制的权利。[3]所以,主张录音录像可以作为实质性证据,在我国似乎更有利于对辩护权的保障。

从官方立场看,2012年"六部委"《关于实施刑事诉讼法若干问题的规定》第19条和2017年"两高三部"《关于办理刑事案件严格排除非法证据若干问题的规定》第22条均将其定性为证明取证合法性的证明材料,有别于证

---

[1] 参见侣化强:《讯问录音录像的功能定位:在审判中心主义与避免冤案之间》,载《法学论坛》2020年第4期。

[2] 参见秦宗文:《讯问录音录像的功能定位:从自律工具到最佳证据》,载《法学家》2018年第5期。

[3] 参见李雪松:《天平倒向强者:讯问录音录像制度的双重悖论》,载"首届全国高校证据科学博士生博士后论坛"(国家"2011计划"司法文明协同创新中心与中国政法大学证据科学研究院2020年12月5—6日联合主办)论文集。

据材料。实践中，该定性被不少办案机关援引为拒绝将录音录像放入案卷材料随案移送的根据。其结果当然是辩护律师也不得查阅、复制。但是，2013年《最高人民法院刑事审判第二庭关于辩护律师能否复制侦查机关讯问录像问题的批复》规定，自人民检察院对案件审查起诉之日起，辩护律师可以查阅、摘抄、复制案卷材料，但其中涉及国家秘密、个人隐私的，应严格履行保密义务。你院请示的案件，侦查机关对被告人的讯问录音录像已经作为证据材料向人民法院移送并已在庭审中播放，不属于依法不能公开的材料，在辩护律师提出要求复制有关录音录像的情况下，应当准许。值得注意的是，该批复肯定了讯问录音录像作为"证据材料"，并向人民法院"移送""播放"的行为。2017年11月颁布的《法庭调查规程》第50条第2款也规定，"法庭应当结合讯问录音录像对讯问笔录进行全面审查。讯问笔录记载的内容与讯问录音录像存在实质性差异的，以讯问录音录像为准"，似有肯定其作为实质性证据之意。2021年新《刑诉法解释》并未吸收《法庭调查规程》的上述规定，但也未将讯问录音录像的功能仅限于"证明取证合法性"，新《刑诉法解释》第74条规定，"依法应当对讯问过程录音录像的案件，相关录音录像未随案移送的，必要时，人民法院可以通知人民检察院在指定时间内移送。人民检察院未移送，导致不能排除属于刑事诉讼法第五十六条规定的以非法方法收集证据情形的，对有关证据应当依法排除；导致有关证据的真实性无法确认的，不得作为定案的根据"。该条间接肯定了讯问录音录像可以用于确认"证据的真实性"。新《刑诉法解释》第54条则规定，"对作为证据材料向人民法院移送的录音录像，辩护律师申请查阅的，人民法院应当准许"。

总结最高人民法院在这一问题上的大致立场：（1）讯问录音录像可以被用于证明取证的合法性，可以被用于证明证据的真实性，还可以用作"证据材料"；（2）应当对讯问过程录音录像的案件，相关录音录像原则上应当随案移送；（3）辩护律师对作为证据材料向人民法院移送的录音录像，享有查阅权，但复制权未得到最高人民法院的明确保障。[1]

---

[1] 之所以没有明确规定对录音录像的复制，最高人民法院的解释是：较之一般证据材料，录音录像确具有一定特殊性。特别是作为证明取证合法性的录音录像，可能涉及办案策略方法，也可能涉及其他关联案件和当事人隐私，一律允许复制，恐难以控制传播面。而且，从实践来看，允许查阅，即可以满足辩护律师的辩护需要，充分保障其权益。参见《最高人民法院关于适用〈中华人民共和国刑事诉讼法〉的解释修改草案专家论证稿》第3.14条的起草说明。

上述立场，虽然从审判中心主义的角度看不够彻底，然而在中国语境下却是一种务实的选择。理由在于：（1）既然不否定供述笔录作为实质性证据的资格，似乎也没有特别的理由否定讯问录音录像作为实质性证据使用。同样，只禁止讯问录音录像作为实质性证据，如果不禁止供述笔录，从审判中心主义角度来看是没有意义的。（2）讯问录音录像是一种更优质的供述载体。与供述笔录相比，录音录像信息量更大，更能真实还原讯问时所发生的具体情况。只要刑事诉讼没有放弃对案件真相的追求，讯问录音录像就是一种更优质的供述载体。（3）承认讯问录音录像作为实质性证据，更有利于保障辩护权。如果大方承认讯问录音录像属于证据材料，那么接下来，就可以要求侦（调）查机关随案移送录音录像材料，这是辩护律师充分行使阅卷权的前提。相反，如果辩护律师的辩护权无法在审前得到充分的保证，就难以制定合理的辩护策略，仍无法实现"以审判为中心"。

（五）余论：辩护制度

上一个议题讨论到最后，实际上引出另一个十分重要的话题，即，"以审判为中心"的改革，无论采取什么路线，如果要取得突破，必须同步强化辩护制度的保障，尤其是审前辩护权的保障。日本近年来在公判中心主义改革方面取得成功，明面上是裁判员制度的成功，暗线则是辩护制度的强化，尤其是分阶段扩大了国选辩护人的适用范围：2004年修改时，日本《刑事诉讼法》将适用国选辩护人的案件扩大到犯罪嫌疑人"可能判处死刑、无期惩役或者最低法定刑1年以上有期惩役或禁锢的案件"；2009年开始实施修改后的《刑事诉讼法》，国选辩护人制度的适用对象扩大到"可能判处死刑、无期或法定刑3年以上有期惩役或禁锢的案件"；2016年修改《刑事诉讼法》（2018年施行），"被签发逮捕证"的犯罪嫌疑人（第37条之二第1款）、"被逮捕的犯罪嫌疑人"（同条第2款）等所有的案件都可以聘请国选辩护人。[1]我国的改革，同样也是如此。2017年《最高人民法院、司法部关于开展刑事案件律师辩护全覆盖试点工作的办法》、2021年《法律援助法》的出台大幅度拓展了法律援助的范围。下一步的任务，则是实现律师辩护从量到

---

[1] 参见［日］田口守一：《刑事诉讼法》，张凌、于秀峰译，法律出版社2019年版，第178-179页。

质、从覆盖面到权利内涵的发展，尤其是强化质证权的保障。毕竟，离开辩护制度讨论"以审判为中心"的改革无异于缘木求鱼。在这个问题上不少学者已有精辟的论述，这里不再展开。

三、技术主义进路的局限

无论愿意与否，我国"以审判为中心"的改革已经走上了一条技术主义路线，即在不改变现有审判认知结构和判决权威结构的前提下，通过改进和完善部分技术性规则和制度来推进"以审判为中心"改革。一方面，技术主义路线并不意味着无所作为，更不意味着一无所成。日本公判中心主义改革走的也是一条"日本特色"的技术主义路线，最终借助裁判员制度的施行而取得突破性进展。但是，相关技术性规则和制度的改革必须统合于改革的大主题之下，改革的方向不能与"以审判为中心"的大方向发生抵牾。另一方面，也必须看到，技术主义路线也有其局限性，这种渐进式的积累虽然不排除有朝一日会发生从量变到质变的飞跃，但日本在这条道路上花了近百年的时间，其公判中心主义改革才稍有起色。而我们还不得不考虑的一点是，日本"二战"后的刑事诉讼制度改革即实现了刑事诉讼纵向结构的彻底转型，通过引入起诉状一本主义和禁止传闻的规则，原则上否定了审判外陈述的证据能力，将侦查与审判之间的联系切割开来。也就是说，日本的技术主义路线是在大的宏观结构性变革已经发生的前提下取得进展的。因此，技术主义路线有其无法逾越的局限性，只能是在目前不可能发生大的立法动作的前提下的权宜之计。我国"以审判为中心"的改革，未来要取得长足的进展，诉讼认知结构和判决权威结构的变革仍然是一个绕不过的题目。

第四节　死刑案件审前程序改革

"以审判为中心"改革不仅对审判提出更高要求，其影响终将溢出审判阶段，对审前程序产生连锁效应。对于侦查机关而言，由于直接言词原则的不断推进，侦查阶段的功能和目标也势必发生相应的变化。在过去，侦查阶段的任务主要是收集供审判使用的证据。然而，随着"以审判为中心"改革的推进，审判认知结构的重塑，侦查案卷的作用将受到人为限制，侦查阶段收集的证据不再如过去那样可以无障碍地进入审判。因此，侦查的任务也需要进行相应调整，即从过去的服务于审判，日益转变为服务于公诉，侦查在很大程度上会变成公诉的准备阶段。同时，庭审实质化之下更高的举证要求、更严格的非法证据排除规则，最终会经由证明责任，将负担传递给公诉方，对公诉人的举证、质证提出更苛刻的要求。同时，随着监察体制改革的深入并上升为国家立法，检察机关丧失了大部分的侦查权。这加剧了检察机关在刑事诉讼中的尴尬处境：一方面，在绝大多数的公诉案件中，检察机关都不是侦查主体，大量的证据都是由其他机关（公安机关或者监察机关）收集。但是，如果向法庭提供的证据不确实、不充分，却要由检察机关承担起诉失败的后果。另一方面，如果被告人在审判中提出排除非法证据的申请，根据刑事诉讼法的规定，需要由人民检察院对证据收集的合法性加以证明，而对于检察机关来说，这是一个几乎不可能完成的任务：首先，检察机关并非收集证据的主体，证据由其他机关（公安机关或者监察机关）收集，却要求检察机关来证明证据收集的合法性；其次，从古罗马法的时代起，一个分配证明责任的重要原则即是"为肯定之人应举证，为否定之人不举证"。[1]而检察机关被要求证明的，恰恰是一个否定性事实，即公安机关或者监察机关没有对犯罪嫌疑人采用刑讯逼供等非法取证手段。[2]

一、侦查面向：亟须有效控制的侦查

（一）现有侦查控制机制之特点

我国目前的侦查控制机制，可以概括为三个特点：以程序规则直接控制为主，证据规则间接控制为辅；立法控制为主，司法控制为辅；以检察监督为主，以制约为辅。

前两个特点可以放在一起讨论。观察我国的侦查控制模式，可以发现明显的路径依赖，即偏好于从立法上事先设立程序规则，预防非法取证。例如，

---

[1] 陈荣宗：《举证责任分配与民事程序法》，三民书局1984年版，第9页。
[2] 在法治发达国家，讯问程序的权利保障相对完善，不仅讯问过程有全程录音录像，而且犯罪嫌疑人被明确告知享有沉默权，如果接受讯问，被告人要签署书面的弃权声明。除此之外，律师在讯问过程中享有在场权。在多重的程序保障之下，即使被告人提出非法证据的主张，要证明讯问程序的合法性，对检察官而言也并非难事。

《刑事诉讼法》第 52 条规定,"审判人员、检察人员、侦查人员必须依照法定程序,收集能够证实犯罪嫌疑人、被告人有罪或者无罪、犯罪情节轻重的各种证据。严禁刑讯逼供和以威胁、引诱、欺骗以及其他非法方法收集证据,不得强迫任何人证实自己有罪"。这一特点,即使在 2012 年立法增设非法证据排除规则之后也十分突出。例如,2012 年刑事诉讼法修正案在引入非法证据排除规则的同时,也修改了讯问时和拘留、逮捕后的程序规则,比如《刑事诉讼法》第 123 条规定,"侦查人员在讯问犯罪嫌疑人的时候,可以对讯问过程进行录音或者录像;对于可能判处无期徒刑、死刑的案件或者其他重大犯罪案件,应当对讯问过程进行录音或者录像。录音或者录像应当全程进行,保持完整性"。第 85 条规定,"拘留后,应当立即将被拘留人送看守所羁押,至迟不得超过二十四小时"。第 93 条规定,"逮捕后,应当立即将被拘留人送看守所羁押,至迟不得超过二十四小时"。

2012 年刑事诉讼法修正案引入非法证据排除规则,为侦查控制增加了一种新的途径,即通过排除非法证据来对侦查取证进行事后的、间接的控制。然而,从近年来的研究来看,非法证据排除规则的适用比率并不高。笔者曾经对中国裁判文书网公布的全国基层法院 2018 年审理的当事人不认罪案件进行检索,从 3839 份刑事判决书中抽样出 300 份(涉及 485 名被告人)进行调查,只发现 1 个案件中启动了非法证据排除程序,而且该案最后也没有成功排除证据。[1]单从适用率上就可以看出,依赖非法证据排除规则实施事后的司法上的侦查控制,效果十分有限。因此,说中国的侦查控制是"事先的程序规则直接控制为主,事后的证据规则间接控制为辅",和"立法控制为主,司法控制为辅"应该是成立的。

在刑事司法中,对侦查的常态化控制来自检察机关。检察机关的控制以监督为主,以制约为辅。这形成了目前我国侦查控制机制的第三个特点。实际上,对侦查活动的唯一外部制约机制来自检察机关对批准逮捕权的掌控,也就是说,在侦查过程中,公安机关认为需要逮捕犯罪嫌疑人的,不能自行决定,必须报请检察机关批准逮捕。除此之外,对于其他侦查活动的外部控

---

〔1〕 参见魏晓娜:《以审判为中心的诉讼制度改革:实效、瓶颈与出路》,载《政法论坛》2020 年第 2 期。非法证据排除程序启动率低、排除率更低的结论也为其他学者的研究所验证,相关研究参见侯晓焱、孙军:《非法证据排除规则实施情况调查》,载《人民检察》2015 年第 10 期。

制，几乎完全是通过检察监督的方式进行。

(二) 检察监督之效果

检察机关侦查监督之成效，可以参见以下两个统计表格反映的数据：[1]

表3-6 人民检察院监督立案、撤案主要数据（2010—2021）

年度	监督立案（件次）	已纠正（件次）	纠正率	监督撤案（件次）	已纠正（件次）	监督采纳率
2010	32 830	31 203	95.0%	11 311	10 703	94.6%
2011	21 201	19 786	93.3%	11 966	11 867	99.2%
2012	29 732	27 837	93.6%	20 470	20 163	98.5%
2013	31 754	29 359	92.5%	25 627	25 211	98.4%
2014	24 072	21 236	88.2%	18 200	17 673	97.1%
2015	17 546	14 509	82.7%	10 464	10 384	99.2%
2016	18 668	14 650	78.5%	11 425	10 661	93.3%
2017	22 941	18 587	81.0%	14 868	13 924	93.7%
2018	26 866	22 215	82.7%	19 722	18 385	93.2%
2019	/	/	/	/	/	/
2020	53 293（监督立撤案合计）			45 948（立撤案）		86.2%
2021	11 270（监督立撤案合计）			8887（立撤案）		78.9%

表3-7 人民检察院侦查监督主要数据（2010—2021）

年度	公安刑事立案数（件）	提出纠正（件次）	提出纠正意见率	已纠正（件次）	监督采纳率
2010	5 969 892	34 180	0.57%	32 599	95.4%

---

[1] 表3-6和表3-7中的数据主要来源于：《中国法律年鉴》（2011—2018年）、《最高人民检察院工作报告（2011—2021）》，2019年、2020年和2021年的数据主要来源于最高人民检察院定期发布的《全国检察机关主要办案数据》。

续表

年度	公安刑事立案数（件）	提出纠正（件次）	提出纠正意见率	已纠正（件次）	监督采纳率
2011	6 004 951	39 812	0.66%	38 217	96.0%
2012	6 551 440	57 280	0.87%	55 582	97.0%
2013	6 440 066	72 718	1.13%	70 432	96.9%
2014	6 539 692	55 299	0.85%	52 340	94.6%
2015	7 174 037	37 292	0.52%	31 874	85.5%
2016	6 427 533	39 621	0.62%	34 230	86.4%
2017	5 482 570	47 871	0.87%	40 358	84.3%
2018	5 069 231	58 744	1.16%	50 455	85.9%
2019	/	/	/	/	/
2020	/	50 313	/	46 078	91.6%
2021（1—3月）	/	12 545	/	8696	69.3%

单从数据上看，检察机关对于公安机关立案、撤案的监督和侦查监督还是卓有成效的，监督采纳率从整体上看基本维持在高位。然而，上述数据也反映出目前的侦查控制存在的一些问题。

其一，从表3-6反映的监督立案的数据来看，2013年以前，公安机关对于监督立案的纠正率都维持在92%以上。从2014年起，该数据呈明显的下滑趋势，2016年跌至78.5%。78.5%的纠正率看似也不低，然而，按照《刑事诉讼法》第113条的表述，"人民检察院认为公安机关不立案理由不能成立的，应当通知公安机关立案，公安机关接到通知后应当立案"，立法并没有给公安机关留下不立案的余地，然而，2016年以来公安机关拒不立案的比例竟然高达20%左右。

其二，表3-7反映的检察机关在2010年至2018年提出纠正违法意见的数据，从绝对数量上看并不低，最少的年份也有3万余件，最多的年份达7万余件。然而，一旦除以同期公安机关刑事立案数，提出违法纠正意见的比率在大多数年份都跌破1%。这未必说明公安机关违法侦查的比例极低，更可能反映了检察机关在发现和纠正违法侦查的途径上有着严重的局限性，也就是说，在案件移送审查起诉之前，除了利用审查批捕的机会，检察机关几乎别无行使侦查监督的其他途径。

其三，综合表3-6和表3-7，公安机关对于检察机关监督立案、监督撤案的意见采纳率，以及纠正违法监督意见采纳率在2016年前后开始出现明显下滑趋势。另据最高人民检察院2021年4月公布的"2021年1月至3月全国检察机关主要办案数据"，2021年1月至3月，全国检察机关开展立案（撤案）监督合计11 270件，监督后公安机关已立案（撤案）8887件，占监督数的78.9%；针对侦查活动违法行为，提出纠正12 545件，已纠正8696件，监督采纳率69.3%，同比减少10.6个百分点，监督采纳率首次跌破70%。立案（撤案）监督采纳率和纠正违法侦查监督采纳率在2021年第一个季度双双创下了新低。[1]也许纯粹是巧合，2016年恰是国家监察体制改革启动之年，检察机关面临着职务犯罪侦查权全面丧失的种种猜测，正尴尬地徘徊在改革的十字路口。最终的改革方案虽未完全取消职务犯罪侦查权，但对检察机关的职务犯罪侦查权进行大幅度削夺，过往靠职务犯罪侦查权支撑起来的监督权威似乎已难以为继。

（三）现有侦查控制机制之不足

上述数据只是管中窥豹。实际上，无论是对侦查入口（立案），还是对侦查过程本身，无论是力度还是覆盖范围，目前的侦查控制机制，其效果并不理想。

1. 侦查入口的把关不到位

众所周知，为了解决"告状难"问题，我国刑事诉讼法于1996年设置立案监督条款，即对于该立案而不立案的，检察机关应当要求公安机关说明不立案的理由，检察机关认为不立案的理由不成立的，应当通知公安机关立案。[2]但是，立案问题还有另一面。随着市场经济的高速发展，市场经济领域内民事经济纠纷数量激增，有些地方公安机关的侦查人员或者由于业务素质不到位，

---

[1] 参见《2021年1月至3月全国检察机关主要办案数据》，载"最高人民检察院"微信公众号，最后访问日期：2024年4月23日。

[2] 参见《刑事诉讼法》第113条。

或者在部门利益的驱动下，[1]或者出于地方保护主义，[2]或者在办案指标的压力下，[3]违法动用刑事手段插手民事、经济纠纷，[4]查封、扣押经济纠纷财产，立案后不急于收集证据，而是忙着追缴赃款赃物，以便获得政府部门的返还利益。[5]涉案企业由于厂房、设备、流动资金等被查封、扣押、冻结，生产经营难以为继，迅速陷入困顿、停产，乃至破产。

2010年，最高人民检察院、公安部联合发布《关于刑事立案监督有关问题的规定（试行）》，对于不该立案而立案违法动用刑事手段插手民事、经济纠纷等违法立案的情形，尚未提请批捕或者审查起诉的，检察机关应当要求公安机关书面说明立案理由，认为公安机关立案理由不成立的，应当通知公安机关撤销案件。该规定的基本精神分别被2012年和2019年《人民检察院刑事诉讼规则》所吸收，只在表述上略有差异。[6]但是，2012年刑事诉讼法修改时并没有吸收该规定的内容，没有增加检察机关对不该立案而立案的案件进行监督的条文。由此导致公安机关对于监督撤案态度消极。2012年修订的《公安机关办理刑事案件程序规定》第180条只是规定"人民检察院认为公安机关不应当立案而立案，提出纠正意见的，公安机关应当进行调查核实，并将有关情况回复人民检察院"，[7]2020年《公安机关办理刑事案件程序规

---

[1] 有些地方的公安机关存在办案经费不足问题，不少地方为了缓解财政压力对政法机关实行收缴财产返还制度，这成为驱动办案单位追求经济利益的原动力。为了弥补办案经费的不足，有的办案机关以查办经济犯罪为名，故意对经济纠纷按照经济犯罪案件予以立案侦查。

[2] 有些地方公安机关从保护地方经济利益出发，违反公安机关办案权限和案件管辖规定，越权办案，违法抓人，为本地企业追款讨债。

[3] 有些公安机关内部考核中，存在一些关于立案数、追缴金额等不合理的办案指标，客观上造成办案单位在遇到经济纠纷和刑事犯罪不好区分时，主观上倾向于认定为犯罪。

[4] 违法动用刑事手段插手民事、经济纠纷的其他常见原因还有报案人故意夸大欠债事实，歪曲法律关系性质，甚至故意虚构票据、账目证据，致使侦查人员陷入错误认识，以经济犯罪立案；有的案件社会影响和当事人一方损失较大，又具有民事欺诈、重大违约因素，具有经济犯罪的嫌疑，在案件受理初期很难判断性质；还有一些大型国有企业内设的公安处、公安分局等，由于编制、人事、工资等没有完全理顺，为企业追讨欠款而插手经济纠纷的现象也偶有发生。参见元明、胡耀先：《违法动用刑事手段插手民事经济纠纷问题剖析》，载《人民检察》2013年第10期。

[5] 参见元明、胡耀先：《违法动用刑事手段插手民事经济纠纷问题剖析》，载《人民检察》2013年第10期。

[6] 参见2019年《人民检察院刑事诉讼规则》第559条和2012年《人民检察院刑事诉讼规则》第555条。

[7] 参见2020年《公安机关办理刑事案件程序规定》第183条。

定》重新修正时，沿用了这一规定，并未如监督立案一样要求"公安机关应当在收到通知书后十五日以内立案"。[1]因此，在监督撤案问题上，《人民检察院刑事诉讼规则》和《公安机关办理刑事案件程序规定》作出了完全不同的规定，地方检察机关和公安机关在监督撤案问题上陷入无所适从的混乱状态。众所周知，立案程序作为隔离正常的经济社会活动与刑事诉讼的一道屏障，在中国有着极为重要的权利保障功能。违法动用刑事手段插手民事、经济纠纷，不仅会侵犯民营企业的合法权益，更会伤及民营经济的活力，在中美竞争和经济下行的大背景下，日益成为中国社会不能承受之重。

2. 对侦查过程的控制不到位

在立案后的侦查阶段，除了逮捕公安机关不能自行决定，需要提请检察机关批准外，还有大量既可以干预公民的人身权、财产权、隐私权，又可以自行决定的手段，前者包括拘传、取保候审、监视居住（包括对人身自由的干预强度不亚于逮捕的指定居所监视居住）、拘留，后者包括搜查、查封、扣押、冻结、技术侦查等手段。这些手段的采用，决定前不需要司法审查，实施后无法提起司法救济，[2]而对于涉案当事人或者涉案企业而言，一旦进入刑事诉讼，相关的人身自由权、财产权等就成为"裸体权利"，几乎没有有效的救济途径。例如，《刑事诉讼法》第79条规定，"监视居住最长不得超过6个月"，根据笔者在调研中了解到的情况，在侦查实践中，不少地方公安机关的侦查人员都将此条解释为每次监视居住不得超过6个月，且监视居住可以在侦查阶段多次使用。而被多次采取监视居住措施，累计监视居住期限远远超过6个月的当事人并无有效的救济途径。

---

[1] 参见2012年《公安机关办理刑事案件程序规定》第179条和2020年《公安机关办理刑事案件程序规定》第182条。

[2] 一方面，从刑事诉讼法结构安排来看，干预公民财产权、隐私权的搜查、查封、扣押、冻结等措施没有规定在总则部分，这样的处理，与干预公民人身自由权的强制措施完全不同；搜查、查封、扣押、冻结以及直接干预隐私权的技术侦查措施在刑事诉讼法中被界定为"侦查行为"，被置于分则部分的"侦查"章之下，成为由公安机关全权决定的事项。另一方面，根据《最高人民法院关于执行〈中华人民共和国行政诉讼法〉若干问题的解释》第1条的规定，"公安、国家安全等机关依照刑事诉讼法的明确授权实施的行为"不属于行政诉讼受案范围，刑事侦查行为被认为具有"司法"属性，因而不能提起"行政"诉讼。实际上，从刑事法角度来看，这个所谓的"司法属性"完全是子虚乌有，因为对于上述措施，公安机关享有完全的决定权和实施权，没有任何司法干预的余地。结果是，财产在刑事诉讼中被不当查封、扣押、冻结的权利人根本没有任何提起司法审查或司法救济的机会。

实践中违法、超范围查封、扣押、冻结涉案财产的现象也屡见不鲜。近日，网上一封落款为"义乌市公安局刑事侦查大队"的《致全国各地公安机关的一封信》引发关注。信中表示当地"出现了企业因流动资金问题濒临破产，经营户支付不了供货商货款，发不起工资等情形，给义乌经济和社会稳定造成极大影响"，呼吁各地公安机关在对义乌经营户或外贸公司取证时，充分理解义乌企业及个体工商户在外贸行业中存在的现状与问题。事情缘起于 2020 年警方针对电信诈骗、网络赌博等违法行为开展的"断卡（电话卡、银行卡）行动"。不少义乌商户通过地下钱庄收付款，而地下钱庄往往掺杂了电信诈骗等违法犯罪资金，如果商户的银行账户与其发生来往，很容易被波及。从 2020 年下半年起，义乌外贸商户银行账户被异地公安机关冻结的事件频频发生。[1] 义乌市政府和公安机关震惊之余，由刑侦大队草拟《义乌致全国各地公安机关的一封信》，希望各地公安机关对义乌经营户或外贸公司取证时"充分理解"。而账户被冻结的义乌外贸商户别无他法，只能结伴赴外地找公安机关申诉，"自证清白"，寻求解冻账户，"结果也是失望而回"。[2]

实际上，正式做出立案决定之前对案件进行调查核实，不得采取限制被调查对象人身、财产权利的措施，这是中国刑事诉讼的一个基本规则。《公安机关办理刑事案件程序规定》第 174 条规定，调查核实过程中，公安机关可以依照有关法律和规定采取询问、查询、勘验、鉴定和调取证据材料等不限制被调查对象人身、财产权利的措施。但是，不得对被调查对象采取强制措施，不得查封、扣押、冻结被调查对象的财产，不得采取技术侦查措施。《人民检察院刑事诉讼规则》第 169 条也作出类似规定。由此可见，这种在正式立案、将具体商户确定为犯罪嫌疑人之前的大规模、大范围"冻卡"行动，完全是违法的。即便是正式立案后，因为仅仅几万、几千甚至几百元的涉案金额，就超范围地将商户们高达数十万、百万的账户完全冻结，也是不合法

---

[1] 此事件发生的另一个背景是，2020 年 7 月修订后的《公安机关办理刑事案件程序规定》第 17 条（修订前为第 16 条）修改了利用计算机网络实施的犯罪的侦查管辖规定，增加"被害人被侵害时所在地和被害人财产遭受损失地公安机关"作为利用计算机网络实施的犯罪的侦查管辖机关，于是从 2020 年下半年开始大规模出现异地公安机关"冻卡"现象。

[2] 参见徐庭芳：《义乌"冻民"："卡没被冻过，都不好意思说自己是做外贸的"》，载 http://www.infzm.com/content/204768?from=nfzmwx，最后访问日期：2021 年 4 月 22 日。

的。这种大规模出现的异地公安机关违法行动,说明目前的侦查控制机制基本上是无效的。在中美贸易战和疫情的双重打击下,外贸本身就不景气,这种大规模的"冻卡"潮,又威胁到商户的资金链,商户正常的经营受到严重影响,举步维艰。此事件从侧面反映了侦查控制失灵带来的令人震惊的社会经济后果。

3. 对侦查出口缺乏有效管控

对于侦查后的处理,我国刑事诉讼法只提供了两种方案:一是侦查终结,即经过侦查后,认为犯罪事实清楚,证据确实、充分的,作侦查终结处理,并写出起诉意见书,连同案卷材料、证据一并移送同级人民检察院;[1]二是撤销案件,即在侦查过程中,发现不应对犯罪嫌疑人追究刑事责任的,就撤销案件。[2]《公安机关办理刑事案件程序规定》对撤销案件的适用细化为六种情形。[3]但是,刑事诉讼法提供的两种方案都是在案件事实已经查清的基础上作出黑白分明的两种处理,其前提都是案件事实、证据不存在重大的疑点。然而,在现实的侦查实践中,有大量的案件既不属于适用撤销案件的情形,也难以做到犯罪事实清楚,证据确实、充分,这样的案件如何处理,刑事诉讼法并没有给出回答。

另外,考虑到各种主客观条件的限制,刑事案件能不能侦破、在多长时间内侦破都是无法人为设计的,本着一种务实的态度,我国刑事诉讼法并没有如审查起诉、一审、二审等诉讼阶段一样规定侦查办案期限。因此,理论上,无论立案了多久,只要发现了新的证据,都可以随时激活侦查程序,抓获犯罪嫌疑人。只有在犯罪嫌疑人被逮捕后,才开始计算侦查羁押期限。这样处理,一方面可以对犯罪保持高压态势,有利于惩罚犯罪目标的达成;另一方面,也充分考虑了侦查过程中保障人权的需要,防止长期、超期羁押嫌疑人。然而,由于侦查羁押以逮捕作为起算的时点,[4]在侦查实践中,只要

---

[1] 参见《刑事诉讼法》第162条。
[2] 参见《刑事诉讼法》第163条。
[3] 《公安机关办理刑事案件程序规定》第186条规定的六种情形是:(一)没有犯罪事实的;(二)情节显著轻微、危害不大,不认为是犯罪的;(三)犯罪已过追诉时效期限的;(四)经特赦令免除刑罚的;(五)犯罪嫌疑人死亡的;(六)其他依法不追究刑事责任的。
[4] 《刑事诉讼法》第156条规定,"对犯罪嫌疑人逮捕后的侦查羁押期限不得超过二个月。案情复杂、期限届满不能终结的案件,可以经上一级人民检察院批准延长一个月"。

不提请逮捕，侦查持续多久，就完全不受限制。[1]这样一来，被查对象的犯罪嫌疑人身份就无限期地延续下去。仅2019年，检察系统采取专项清理行动，就排查出2687件既未撤案又未移送审查起诉、长期搁置的"挂案"。湖南湘潭57家民营企业涉嫌虚开增值税专用发票罪被立案侦查，因事实不清、证据不足，6年未予结案。[2]实践中，只要没有撤销案件，涉案人员可以被反复地采取逮捕以外的其他强制措施——如监视居住，甚至是对人身自由的干预强度不亚于逮捕的指定居所监视居住，涉案企业的财产和资金也无限期地处于被查封、扣押、冻结的状态。

法治的核心价值在于通过规则的治理为公民提供一种确定性和可预测性，以作为开展未来生活规划的基础和前提。而我国由于对侦查出口缺乏明晰的管控，使得公民的人身和财产权利长期陷入一种不确定状态，既与无罪推定原则背道而驰，也违背了法治的核心要义。

二、检察监督：无从置喙的柔性控制

（一）控制侦查：检察机关的"天命"

现代检察制度诞生于法国大革命，被誉为"革命之子"，历史地看，创设检察制度的目的有三：一是打破纠问式程序之下法官大权独揽的格局，实现控审分离，以制约法官的权力；二是控制警察活动的合法性，防范警察权力失控；三是法治功能，即守护法律，保障人权。[3]毫不夸张地说，控制侦查、制约审判，是检察机关与生俱来的"天命"。

（二）为何控制：检察机关公诉的客观需求

在我国刑事诉讼中，检察机关执掌的起诉职能与公安机关执掌的侦查职能具有天然的亲和性——这一点，与现代诉讼制度（不仅仅是刑事诉讼）所要求的起诉职能和审判职能彻底分离的关系迥然不同。这在客观上要求将侦查活动置于检察机关的引导和控制之下。现代刑事诉讼中的一系列制度和规

---

[1] 实践中侦查终结的时间，经常取决于考核的需要——如果当月的案件考核指标已经完成，就可能推迟到下个月再移送审查起诉；如果当月的考核指标尚未完成，就尽快移送。

[2] 参见2020年《最高人民检察院工作报告》。

[3] 林钰雄：《检察官论》，学林文化事业有限公司1999年版，第14页以下。

则都反映了这一点。

例如,现代刑事诉讼制度要求检察机关承担公诉案件的证明责任。[1]这意味着,检察机关在法庭上应当积极举证,履行证明公诉主张成立的责任。举证的前提是取得和占有证据,取证质量不高或证据不够充分,举证工作就会遭受"滑铁卢"。所以,以取证为核心的侦查职能,与以举证为核心的公诉职能本质上是"一条藤上的瓜"。一旦检察机关在法庭上的举证未能成功地达到法定的证明标准,就要承担败诉的后果。换句话说,取证(侦查)工作做得不到位,"板子"是要打在检察机关身上的。再如,在非法证据排除规则的实际运作中,一旦辩方提出排除非法证据的申请获得成功,令审判人员认为可能存在以刑讯逼供等非法方法收集证据情形,那么证明取证没有使用刑讯逼供等非法方法的责任就会落到检察机关的身上。[2]在我国,对于检察机关来说,这是一个几乎不可能完成的任务:其一,从古罗马法的时代起就存在着一个分配证明责任的规则"为肯定之人应举证,为否定之人不举证"。[3]在非法证据排除的场合,检察机关要证明的恰恰是一个否定性事实,即公安机关或者监察机关讯问犯罪嫌疑人时没有采用刑讯逼供等非法手段。[4]其二,在公诉案件中,取证工作绝大多数情况下不是检察机关亲力亲为,而是由公安机关完成,而且,公安机关取证时,检察机关绝大多数情况下都不在场。因此,要让检察机关举证证明公安机关在他不在场、也无从掌控的情况下进行的取证活动的合法性,尤其是要证明的是没有发生刑讯逼供等非法取证的否定性事实,这对检察机关来说几乎是一项不可能完成的任务,除非立法确立检察机关对于侦查取证活动的直接控制。

不少国家在制度设计上也反映了起诉职能与侦查职能的亲和性以及检察机关引导、控制侦查的思路。例如,在欧洲大陆以及受欧洲大陆传统深刻影响的

---

[1] 参见《刑事诉讼法》第51条。
[2] 参见《刑事诉讼法》第59条。
[3] 陈荣宗:《举证责任分配与民事程序法》,三民书局1984年版,第9页。
[4] 侦查讯问程序在权利保障方面的完善,可以在不同程度上缓解证明这一否定性事实方面的困难。例如,对讯问过程全程录音录像;讯问过程允许律师在场,犯罪嫌疑人被明确告知享有沉默权,如果接受讯问,由被告人签署书面的弃权声明。在多重的程序保障之下,即使被告人提出非法证据的主张,要证明讯问程序的合法性,对检察官而言也并非不可克服的困难。可见,侦查讯问程序的完善,受益方不仅仅是被追诉人,检察人员和侦查人员也可以从中受益。

国家，对侦查与公诉并不作明确的阶段划分，侦查只是"公诉之准备"；[1]侦查职能与起诉职能被一揽子地赋予了检察机关，真正的侦查主体是检察官；[2]警察机关虽然与检察机关在组织上相互分离，但是一旦进入刑事诉讼，警察理论上只是检察官的助手，要接受检察官的领导和指挥，检察官对于不服从指挥的警察可以提请惩戒。[3]

在最新一轮的司法改革中，中央提出"推进以审判为中心的诉讼制度改革"，这势必会进一步强化检察机关控制侦查取证的迫切性。"以审判为中心"的诉讼制度改革要求"庭审在查明事实、认定证据、保护诉权、公正裁判中发挥决定性作用"，[4]这意味着，除了法律明确规定的情形外，[5]法官据以形成判决基础的信息原则上应当全部来源于庭审。为此，庭审应当贯彻直接、言词、集中原则。"以审判为中心"改革不仅对庭审提出更高的要求，其影响终将溢出审判阶段，对审前程序产生连锁效应。对于检察机关来说，庭审实质化改革之下更高的举证要求，更严格的非法证据排除规则，最终会经由证明责任，将负担传递给公诉方，对公诉人的举证、质证提出更高的要求。对于侦查机关而言，由于直接言词原则的不断推进，侦查的功能和目标也势必发生相应的变化。在过去，侦查阶段的任务主要是收集供审判使用的证据。然而，随着"以审判为中心"改革的推进，作为一种大趋势，侦查案卷的作用必将逐步受到人为限制，侦查阶段收集的证据不再如过去那样可以无障碍地进入审判。因此，侦查的任务也会进行相应调整，即从过去的服务于审判，日益转变为服务于公诉，侦查在很大程度上会变成公诉的准备阶段。

---

[1] 德国《刑事诉讼法》规范侦查活动的第二编第二章的标题即为"公诉之准备"。

[2] 例如，德国《刑事诉讼法》第160条规定，"一旦检察通过告发或其他途径获知犯罪行为嫌疑，应当对案情进行调查，以决定是否提起公诉。检察院不仅应当侦查对被指控人不利的情况，还应当侦查对其有利的情况……检察院的侦查也应涵盖对确定犯罪行为的法律后果具有意义的情况"。

[3] 例如，日本《刑事诉讼法》第194条"对司法警察职员惩戒或罢免的追诉"规定，"检察总长、高等检察厅长或者地方检察厅长，在司法警察职员没有正当理由而不服从检察官的指示或者指挥的场合，认为必要时，对身为警察官的司法警察职员可以向国家公安委员会或者都道府县公安委员会，对警察官以外的司法警察职员可以向对该司法警察职员拥有惩戒或者罢免权限的人，提出惩戒或者罢免的追诉"。

[4]《中共中央关于全面推进依法治国若干重大问题的决定》，载《〈中共中央关于全面推进依法治国若干重大问题的决定〉辅导读本》，人民出版社2014年版，第23页。

[5] 例如，美国《联邦刑事诉讼规则》第804条，日本《刑事诉讼法》第321条、第323条、第326条，德国《刑事诉讼法》第251条。

因此，深化"以审判为中心"的诉讼制度改革，意味着对控方提出了更高的标准、更严的要求，有可能会影响打击犯罪目标的实现，这也是推行此项改革短期内将会付出的社会成本。为了不影响打击犯罪的有效性，就必须提高公诉的质量，加强对侦查行为的指导和控制也显得越发迫切。这在客观上需要整合公诉和侦查两种职能，以"公诉引导侦查"提高侦查的效率，以"公诉控制侦查"提高侦查的质量。

（三）如何控制：一个时代难题

冰冷的现实是，随着监察体制改革的推进并上升为国家立法，检察机关失去了职务犯罪侦查权这个"尚方宝剑"，侦查监督的威慑力不增反降。而且，即使不考虑职务犯罪侦查权这一因素，在现行法律体系下，检察机关也缺乏有效控制侦查和职务犯罪调查的正式途径和手段。2018年《国家监察委员会与最高人民检察院办理职务犯罪案件工作衔接办法》第13条和2019年修订后的《人民检察院刑事诉讼规则》第256条都规定了"人民检察院提前介入"职务犯罪调查。但是，由于检察机关介入职务犯罪调查的被动性和事后性，并不能对职务犯罪调查形成实质意义上的控制。[1]《人民检察院刑事诉讼规则》第256条规定了检察机关可以主动介入重大、疑难、复杂案件的侦查活动，监督侦查活动是否合法。[2]但是，众所周知，监督不同于制约。制约是事前的、刚性的；监督一般是事后的、柔性的，难以形成有效的控制。可以说，如何加强侦查控制，已经成为摆在检察机关面前的一个时代难题。在这种困难局面下，检察机关只能借助于审查批捕这个唯一具有制约性的权力，在现有合法手段上"搭载"新的功能，借此实现对侦查的引导

---

[1]《中国纪检监察报》曾刊文说明监察机关案件审理部门提前介入和检察机关公诉部门提前介入的区别：一是在介入时机上，案件审理部门提前介入在案件调查取证工作基本结束、正式移送案件审理部门之前，检察机关提前介入在案件移送审理之后、移送审查起诉之前；前者是在案件调查阶段，后者是在案件审理阶段。二是在启动条件上，案件审理部门提前介入一般由审查调查部门与案件审理部门沟通后，按程序分别报分管领导批准后开展；检察机关提前介入由案件审理部门按程序书面商请检察院派员介入。参见钟纪晟：《监委案件审理部门提前介入与检察机关公诉部门提前介入有何区别》，载《中国纪检监察报》2019年3月13日，第8版。

[2]《人民检察院刑事诉讼规则》第256条规定，"经公安机关商请或者人民检察院认为确有必要时，可以派员适时介入重大、疑难、复杂案件的侦查活动，参加公安机关对于重大案件的讨论，对案件性质、收集证据、适用法律等提出意见，监督侦查活动是否合法。经监察机关商请，人民检察院可以派员介入监察机关办理的职务犯罪案件"。

和控制。[1]

与此同时，监察体制改革后，被削夺了大部分侦查权的检察机关产生了空前的危机感，主观上产生了整合自身力量的精神需要。在多种因素的综合影响下，检察机关着手采取了一系列改革举措。例如，确立驻所检察官侦查终结前讯问合法性的核查制度；[2] 人民检察院提前介入监察机关职务犯罪调查工作，[3] 等等。其中，影响最大的当属检察机关"捕诉合一"或"捕诉一体化"改革。2018年7月25日，最高人民检察院检察长张军在深圳举行的全国大检察官研讨班上提出将"内设机构改革"作为突破口，"要以案件类别划分、实行捕诉合一，形成完整的、适应司法责任制需求、有助于提高办案质量效率和提升检察官素质能力的内设机构体系"[4]。2018年年底，中央通过《最高人民检察院职能配置、内设机构和人员编制规定》，最高人民检察院第一至第十检察厅按照新的职能和办案机制正式开始运作。

三、中国侦查控制路径之转型

（一）"捕诉一体"存在的问题

"捕诉一体"是检察机关面对侦查控制难题开出的一剂药方，然而，就侦查控制这一主题而言，疗效有限，副作用不小。所谓"捕诉一体"，就是把审查批捕和审查起诉两种职能同时赋予检察机关内部同一部门，以实现公诉对侦查的监督和证据指引工作的前移，拉近侦查和起诉的距离，强化侦查监督

---

[1] 2019年修订后的《人民检察院刑事诉讼规则》突出地反映了这种功能"搭载"，如第257条规定，对于批准逮捕后要求公安机关继续侦查、不批准逮捕后要求公安机关补充侦查或者审查起诉阶段退回公安机关补充侦查的案件，人民检察院应当分别制作继续侦查提纲或者补充侦查提纲，写明需要继续侦查或者补充侦查的事项、理由、侦查方向、需补充收集的证据及其证明作用等，送交公安机关。

[2] 2017年"两高三部"联合发布的《关于办理刑事案件严格排除非法证据若干问题的规定》第14条第3款规定，对重大案件，人民检察院驻看守所检察人员应当在侦查终结前问询犯罪嫌疑人，核查是否存在刑讯逼供、非法取证情形，并同步录音录像。经核查，确有刑讯逼供、非法取证情形的，侦查机关应当及时排除非法证据，不得作为提请批准逮捕、移送审查起诉的根据。

[3] 2018年《国家监察委员会与最高人民检察院办理职务犯罪案件工作衔接办法》第二章以专章规定了"最高人民检察院提前介入工作"。

[4] 尚黎阳：《重组刑事办案机构案件分类捕诉合一》，载《南方日报》2018年7月26日，第A04版。

力度，提高侦查质量，使侦查能更好地为检察机关公诉做准备。[1]然而，这种方案本身即限制了侦查监督的覆盖范围，也就是说，它只能解决公安机关提请批捕的案件的侦查监督问题，对于公安机关没有提请批捕的案件，仍是检察监督的盲区。实践中公安机关违法办案，插手经济纠纷，往往是在刑事立案后采取监视居住、取保候审的强制措施，逼迫经济纠纷的一方以保证金的形式偿还所谓的"赃款"，而不提请检察机关批捕，以规避检察机关监督。这就造成检察机关无法及时纠正违法办案、插手经济纠纷的问题。[2]

"捕诉合一"改革副作用不小，从始至终都伴随着反对和质疑的声音。反对者认为，"捕诉合一"改革将作为强制措施的逮捕与作为国家追诉权的公诉混为一谈，违背基本诉讼规律，否定了逮捕的独立价值。[3]将批捕权用作侦查控制的工具，审查批捕的职能将附属于、服务于追诉职能而丧失独立的价值，形成并强化"够罪即捕"的局面。[4]"捕诉合一"实际上是将最不应该合的两个东西（批捕职能与公诉职能）合在了一起。该合不合造成效率低下，该分不分导致公正难以维系。[5]反对者所表达的不安并非杞人忧天。"捕诉一体"改革中所表达的公诉引导、监督、控制侦查取证的合理诉求应当得到应有的考虑，但通过"捕诉一体"的方式实现侦查控制实属路径不当。审查批捕作为一项具有司法性质的职能，涉及人身自由保护的独立价值，行使该职能的主体应当具有中立的属性，[6]不宜由行使追诉职能的主体行使。否则，

---

[1] 参见邓思清：《捕诉合一是中国司法体制下的合理选择》，载"中国法律评论"微信公众号，最后访问日期：2024年6月5日。

[2] 参见元明、杨子洲：《检察机关纠正违法办案插手经济纠纷对策研究》，载《人民检察》2007年第1期。

[3] 参见陈瑞华：《异哉，所谓"捕诉合一"者》，载"中国法律评论"微信公众号，最后访问日期：2024年11月7日。

[4] 参见聂友伦：《检察机关批捕权配置的三种模式》，载《法学家》2019年第3期。

[5] 参见孙远：《为什么捕诉合一不可行？》，载"中国政法大学国家法律援助研究院"微信公众号，最后访问日期：2024年12月26日。

[6] 对于"捕诉合一"改革，有学者认为其关键不在于批捕权由哪个机构行使，而在于以何种方式行使。参见郭烁：《捕诉调整："世易时移"的检察机制再选择》，载《东方法学》2018年第4期。然而，无论在何种分析框架下，裁判者的中立性都是程序公正的第一要义，从英国古老的"自然正义"，到现代"程序正义"的基本原则，再到《公民权利和政治权利国际公约》第14条，首要的公正原则都是"无偏倚"（impartial）的裁判者。美国联邦最高法院早在1948年即指出只有"中立和超然的司法人员"才有权签发令状［Johnson v. U. S., 333 U. S. 10, 13-14（1948）］。

审查批捕职能势必成为公诉职能的附庸,逮捕"必要性"审查、"社会危险性"审查势必成为犯罪条件审查的附庸,审查批捕作为独立程序而存在的价值将荡然无存。因此,加强公诉对侦查的指导和控制,需要转变改革思路,另辟"侦诉一体化"之蹊径。

(二)"侦诉一体化"的初步构想

党的十八届四中全会《决定》提出:完善对限制人身自由的司法措施和侦查手段的司法监督,加强对刑讯逼供和非法取证的源头预防,健全冤假错案有效防范、及时纠正机制。而"侦诉一体化"正是落实《决定》这一要求的有力举措。"侦诉一体"并不是主张负责公诉的检察机关和负责侦查的公安机关在组织上合二为一,而是倡导侦查机关与检察机关在刑事诉讼中确立密切协作的关系。具体说来:

1. 强化检察机关对侦查的入口控制

立案是侦查的入口,既承担着向刑事诉讼程序输送刑事案件,以实现打击犯罪的功能,同时也是隔离刑事诉讼与公民正常社会生活的屏障,具有重要的权利保障功能。侦查入口控制,要防范两种情况:一是有案不立,造成被害人"告状无门"的困境;二是将民事、经济纠纷作为刑事案件立案。前者妨害了打击犯罪功能的实现,后者则击穿了立案的权利保障功能。为了解决民众"告状难"的问题,1996年刑事诉讼法修正案从立法上确立了立案监督程序,为检察机关监督立案提供了较为坚实的法律基础。当前更为突出的问题是公安机关违法动用刑事手段插手民事、经济纠纷,而应对这种情况的监督撤案,却缺少如监督立案那样坚实的法律根据,公安机关接受监督的意愿不高,而且公安机关只要不提请批捕,也可以轻易规避检察机关的监督。习近平总书记曾在2018年11月1日召开的民营企业座谈会上指出,民营经济"贡献了50%以上的税收,60%以上的国内生产总值,70%以上的技术创新成果,80%以上的城镇劳动就业,90%以上的企业数量";"我国民营经济已经成为推动我国发展不可或缺的力量,成为创业就业的主要领域、技术创新的重要主体、国家税收的重要来源"。[1]为此,一方面需要在立法上为检察机关的监督撤案提供明确的法律依据,另一方面也需要增设立案报告和立案告知

---

[1] 习近平:《在民营企业座谈会上的讲话》,载《人民日报》2018年11月2日,第2版。

第三章 "以审判为中心"视角下的死刑程序改革

制度,即公安机关刑事立案后,应当立即书面报告检察机关,以接受检察机关的监督,同时告知当事人刑事立案情况,以及当事人申请检察机关监督撤案的权利。

2. 加强对侦查过程的控制

重大、复杂、疑难刑事案件,以及在采取重要侦查行为(如讯问)、干预公民基本权利措施(如搜查、查封、扣押、冻结)之前,至少在侦查终结之前,公安机关应当向检察机关报告,由后者及时介入并提出监督指导意见。这同时也意味着检察机关侦查监督的方式和时机发生重大变化,即从目前的事后监督改变为事中监督、同步监督,以实现对侦查活动的提前介入,强化公诉职能对侦查职能的规范和引导作用。

3. 强化对侦查出口的管控

对于侦查后的处理,我国刑事诉讼法规定了两种情况:一是没有犯罪事实或者不需要追究刑事责任的,撤销案件;二是对于犯罪事实清楚、证据确实充分的,移送审查起诉。《公安机关办理刑事案件程序规定》又提供了介于上述两者之间的第三种处理——终止侦查。[1] 终止侦查是在肯定有犯罪事实需要追究刑事责任,在不撤销案件的前提下针对犯罪嫌疑人或部分犯罪嫌疑人做出的出罪化处理。不撤销案件意味着对相关案件可以继续侦查,终止侦查可以使得已不具备犯罪嫌疑的被侦查对象及时从刑事诉讼中解脱出来,恢复正常生产生活。但是,这距离规范的侦查出口管理,仍有一定的距离。

规范的侦查出口管理,要防范两种倾向:一是轻率撤案或者终止侦查;二是既不撤案又不移送审查起诉、长期搁置形成"挂案"。为此,一方面,要确立撤销案件或者终止侦查的报告制度,公安机关决定撤销案件或者对特定犯罪嫌疑人终止侦查的,应当向检察机关提交报告,为检察机关履行法律监督职责提供便利;另一方面,设置具体侦查期限,扩大终止侦查适用范围。立法虽然不必一般性地限定侦查期限,然而,一旦产生具体的侦查对象(犯罪嫌疑人),尤其是对特定侦查对象的人身、财产采取监视居住或者查封、扣押、冻结等强制性措施时,即应当开始起算侦查期限。初始的侦查期限可以

---

[1] 《公安机关办理刑事案件程序规定》第186条第2款规定,"对于经过侦查,发现有犯罪事实需要追究刑事责任,但不是被立案侦查的犯罪嫌疑人实施的,或者共同犯罪案件中部分犯罪嫌疑人不够刑事处罚的,应当对有关犯罪嫌疑人终止侦查,并对该案件继续侦查"。

设定为6个月，期限届满前，侦查机关可以向检察机关申请延长期限，每次延长不超过6个月，如果有正当理由可以多次申请延长，但总期限不得超过18个月。[1]如果超过侦查期限仍不能查清犯罪事实，则需要对犯罪嫌疑人终止侦查。

4. 完善报告制度和权利告知制度，畅通常态化监督渠道

目前的刑事诉讼立法只在立案和审查批捕环节给检察机关提供了发现和识别公安机关违法行为的正规渠道，实践中形成的"捕诉合一"机制也是以"审查批捕"为主要依托实现检察机关对侦查活动的引导和控制，这些都大大局限了检察监督的视野和功能。为此，立法应当为检察监督提供常态化的监督渠道，本书建议增设立案、撤案和重大侦查行为的检察报告制度，也就是说，公安机关做出立案、撤案决定时，针对特定侦查对象采取强制性措施时，应当同步向负有监督职责的检察机关提交报告。在技术上，可以借助大数据、人工智能办案系统实现公检办理刑事案件网上互联互通、数据共享，为检察机关履行监督职责提供常态化的畅通监督渠道。同时，侦查机关在履行告知义务时，应当告知当事人有权向检察机关申请法律监督。

5. 强化侦查人员在刑事诉讼中接受检察机关监督的法定义务

我国《人民警察法》第42条已有明确规定，人民警察执行职务，依法接受人民检察院和行政监察机关的监督。该种接受检察机关监督的义务在刑事诉讼法中应当进一步得到强化，也就是说，侦查人员除非具备法定事由或者依照法定程序，不得拒绝执行检察机关的指导和监督意见。同时，为强化检察机关对警察的控制力，应当赋予检察官在侦查人员考核、奖励、惩戒、晋升等方面实质性的影响力。这也是欧洲大陆各国及其影响下的日本的通行做法，例如，在法国，检察长对其辖区内的司法警察警官进行评分（作出评价），检察长的评语在对当事人作出任何晋级、提升决定之时是一个重要的考虑因素。[2]在日本，如果警察不服从检察官的指令，检察官可以向对警察享

---

〔1〕 相关立法例可以参见意大利《刑事诉讼法》第405—407条的规定。在意大利侦查主体需要在登记之日起6个月内完成侦查，除非他向法官成功地申请延期。侦查的最长期限不得超过18个月，在个别案件中不得超过2年（意大利《刑事诉讼法》第405—407条）。超过侦查期限的处罚是，公诉人不能使用超过侦查期间获得的证据。

〔2〕 参见[法]贝尔纳·布洛克：《法国刑事诉讼法》，罗结珍译，中国政法大学出版社2009年版，第245页。

有罢免、惩戒权的机构提起惩戒或罢免的诉讼。[1]因此,为确立检察机关在侦查工作中的权威,应赋予检察机关对相关侦查人员启动惩戒程序的权力,并在侦查人员考核、奖惩、晋升等程序中赋予实质性的话语权。

---

[1] 参见日本《刑事诉讼法》第194条。

第四章
人民陪审员制度与死刑程序改革

第一节 人民陪审员制度概述

2018年4月27日，十三届全国人大常委会第二次会议审议通过了《人民陪审员法》，并于同日公布施行。同年10月26日，十三届全国人大常委会第六次会议通过关于修改刑事诉讼法的决定，其中第19条涉及一处人民陪审员制度的修改，即将2012年《刑事诉讼法》第178条（现为第183条）修改为："基层人民法院、中级人民法院审判第一审案件，应当由审判员三人或者由审判员和人民陪审员共三人或者七人组成合议庭进行，但是基层人民法院适用简易程序、速裁程序的案件可以由审判员一人独任审判。高级人民法院审判第一审案件，应当由审判员三人至七人或者由审判员和人民陪审员共三人或者七人组成合议庭进行。最高人民法院审判第一审案件，应当由审判员三人至七人组成合议庭进行。人民法院审判上诉和抗诉案件，由审判员三人或者五人组成合议庭进行。合议庭的成员人数应当是单数。"2019年2月18日，最高人民法院发布了《关于适用〈中华人民共和国人民陪审员法〉若干问题的解释》。至此，由党的十八届三中、四中全会开始启动、2015年起开始三年试点、2018年正式入法的新一轮人民陪审员制度改革暂告一个历史性段落。陪审制度之于死刑案件审判具有特殊意义，在任何保留死刑的国家，死刑案件都是陪审制度适用的重点。因此，在中国语境下讨论死刑程序改革，不可能避开人民陪审员制度改革。

一、人民陪审员制度的功能定位

在本轮人民陪审员制度改革试点之前，实践中不少地方由于法院人手不足，人民群众参与陪审的热情不高，少数热心审判工作的人民陪审员成了"编外法官"，常驻法院。另外，部分地区出现了人民陪审员名利化的现象，将人民陪审员头衔作为政治待遇，"授予"县委委员、政府官员、人大代表。上述现象的出现，仍是对人民陪审员制度的功能没有清晰的认识所致。因此，完善人民陪审员制度的第一步，必须对其功能做出准确的定位。以此为基础，人民陪审员制度的各项机制改革才能找到正确的方向。综观世界各国，陪审制度所承载的功能不外乎以下几个方面：

（1）扩大司法的民意基础，在专业的司法过程中引入普通的民众判断，防止司法无视社会主流价值观的发展而固步自封。"陪审团的基本特征显然在于被告人与控告者之间介入了一群外行人的常识判断，以及由社区参与并共同承担由该组织确定是否有罪所产生的责任。"[1]司法的特性是排斥外部干扰，固守特定的价值观。其优点是强化了司法的自治，缺点是法官容易在长期的职业生涯中丧失普通的民众情感，而民众的参与恰恰可以撕开司法冷冰冰的面纱，在每一次具体的、独特的、新鲜的案件处理活动中注入鲜活的民众情感和价值判断，使"法理"不再游离于"人情"之外，让冷冰冰的司法有了温度。

（2）分担和转移法官的负担。黎巴嫩文豪纪伯伦尝言："把手指放在善恶交界之处，可以碰触上帝的袍服。"善恶之间的定夺，本是上帝的权柄，因此法官所行原本是上帝之事，是那"把手指放在善恶交界之处"的人——轻者，定分止争；中者，断人毁誉；重者，判人生死。[2]西方基督教文化中又有"血罪"之说，即任何形式的杀人、流他人血的行为，无论是合法还是非法，包括法官判决死刑，都被视为罪孽，要遭受地狱之灾。[3]19世纪的刑法史学家Stephen甚至认为陪审团审判其实是一种责任转移机制，通过迫使其他主体（陪审员）承担全部或者部分最终判决的责任来安慰法官："毋庸讳言，维持陪审团审判对法官比对其他社会成员更具有重要性。它把法官从仅仅根据自己的意见来决定被告人有罪或者无罪的责任中挽救出来——这对许多人而言

---

[1] See Williams v. Florida, 399 U. S. 78 (1970).
[2] 陈长文、罗智强：《法律人，你为什么不争气?》，法律出版社2007年版，第211页。
[3] See James Q. Whitman, *The Origins of Reasonable Doubt: Theological Root of the Criminal Trial*, Yale University Press, New Haven, 2007, p. 35.

是一种沉重和痛苦得不堪忍受的负担。"[1]

（3）体现同侪审判的精神。早在1215年，英国《大宪章》第39条就表达了这样的思想："凡自由民，非经其具有同等身份的人依法审判，或者根据王国法律，不得加以逮捕、监禁、没收财产……"此后，受到"具有同等身份的人"的审判，就成为被告人的一项权利。被告人与"具有同等身份的人"之间有着大体类似的生活背景，分享着大体相同的社会经验和价值判断，因而更容易达成共识与沟通，也更能够理解被告人在特定情境下的行为选择。由他们对被告人的行为性质作出判断，也更加合理、公正。

（4）教育功能。在刑事审判中，公民个人实质性地参与案件的审理活动中，可以增进对相关实体法和程序法的了解和理解，提高公民对司法的信任，这对于提高司法公信力，无疑具有积极的作用。例如，日本在颁布《裁判员法》之前，改革的主导者"司法制度改革审议会"向内阁提交《司法制度改革审议会意见书》，提议设置国民直接参与刑事审判的制度，希望"如果国民与法曹一起广泛地运行司法，司法与市民的接触点将越来越厚重而广泛，可以促进国民对司法的理解，国民更容易了解司法和裁判的过程。这种改革的结果将使司法的国民基础更加坚实"[2]。

在当下的中国，上述功能同样具有现实意义。在社会转型期，利益结构重新调整，相关法律并不总是能够同步跟进，各类社会矛盾突出。司法作为社会矛盾的主要解决方式，面对的是非常复杂的利益格局，承受着极大的压力，自身也经受着严峻的考验。尤其是在死刑案件中，司法所承受的压力可想而知。在这种情况下，人民陪审员以公民身份进入法庭，并在死刑案件的定罪和量刑中发挥实质性作用，不仅具有贯彻司法民主的象征意义，更可以分担和转移法官的责任，减少国际社会在死刑问题上对中国的非议和责难。

《人民陪审员法》第1条开宗明义地规定，为了保障公民依法参加审判活动，促进司法公正，提升司法公信，制定本法。在2017年12月22日召开的十二届全国人大常委会第三十一次会议上，最高人民法院院长周强就《人民

---

[1] James Fitzjames Stephen, *A History of the Criminal Law of England*, vol. I, Cambridge University Press, 2014, p. 573

[2] [日] 田口守一：《刑事诉讼法》，张凌、于秀峰译，中国政法大学出版社2010年版，第215页。

陪审员法（草案）》作出说明，"制定一部专门的人民陪审员法，有利于扩大司法领域的人民民主，切实保障人民群众对审判工作的知情权、参与权、监督权，实现司法专业判断与群众朴素认知的有机统一，让人民群众在每一个司法案件中感受到公平正义"；"人民陪审员制度是社会主义民主政治的重要内容，是中国特色社会主义司法制度的重要组成部分，也是社会主义民主制度在司法领域的重要体现。长期以来，人民陪审员制度在推进司法民主、促进司法公正、提高司法公信等方面发挥着十分重要的作用"。推进司法民主、促进司法公正、提升司法公信，既是对人民陪审员制度改革目标的表述，也是对人民陪审员制度功能的期待，也是我们评价人民陪审员制度的出发点。

二、人民陪审员遴选机制

陪审制如果要实现既定的功能，一个基本前提是遴选出的陪审员能够真正代表社会上的普通民众。围绕此项要求，需要两个方面的保障：一是担任陪审员的条件；二是陪审员的产生程序。美国形成了比较具有代表性的标准，即"公正的代表性"要求（fair cross-section requirement）。美国早期提供陪审服务的资格限制于"房产所有者"，陪审团基本上只有白人。在1942年的格拉瑟诉合众国（Glasser v. United States）案中，美国联邦最高法院根据美国宪法第六修正案的公正陪审团权，宣布禁止不属于某妇女团体的妇女提供陪审团服务的程序违反了宪法第六修正案，并指出陪审团应当代表"社会各界"。[1] 1975年，美国联邦最高法院在泰勒诉路易斯安那（Taylor v. Louisiana）案中开始采用更为严格的标准，并通过宪法第十四修正案正当程序条款推广适用于各州。美国联邦最高法院指出，"小陪审团得以遴选的陪审员候选人名单的社会广泛代表性对于实现第六修正案公正陪审团的保障是十分必要的"。[2] 为了支持这一结论，美国联邦最高法院重申了关于陪审团功能的论述，即一方面是为了防范过于热情的检察官，另一方面也是为防止带有偏见的法官专横行使权力，又指出："社会对刑事司法的参与……公众对于刑事司法制度公正性的信任……是十分关键的。"而对社会特定群体的系统排除，损害了陪审团

---

[1] 315 U. S. 60 (1942).

[2] 419 U. S. 522 (1975).

在这两个方面的功能。但是，这只是对陪审员候选人贮备库的要求，并不"要求小陪审团，像陪审员候选人名单一样，要反映社会总体的构成"[1]。

（一）担任人民陪审员的条件

2004年全国人大常委会《关于完善人民陪审员制度的决定》第4条规定，担任人民陪审员，一般应当具有大学专科以上文化程度。这是一个严重的误区。我国高等教育尚未普及，接受高等教育，不是人人都能享有的机会，尤其是在广大农村地区，已经接受过高等教育而依旧留在农村的寥寥无几。这一条件，相当于把中国大部分农村人口排除在外，这对于一个农业人口占据多数的传统农业大国来说，不能不说是代表性方面的严重缺憾。

在改革试点期间，国家总体方案提出了改革人民陪审员选任条件和完善选任程序的要求，拥护宪法、品行良好、公道正派、身体健康、具有选举权和被选举权的年满28周岁的公民，原则上都具备担任人民陪审员的资格，但又规定一般应当具有高中以上文化学历，除非是农村地区和贫困偏远地区公道正派、德高望重者。《人民陪审员法》对此予以吸收，在担任人民陪审员的资格上，发生了一"高"一"低"两个变化。一"高"即担任人民陪审员的年龄要求从之前的23岁提高到28岁，更加强调人民陪审员的社会阅历、社会经验和陪审工作的郑重性。一"低"即降低担任人民陪审员的学历要求，从原来的"一般应当具有大学专科以上文化程度"降低到"一般应当具有高中以上文化程度"。当然，这样的资格要求，距离陪审员的普遍代表性，仍有一定的差距。

（二）人民陪审员的产生方式

2004年全国人大常委会《关于完善人民陪审员制度的决定》第8条规定，人民陪审员的产生方式有两种，可以由其所在单位或者户籍所在地的基层组织向基层人民法院推荐，也可以由本人提出申请。在实践中，由于法院案多人少，而并非所有经过正式任命的人民陪审员都有时间和热情参加审判，少数人民陪审员成为常驻法院的"编外法官"。这些人民陪审员经常参与审判活动，虽然可以经常接受历练，提高审判能力，但这些经常参与审判工作的

---

[1] Lockhart & McCree, 476 U.S. 162, 173 (1986).

陪审员与法官打成一片，容易淡化陪审员作为一般民众代表的自我定位，混淆陪审员与职业法官所代表的两种不同价值。

为了解决上述问题，在新一轮的改革中，人民陪审员的遴选程序发生变化。首先，人民陪审员的遴选、管理主体发生变化。在过去，人民陪审员长期不能发挥实质作用，原因之一是"法院一直把控着陪审制的运用，陪审员做什么法院说了算，服务于法院的需要"。而本轮试点由最高人民法院和司法部两家共同推行，"把司法部拉进来了。而且把陪审员的遴选、培训、参与逐步交由司法部管理，这是一个好的变化"。人民陪审员参审的改革可以放在法院，但陪审员的选任和管理应该逐渐交给司法行政部门，"陪审员是一个独立的群体，不应该依附于法院存在"。陪审制度改革试点进行得比较成功，标志不是法院将陪审员"管理"得更好了，而是法官开始反过来"怕"人民陪审员了。[1]

其次，人民陪审员的遴选方式发生变化，从人民陪审员候选人的确定到具体案件中人民陪审员的产生，采用了三次"随机抽选"：其一，司法行政机关会同基层人民法院、公安机关，从辖区内的常住居民名单中随机抽选拟任命人民陪审员数五倍以上的人员作为人民陪审员候选人，对人民陪审员候选人进行资格审查，征求候选人意见。其二，司法行政机关会同基层人民法院，从通过资格审查的人民陪审员候选人名单中随机抽选确定人民陪审员人选，由基层人民法院院长提请同级人民代表大会常务委员会任命。其三，在具体的案件中，如果是基层人民法院审判案件需要由人民陪审员参加合议庭审判的，在人民陪审员名单中随机抽取确定。中级人民法院、高级人民法院审判案件需要由人民陪审员参加合议庭审判的，在其辖区内的基层人民法院的人民陪审员名单中随机抽取确定。

随机抽选机制能够保证选出的人民陪审员具有广泛的代表性，但实施起来非常麻烦。为了保证改革的平稳过渡，《人民陪审员法》仍为个人申请和单位推荐保留一定的空间，同时施加了严格的比例限制。《人民陪审员法》第11条规定，"因审判活动需要，可以通过个人申请和所在单位、户籍所在地或者经常居住地的基层群众性自治组织、人民团体推荐的方式产生人民陪审

---

[1] 参见谭畅：《人民陪审的南京试验》，载《南方周末》2017年10月12日，第17版。

员候选人，经司法行政机关会同基层人民法院、公安机关进行资格审查，确定人民陪审员人选，由基层人民法院院长提请同级人民代表大会常务委员会任命"。但是通过个人申请和推荐方式产生的人民陪审员，数量上不得超过人民陪审员名额数的五分之一。同时，为了防止人民陪审员成为"编外法官"，《人民陪审员法》要求人民法院结合本辖区实际情况，合理确定每名人民陪审员年度参加审判案件的数量上限，并向社会公告。

不足之处是，在西方国家，在具体的案件中，陪审员基本上都是每案一选，做出判决后，陪审员的任务即告完成。由于选定陪审员与开庭之间的时间间隔很短，所以可以有效地杜绝腐败滋生的机会。我国人民陪审员法在这一问题上并未予以明确。

此外，除德国外，目前英、美、法、日等国都允许控辩双方行使一定次数的无因（专断）回避权，排除特定候选人担任本案陪审员。美国学者这样解释无因回避的意义："不需要任何理由的无因回避避免了大多数成见中所包含的真相的披露。……一般的人类经验、常识、心理社会学研究和民意调查表明，某些类别的人在统计学意义上确实具有不适合成为特定类型案件陪审员的倾向。但要按照有因回避的要求，把这种知识用一种评价性的语言表述出来，就会削弱我们对于这样一种社会的渴望——在这个社会中，所有人都被视为个体，并且每个人都被认为是理性的、乐于妥协的。虽然经验表明，黑人男性作为一个群体对那些不努力成为中产阶级的、边缘化的年轻黑人存在偏见，但是，如果按照有因回避的要求具体地将此阐明，就会引起社会分裂。因此，我们演化出了无因回避制度，借此来隐秘地表达那些我们不敢明说但通常就是事实的东西。"[1]无因回避权，看似无理，但在一定程度上保证了控辩双方当事人选择裁判自己案件的人的权利，由自己选定的人对自己的案件进行审判，在某种程度上更有利于败诉的当事人接受不利的判决结果，这实际上是一种精心设计的促使当事人服判的机制，而《人民陪审员法》第18条只是简单规定，"人民陪审员的回避，适用审判人员回避的法律规定"。众所周知，我国审判人员的回避均是有因回避，即提出法官回避的申请必须说明理由，而且只有在理由属于法律明确规定的回避事由范围内的，才可能

---

[1] Barbara Allen Babcock, Voir Dire: Preserving "Its Wonderful Power", 27 Stan. L. Rev. 545, 553-554 (1974-1975).

得到批准，并不承认西方国家的无因回避制度。

三、死刑案件人民陪审员参审形式

《人民陪审员法》第 14—23 条对人民陪审员参与审判的法庭组成形式、适用人民陪审的案件范围、人民陪审员参审职权、陪审法庭的表决规则等问题作出规定。为了有效地节约成本，将有限的陪审资源应用于真正能够发挥陪审效能的案件，《人民陪审员法》将适用陪审的案件分为两种类型：一类为"酌定陪审"的案件，即第 17 条规定的，由当事人提出申请，人民法院酌情决定由人民陪审员参与审判；另一类为"法定陪审"的案件，即《人民陪审员法》第 15 条和第 16 条规定的情形和案件范围。[1]

在法庭构成上，适当加大了人民陪审员的权重。在"法定陪审"的案件中，有两种法庭组成形式：一种是保留了原有的三人混合法庭模式；另一种是第 16 条规定创设的法官 3 人和人民陪审员 4 人组成的七人合议庭模式。可能判处死刑的案件，需要由这种大陪审法庭进行审理，明显加大了人民陪审员在死刑案件审判中的权重，凸显了司法民主的宗旨。

《人民陪审员法》最引人注目的创新，当属对七人合议庭中职权的划分，死刑案件中人民陪审员与职业法官之间的职权配置，也随之改变。《人民陪审员法》第 22 条规定，"人民陪审员参加七人合议庭审判案件，对事实认定，独立发表意见，并与法官共同表决；对法律适用，可以发表意见，但不参加表决"。人民陪审员参与庭审，功能之一是在刑事审判中引入普通人的生活经验和一般社会常识，以提高事实认定的准确性，增进社会公众对于判决的信任，尤其是死刑判决，无论是定罪还是量刑，都应该体现民意的价值选择。然而，中国历来缺乏精确区分事实问题与法律问题的传统，这势必会给实务操作带来难题。对此，《最高人民法院关于适用〈中华人民共和国人民陪审员

---

[1]《人民陪审员法》第 15 条规定，人民法院审判第一审刑事、民事、行政案件，有下列情形之一的，由人民陪审员和法官组成合议庭进行：（一）涉及群体利益、公共利益的；（二）人民群众广泛关注或者其他社会影响较大的；（三）案情复杂或者有其他情形，需要由人民陪审员参加审判的……第 16 条规定，人民法院审判下列第一审案件，由人民陪审员和法官组成七人合议庭进行：（一）可能判处十年以上有期徒刑、无期徒刑、死刑，社会影响重大的刑事案件；（二）根据民事诉讼法、行政诉讼法提起的公益诉讼案件；（三）涉及征地拆迁、生态环境保护、食品药品安全，社会影响重大的案件；（四）其他社会影响重大的案件。

143

法〉若干问题的解释》第9条规定,"七人合议庭开庭前,应当制作事实认定问题清单,根据案件具体情况,区分事实认定问题与法律适用问题,对争议事实问题逐项列举,供人民陪审员在庭审时参考。事实认定问题和法律适用问题难以区分的,视为事实认定问题"。从最高人民法院的立场来看,其并不十分计较事实问题与法律问题的精确区分,也没有意向据此严格限定人民陪审员的职权范围,这无疑是非常务实的态度,能够在相当大的程度上化解实务中可能出现的区分难题。

当然,人民陪审员制度改革还有一些不尽如人意之处。比如,表决规则仍沿袭了传统的简单多数决的做法,没有发生实质性的改变。众所周知,陪审是司法民主的制度体现。因此,参与具体案件审理的陪审员能否实质性地发挥作用,决定了作为其制度根基的民主原则能否真正得以实现。尤其是,当作为法律门外汉的人民陪审员面对经验丰富的职业法官,能否保持自己独立的判断、坚持自己的立场、在判决中体现自己所代表的民众意志,是一个需要立法特别加以关照的问题。另外,"民主"在司法领域不是没有边界的。挟民主之势而来的陪审制度如果没有必要的风险防范机制,也必然会将严肃的司法审判演变成低俗的民众狂欢。因此,陪审法庭表决规则的设计,一方面要保证陪审员对审判有实质性的参与,另一方面也要有一定的风险防范设计。从上述标准来看,《人民陪审员法》第23条规定的"合议庭评议案件,实行少数服从多数的原则",如果考虑到死刑的适用,仅以微弱表决票的优势来决定被告人的生死,无疑过于轻率和简单化了。

从比较法的角度来看,这种"简单多数决"已经成为例外。英美传统上的一致裁决原则,不实行多数决,因此,要对被告人做出有罪或者无罪的判决,必须说服每一位陪审员,每一位陪审员的意见都不能受到忽视。因此,一致裁决原则在某种程度上可以看作司法领域防范"多数暴政"的有效机制,同时也为事实认定的准确性提供了最大限度的保证。正如美国联邦最高法院大法官道格拉斯所言:"判决可靠性的降低来自这一事实:不要求一致裁决的陪审团不需要像一致裁决的陪审团那样进行充分辩论和仔细考虑。一旦达到必要的多数,就不需要进一步的评议,即使持少数意见的陪审员可能会说服大多数人。实际上这种说服偶尔会出现在适用一致性要求的各州:大概在十分之一的情况下,少数派最终成功地扭转了最初的多数人的想法,这些可能是具有特殊重要性的案例。"[1]即便是一致裁决原则有所松动的今天,根据美国联邦最高法院的判例,12人陪审团的审判最多能接受以9比3定罪的判决。[2]

在法国,可能判处10年以上监禁的案件属于重罪,由重罪法院审理。重罪法庭的构成传统上是3名职业法官加9名陪审员,根据法国刑事诉讼法的规定,法庭评议时,凡是对被告人不利的决定,如认定被告人有罪或适用法定最高刑,最少需要8票的多数。这个8票的判决规则相当值得推敲:如果3名职业法官想要按照他们自己的意见作出判决,那么他们必须争取到至少5名陪审员的支持,而5名陪审员已经构成了9名陪审员的多数派。换言之,最终的判决结果只能由陪审员中的多数派决定,而不是由3名职业法官操纵,以此确保司法民主真正得以贯彻。2011年8月第2011-939号法律减少了陪审员人数,规定自2012年1月1日起,一审陪审员减少为6人,上诉审减少为9人。[3]职业法官的人数不变,一审、二审均为3人。第一审重罪法庭要对受审人定罪需要得到9名法庭成员中的6票,第二审重罪法庭要做出对被告人不利的判决,需要12位法庭成员中的8票。即便3位职业法官事先串通好了,都认定有罪,仍然需要陪审员中至少半数成员(第一审3票,第二审5票)的支持,才能定罪。法国重罪法庭中陪审员与职业法官的人数配比,结合硬性的表决数量规则,使得陪审员的参与具有实质性,保证了司法民主真正得以贯彻。

在德国,可能判处4年以上监禁的较为严重的案件由州地区法院作为初审法院,由3名职业法官和2名陪审员构成所谓的大陪审法庭。根据德国的判决规则,要做出对被告人不利的判决,必须要有2/3以上的多数票。这样,仅有3位职业法官同意认定被告人有罪是不够的(此种情况下仅构成3/5的多数票),必须还要争取到至少1位陪审员的支持。反过来,两位陪审员也必须得到至少两位职业法官的支持,才能够按照自己的意愿做出判决。

在日本,正式的陪审法庭由3名法官和6名裁判员组成。但是,对公诉事实没有争议的案件,案件的内容及其他情况认为适当的,可以经法官裁量

---

[1] Apodaca v. Oregon, 406 U.S. 404 (1972).

[2] Johnson v. Louisiana, 406 U.S. 356 (1972).

[3] 参见刘林呐:《法国重罪陪审制度的启示与借鉴》,载《政法论丛》2012年第2期。

后由1名法官和4名裁判员组成合议庭进行审理。根据日本裁判员法的规定，与案件有关的所有实体裁判，包括案件的事实认定、法律适用及量刑，都应根据合议庭过半数成员的意见作出，且必须有职业法官1人和陪审员1人以上发表赞成意见，判决才能成立。有关法律的解释及诉讼程序的判断，应根据合议庭中法官的合议而作出。

可见，目前我国采用的过半数即通过的"简单多数决"原则，加上法庭构成人数必须是单数的要求，虽然十分简便易行，不会出现法庭投票时僵持不下的局面，但问题也很明显：对于可能剥夺被告人生命权的判决仅以简单多数通过，显得不够慎重；在法官人数占上风的情况下，人民陪审员的声音就变得可有可无，在人民陪审员人数占上风的情况下，又难以避免判决完全偏离法治轨道。对此，可以有两种解决方案：一是如法、德在认定被告人有罪、存在加重情节、适用死刑等对被告人不利的问题上，必须经过合议庭成员2/3以上多数通过才可以做出；二是如日本仍采用"简单多数决"，但同时要求多数派至少同时包括1名职业法官和1名陪审员，以此相互制约。

第二节 事实问题与法律问题：死刑案件权威的分化

一、区分事实问题与法律问题的意义

认定事实、适用法律是刑事审判的两大核心任务，相应地，刑事审判所要解决的事项也大体被分为事实问题、法律问题。刑事诉讼法也经常将"事实"和"法律"作为对比概念使用，[1]然而在现行刑事诉讼法中，二者的区分往往是笼统的、直觉意义上的，并不特别计较其中的精确边界。主要原因在于，中国目前的刑事诉讼法并不以"事实问题"与"法律问题"的区分作

---

[1] 例如《刑事诉讼法》第2条规定："中华人民共和国刑事诉讼法的任务，是保证准确、及时地查明犯罪事实，正确应用法律……"；第6条规定："人民法院、人民检察院和公安机关进行刑事诉讼，……必须以事实为根据，以法律为准绳……"第37条规定："辩护人的责任是根据事实和法律，提出犯罪嫌疑人、被告人无罪、罪轻或者减轻、免除其刑事责任的材料和意见……"第233条规定："第二审人民法院应当就第一审判决认定的事实和适用法律进行全面审查……"第236条第1款第2项规定："原判决认定事实没有错误，但适用法律有错误……"第254条规定："各级人民法院院长对本院已经发生法律效力的判决和裁定，如果发现在认定事实上或者在适用法律上确有错误，必须提交审判委员会处理……"

为刑事诉讼权力（能）配置的依据，二者的精确区分并无重大的实践意义。然而，党的十八届四中全会《决定》打破了这种局面，提出"人民陪审员不再审理法律适用问题，只参与审理事实认定问题"，同时，"完善审级制度，一审重在解决事实认定和法律适用，二审重在解决事实法律争议……"这样一来，"事实认定"与"法律适用"这对概念就被赋予了分权或职能划分的意义。

《人民陪审员法》规定了三人合议庭和由法官三人与人民陪审员四人组成七人合议庭两种组成方式。该法第22条规定，"人民陪审员参加七人合议庭审判案件，对事实认定，独立发表意见，并与法官共同表决；对法律适用，可以发表意见，但不参加表决"。为与《人民陪审员法》相衔接，全国人大常委会通过的《关于修改刑事诉讼法的决定》对有关陪审的内容进行修改，吸收了《人民陪审员法》确立的两种陪审形式。这意味着，区分事实认定和法律适用，不再是纯粹的学术讨论，探究"事实"问题与"法律"问题的边界，在当下的中国，已经成为迫切的现实需要。在这一主题上，国内民事诉讼和行政诉讼法学界已有不少著述，[1]刑事诉讼法学方面的探讨相对较少，已有的研究也基本上局限于陪审语境，[2]而刑事审判场域下的一般性研究则基本上付之阙如。

实际上，在整个刑事审判语境下，事实问题和法律问题的区分都是一个具有普遍意义的课题。在西方法治发达国家的司法制度中，二者界分的意义包括但不限于如下领域：

其一，划分审判中陪审团与职业法官的权限。英国法谚"法官不回答事实部分（Ad quaestionem facti non respondent jusdices），陪审团不回答法律部分（Ad quaestionem juris non respondent juratores）""陪审团是事实的裁判者（Juratores sunt judices facti）"等，[3]从中世纪以来一直流传至今，这也是中国

---

[1] 其中较为有影响的研究包括傅郁林：《审级制度的建构原理》，载《中国社会科学》2002年第4期；张卫平：《民事诉讼法律审的功能及构造》，载《法学研究》2005年第5期；陈杭平：《论"事实问题""叫法律问题"的区分》，载《中外法学》2011年第2期；王锴：《行政诉讼中的事实审查与法律审查——以司法审查强度为中心》，载《行政法学研究》2007年第1期；等等。

[2] 比较有代表性的有陈学权：《刑事陪审中法律问题与事实问题的区分》，载《中国法学（文摘）》2017年第1期。

[3] 孙笑侠编译：《西方法谚精选》，法律出版社2005年版，第106-107页。

学者看到"事实问题与法律问题"这一主题所产生的最直观联想。

其二，划分初审法院与上诉法院的权限。在英美，事实问题在初审法院审理后，上诉原则上只能针对法律错误而提起。在欧洲大陆传统影响下的法国、德国、意大利、日本，对初审法院作出的判决，事实争议至多在第一次上诉时提起，[1]第二次上诉则只能针对法律问题。因此，事实问题在初审或者第一次上诉之后即不再讨论。

其三，决定不同的权威主体。在西方法治发达国家，虽然区分事实问题和法律问题的标准不尽相同，但基本遵循一条相同的规则，即在事实问题上，低级别法院享有较高的权威，在法律问题上，则是法院级别越高，权威越大。在英美，初审法院在事实认定方面享有绝对的权威，初审后的上诉原则上只能针对法律错误而提起，对事实问题几乎没有置喙的余地。上诉法院只能审查原审卷宗，不得调查卷宗以外的材料，不考虑新的事实和证据。在欧洲大陆三审终审制度下，虽然针对初审判决的上诉可能引起一次新的事实审，但二审之后则不允许就事实问题提出上诉，第三审只能是法律审。因此，法院的审级越高，在事实问题上的权威越是受到限制。相反，在法律问题上，法院的级别越高，其享有的权威就越大。

其四，解决事实问题和法律问题适用不同的原则。法律问题上，适用"法官知法"（iura novit curia）的罗马法原则，应当由法官负责查明，在法律问题的解决上对法官有一种近乎武断的强制，[2]法官不得以法律规定不明确、不完备或欠缺为借口，不予受理案件，更不得以此为由拒绝作出裁判。[3]而事实问题一般需要控辩双方举证证明，由法官依据自由心证原则进行判断，如果法官未能形成"心证"，也不会施加强制，而是引入另外的方法规范——证明责任规范来解决裁判难题。

其五，存疑时的处理方案不同。无论事实问题还是法律问题，在司法实践中最终都可能会出现"存疑"。前者例如法官难以形成达致证明标准的"心证"，从而使事实问题上呈现"真伪不明"的状态；后者例如由于立法的局限

---

〔1〕 并非所有的案件都可以对事实问题提起上诉。例如在德国，对于州法院判决的可能判处四年以上监禁的重罪案件，只能向州高等法院提起法律审上诉。

〔2〕 参见［德］汉斯·普维庭：《现代证明责任问题》，吴越译，法律出版社2000年版，第182页。

〔3〕 参见杨仁寿：《法学方法论》，中国政法大学出版社1999年版，第9页。

性而出现法律上的冲突或者模糊之处,从而导致法律适用上的疑问。事实上的疑问,一般通过证明责任规范解决,在刑事审判中即"疑罪从无"。法律问题上的疑问,则是通过法律解释来解决,在解释的方向上,法院应当按照最有利于"受到追诉的人"的意义来解释这些法律,也就是说,应当朝着更能保护受追诉人权利的方向来解释,[1]因为司法权不可自行扩张国家对人民干预的权力范围。[2]虽然事实认定和法律适用上存疑的处理最终都导向了有利于被告人的结果,但二者的处理方案是完全不同的,前者是证明责任规范作用的结果,后者是法律解释的结果。

遗憾的是,虽然意义重大,但对于刑事审判情境下事实问题和法律问题的区分,国内学界不仅没有形成清晰可用的标准,甚至研究这一主题的尝试都不多见。本书拟对这一问题进行尝试性探讨,希望能够探索出较为可行的区分事实问题和法律问题的"中国式"路径,以回应当下中国刑事司法实践的现实需要。

二、刑事审判中的"事实"及其分类

(一) 刑事审判语境下的"事实"定义

"事实"这样一个看似平常的词汇,背后却隐藏着巨大的分歧和争论,原因在于人们经常不加界定、不加分析地使用这个词。在哲学领域,对于"事实"这一概念,至少存在三种迥然不同的定义角度:其一,本体论意义上的事实。[3]其二,认识论意义上的事实。[4]其三,事实是不依赖于主体主观意识的客观存在状态。这是从主客体关系出发定义的"事实"。[5]这个定义将"事实"置于主客体关系中去把握其内涵,尤其契合刑事审判情境,因此,本

---

[1] 参见:[法] 贝尔纳·布洛克:《法国刑事诉讼法》,罗结珍译,中国政法大学出版社2009年版,第9页。

[2] [德] 卡尔·拉伦茨:《法学方法论》,陈爱娥译,商务印书馆2003年版,第37页。

[3] 如罗素认为:"事实的意义就是某件存在的事物,不管有没有人认为它存在还是不存在。"[英] 罗素:《人类的知识》,张金言译,商务印书馆1983年版,第177页。

[4] 这种定义下的"事实"使用得最为广泛。然而,由于"事实"本身是不会开口说话的,所以人们在交流、辩论中所说的"事实",实际上都是经过主体意识加工、以语言形式表达出来的事实判断。例如,"事实是这样的:……""事实是不容否认的"。

[5] 孙伟平:《事实与价值》,中国社会科学出版社2000年版,第83页。

研究采此说。

按照上述定义,刑事审判中的"事实"指的是在刑事审判过程中需要查明(认识)的客观事件及其过程。法学视野下的"事实"与哲学争论中的"事实"有所不同。比如,从认识的对象来看,法学仅探讨具有法律意义的事实;从认识的手段看,刑事审判中对案件事实的认识以证据为工具,对证据的筛选受到法律程序的限制,对人格尊严等优位价值的考虑有时会超越发现事实真相的现实需要;从认识的主体看,在法学领域,对"事实"的界定和分类直接影响到各主体之间的权力(利)配置,如陪审员与法官之间、初审法院与上诉法院之间,当事人与法庭之间,甚至专家证人与陪审员(如精神病鉴定中刑事责任能力的认定)、普通证人之间的权力(利)如何分配的问题。因此,对于刑事审判中的"事实",不得不加以细分。

(二)构成性事实与证据性事实

不同的"事实"在刑事审判中发挥着不同的作用。根据其功能上的不同,刑事审判中的"事实"可以进一步分为构成性事实和证据性事实。[1]二者区分的意义在于,确定构成性事实是法庭的职责,而提供证据性事实则是证人(包括鉴定人)的职能范围。构成性事实是指在审判中需要用证据证明其成立、法律对之赋予某种意义的事实。一般情况下,与每个犯罪构成要件对应的事实,都是构成性事实,哪些事实属于构成性事实往往取决于实体法的规定。例如,在中国刑法中,一个精神正常的成年人以非法占有为目的,当场使用暴力、威胁方式强取另一个人的财物,在没有正当理由的情况下就构成了抢劫罪。那么,被告人是一个正常成年人的事实,以非法占有为目的的事实,当场使用暴力或者威胁方法的事实,强取财物的行为缺乏合法化事由的事实,均是抢劫罪的构成性事实。但是,构成性事实并不必然都是构成要件事实,凡是直接具有某种法律意义的事实,都属于构成性事实。再以中国刑法中的抢劫罪为例,"入户抢劫"是对抢劫罪加重处罚的量刑情节之一,是具有法律后果的事实,因而应当归类为构成性事实。法庭的任务也是对法律上有意义的事实——被告人是否入户抢劫——作出判断。

---

[1] See Wesley Newcomb Hohfeld, Fundamental Legal Conceptions as Applied in Judicial Reasoning, New Haven: Yale University Press (1923), p. 34.

证据性事实是为了证明构成性事实而向法庭出示的,可以据以推出构成性事实的事实。"证据性事实是那种查明后,可以为推断其他事实提供逻辑基础,但并非结论性的事实。这里的其他事实,可以是构成性事实,也可以是作为中介的证据性事实。"[1]14 例如,在抢劫案的审判中,被害人作证说,罪犯进入自家的院子强取财物过程中与自己发生了肢体冲突,警察在被害人身上提取了罪犯留下的 DNA 样本,鉴定人证明该 DNA 样本与被告人的 DNA 样本高度吻合。在这里,DNA 样本和在被害人身上发现了 DNA 样本的事实,以及鉴定人的鉴定意见都是证据性事实。法庭可以据此得出其他证据性事实:案发当时与被害人发生搏斗的就是被告人。最后,法庭对构成性事实得出结论:被告人实施了抢劫。

上述过程其实包含两个步骤、涉及两种不同的推理类型。第一步,从被害人陈述、DNA 样本、鉴定意见等证据,推导出在抢劫案发当时与被害人发生搏斗的那个人就是被告人。这是从证据性事实推导构成性事实的过程,这一过程运用的是归纳推理,受逻辑法则和经验法则的支配。证据性事实与它要证明的事实的关系被称为相关性,如果一个事实的存在能够增加另一个事实存在或不存在的可能性,前者就与后者具有相关性。第二步,从"被告人进入被害人的院子"到"入户"。在这里,"被告人进入被害人的院子"是现实中发生的事实,而"入户"则是加重处罚情节。在二者的关系上,不是现实中发生的事实证明了构成性事实,"被告人进入被害人的院子"本身就是"入户"的构成性事实。[2]这是与第一步完全不同的推理类型,是把纷繁多样的事实情节涵摄进"入户"这一加重处罚情节的过程。但这两个步骤在法律实践中统统被归类为事实问题。

(三) 一般事实与专业事实

对于证据性事实,可以进一步细分为一般事实和专业事实。这种分类的意义在于,对于一般事实,可以由法庭根据普通证人的证言加以确定;对于

---

[1] 14 Wesley Newcomb Hohfeld, *Fundamental Legal Conceptions as Applied in Judicial Reasoning*, New Haven: Yale University Press (1923), p. 34.

[2]《最高人民法院关于审理抢劫案件具体应用法律若干问题的解释》第 1 条规定,"入户抢劫",是指为实施抢劫行为而进入他人生活的与外界相对隔离的住所,包括封闭的院落……根据该解释,"被告人进入被害人家的院子"本身即"入户"。

专业事实，则需要专家（鉴定人）提供专业的意见。对应这种分类，在证据法上形成了意见证据规则，[1]即普通证人的任务只限于重述所发生的事实，其发表的分析判断意见应当予以排除，不得采纳为证据。意见规则背后的理由在于，对证人陈述的事实做出推断和分析是法庭（在英美法司法传统下是陪审团）的责任，如果允许证人做出分析判断，则蚕食了法庭（陪审团）的职权。[2]对于专业事实，需要由专家（鉴定人）出具专业的意见，不受意见证据规则的限制。因此在一般事实和专业事实上存在不同的"陈述—意见—裁判"主体权限结构。在一般事实中，普通证人仅作出陈述，法庭（陪审团）负责根据证人的陈述作出分析判断，再作出裁判；在专业事实中，专家（鉴定人）提供分析判断意见，法庭（陪审团）作出裁判。

意见证据规则发挥作用的前提是对"陈述"和"意见"作出明确划分，不幸的是，"意见"是一个相当模糊的概念。大多数的证人对事实的陈述都或多或少地夹杂着自己的分析判断意见。比如，我从后面看到一个驼背的人横穿马路，认出那是我的朋友 X。当我作证说我看到 X 穿过马路时，我不仅在陈述我所看到的一切，而且还有我根据自己看到的情况形成的意见。正如塞耶所言，"在某种意义上所有对于事实问题的证言都是意见，即形成于现象和头脑印象的结论"。[3]因此，与其关注"陈述—意见"的划分，不如关注专业事实的范围，换言之，法庭（陪审团）需要在什么样的事实上接受专家证据（意见），什么情况下由自己来作出分析判断？

一般认为，专业事实限于那些法庭难以自行作出判断的问题。"如果根据已证事实，法官或陪审团不需要（专家的）帮助，就能够形成自己的结论，那么就不必要求助专家意见……专家证人拥有令人仰慕的头衔的事实并不意味着他对于人性的洞察和正常行为的理解比陪审员自己的判断更准确。"[4]例如，判断一件物品是否属于"淫秽"物品，必须考虑公众的道德判断和社会

---

[1] 意见证据规则最早产生于英美证据法，但2010年"两高三部"联合发布的《办理死刑案件证据规定》第12条规定：证人的猜测性、评论性、推断性的证言，不能作为证据使用……这是我国首次引入意见证据规则。

[2] 早在17世纪，英国判例[Bushell's case（1670）]就宣布证人负责对事实作证，陪审团负责从中作出推断。

[3] See James Bradley Thayer, A Preliminary Treatise on Evidence at Common Law, 1899, p.524.

[4] Turner [1975] 1 All ER 70, 74.

公共意识，法庭（陪审团）显然有能力履行这一职能，也更适宜履行此项职能，因此，没有必要在这一问题上听取专家意见。

即便在需要听取专家意见的事项上，也应注意专业事实的边界。一般事实与专业事实是对证据性事实的分类，不涉及构成性事实。这限定了专业事实的边界。除意见规则外，这一领域还存在一个无论从理论意义还是现实意义都更为重要的原则：构成性事实只能由法庭（陪审团）认定，而不能由证人（包括专家）认定。[1]在精神病证据上，这一原则尤其重要，特别是，关于被告人是否具有刑事责任能力的事实，属于构成性事实，只能由法庭来作出判断，而不能由专家认定。"专家的职责是向法官或陪审团提供衡量他们的结论的准确性所必要的科学标准，使法官或陪审团能够运用这些标准，形成他们自己的独立判断。"[2]区分一般事实与专业事实还具有一定的程序功能。例如，如果专家对自己专业领域内进行的实验结果存在意见分歧，可以通过公开辩论的方式，使可能的缺陷得以暴露。这种证明专业事实的程序与证明一般事实的程序是有区别的。

以上是从哲学到法学，再到刑事审判情境下，对"事实"的内涵所作的探讨。从本质上看，事实问题解决的是一个认识问题。在一个社会系统中，对事实的认知必须依赖于具体的语言或符号系统来表达，如维特根斯坦所言："我的语言的界限意味着我的世界的界限。"[3]在刑事审判中，对于事实问题的判断也需要以语句的形式表达出来，形成陈述性语句。陈述性语句是对某个事实提出的主张或者作出的断定，它连接了客体和客体具有的性质或行为方式。例如，"这辆车是红色的"，或者"这辆车正在以时速60迈的速度行驶"。陈述语句的特点在于，它所描述的事件或者关系，存在或者发生着（过）。对于这种主张或者断定，可以用真假的标准来衡量，换言之，可以对它进行"真/假"评价。

---

[1] Paul Roberts & Adrian Zuckerman, Criminal Evidence, New York: Oxford University Press, 2004, p. 148.

[2] Davie v. Edinburgh Magistrates [1953] SC 34, 40.

[3] [奥]维特根斯坦：《逻辑哲学论》，郭英译，商务印书馆1962年版，第79页。

三、法律与事实的分殊与互动

（一）法律与事实的分殊

法律是一种普遍适用于一切接受对象的应然规范或规范体系。法律规范通过适用条件和法律效果的连接，表达了立法者特定的价值立场。[1]这一点，形成了法律与事实的最本质区别。事实问题解决的是"发生了什么？"法律问题解决的是"所发生的事件，在法律上有什么样的意义？"区分事实问题与法律问题，就是在"过去发生了什么事"与"该事件所具有的法律意义"两个问题之间画一条界线。[2]如前所述，事实需要通过语句来表达，从而形成陈述性语句。法律本身由语句构成，而且只能存在于语句之中，但是，与主张、确认事实关系的陈述性语句不同，法律主要表现为规范性语句。陈述性语句的联系词是"是"或"不是"等，规范性语句的联系词是"应该"或"不应该"等。前者属于事实判断，后者属于价值判断。描述事实关系的经验性语句，可以为真，可以为假，可以证伪。例如"A 用刀刺伤 B 的颈部"这样一个经验性命题，一旦有证据证明案发时 A 不在犯罪现场，或者刺伤 B 颈部的是 C，不是 A，该经验性命题即被证伪。作为规范性语句，法律则不能用"真"或"假"来评判，只能从法律所追求的目的，以及追求目的的手段的合目的性、适当性来判断其适当性。

事实与法律，一个描述事物、事件的客观存在状态和相互关系，一个表达立法者特定的价值立场，二者分别居于"事实—价值"关系的两端，似乎泾渭分明。对于这一点，英国哲学家休谟阐释得比较透彻：

"以公认为罪恶的故意杀人为例。你可以在一切观点下考虑它，看看你能否发现出你所谓恶的任何事实或实际存在来。不论你在哪个观点下观察它，你只能发现一些情感、动机、意志和思想。这里再没有其他事实。你如果只是继续考究对象，你就完全看不到恶。除非等你反省自己内心，感到自己心中对那种行为产生一种谴责的情绪，你永远也不能发现恶。这是一个事实，

---

[1] 参见[德]伯恩·魏德士：《法理学》，丁小春、吴越译，法律出版社 2003 年版，第 62 页。
[2] Paul Roberts & Adrian Zuckerman, Criminal Evidence, New York: Oxford University Press, 2004, p. 132.

不过这个事实是感情的对象，不是理性的对象。它就在你心中，而不在对象之内。因此，当你断言任何行为或品格是恶的时候，你的意思只是说，由于你的天性的结构，你在思考那种行为或品格的时候就产生一种责备的感觉或情绪。因此，恶和德可以比作声音、颜色、冷和热，依照近代哲学来说，这些都不是对象的性质，而是心中的知觉。"[1]

休谟认为，以理性为特征、以客观事实为对象的科学，在面对善恶等价值问题时是无能为力的。因为根据逻辑规则，价值关系既然不在科学所研究的诸种关系之内，它就不可能从那些关系中被推导出来。理性、科学只能回答"是什么"的问题，而不能告诉我们"应该怎样"的问题。[2]因此，在休谟看来，事实与价值之间是"井水不犯河水"的关系。那么，表达立法者价值立场的法律规范，与事实之间真的泾渭分明吗？

(二) 法律与事实的互动

法律规范是立法者价值立场的表达，但这种价值立场经常不是通过直接宣示的方式，而是通过连接适用条件和法律后果，间接地予以表达。这意味着一个完整的法律规范在结构上由两个不同的部分组成：法定的事实构成（要件）和赋予该事实构成的某个法律后果。通过事实构成与法律后果之间的连接，每个法律规范都将表明，在事实构成所描述的事实情境中什么样的行为才是适当的、"正义的"。[3]对每个法律规范的每一次适用，也意味着法定的价值立场在具体的案件中又一次得到确认。

法律的适用通常被认为是逻辑三段论的应用，即以法律的一般规定为大前提，将实际发生的案件事实通过"涵摄"归于法定的构成要件之下，形成小前提，然后通过三段论法推导出案件事实应当具有的法律效果。在法律适用的三段论法中，裁判结论的正确性取决于能否正确地形成大前提和小前提。

作为大前提的法律规定由法条组成。一个完全的法条在结构上包括两个部分——对适用条件（法定的事实构成）的描述性规定（T），以及赋予该事实构成要件的法律效果（R）。上述过程可以用公式表达为：T→R。通过事实

---

[1] [英]休谟:《人性论》, 关文运译, 商务印书馆1980年版, 第508-509页。
[2] 孙伟平:《事实与价值》, 中国社会科学出版社2000年版, 第3页。
[3] [德]伯恩·魏德士:《法理学》, 丁小春、吴越译, 法律出版社2003年版, 第64页。

构成与法律效果之间这种逻辑上的连接，法律规定清楚地表达了立法者的价值立场，以及组织、安排和引导社会行为的一种设想，即在事实构成所描述的事实情境下，什么样的行为才是适当的、值得鼓励的。同时，生活事实所拟归向的法律规定本身的含义也需要澄清，其内容精确化之后才能适用于个案。因此，大前提的形成，需要法官借助法律共同体的专业知识，寻找合适的法条或法条集合，摈弃不应适用的法条，澄清法条的内容与含义。这本质上属于法律解释过程。

小前提的形成包括两个核心环节。其一，法官首先要查明实际发生的案件事实，即拉伦茨所说的作为小前提形成起点的"未经加工的案件事实"。[1]这一过程属于对历史事件的认识活动，法官需要通过控辩双方的证明活动，借助证人、鉴定人等诉讼参与人的知识，运用经验法则和逻辑法则而完成。法官能否完成形成小前提的第一步任务，不仅受认识能力的制约，诉讼制度也会施加一定的限制。比如，法院查明真相的活动在民事诉讼中要受到当事人进行主义的限制，在刑事诉讼中则要受到作证特权、证据排除规则等施加的限制。对法院查明真相的活动施加限制，恰恰体现了它与纯粹认识活动的区别：查明真相虽然是诉讼的基本目标，但并非唯一目标，在一定范围内，它必须向其他更重要的价值让步。其二，将实际发生的案件事实"涵摄"进法条结构中的"法定的事实构成"。为了能够实现大前提中给定的法律效果，已经查明的案件事实需要经由一定的加工"嵌入"大前提中的法定事实构成。这一过程在逻辑上表述为，如果某具体案件事实 S 在逻辑上是法定的事实构成 T 的一个"事例"，那么就应当被赋予特定的法效果 R。[2]将具体案件事实 S 视为事实构成 T 的一个"事例"，从而将之归属于法定的事实构成之下的过程，即为"涵摄"。[3]显然，实际发生的案件事实与法定的事实构成有着本质的不同：前者属于本主题所指的事实问题，刑事审判中要解决的事实问题总是具体的、一次性的；后者属于法律规定（大前提）的一个构成部分，是

---

[1]　[德] 卡尔·拉伦茨：《法学方法论》，陈爱娥译，商务印书馆2003年版，第161页。
[2]　参见 [德] 卡尔·拉伦茨：《法学方法论》，陈爱娥译，商务印书馆2003年版，第150页。
[3]　"涵摄"原本是逻辑学上推论的一种，即"将外延较窄的概念划归外延较宽的概念之下"。然而，作为法律适用基础的涵摄推论，并不是将外延较窄的概念涵摄于较宽的概念之下，而是将事实涵摄于法律描述的构成要件之下。参见 [德] 卡尔·拉伦茨：《法学方法论》，陈爱娥译，商务印书馆2003年版，第152页。

第四章　人民陪审员制度与死刑程序改革

抽象的、可以反复适用的事实模型。

在上述三段论法中，大、小前提依序形成，表面上有条不紊。然而，现实的大前提、小前提的形成进程中，"法律"与"事实"发生着密切的互动。

一方面，在形成小前提的"涵摄"环节，为了与法定的事实构成作比较，对于生活中实际发生的事件，法律适用主体必须配合法律规定的用语将其表达出来。涵摄的作用也正是弥合过于抽象的法定构成要件与过于具体琐碎的案件事实之间的鸿沟。"时间上，不是形成（作为陈述的）案件事实以后，才开始评断案件事实是否符合法定构成要件要素，两者毋宁是同时进行的，因为在形成案件事实之时，就必须考量个别事实的可能意义。只有在考虑（可能是判断依据的）法条之下，作为陈述的案件事实才能获得最终的形式。"[1]另一方面，在大前提形成过程中，法官寻找法条的过程，并非毫无方向地胡乱摸索，他必须以"未经加工的案件事实"为出发点，划定可能适用的规范所属的领域，排除那些他认为不可能适用的法条，再添加经此过程认为可能适用的其他条文。在这个过程中，法官必须不时地做出判断。为此，他必须了解所有出现在案件中、对形成判断至关重要的情节。于是，"作为陈述的案件事实"的最终形成，取决于可能适用于该事件的法律规范，而法规范的选择本身不仅取决于法官对法规范的认识，也取决于他所掌握的案件事实。因此，法条的选择乃至必要的具体化，又不能抛开被判断的案件事实。

在案件事实与法条之间的"眼光之往返流转"中，原本泾渭分明的"事实—法律"开始模糊起来。一旦案件事实以法律的语言被陈述，它便不再是纯粹的认识意义上的事实，而是经过法定的构成要件整理过的事实，成为"法律事实"。在这种情况下，法律与事实之间不再是"井水不犯河水"，而是"水乳交融"了。

此外，犯罪定义中经常包含一些类似"过于自信""疏忽大意""威胁""明知""严重不负责任"等看似直白的构成要件，然而，这些词语的含义并不总是一目了然。即便将陪审员的职能限定于认定事实，当他们确定被告人是否"明知"，或者是否"意图陷害他人"的时候，陪审员不仅仅是在确定"事实上发生了什么"，同时也是在评估所发生的事件是否应当作为刑法上的

---

[1]　[德]卡尔·拉伦茨：《法学方法论》，陈爱娥译，商务印书馆2003年版，第160页。

不法行为受到谴责和惩罚。这样一来，就很难说陪审团决定的事项仅限于纯粹的事实问题，这里已经有明显的价值判断意味了。

四、"事实—法律"界分与司法权力配置

区分事实与法律不仅具有理论意义，它还影响着司法职权配置。这种影响是立体的，不仅涉及水平方向上的"陪审团—法官"的职能分工，而且影响垂直方向上"初审法院—上诉法院"的权限划分。只不过在不同的法律传统中，学术讨论的重点并不一样。在实行陪审团制度的英美等国，由于在法庭内部存在职能分工，因而水平方向上"陪审团—法官"分工下的"事实—法律"问题的法理研讨主要见于英美。在不实行陪审团制度的欧洲国家，陪审员与职业法官共同组成混合法庭，共同审理事实问题和法律问题，水平方向上的"事实—法律"界分缺乏如英美国家那样重大的现实意义，因而这一主题的讨论主要集中于垂直方向上"初审法院—上诉法院"的职能分工。

（一）"陪审团—法官"分工体制下的事实问题与法律问题

"陪审团回答事实问题，法官回答法律问题"的普通法原则奠定了法官与陪审团职能划分的大框架。然而，由于各种制度因素的影响，陪审团与法官在实际行使职能时并未严格遵守"事实—法律"的边界。人们熟知的两个特别的例证：一个是英美陪审团在审判中行使"废止权"[1]或"衡平权"[2]的

---

[1] 陪审团废止权（Nullification），是指陪审团享有的违背事实与证据作出被告人无罪裁决的权力，这样的裁决，导致刑事实体法无法在现实生活中发挥作用，实际上"废止"了该实体法。在陪审团审判中，有两个因素成就了陪审团的"废止权"：陪审团只需对被告人的罪责问题作一个概括性的裁决，不需要说明理由；美国联邦宪法第五修正案保证的"禁止双重危险"条款阻止了对被判无罪的被告人的再次追诉。See Joshua Dressler & Alan C. Michaels, Understanding Criminal Procedure (4th ed., vol. 2), Matthew Bender & Company, Inc., 2006, p. 297.

[2] 陪审团在个案中不顾事实与证据裁决被告人无罪的权力，美国习惯上称为"废止权"（nullification），英国一般称"衡平权"（jury equity）。近年来英国陪审团行使衡平权最著名的例子是Clive Ponting的无罪裁决。Clive Ponting是政府的高级公务员，被控将涉及马岛战争期间一艘阿根廷战舰沉没的密级文件泄露给了一名议员。被告人的行为明显违反了英国《1911年职务秘密保护法》第2（1）条，但陪审团依然裁决他无罪，原因似乎是他揭发了隐瞒行为，其做法符合议会民主传统。See R. v. Ponting [1985] Crim LR 318, Central Criminal Court. See also Paul Roberts & Adrian Zuckerman, Criminal Evidence, New York: Oxford University Press (2004), p. 62.

情形，相当于在个案中直接废止了特定的实体法罪名；另一个是死刑陪审团在美国的出现——自20世纪60年代起，美国联邦和各州都开始在死刑量刑程序中使用陪审团，在陪审团认定被告人有罪之后，再由同一陪审团在死刑和终身监禁之间作出选择。[1]

即便在不那么极端的情形下，在英美日常的司法运作中，陪审团仍保留了不少超越纯粹的事实认定、解释法律的职能。促成这一局面的第一个因素是陪审团裁决的概括性，陪审团只被要求从总体上对指控成立与否做出回答，而不就指控犯罪的每一个要素详细陈述理由和结论。作出概括性裁决并非强制性要求，但就个别争点作出特别性裁决的做法不被鼓励。"法庭对整个犯罪，而非这个或那个争点，作出判决。"[2]这一立场直到今天也没有大的变化。英国的曼菲尔德大法官曾指出，"通过作出概括性裁决，（陪审员们）被赋予一种混合法律和事实，并且按照他们的情感和激情作出判决的权力"。[3]因此，要搞清楚陪审团的裁决是根据事实还是道德作出的判断，即便不是不可能，也非常困难。加剧上述效果的是陪审团作出的无罪裁决的终局性。在英国、美国和大多数英联邦司法区，对陪审团做出的无罪裁决，控方没有上诉权。[4]因此，对于陪审团作出的无罪裁决，是基于事实判断还是道德判断，根本无从审查。

另一个因素涉及陪审团对特定术语的解释。在英美刑法中存在着大量交织着事实和法律因素的构成要件，比如特定的行为是否"意图"产生一个法律上禁止的效果，是否构成"重大过失""欺诈""非法侵入""挪用""疏忽大意""侮辱""猥亵"等。这些术语的确切含义并不总是一目了然。英美司法实践发展出的应对方案之一即是将这个问题交给陪审团，由陪审团作出解释，虽然陪审团回答的明显是法律问题。

---

[1] 参见［美］柯恩、唐哲、高进仁，［美］蔡婷霞编：《当代美国死刑法律之困境与探索：问题与案例》，刘超、刘旷怡译，北京大学出版社2013年版，第9页。

[2] P. Devlin, The Judge, Oxford: Oxford University Press, 1981, p. 143.

[3] P. Devlin, The Judge, Oxford: Oxford University Press, 1981, p. 117.

[4] 在加拿大，检察官可以对无罪裁判上诉，但只能根据纯法律问题。英国《1996年刑事诉讼与侦查法》第54—57条规定了特定情形下高等法院撤销无罪裁决的权力；如果原来的被告人或者任何人通过犯罪手段干预或威胁证人或陪审员妨害司法。然而，这种程序不是上诉，而是一种以无效为根据的审查程序。类似的规定还可参见英国《2003年刑事司法》第10章（授权上诉法院在发现"新的有力证据"的情况下撤销所列举的严重犯罪的无罪裁判）。

159

例如，根据1968年和1978年英国《盗窃法》，陪审团必须根据合理、诚实的人的一般标准来确定被告人的行为是否被认为具有欺诈性，然后再根据这样的标准推断被告人是否应该认识到他正在欺诈他人。[1]又如，"意图"这个词，英国上议院认为这是一个"普通的英语词汇"，陪审团通常不需要进一步的司法引导。[2]然而，在英美法中，"意图"是区分谋杀和过失杀人的一个重要的法律分界线，交给陪审团来确定，恰恰是为了让陪审团确定刑事责任的范围，小心地划定刑法的边界。当陪审团在裁决被告人是否"欺诈"，被告人是否"意图"产生一个法律禁止的结果时，他们不仅是在裁决"发生了什么"，也是在评估"将所发生的事件认定为需要国家予以谴责和施以刑罚的犯罪行为是否适当"。在上述例子中，陪审团面对的都是非常模糊的责任标准，只被要求根据自己的道德意识作出判断，这不仅给了陪审团对被告人进行道德审判的机会，而且经典法学理论中立法和司法的分立也消弭于无形。可见，在英美的司法制度中，事实认定与法律解释是如此紧密地交织在一起，有时候很难分得清事实认定何时结束，法律解释和道德判断何时开始。事实认定过程本身就伴随着价值判断，甚至有时候事实认定也是在制定规则。

然而，陪审团的解释权力并不总是如此广泛，有些术语的解释，比如"蓄意犯罪"，就留给了法官。可见，在两种解释权限之间并没有一个预先的定义。为了确定特定的争议是归陪审团决定还是归法官决定，唯一能求助的，只能是传统和判例。

另外，英美法官的职能也不仅限于解释和适用法律，他们可以通过一系列方式影响事实认定结果，其中较为重要的几种方式有：其一，对证据的可采性问题做出裁定，控制证据的入口。保证陪审团的裁决依法作出，这个责任主要落在法官的肩上。而在这方面，初审法官最重要的职能是，通过适用证据规则和法官享有的排除不可采证据的裁量权，过滤呈交给陪审团的信息。控辩双方要向陪审团提交证据，必须先过法官这一关。

---

[1] R. v. Ghosh [1982] QB 1053, CA. See Andrew Ashworth, Principles of Criminal Law, Oxford University Press, 4th edn., 2003, 383-7.

[2] R. v. Woollin [1999] AC 92, HL; See Andrew Ashworth, Principles of Criminal Law, Oxford University Press, 4th edn., 2003, 173-80.

其二，判定为滥用程序而终（中）止诉讼。在普通法司法区，法庭负有保证审判公正的责任，为此，所有刑事法庭均享有出于司法利益控制诉讼进程的权力。在滥用程序的情形下由法官终（中）止诉讼属于司法救济的一种，其行使不考虑案件在实体上的是非曲直，只要法官认定，由于诉讼过程中已发生的某事件，或者如果举行审判的话某种情形很可能会发生，从而使公正审判已无可能，那么他有权终止或者中止程序。[1]前者例如已经发生的检察官、警察刑讯、圈套等行为彻底损害了诉讼的正当性；后者例如被告人在审前受到了不当公开，所造成的不利影响可以预料会使被告人享有的由无偏见的陪审团进行公正审判的权利受到严重的损害。

其三，通过裁决"无辩可答"（no case to answer）动议指令陪审团宣告无罪。一旦开启审判程序，法官的职能就不再局限于确定单个证据的可采性。在控方开场陈述和法官最后总结之间有两个环节，法官都可以决定控方证据的总分量是否足以支持将案件提交陪审团：一处是控方举证结束后、辩方举证之前，被告人可以提交无辩可答的动议，主张即使控方的每一项证据都可信，控方的举证仍不足以构成排除合理怀疑的证明。如果动议成功，法官必须指令陪审团作出无罪裁决。陪审团此时别无选择，只能遵守法官的指令。理论上这是陪审团宣告无罪，实际上这个决定是由法官作出的。另一处是控辩双方举证结束后、法官向陪审团作总结之前，对全部证据也采取与前一个环节同样的标准。如果在这个环节上"无辩可答"的动议成功，接下来同样是一个指令下的裁决。辩方可以根据情况决定何时提出动议，然而，法官不必干等着辩方提出申请，如果法官断定控方的证据即使全部信其为真，也不足以支持定罪，那么法庭有义务将案件从陪审团那里撤销，这一义务贯穿审判全程。

除了上述法官对陪审团的事实认定施加直接、绝对控制的方式，还有一些方式，比如，在询问证人，或者在审判结束总结证据、指示陪审团时，法官都可以通过评论证据对陪审团的事实认定施加间接的、隐晦的影响。有些

---

〔1〕 对滥用程序的规制久已存在，但适用于刑事诉讼在英国始于1964年上议院判决的Connelly v. DPP［1964］AC 1254, HL. 在另一个判例 Mills v. Cooper（［1967］2 QB 459, DC）中，帕克大法官（Lord Parker CJ）指出："如果诉讼具有压制性（oppressive）且滥用法庭程序，所有法庭无疑都享有拒绝审理的裁量权。"

法官还会因为对证据发表过于强烈的个人意见而招致争议。[1]

(二)"初审法院—上诉法院"分工体制下的考量

对初审法院和上诉法院的职能进行区分,在西方法治发达国家是通行的做法。但是,欧美在不同的政治权力结构影响下,形成了迥然不同的上诉制度,具体设计上略有差异。近代以来,欧洲大陆国家为了强化中央集权,加强对以前独立地区的控制,形成了科层型权力传统,以政策的确定性和统一性为核心价值追求。在司法领域,欧洲君主们发展出多层级的司法官僚制,很早就形成了全面、广泛使用的上诉制度。[2]第一次上诉被设计为对初审判决进行全面审查的制度,可以对初审判决中认定的事实、适用的法律、量定的刑罚进行全面的审查。但是,第二次上诉只能针对法律问题而提起,其主要目的是保证法律适用上的统一。受欧洲大陆法影响的日本等国家及地区也是如此,事实争议至多在第一次上诉时提起,[3]在初审或者第一次上诉之后即不再讨论。

英国很早就实现了中央集权,是第一个形成统一司法制度并实现法制统一的西方国家。而且,英格兰地域狭小,政令不通,因此科层意识不突出。英国国王设计的是一种单一层级的、平面化的初审法院管辖体系,而不是一种科层式结构,既不需要司法系统内部的科层式划分,也不需要通过上诉制度来实现政策统一。[4]他们对个案妥当性的偏爱超出了对政策统一性的追求,个人常常作为独立的机关被授权作出重大的决定。大部分刑事案件的处理被委托给了当地的绅士——治安法官,他与陪审团一起审理案件。一审判决具有终局性,一旦作出,立即发生法律效力,因此,英美并不存在欧洲大陆法

---

[1] See Paul Roberts & Adrian Zuckerman, *Criminal Evidence*, New York: Oxford University press, 2004, p. 78.

[2] 达玛斯卡教授指出,上诉制度起源于中世纪后期现代国家逐渐出现之际欧洲统治者控制以前独立的地方势力的需要。See Mirjan Damaška, Structures of Authority and Comparative Criminal Procedure, 84 The Yale Law Journal 480 (1975), p. 489.

[3] 并非所有的案件都可以对事实问题提起上诉。例如在德国,对于州法院判决的可能判处四年以上监禁的重罪案件,只能向州高等法院提起法律审上诉。

[4] See Mirjan Damaška, Structures of Authority and Comparative Criminal Procedure, 84 The Yale Law Journal 480 (1975), p. 489.

第四章　人民陪审员制度与死刑程序改革

意义上完整的上诉制度，[1]上诉权对于被告人而言也并非理所当然之事，[2]上诉理由受到严格的限制，原则上只能针对法律问题而提起，初审判决的事实认定和量刑几乎不能质疑。即便上诉被受理，上诉法院也不会重新审理案件，只能审查原审卷宗，不得调查卷宗以外的材料，不考虑新的事实和证据，因而也缺乏审查原判决事实问题的手段和正当性。

欧美分别在"科层式"和"同位式"的权力结构模式影响下虽然形成了风格各异的上诉制度，但是却有一个共同的规律：在法律适用问题上是上行的权威，即审级越高，权威越大；在事实认定问题上，则存在相反的趋势，权威总体是趋于下沉的，初审法院基本上一锤定音，在欧洲大陆国家，事实方面的争议最多延伸至第一次上诉审，并止步于此，第二次上诉均为法律审。

然而，事实问题与法律问题的界限究竟应当画在哪里？对于这一问题，却极具争议。在德国，有观点认为，要对事实问题和法律问题在逻辑上作出界定，并对第三审上诉制定出类似的限制，是可以做到的：只要是属于法律概念（可以用法律用语表达的），即成立法律评价；只要是包含在一般生活概念之下的（可以用日常习惯用语表达的），即为事实的认定。当一个规则的存在或其内容为讨论的主题时，即成立法律问题。相反，如果只涉及法官个别认定的正确性，则为事实问题。[3]

但是，德国通说认为，对事实认定与法律适用从逻辑上作出界定基本上行不通，尤其是对某些法律概念，如德国《刑法》第224条规定的"严重毁容"的判断，判例的立场经常在事实问题和法律问题之间切换。因此，通说主张放弃逻辑语义上的定义，转而从区分的目的着眼。在德国，第三审法院不得重新对案件事实进行审查，所以，所有将促使第三审法院对事实重新进行调查的错误，均不得提起第三审上诉。相反，对所有无需第三审法院进行

---

〔1〕 因此，英美所谓的"上诉"制度，实际上更接近于中国对错误生效裁判纠错的审判监督程序。

〔2〕 在英国，被告人对刑事法院的有罪判决提出上诉，需要经过上诉法院的许可，或者由原审法院签发该案适于上诉的证据。参见英国《1968年刑事上诉法》第1条。在美国，所有的司法区都允许被告人对严重的定罪提出上诉，上诉并非宪法权利。参见［美］约书亚·德雷斯勒、艾伦·C.迈克尔斯：《美国刑事诉讼法精解（第二卷·刑事审判）》，魏晓娜译，北京大学出版社2009年版，第355页。

〔3〕 参见［德］克劳思·罗科信：《刑事诉讼法》，吴丽琪译，法律出版社2003年版，第519页。

163

证据调查即可审判的错误，对之均可以提起第三审上诉。回到前例，如果第三审法官必须亲眼见到被害人才能判断其是否"严重毁容"，那么该第三审上诉将被判定为无目的性，从而不会被受理。相反，如果从判决理由即可得知，事实审法官将轻微的擦伤视为德国《刑法》第 224 条意义上的毁容时，则该第三审上诉可以受理。[1]由此形成在同一问题上判例立场不统一的局面。总体而言，第三审法院的监督基本上限于对事实审判决法律层面的考量。

但是，第三审法院对原审法院的事实认定仍然存在不同程度的干预。例如，如果上诉理由为违反实体法，那么第三审法院就要审核原审法院认定的事实，以确定是否正确地适用了实体法。德国联邦法院近年来的一个发展趋势是，扩大基于法律错误的上诉对原审法院事实认定的审查范围，具体方法是当事人主张原审法院违反了德国《刑事诉讼法》第 244 条第 2 款所规定的收集所有相关证据的义务，因而判决的事实基础不充分。这是一种程序违法主张，但审查内容会涉及事实认定。根据法律错误的上诉对原审法院事实认定进行审查的另一种方式是对判决的内在一致性进行审查，尤其是事实认定是否符合逻辑法则、一般生活经验准则、科学定律、周知的事实，以及法官在评判证据时是否考虑了全部的可能性。如果判决没有考虑其他"明显的"可能性，因而不能给判决一个一致而全面的解释，那么就应当撤销原判。[2]

在日本，当事人提出上告（第三审）的理由仅限于违反宪法和违反判例，但是，上告审一旦发动，在"量刑显著不当"和"给判决带来影响的重大事实认定有错误"等情况下，上告审法院可以依职权撤销原判决。实践中，当事人提出上诉多是为了促使法院发动这种职权，从而实现事实审查的效果。[3]

在美国，法律审也未能阻止上诉法院对事实认定问题的审查。被告人在上诉中经常提出的一种主张是，支持被告人有罪判决的证据不充分。美国联邦最高法院对此确立的标准是："从最有利于控方的角度审查全部证据后，任

---

[1] 参见［德］克劳思·罗科信：《刑事诉讼法》，吴丽琪译，法律出版社 2003 年版，第 517 页。

[2] 参见［德］托马斯·魏根特：《德国刑事诉讼程序》，岳礼玲、温小洁译，中国政法大学出版社 2004 年版，第 226-227 页；［德］克劳思·罗科信：《刑事诉讼法》，吴丽琪译，法律出版社 2003 年版，第 518 页。

[3] 参见［日］松尾浩也：《日本刑事诉讼法》，丁相顺、张凌译，中国人民大学出版社 2005 年版，第 269 页。

何理性的事实裁判者是否都会排除合理怀疑地认定犯罪要素的存在。"[1]然而，在这一问题上，英国的上诉法院不享有美国法院享有的审查定罪证据充分性的一般权力。[2]

五、"事实—法律"界分的中国进路

如前文所述，由于法律适用过程中事实与法律的交互作用，从语义上、逻辑上对事实与法律作出的界定并不能反映各国刑事司法实践的真实样貌。然而，正如在法律解释技术上首推"文义解释"一样，[3]对事实与法律问题的界定也应首先尊重其基本语义上的定义。否则，若完全抛开基本语义，事实与法律的界定就完全失去了准绳，成为不可捉摸的概念。与哲学、语言学等领域的关于事实问题的讨论相比，法学领域的讨论，其最大的不同在于，对"事实"范围的界定直接影响到诉讼主体的权力（利）配置。鉴此，事实与法律的界定，不能飘忽不定，完全脱离基本语义。然而，纯粹从逻辑语义角度的界定远远不够，必须回过头来考虑权力（利）配置背后的原理或政策。两大法系的共识是，事实与法律的区分不是一个纯粹的逻辑问题。尤其在英美，关于"事实—法律"及其区分的知识并非逻辑、理性思维的产物，而是长期司法实践逐渐积累而成的历史成果。[4]所以，事实与法律的界分不能不从功能主义出发反向考量刑事审判中的权力（利）配置。因此，在中国刑事审判语境下讨论事实与法律的界分，以基本语义为基础，再从功能主义出发引入特别的政策考量作出适当的修正，不失为一条务实的路径。

（一）事实与法律的界分：陪审视角

从基本语义上说，刑事审判中的"事实"指的是在刑事审判中需要查明（认识）的客观事件及其过程；"法律"是一种通过适用条件和法律效果的连接，表达立法者特定价值立场、普遍适用于一切接受对象的应然规范或规范

---

[1] Jackson v. Virginia, 443 U.S. 307 (1979).
[2] See Paul Roberts & Adrian Zuckerman, Criminal Evidence, New York: Oxford University Press, 2004, p. 84.
[3] 典型的法律解释方法，是先依文义解释，而后再继以论理解释。杨仁寿：《法学方法论》，中国政法大学出版社1999年版，第101页。
[4] 陈杭平：《论"事实问题""叫法律问题"的区分》，载《中外法学》2011年第2期。

体系。从逻辑上看，事实认定是对法庭审判中出示的证据，运用归纳法，作出经验性判断的过程；法律适用则是从司法三段论的大前提出发，运用演绎法，作出规范性判断的过程。

从功能主义的角度看，在中国，对事实与法律进行准确界分的必要性目前主要来源于《人民陪审员法》第22条的规定，"人民陪审员参加七人合议庭审判案件，对事实认定，独立发表意见，并与法官共同表决；对法律适用，可以发表意见，但不参加表决"。本条将人民陪审员的表决事项限定于"事实认定"。根据前文所述的功能主义进路，陪审制度是我们审视和界定"事实"范围的一个重要视角。

人民陪审员参与庭审，功能之一是在刑事审判中引入普通人的生活经验和一般社会常识，以提高事实认定的准确性，增进社会公众对于判决的信任。可见，人民陪审员的优势在于作出经验性判断，而非规范性判断。因此，在规范性判断色彩较为浓厚的议题上，例如证据的合法性问题，就不宜由人民陪审员作出决定，即使这一问题解决过程中也会涉及事实问题，比如是否存在刑讯逼供行为。因此，关于证据的合法性问题，应当作为法律问题由法官作出决定。

量刑作为中国刑事审判中的任务之一，一般被认为是法律适用问题，属于法官的职权范围。在英美，量刑甚至被界定为不属于审判程序的独立程序，因而在量刑问题上不容陪审员置喙，完全由法官掌控。然而，在死刑案件中，这种局面已经发生了根本的改变。在美国，联邦系统和保留死刑的州在1976年以后纷纷通过新的成文法，将陪审团引入死刑量刑程序，打破了"陪审团负责定罪，法官负责量刑"的传统格局。在死刑案件中，陪审团对被告人做出有罪裁决后，再由同一陪审团决定是否对被告人判处死刑，扩展了陪审团的适用范围。[1]在向无陪审传统的日本，[2]2009年开始施行裁判员（陪审员）制度，对于死刑案件，要求必须由3名法官和6名裁判员组成合议庭进行审理。与在普通刑事案件中的衰落形成对照，陪审制反而在死刑案件中得

---

[1] 参见 Gregg v. Georgia. 428 U.S. 153, 188 (1976).

[2] 日本历史上曾短暂地实行过陪审制。1924年，日本以英美法系的陪审制度为榜样，制定《陪审法》，由12名陪审员做出有无犯罪事实的判断。但在《陪审法》施行过程中，不少被告人拒绝陪审，愿意接受法官的审理。而且民众普遍存在严刑酷罚的观念，往往凭感情和先入为主进行判决，出现了一些错案。1942年，日本停止适用陪审法，引进美国陪审制的努力以失败而告终。

到扩展与强化。

这些新的发展趋势，不能纯粹归结为历史的巧合。陪审制度的功能不仅仅在于事实认定，在英美国家，不少学者对陪审员是否拥有发现真相的特别优势表示怀疑。陪审制的另一个重要价值是在事实认定中引入社会自身的正义和道德标准，并以此保证刑事审判制度不会脱离公众的是非感，不会失去对其有效运作至关重要的公众支持。[1] 此外，19世纪的刑法史学家斯蒂芬认为陪审也是一种责任转移机制，通过迫使其他主体（陪审员）承担全部或者部分最终判决的责任来解脱法官："毋庸讳言，维持陪审团审判对法官比对其他社会成员更具有重要性。它把法官从仅仅根据自己的意见来决定被告人有罪或者无罪的责任中挽救出来——这对许多人而言是一种沉重和痛苦得不堪忍受的负担。"[2] 尤其是在死刑案件中，"血罪和葬送（无辜）的责任被推过来、推过去，从陪审团推到法官，又从法官推到陪审团；但是实际上紧紧地绑在了这两者身上，最终尤其落到了陪审员头上"。[3]

因此，陪审在死刑案件中，尤其是死刑量刑过程中具有特别的意义。对一个人是否判处死刑，绝非单纯的法律问题，这个过程需要考量一个社会主流的价值观，还需要考虑社会、文化、宗教、伦理、民意等多方面因素，而这恰恰是陪审员的作用能够发挥得较好的领域。当下我国探讨如何消减对死刑适用的正当性责难和分化、转移死刑错判的风险，也许是一种更为务实的态度。引入人民陪审员参加死刑量刑，不仅可以使死刑判决更能反映主流民意，而且可以有效地缓解和分担法官的判决负担和道德压力，强化判决的正当性基础。因此，死刑量刑目前可以归入由人民陪审员参与表决的"事实问题"。

(二) 事实与法律的界分：审级视角

审级视角下的"事实—法律"界分，目前在中国尚缺少足够的实定法律

---

[1] Paul Roberts & Adrian Zuckerman, Criminal Evidence, New York: Oxford University Press (2004), p.64.

[2] James Fitzjames Stephen, *A History of the Criminal Law of England*, vol. I, Cambridge University Press, 2014, p.573.

[3] 17世纪檄文作家豪勒斯（Hawles）语，转引自詹姆士·Q. 惠特曼：《合理怀疑的起源——刑事审判的神学根基》，佀化强、李伟译，中国政法大学出版社2012年版，第24页。

基础。但是，这并不意味着这一视角的讨论没有意义。目前，中国法院在审级分工上仍存在一定的问题，本书将这一视角纳入"事实—法律"界分的讨论，也是希冀以此推动我国刑事审级制度改革。

我国目前普通刑事案件实行两审终审制，仅在死刑案件中实行事实上的三审制。一方面，刑事第二审程序和死刑案件死刑复核程序均实行"全面审查"原则，[1]这意味着第二审法院和死刑复核法院可以对一审判决从事实认定、法律适用、诉讼程序等方面进行全方位的审查；另一方面，我国刑事案件第二审开庭比例并不高，[2]死刑复核程序则完全不开庭。这种局面带来一系列的问题：

其一，第二审法院以及死刑案件中的死刑复核法院是否有能力对一审判决认定的事实、证据进行审查？依据常识，在发现事实真相的能力方面，二审法院并不优于一审法院。与一审法院相比，二审法院在时间和空间上距离犯罪案件更远，案发时遗留下来的痕迹和物品损毁或者灭失的可能性更大，残存在证人记忆中的印象也将进一步淡化。[3]死刑复核程序在发现真相方面的缺陷比之二审程序有过之而无不及，在事实判断方面居于更加不利的地位。

其二，第二审法院和死刑复核法院以不开庭方式在书面案卷基础上进行的事实认定，何以优于第一审法院以公开、开庭方式作出的事实认定？第二审法院以及死刑案件中的死刑复核法院对一审判决认定的事实、证据进行审查，合理性何在？

其三，第二审法院和死刑复核法院不堪重负。"全面审查"意味着第二审法院必须依职权对原判决控辩双方已无争执的部分重复审理，重新调查证据、

---

[1] 死刑复核程序的审查范围刑事诉讼法没有明确规定，但新《刑诉法解释》第427条规定，"复核死刑、死刑缓期执行案件，应当全面审查以下内容：（一）被告人的年龄，被告人有无刑事责任能力、是否系怀孕的妇女；（二）原判认定的事实是否清楚，证据是否确实、充分；（三）犯罪情节、后果及危害程度；（四）原判适用法律是否正确，是否必须判处死刑，是否必须立即执行；（五）有无法定、酌定从重、从轻或者减轻处罚的情节；（六）诉讼程序是否合法；（七）应当审查的其他情况"。可见，死刑复核程序实际上也实行"全面审查"原则。

[2] 2023年9月，最高人民法院会同相关部门发出通知，开展为期一年的促进提高刑事案件二审开庭率专项工作。根据最高人民法院提供的数据，2023年，全国法院刑事案件二审开庭率为33.76%，较2022年同期提高16.48个百分点。参见"全国法院刑事案件二审开庭率稳步提升"，载最高人民法院微信公众号，最后访问日期：2024年3月11日。

[3] [德]托马斯·魏根特：《德国刑事诉讼程序》，岳礼玲、温小洁译，中国政法大学出版社2004年版，第222页。

认定事实。这种做法，浪费司法资源，没有实际利益，反而会拖累有实质争执需要开庭审理的案件无法开庭，影响第二审案件的整体审判质量。死刑复核程序中问题更为严重。最高人民法院刑事法官的人数规模堪称"世界之最"。但即便如此，由于死刑案件的数量庞大，仅是阅卷工作一项，法官们就已经不堪重负。对于学界一直呼吁的死刑复核程序诉讼化改革，也只能是心有余而力不足。

其四，第二审程序和死刑复核程序实行全面审查原则，上级法院集事实审查与法律审查于一身，审级越高，权威越大，在刑事司法系统形成一种上行的权威。这种上行的权威结构，不仅造成第一审失去重心地位，而且把死刑案件与生俱来的各种责难和风险引向中央司法机关，是一种高风险结构。

最后，在普通刑事案件中实行两审终审制，使得绝大多数刑事案件止步于各地中级人民法院，即使出现重大的问题，也无法实现高级人民法院的监督，只能诉诸申诉、信访。实践中甚至出现不少案例，有关方面为了规避高级人民法院的监督、把案件控制在当地，不惜违反刑事诉讼法关于级别管辖的规定，"降格处理"严重刑事案件。[1]这种局面加剧了刑事司法的地方化和法律适用上的不统一。

鉴此，同时为了贯彻落实党的十八届四中全会《决定》提出的"完善审级制度，一审重在解决事实认定和法律适用，二审重在解决事实法律争议……"我们主张对我国刑事审级制度进行全面的改革。总体来说，将三审制从现有的死刑案件推广适用于全部刑事案件，并改造为法律审，同时，对各个审级的功能和审理方式进行调整。具体来说包括以下方面。

首先，第一审是认定事实的最关键阶段，理应成为整个刑事司法的重心。为此，应坚定不移地继续推进"以审判为中心"的各项刑事诉讼制度改革，保证关键证人出庭作证，加强被告人的对质权和辩护律师的取证权，推进刑事案件法律援助全覆盖。

其次，突出第二审程序的事实救济和法律救济功能，第二审法院仅对原审判决提出上诉或者抗诉的部分进行审理。同时，确保第二审刑事案件全部

---

[1] 例如李怀亮案，被告人涉嫌故意杀人，却"降格处理"，由叶县人民法院判决有期徒刑15年。参见《李怀亮涉嫌杀人案：12年悬案压垮两个家庭》，载 http://news.sohu.com/2013 0503/n374690436.shtml，最后访问日期：2018年7月19日。

开庭审理。这样处理有三个好处：其一，从当事人的角度来看，允许对判决的一部分提起上诉既合乎上诉的目的，又有利于当事人的攻击防御。其二，从法院角度来看，第二审法院对原判决控辩双方已无争执的部分重复审理，浪费司法资源，没有实际利益，加重第二审法院的负担。第二审法院的审理范围限于提出上诉或者抗诉的部分，可以减轻第二审法院的负担，节省司法资源，有助于提高二审开庭的比例和审判质量。其三，以当事人上诉或者检察机关的抗诉限制第二审法院的审理范围，可以避免程序重心移往上级审，保证第一审的重心地位。

最后，增设第三审，仅受理对法律问题提出的上诉，以强化高级别法院对下级法院的法律监督，促进各级法院在适用法律方面的统一。在审理方式上，采取开庭审理和言词辩论，被告人可以不出庭。同时，为了防止大量案件涌入高级人民法院甚至最高人民法院，控制上诉案件数量，赋予第三审法院受理上诉的裁量权，以审查上诉理由是否属于法律问题，是否具有足够的法律价值。目前，我国法院统一法律适用的途径主要有两个：一是在法律通过或者修改后由最高人民法院统一作出司法解释；二是最高人民法院以批复的形式对下级法院提出的法律适用问题进行解释。虽然这两种方式在统一法律适用方面确实发挥了重要的作用，但在对下级法院进行法律监督方面却无能为力。增设第三审，借力于当事人的上诉带动高级别法院对下级法院适用法律方面的监督，比起实践中经常使用的"案件评查"的方式，优势十分显著。

死刑复核程序是否也可以改造成法律审？这可能是审级制度改革中最引人关注的问题。很多人担心，如果将死刑复核程序也改造成法律审，是否会削弱其对事实错误的救济功能，进而降低死刑判决质量？对此，我们要阐明两点：其一，近年来在法院系统大力贯彻证据裁判原则、严防冤假错案的努力下，死刑案件办案质量有了显著的提高。有学者实证研究发现，近年来死刑案件的不核准率很低，基本控制在6%左右，有的省份如青海、江苏、甘肃甚至连续多年死刑核准率达到100%。最重要的是，该研究发现，死刑判决不核准的原因主要是法律适用错误。[1]在这种新形势下，弱化死刑复核的事实救济功能，并不意味着降低死刑判决质量。

――――――――――

[1] 参见高通：《最高人民法院死刑复核全面审查原则再检视》，载《法学家》2017年第3期。

其二，如前文所述，所谓的法律审并不绝对排除对事实问题的审查，只是这种审查与一审法院事实认定的侧重点有所不同。死刑案件第一审程序重在死刑适用在个案中的妥当性，包括认定事实、适用法律、诉讼程序是否合乎法律规定，适用死刑是否合法与妥当。第二审程序的重点应当是在个案中对第一审判决出现的错误提供具体的救济。而统领全局的最高人民法院，应当侧重于把握案与案之间在适用死刑时是否标准统一，是否合法、公平并合乎比例。在中国现阶段，完全排除死刑复核法院对于事实问题的审查并不现实，但与原审法院相比，中国的最高人民法院同前述德、日等国的第三审法院一样缺少"核实"证据的必要手段，其在事实审查方面并不占优势。因此，死刑复核法院的审查不应当涉及证据"质"的问题，只限于审查证据的"量"和形式性问题（证据的充分性和事实认定的内在逻辑性），以及死刑案件之间标准的一致性与统一性。这样的审查，实际上已经是"法律审"了，然而对于死刑复核程序统一死刑适用的功能定位来说，"法律审"其实已经能够满足需要。

（三）事实：构成性事实与证据性事实

如前所述，刑事审判中的事实可以进一步区分为构成性事实与证据性事实，但这种分类仅涉及实体法事实。对于程序法事实，完全由法官控制，应归入法律问题。

所谓构成性事实，是直接由实体法赋予某种法律意义的事实。在刑事审判中，构成性事实折射出两种权力（利）关系：其一，起诉权与审判权的关系。根据不告不理/控审分离原则，审判范围不得超越起诉书指控的范围，这里的审判范围和起诉范围，除了对人，主要是对事。该原则不适用于法律问题，因为法律适用属于法官的职权范围。所以，起诉书中援引的法条和提出的量刑建议，不能约束法院，仅具有参考价值。就事实而言，实行或不实行诉因制度，[1]对于起诉的范围有直接的影响。在诉因制度之下，审判对象为经犯罪构成要件整理后的诉因事实，法庭原则上不得变更检察机关指控的罪名，因为改变罪名一般也会引起诉因改变。如果不实行诉因制度，则审判对

---

[1] 所谓诉因，"亦即该当刑罚法律所定构成要件之具体事实"。林裕顺：《日本诉因制度之比较法研究》，载《月旦法学》2009年第175期。日本《刑事诉讼法》第256条规定，"公诉事实，应明示诉因而为记载。诉因之表示，应尽可能藉由日时、场所及方法以特定犯罪事实。罪名，明示应适用法条而为记载。但法条记载有误，若对被告防御未有实质不利益之虞，不影响公诉效力"。

象为未经犯罪构成要件整理的原始事实，只要适当关照到辩护权，法庭改变起诉罪名就没有实质性障碍。[1]其二，法庭与当事人（控辩双方）的权力（利）分配。职权主义是将调查事实的权力委诸法庭，法庭负有查明真相的责任。彻底的当事人主义则分析出当事人主张、当事人进行、当事人处分三项原则，其法律效果在于，不仅将事实调查权交给控辩双方，而且通过当事人的主张和处分限定法庭的审理范围，只有当事人之间存在争议的事实才成为审判对象。中国以职权主义为底色，从20世纪末启动审判方式改革，实际上是吸收了"当事人进行"规则，将事实调查权在法庭与当事人（控辩双方）之间重新进行分配。但由于并未全面转向当事人主义，当事人对构成性事实达成一致并不能排除其成为审理对象，法庭仍有综合全案证据认定案件事实的职责和权力。

构成性事实与证据性事实分类的意义在于，构成性事实只能由法庭认定，不能由证人（包括鉴定人）认定。[2]这是一个分配法庭和鉴定人权限的基本原则。在我国司法精神病鉴定实践中，作为构成性事实的刑事责任能力问题经常一并由鉴定人作出认定，[3]即违反了这一原则。

证据性事实可以进一步分为一般事实与专业事实，前者由普通证人提供证据，后者由鉴定人提供专业的分析判断意见。区分一般事实与专业事实的意义：一是划定法庭和鉴定人的权限。凡是不需要借助专业知识，能够利用自己的一般生活经验、常识，以及对人性和世事的洞察就能够作出判断的，均由法庭（包括法官和陪审员）自行进行认定；涉及专业知识的证据性事实才由鉴定人分析判断。二是提供证据的主体和方式不同。对于一般事实，由证人以陈述的方式作出，猜测性、评论性、推断性的证言，不能作为证据使用。鉴定人就专业事实作证时，则没有上述限制。三是调查程序不同。对一般事实的证言的质疑，通过交叉询问的方式进行；对鉴定人提供的专业事实方面的意见，如果有不同意见，则需要传唤有专门知识的人到庭，就鉴定人作出的鉴定意见提出意见，必要时可以公开辩论。

---

[1] 新《刑诉法解释》第295条第1款第2项规定，起诉指控的事实清楚，证据确实、充分，但指控的罪名不当的，应当依据法律和审理认定的事实作出有罪判决。

[2] Paul Roberts & Adrian Zuckerman, Criminal Evidence, New York: Oxford University Press (2004), p. 148.

[3] 参见陈卫东、程雷：《司法精神病鉴定基本问题研究》，载《法学研究》2012年第1期。

（四）法律：具体解释与抽象解释

刑事审判中以法律为对象的活动大致可以分为两种：法律适用和法律解释。法律规范要适用于实际事件，即客观上发生的案件事实上。为此，必须考虑可能适用的法条，将"未经加工的案件事实"转变为"作为陈述的终局案件事实"。同时，也必须考虑终局的案件事实，将应予适用的规范内容尽可能精确化。可见，法律适用过程不可避免地伴随着法律解释。然而，与判例法制度下法官在法律适用过程中还承担法律续造职能不同，我国法官行使的法律解释权其含义是特定的，即在法律适用过程中，为保证正确地适用法律，将应予适用的规范内涵精确化。英美普通法官所享有的抽象意义上的解释权，或创立规则的解释权，在我国则交给了最高人民法院。[1]将法条适用于具体个案过程中的解释权与最高人民法院享有的司法解释权，借用张志铭教授的概念，可以分别称为"具体解释权"与"抽象解释权"。[2]

与西方法治发达国家相比，中国目前的司法解释体制确属独特。美国的法官享有较高的权威，在具体案件中不仅可以解释法律，而且可以通过判例创制规则，集具体解释和抽象解释于一身。欧洲大陆的情况较为复杂。基于严格的分权理论和对法官的不信任，许多国家曾尝试通过立法来解决法律适用过程中遇到的解释难题。比如，法国在大革命期间曾经通过法律规定，"当法院认为有必要解释一项法律或制定一项新法时必须请求立法会议"，并设立附属于立法机关的"上诉法庭"（Tribunal de Cassation），负责监督各类法院，以防司法偏离法律条文，侵犯立法权。但是，这种要求由立法机关解释法律的做法不久就发生了变化，作为其产物的"上诉法庭"后来也与立法机关脱离，演变为法国的最高法院（Cour de Cassation）。法国《民法典》"总则"第4条规定，法官如果以法律无规定或者不明确或不完备为由拒绝依法判决，必须因此承担责任。这就改变了由立法机关负责解释法律的做法，肯定了法官

---

[1] 当然，在解释的边界问题上，最高人民法院和全国人大常委会也存在权限划分。根据1981年6月全国人大常委会《关于加强法律解释工作的决议》规定，最高人民法院就审判工作中具体应用法律的问题进行解释。对法律条文本身"进一步明确界限或作补充规定"的，则全国人大常委会有权进行解释。

[2] 参见张志铭：《法律解释学》，中国人民大学出版社2015年版，第14页。

解释法律的权力。[1]可见，无论是英美还是欧洲大陆，具体解释和抽象解释最终都没有分离，一概由审判案件的法院行使，至于统一法律适用的问题，则通过高级别法院的法律审来解决。中国目前的司法解释体制也会产生独特的问题。"具体解释权"与"抽象解释权"的区分具有界权功能，它划分了审判案件的法院和最高人民法院在解释法律方面的权限。然而，一个比较现实的问题是：什么情况下需要由最高人民法院以司法解释的形式制定规则？什么情况下交给审判法院在个案中作出自己的理解和适用？

我们认为，对于这一问题，有两个不同的解决方案。从远期来看，法律解释问题宜通过确立三审制解决，即通过设立专门的法律审解决法律的统一适用问题，使抽象解释逐渐归于具体解释，由审判法院统一行使，原因已见前述。

在目前的司法解释体制未发生根本改变的前提下，具体解释和抽象解释的界定标准，应取决于对于相关法条一致适用的偏好程度。从理论上讲，在单一法律体系内部，法律适用、法律解释均应当具有一致性。然而，对于刑法条文各要素，人们对于一致性的偏好程度是有差别的。比如，对于盗窃罪、诈骗罪等侵财类犯罪，作为立案起点的"数额较大"应当如何把握？各省之间根据经济条件的不同，允许存在一定的差异。但是，在死刑适用问题上，各省之间的差异似乎更令人难以接受。这意味着，即便对于纯粹的法律问题，也不是一律要求整齐划一，在不同的法律事项上，人们对于法律适用的一致性有着不同的期待。中国目前仍处于社会转型期，审判法院和最高人民法院的具体解释权和抽象解释权的边界，也需要根据情况不断进行调整，对于实践中出现的新问题，可以抱持观察的态度，先由审判法官自行解释适用，甚至可以界定为事实问题交由初审、二审法官解决，直至产生统一法律适用的需要，再由最高人民法院作出抽象解释。[2]

---

[1] 参见张志铭：《法律解释学》，中国人民大学出版社2015年版，第164-165页。

[2] 例如，为了规范非法经营罪的认定，最高人民法院于2011年下发的《关于准确理解和适用刑法中"国家规定"的有关问题的通知》第3条规定，"各级人民法院审理非法经营犯罪案件，要依法严格把握刑法第二百二十五条第（四）项的适用范围。对被告人的行为是否属于刑法第二百二十五条第（四）项规定的'其他严重扰乱市场秩序的非法经营行为'，有关司法解释未作明确规定的，应当作为法律适用问题，逐级向最高人民法院请示"。

第三节　七人合议庭在死刑案件中的适用

我国自2018年正式通过《人民陪审员法》，人民陪审员制度的发展积极向好。最高人民法院发布的数据显示，截至2022年7月，全国共有人民陪审员33.2万余人，比2013年扩大了将近3倍。在数量上跨越式发展的同时，人民陪审员的来源更加广泛、结构更加合理、代表性更强。全国的人民陪审员中，企事业单位人员占41.7%，基层干部、社区工作者占36.4%，农民及无固定职业人员占21.9%。截至2022年9月，全国人民陪审员共参审刑事案件215万余件、民事案件879万余件、行政案件78万余件，其中由人民陪审员参与组成七人合议庭审结涉及群众利益、公共利益等人民群众广泛关注的、社会影响重大的案件2.3万余件。[1]

然而，毋庸讳言，人民陪审员制度在实施过程中也出现了一些比较突出的问题，其中反应比较强烈的是七人合议庭的适用，尤其是在死刑等重罪案件中的适用问题。关于七人合议庭的适用，《人民陪审员法》第16条明确规定，下列第一审案件，由人民陪审员和法官组成七人合议庭进行审理：（1）可能判处十年以上有期徒刑、无期徒刑、死刑，社会影响重大的刑事案件；（2）根据民事诉讼法、行政诉讼法提起的公益诉讼案件；（3）涉及征地拆迁、生态环境保护、食品药品安全，社会影响重大的案件；（4）其他社会影响重大的案件。《人民陪审员法》第16条从表述上看，具有排除四种情形之下适用七人合议庭的裁量权的效果。然而，除了第二种情形即"根据民事诉讼法、行政诉讼法提起的公益诉讼案件"，其他三种情形均以"社会影响重大"加以限定。在近期有影响的死刑案件如劳荣枝案中，辩护律师即提出未适用七人合议庭属审判组织不合法的辩护理由，引起社会关注。

评价七人合议庭在刑事案件中的适用情况有两个基本指标：一是量的指标，即有多少刑事案件实际适用了七人合议庭；二是质的指标，即人民陪审员是否真正发挥了作用，对判决是否形成了实质影响。但是，量的指标是前

---

〔1〕　最高人民法院：《人民陪审员制度的中国实践》，载 https://file.chinacourt.org/f.php?id=37efced2eec74d24&class=enclosure，最后访问日期：2023年10月11日。

提，如果大量应当适用七人合议庭的刑事案件没有适用，那么，这次改革就不能说是成功的。

一、七人合议庭在重罪案件中的适用状况

要了解七人合议庭在刑事案件中的整体适用情况，一个比较便捷的办法是考察一审未适用七人合议庭而判处被告人十年以上有期徒刑刑罚，被告人以审判组织不合法为由提起上诉，二审法院对此类上诉的处理情况。

一个因媒体的广泛报道而为公众所周知的案件是张永福组织领导黑社会性质组织等案。2019年11月4日，吉林省通化市中级人民法院一审判决张永福犯组织领导黑社会性质组织罪、故意杀人罪、寻衅滋事罪等11项罪名，判处无期徒刑。一审判决生效后，张永福等人坚称自己无罪，向吉林省高级人民法院提出上诉。2020年年初，律师介入张永福案，成为2号被告人张健的代理律师。该律师在阅卷时发现，一审合议庭由1名审判长、2名人民陪审员和4名审判员组成，遂以违反了《人民陪审员法》为由，多次向吉林省高级人民法院反映案件诉讼程序违法。该律师认为，《人民陪审员法》规定，对可能判处10年以上有期徒刑、无期徒刑、死刑，社会影响重大的刑事案件，法院应该组成七人合议庭，包括法官3人，人民陪审员4人。但审理张永福案的合议庭只有2名人民陪审员，明显程序违法。2020年9月24日，吉林省高级人民法院做出裁定，撤销通化市中级人民法院原审判决，发回重审。[1]

但是，张永福案后来被证明是一个罕见的孤例。因为本书作者检索了整个中国裁判文书网，再未发现一例符合《人民陪审员法》第16条第1项规定的量刑条件、辩方以应适用七人合议庭为由提起上诉，得到二审法院支持的案例。相反，认为上诉理由于法无据，因而二审法院不予采纳的案例比比皆是。[2]例如，四川省达州市达川区人民法院一审判处被告人赵某合犯国有公

---

〔1〕 参见杜茂林、周缦卿：《违反人民陪审员法，一"重点涉黑案件"被发回重审》，载《南方周末》2020年11月7日。

〔2〕 检索方法：以"七人合议庭"为检索关键词，在案由类型选择"刑事案由"，在审判程序类型选择"刑事二审"，从中国裁判文书网检索到29份二审裁判文书。其中，21份的一审量刑为10年有期徒刑以上刑罚，同时被告人提出了一审未适用七人合议庭违反诉讼程序的上诉理由，这21个案件的二审裁判均认定该上诉理由没有法律依据，驳回上诉。

司、企业、事业单位人员滥用职权罪，判处有期徒刑四年；犯挪用公款罪，判处有期徒刑十一年；合并执行十四年。原审被告人提出上诉，上诉理由之一是"一审组成三人合议庭审理本案不合法，应当按照《人民陪审员法》的规定组成七人合议庭审理本案"。二审法院达州市中级人民法院认为，上诉人（原审被告人）赵某合提出"一审组成三人合议庭审理本案不合法，应当按照《中华人民共和国人民陪审员法》的规定组成七人合议庭审理本案"的上诉理由，根据《人民陪审员法》第16条第1项规定，可能判处十年以上有期徒刑、无期徒刑、死刑，社会影响重大的第一审刑事案件，由人民陪审员四人和法官三人组成七人合议庭进行审判，该案不具有影响国计民生、社会稳定、公共安全等因素，不具有"社会影响重大"的情形，一审法院依职权决定组成三人合议庭审理本案符合规定。故该上诉理由，于法无据，二审法院不予采纳。[1]

又如，在方华合同诈骗案中，被告人及其辩护人作无罪辩护，周口市淮阳区人民法院一审判决被告人方某犯合同诈骗罪，判处有期徒刑四年，并处罚金5万元；犯诈骗罪，判处有期徒刑十四年，并处罚金20万元；数罪并罚，决定执行有期徒刑十七年，罚金25万元。被告人方某提出上诉，提出"一审审判组织不合法，应由七人合议庭审判"的上诉理由。二审法院认为一审审判由两名审判员、一名人民陪审员组成合议庭审理，合议庭组成合法，辩护人认为本案的审理必须由审判员和人民陪审员组成七人合议庭的意见，没有法律依据，予以驳回。[2]

有的案件甚至是检察机关以未适用七人合议庭属程序违法为由提起抗诉，该抗诉意见也得到了上级检察机关的支持，但最终仍被二审法院所否定。例如，河南省郑州市管城回族区人民法院一审判决被告人马某犯诈骗罪，判处有期徒刑十一年六个月，并处罚金5万元，与2017年5月3日因犯诈骗罪被郑州市二七区人民法院判处有期徒刑七年，并处罚金2万元并罚，决定执行有期徒刑十六年，罚金7万元。宣判后，原审被告人马某不服，提出上诉，原公诉机关郑州市管城回族区人民检察院提出抗诉。郑州市管城回族区人民检察院的抗诉意见是，2018年4月27日生效的《人民陪审员法》第16条第

---

[1] 参见赵治合挪用公款罪二审刑事裁定书，(2020) 川17刑终155号。
[2] 参见 (2021) 豫16刑终160号刑事裁定书。

1项规定,"对判处十年以上有期徒刑案件,应当由审判员和人民陪审员七人组成合议庭审理",一审法院在该法实施后仍以审判员、人民陪审员组成三人合议庭审理本案,属诉讼程序违法。郑州市人民检察院支持该抗诉意见。但二审法院认为,《人民陪审员法》第16条第1项规定"人民法院审判可能判处十年以上有期徒刑、无期徒刑、死刑,社会影响重大的刑事第一审案件,应当由人民陪审员和法官七人组成合议庭审理",本案并非"社会影响重大"的案件,一审法院由法官和人民陪审员三人组成合议庭审理并无不当。该抗诉意见不能成立,二审法院不予支持。[1]

在赵某合、方某、马某等案中,被告人的实际量刑都在十年以上,但二审法院认定不适用七人合议庭并不违反《人民陪审员法》。其背后的逻辑是,即使被告人被判处十年以上有期徒刑,案件仍然不属于《人民陪审员法》第16条第1项意义上"社会影响重大"的案件。"社会影响重大"的条件,在效果上是赋予法院在七人合议庭适用上较大的裁量权。这一结论也在一定程度上得到了统计数据上的支持。笔者以"七人合议庭"为关键词进行搜索,案由类型仍选择"刑事案由",但在审判程序类型改变为"刑事一审",得到190份刑事判决书,绝大多数都是刑事附带民事公益诉讼文书。主要原因即在于,《人民陪审员法》第16条第2项"根据民事诉讼法、行政诉讼法提起的公益诉讼案件"是唯一一种没有"社会影响重大"的限定条件,而要求必须适用七人合议庭的情形。

然而,在祛除"公益诉讼"因素的纯刑事案件中,有研究指出,即使在公认的"社会影响重大"的严重案件中,也不一定适用七人合议庭。[2]例如,孙小果系列案、张扣扣故意杀人案、湖南新晃"操场埋尸"案、浙江乐清滴滴顺风车司机杀人案等2019年度人民法院十大刑事案件,入选的十个刑事案件均为《人民法院报》2019年所报道的具有重大社会影响力、公众关注度高、审判结果具有重大突破、对公序良俗有重要示范引领作用的刑事案件。[3]其中,除张扣扣故意杀人案、浙江乐清滴滴顺风车司机杀人案适用七人合议庭

---

[1] 参见马峰诈骗二审刑事裁定书,(2018)豫01刑终744号。

[2] 孙长永主编:《中国刑事诉讼法制四十年:回顾、反思与展望》,中国政法大学出版社2021年版,第137页。

[3] 参见陈丽英:《本报评出2019年度人民法院十大刑事案件》,载《人民法院报》2020年1月12日,第1版。

审理以外,其他案件均未适用七人合议庭审理。由此可见,即使同时具备"可能判处十年以上有期徒刑"和"社会影响重大"两个要素,实践中依然存在不适用七人合议庭的情况,虽然这直接违背了《人民陪审员法》第16条第1项的规定。

为什么会出现这种局面？从最高人民法院相关部门及其负责人在该问题上的公开表态可以窥知端倪。例如,最高人民法院政治部认为:"合议庭组成由人民法院依法依职权决定。一个案件是否应当适用陪审制,由人民法院依法决定；人民法院决定适用陪审制后,是组成三人合议庭,还是组成七人合议庭审理,由哪些法官和人民陪审员组成合议庭,依然由人民法院依法依职权决定。当事人无权就合议庭组成本身要求复议,或者提起上诉。"[1]针对当事人认为合议庭组成不合法,可以提出上诉的观点,最高人民法院相关部门负责人指出,如果当事人或律师提出,案件不应适用三人合议庭而应当适用七人合议庭,因不属于回避权利的行使,无须提请院长决定,主持庭审的审判长可以直接决定是否驳回当事人的申请。一般情况下,一审中当事人不得就对陪审制中应当适用三人合议庭还是七人合议庭提出异议,即使提出上诉,二审法院也不应支持。[2]全国人大常委会法工委刑法室也持类似观点。[3]

上述表态归结为一点,是否适用陪审、是否适用七人合议庭,完全属于法院职权范围,当事人不得就此主张权利。正是在这种认识的支配下,是否适用七人合议庭,完全取决于法院自身的需要,法院再根据自身的需要去解释案件是否"社会影响重大"。所以,民间和学界都有要求明确解释,甚至取消"社会影响重大"条件的声音。[4]然而,如前所述,即便是被法院系统官方认定为"社会影响重大"的刑事案件,也未必适用七人合议庭。这说明,

---

[1] 最高人民法院政治部编著:《〈中华人民共和国人民陪审员法〉条文理解与适用》,人民法院出版社2018年版,第166页。

[2] 参见姚宝华:《人民陪审员法第十六条第一项理解之我见》,载《人民法院报》2018年12月12日,第8版。

[3] 参见王爱立主编:《中华人民共和国人民陪审员法释义》,中国民主法制出版社2018年版,第115页。

[4] 参见杜茂林、周缦卿:《违反人民陪审员法,一"重点涉黑案件"被发回重审》,载《南方周末》2020年11月7日；孙长永主编:《中国刑事诉讼法制四十年:回顾、反思与展望》,中国政法大学出版社2021年版,第137页。

"社会影响重大"认定并不是问题的根本所在。关键在于,人民陪审,到底是法院依职权决定的事项,还是当事人可以主张权利的事项?这是一个相对于"社会影响重大"的解释更为前提性的问题。

二、人民陪审为何而设:陪审制功能的两面性

要回答人民陪审为谁而设,首先要回答人民陪审为何而设的问题。从政治层面来说,陪审制度是现代民主原则的基本要求。正如立法过程需要人民的广泛参与,陪审制则是人民直接参与司法运作的重要方式。

(一)陪审制的服务功能

从司法层面来看,学界讨论比较多的陪审制的功能包括:

其一,扩大司法的民意基础,在专业的司法过程中引入普通的民众判断,防止司法无视社会主流价值的发展而固步自封,同时增进国民对司法的理解和支持。例如,美国联邦最高法院认为:"陪审团的基本特征显然在于被告人与控告者之间介入了一群外行人的常识判断。"[1]日本促使裁判员制度设立的《司法制度改革审议会意见书》提出:"如果国民与法曹一起广泛地运行司法,市民与司法的接触点将越来越厚重而广泛,可以促进国民对司法的理解,国民更容易了解司法和裁判的过程。"[2]

其二,分化和转移司法责任。以生命刑和肢体刑为刑罚主要表现形式的中世纪,基督教文化中的"血罪"观念,使得判决刑事案件的法官成为一项危险的工作。为了帮助法官推却"血罪",英格兰发展出了独特的避祸机制——陪审团。原本由法官一人承担的血罪,现在有了12个陪审员分摊血罪责任。[3]中国虽然没有基督教文化中的血罪观念,但陪审制在这方面的功能并非没有现实意义。司法作为社会矛盾的主要解决方式,面对复杂的利益格局,自身也承受着巨大的压力。尤其是在死刑等严重刑事案件中,在一个世

---

[1] See William v. Florida, 399 U. S. 78 (1970).

[2] [日]田口守一:《刑事诉讼法》,张凌、于秀峰译,中国政法大学出版社2010年版,第215页。

[3] 所谓"血罪",是指任何形式的杀人、流他人血的行为,无论是合法还是非法,包括法官判决死刑,都被视为罪孽。参见侣化强:《形式与神韵——基督教良心与宪政、刑事诉讼》,上海三联书店2012年版,第52-62页。

界上 2/3 的国家都已经废除或事实上废除了死刑的时代，司法承受的压力可想而知。在这种情况下，陪审员以普通公民身份进入法庭，在死刑案件的定罪和量刑中发挥实质性作用，不仅可以分化和转移法官的责任，在一定程度上也可以减少国际社会在死刑问题上对中国的非议和责难。近年来也有学者关注到陪审制独特的"卸责"功能，将陪审视为一种卸责的机制。[1]在人民陪审员制度改革试点的过程中，还出现一种将人民陪审员视为法官人力补充，以缓解"案多人少矛盾"的倾向。[2]

上述功能出发点不同，但有一点是共同的，都强调陪审为法院服务的一面。但是，如果只看到这一面，那么陪审制无非是为法院服务的工具，用不用陪审完全可以由法院说了算。

(二) 陪审制的监督、制约功能

清末修订法律大臣沈家本、伍廷芳在向清廷进呈的拟请先行试办诉讼法的奏折中指出，欧美法制中，亟应取法者，一是陪审制度，二是律师制度。谈到为何需要引入陪审制时，奏折中用两句话概括了两个理由，"诚以国家设立刑法原欲保良善而惩凶顽，然人情诪张为幻，司法者一人知识有限，未易周知，宜赖众人为之听察，斯真伪易明。若不肖刑官或有贿纵曲庇、任情判断及舞文诬陷等弊，尤宜纠察其是非"。[3]第一句话是说陪审员的参与有助于法官查明真相，即"司法者一人知识有限"，"宜赖众人为之听察"，这样才能"真伪易明"。此点仍在强调陪审制对法院的服务功能。但是，第二句话则转向一个完全不同的方向，即"若不肖刑官或有贿纵曲庇、任情判断及舞文诬陷等弊，尤宜纠察其是非"。这里强调的是陪审制对法官的制约与监督功能。这是我们在讨论陪审制功能时不能忽略的一面。

即便没有明言，在现代陪审机制的设计上也能看出陪审员对法官的制约功能。英美国家的陪审团制度下陪审团与职业法官的职能分工、陪审团享有

---

[1] 参见高童非：《中国陪审实质化改革研究》，中国政法大学出版社 2022 年版，第 153-165 页。

[2] 参见谭畅：《人民陪审的南京试验》，载《南方周末》2017 年 10 月 12 日，第 17 版。

[3] 参见吴宏耀、种松志主编：《中国刑事诉讼法典百年》（上册），中国政法大学出版社 2012 年版，第 9 页。

"废止权"或"衡平权"自不待言，[1]即便是在实行参审制的欧洲大陆法国家，其精心设计的表决规则也体现出制约法官的思路。例如在法国，只有在重罪案件审理中才使用陪审员。在2011年以前，法国的重罪法院是由3名职业法官和9名陪审员组成。法国《刑事诉讼法》第359条要求，凡是对被告人不利的决定，在一审，至少需要8票赞成（8票对4票）。这意味着，3名职业法官如果想要按照他们的意愿做出判决，必须最少争取到5名陪审员的支持，而5名陪审员在总数为9名的陪审员中已经占据多数。也就是说，最终的裁判结果只能由陪审员中的多数派决定，而不能为职业法官所操纵。如果一审的表决结果是7票赞成5票反对，这种结果应该被视作有利于被告人。[2] 2011年改革后，法国重罪法院中陪审员减少为6人，职业法官的人数保持不变，仍为3人。要对被告人做出不利的裁决，需要得到9名法庭成员中的6票，即便3位职业法官事先串通好了，都认定有罪，仍然需要陪审员中至少半数成员（3票）的支持，才能对被告人定罪。又如在德国，严重案件主要由州法院（相当于中国的中级人民法院）的大刑事法庭审理。大刑事审判庭由3名职业法官和2名陪审员组成。德国《刑事诉讼法》第263条规定，"在行为的罪责问题和法律后果上所作的每一项对被告人不利的裁决，需有2/3的多数票同意"。[3]也就是说，要对被告人做出有罪判决，必须取得2/3的多数票的支持，仅3名职业法官意见一致并不能构成2/3的多数，他们必须还要争取到至少1名陪审员的支持，才能按照他们的意愿做出判决。

如果承认陪审制对职业法官具有制约、监督功能，那么将是否适用陪审制的决定权交给受监督的法院或法官依职权决定就不是妥当的处理。

---

[1] 在陪审团制度之下，陪审团负责定罪，法官负责量刑。美国法上的陪审团废止权，是指陪审团享有的违背事实与证据作出被告人无罪裁决的权力，这样的裁决，导致刑事实体法无法在现实生活中发挥作用，实际上"废止"了该实体法。在陪审团审判中，有两个因素成就了陪审团的"废止权"：陪审团只需对被告人的罪责问题作一个概括性的裁决，不需要说明理由；美国联邦宪法第五修正案保证的"禁止双重危险"条款阻止了对被判无罪的被告人的再次追诉。See Joshua Dressler & Alan C. Michaels, Understanding Criminal Procedure（II）, Newark：Matthew Bender & Company, Inc., 2006, p.297.

[2] 参见［法］贝尔纳·布洛克：《法国刑事诉讼法》，罗结珍译，中国政法大学出版社2009年版，第504页。

[3] 参见《德国刑事诉讼法典（刑事诉讼法·法院组织法·少年法院法）》，岳礼玲、林静译，中国检察出版社2016年版，第106页。

(三) 我国人民陪审员制度的功能设定

2018年通过的《人民陪审员法》第1条规定，"为了保障公民依法参加审判活动，促进司法公正，提升司法公信，制定本法"。在2017年12月22日召开的十二届全国人大常委会第31次会议上，最高人民法院院长周强在《中华人民共和国人民陪审员法（草案）》说明中指出，"制定一部专门的人民陪审员法，有利于扩大司法领域的人民民主，切实保障人民群众对审判工作的知情权、参与权、监督权，实现司法专业判断与群众朴素认知的有机统一，让人民群众在每一个司法案件中感受到公平正义"，"人民陪审员制度是社会主义民主政治的重要内容，是中国特色社会主义司法制度的重要组成部分，也是社会主义民主制度在司法领域的重要体现。长期以来，人民陪审员制度在推进司法民主、促进司法公正、提高司法公信等方面发挥着十分重要的作用"。结合《人民陪审员法》第1条的规定和周强的说明，不难看出我国人民陪审员制度既有政治层面的功能，即"人民陪审员制度是社会主义民主政治的重要内容，是中国特色社会主义司法制度的重要组成部分，也是社会主义民主制度在司法领域的重要体现"，也有司法层面的功能。在司法层面，人民陪审员制度既有服务于法院和法官一面的功能，即通过陪审"实现司法专业判断与群众朴素认知的有机统一"，也有制约和监督法院一面的功能，即"切实保障人民群众对审判工作的知情权、参与权、监督权"。而将是否适用陪审制交由法院依职权决定，与制约和监督审判工作的功能本身是矛盾的。

三、人民陪审为谁而设：作为权利的陪审

前文揭示了我国人民陪审员制度既有服务法院的功能，也有监督和制约审判工作方面的功能。不仅如此，《人民陪审员法》第1条和前述周强院长关于草案的说明还指出人民陪审员制度要"促进司法公正"，"让人民群众在每一个司法案件中感受到公平正义"。这意味着所谓人民陪审，不仅意味着人民有陪审的权利，而且意味着被告人有获得人民陪审的权利。

（一）陪审作为明示的权利

陪审作为被告人权利的观念在英美法系由来已久。1215年英国《大宪章》第39条就包含了这样的条款：凡自由人，非经其同等地位者（the peers）

依法审判，或者根据王国法律，不得逮捕、拘禁、没收财产……此后，得到"同等地位者"的审判，即同侪审判，就成为被告人的一项权利。被告人与其同等地位者之间有着类似的生活背景，分享着大体相同的社会经验和价值判断，因而更容易达成共识和共情，也更能够理解被告人在特定情境下的行为选择。由他们对被告人的行为性质作出判断，也更加合理、公正。1791年，"在所有刑事诉讼中，被告人享有公正陪审团审判的权利"被写入美国宪法第六修正案。1968年，美国联邦最高法院借由邓肯诉路易斯安那案，将陪审团审判权并入宪法第十四修正案正当程序条款，被告人的陪审团审判权不仅是在联邦法院可以主张的宪法权利，而且在州法院系统也可以主张此项权利。[1]

当然，陪审团审判作为被告人的权利并不意味着该权利的行使没有门槛。在英国，犯罪分为"简易罪（summary）""可诉罪（indictable）"和"两可罪（either way）"。审理刑事案件的初审法院有治安法院和刑事法院（Crown Court）两种。"可诉罪"是依正式程序在刑事法院起诉、审判得较为严重的犯罪；"简易罪"是轻微的，一般量刑在6个月监禁以下刑罚的犯罪；"两可罪"的被告人可以选择在治安法院或是刑事法院受审。由于刑事法院是唯一一个使用陪审团审理刑事案件的法院，这就意味着那些只能在治安法院受审（可能判处6个月监禁以下刑罚）的被告人无法主张陪审团审判权。在美国，虽然宪法第六修正案表述的是"在所有刑事诉讼中，被告人享有公正陪审团审判的权利"，但陪审团审判权从未被解释为适用于所有的刑事案件。相反，美国联邦最高法院很早就承认，"轻微"犯罪不受此限。判断是否"轻微"犯罪，关键点是对该罪规定的刑罚是否超过6个月，如果一项犯罪的最高刑期是6个月或更低，那么该犯罪被推定为轻微犯罪，被告人难以主张陪审团审判权。[2]

（二）陪审作为默示的权利

在欧洲大陆国家，虽然没有明确宣布被告人享有陪审员参与审判的权利，但经由刑事诉讼法、法院组织法等对于刑事法庭的构成、事务管辖的规定，

---

[1] See Duncan v. Louisiana, 391 U.S. 145, 151 (1968).

[2] See Blanton v. City of North Las Vegas, 489 U.S. 538, 543 (1989).

使得较为严重刑事案件的被告人获得了一种"默示"的由陪审员参与审判的权利。例如在法国，可能判处 10 年以上监禁刑的严重刑事案件由重罪法院审理，而一审重罪法院由 3 位职业法官和 6 位陪审员构成。在德国，不仅审理严重犯罪的州法院（LG）设有陪审法庭，[1]审理较轻刑事案件的区法院（AG）也设有陪审法庭。区法院的陪审法庭由 1 名职业法官担任审判长，另外加上 2 名陪审员组成。[2]区法院的管辖权为可能判处 4 年监禁以下刑罚的案件，其中，可能判处 2 年监禁以下刑罚的案件，可以由 1 名法官独任审理；如果量刑可能超过 2 年，则需要由 1 名职业法官和 2 名陪审员组成的陪审庭审理。[3]在日本，可能判处死刑或者无期惩役或禁锢的刑事案件，以及因故意犯罪行为导致被害人死亡的案件，[4]需要由裁判员参与审判。

可见，在当今实行陪审制的代表性国家，刑事案件的被告人都享有"明示"或"默示"的获得陪审的权利。实践中，存在两个因素可能会决定各国被告人是否实际享有陪审审判：一是是否符合立法或其他法律规则设置的案件门槛；二是被告人是否放弃此项权利。无论哪种情况，都没有把是否使用陪审员的决定权交给法院或法庭。回到中国，立法虽然没有明确规定被告人获得陪审的权利，但并不意味着被告人不能主张人民陪审的权利，更不意味着是否使用陪审完全是法院职权范围内的事。如果遵从后一种逻辑，结果我们也已经看到了，那就是七人合议庭在刑事案件中事实上的名存实亡。

四、权利逻辑的边界：认罪认罚案件中七人合议庭的适用

在最新一轮的司法改革中，人民陪审员制度改革和认罪认罚从宽制度改革基本上是同步推进的。2018 年刑事诉讼法修正，七人合议庭和认罪认罚从宽制度又同时进入刑事诉讼法。认罪认罚的案件是否适用七人合议庭？立法未作明确限制。最高人民法院相关部门曾撰文表示，在起草《关于适用〈中华人民共和国人民陪审员法〉若干问题的解释》的过程中曾考虑过对不适用

---

[1] 在德国，州法院的一审刑事法庭由 3 名职业法官和 2 名陪审员构成。
[2] 参见德国《法院组织法》第 29 条。参见《德国刑事诉讼法附德国法院组织法选译》，连孟琦译，元照出版公司 2016 年版，第 482 页。
[3] 参见德国《法院组织法》第 24 条、第 25 条。参见《德国刑事诉讼法附德国法院组织法选译》，连孟琦译，元照出版公司 2016 年版，第 480-481 页。
[4] 参见［日］田口守一：《刑事诉讼法》，张凌、于秀峰译，法律出版社 2019 年版，第 300 页。

陪审员审判的案件类型作出规定，其中，第一类就是被告人认罪认罚的刑事案件。原因是此类案件被告人自愿如实交代自己的犯罪，对指控的犯罪事实没有异议，同意检察机关的量刑意见并签署具结书，即对事实认定和法律适用没有异议。此时，让人民陪审员参加进来，社会效果不明显。学界也有意见支持此种观点。[1]因此，提出这一问题并非出于理论想象，而是需要认真讨论的现实问题。

(一) 权利的逻辑：认罪案件排除陪审适用

在英美等明确宣布被告人享有获得陪审团审判权利的国家，被告人在开庭前如果认罪，不仅放弃了获得无罪判决的机会，而且一并放弃了包括陪审团审判在内的一系列程序权利，审判从根本上不再举行，直接进入量刑程序。当然，不认罪的被告人也可以通过放弃陪审团审判权而接受纯职业法官组成的法庭的审判。这是在对抗制之下遵循陪审的权利逻辑作出的制度安排。

不可否认，中国的认罪认罚从宽制度与人民陪审员制度二者价值取向不同，旨趣各异，确实在适用上存在一定的紧张关系。如最高人民法院相关部门所言，在认罪认罚案件中，在开庭审判之前，控辩双方可能已经就定罪量刑进行过协商，并签署具结书，检察机关据此向法院提出量刑建议。这意味着在事实认定甚至法律适用方面不存在太多争议，且认罪认罚案件在开庭前不仅控辩之间，甚至控审之间实践中都存在着一定的沟通，[2]而人民陪审员对此一无所知，在案件信息方面与法官存在着不小的差距。此时如果仍由七人合议庭进行审判，确实存在一些现实的困难，且人民陪审员参审的收益不如被告人不认罪的案件。

(二) 限制权利逻辑：认罪案件排除陪审的问题

但是，如果中国的认罪认罚案件也比照英美的处理方案，排除人民陪审员参与，也存在一些问题。首先也是最根本的一点，中国的刑事诉讼制度与英美刑事诉讼制度存在差异。在追求实质真实的职权主义架构下，被告人的认罪并不具有英美对抗制下足以终结审判的效力，即便被告人认罪，仍不能

---

〔1〕参见孙长永主编：《中国刑事诉讼法制四十年：回顾、反思与展望》，中国政法大学出版社2021年版，第139页。

〔2〕参见胡云腾：《完善认罪认罚从宽制度改革的几个问题》，载《中国法律评论》2020年第3期。

免除法院查明真相的责任，法院仍需要对事实认定和法律适用进行实质审查。只要法庭还负有认定事实的责任，就不能说人民陪审员没有参与审判的价值。其次，被告人认罪认罚之后仍可能适用普通程序。《刑事诉讼法》第 183 条规定，"基层人民法院、中级人民法院审判第一审案件，应当由审判员三人或者由审判员和人民陪审员共三人或者七人组成合议庭进行，但是基层人民法院适用简易程序、速裁程序的案件可以由审判员一人独任审判"。这意味着，适用简易程序的案件可以不适用七人合议庭。但是，简易程序的适用前提之一是"被告人对适用简易程序没有异议"，[1] 如果被告人认罪认罚但没有选择适用简易程序，或者虽然认罪认罚但不符合简易程序的其他适用条件，则只能适用普通程序。对于适用普通程序的认罪认罚案件的被告人，剥夺其得到七人合议庭审判的权利没有任何法律依据。最后，认罪认罚从宽制度的适用范围没有限制，有些后果极其严重的案件也可以适用，如果将认罪认罚的案件都排除适用人民陪审员，那么必然有一部分判处重刑，甚至死刑的案件也被排除适用人民陪审员。

放眼西方国家，在陪审权问题上，明示的权利和默示的权利似乎也有区别。在仅能从刑事诉讼法、法院组织法等法律"推断"出被告人有获得陪审的"权利"的欧洲大陆法国家，并不完全接受被告人行使或放弃陪审权的逻辑，更不是所有国家都如英美那样，一旦被告人在开庭前认罪，即不再举行陪审团审判。在欧洲大陆各国，是否适用陪审法庭主要考虑案件的严重程度。如前所述，在法国，可能判处 10 年以上的案件需要由重罪法庭，即陪审法庭审理；在德国，量刑超过 4 年的普通刑事案件需要在州法院由大陪审法庭审理。在日本，可能判处无期、死刑的案件以及致被害人死亡的案件由裁判员法庭审判。只不过，日本的裁判员法庭通常由法官 3 人和裁判员 6 人组成，如果被告人认罪，即控辩双方对公诉事实没有争议，也可以由法官 1 人和裁判员 4 人组成合议庭。[2] 而被告人不得拒绝裁判员参加审理。[3] 这意味着，在欧洲大陆法国家，至少在消极意义（放弃权利）上，陪审的权利逻辑是受

---

[1] 参见《刑事诉讼法》第 214 条。
[2] 参见 [日] 田口守一：《刑事诉讼法》，张凌、于秀峰译，法律出版社 2019 年版，第 300 页。
[3] 参见 [日] 三井诚、酒卷匡：《日本刑事程序法入门》，陈运财、许家源译，元照出版公司 2021 年版，第 225 页。

到限制的。

综合上述,在中国现有条件下,似乎不宜因被告人认罪认罚而自动排除适用人民陪审员制度。即使被告人认罪认罚,如果适用普通程序进行审理,同时符合《人民陪审员法》第16条第1项规定的情形,即被告人可能被判处十年以上有期徒刑、无期徒刑、死刑,原则上仍应适用七人合议庭。当然,认罪案件与不认罪案件,在审理重点上一定是存在差别的。认罪的案件对抗性没有那么强,法庭上出示的大多是书面证据、笔录证据。但如果七人合议庭,尤其是人民陪审员对案件某个具体事实产生疑问,仍有权针对个别疑点核实证据、询问证人。

五、《人民陪审员法》第16条第1项的重新解释

所有的理论分析最终都要回归于法律文本。关于在刑事案件中适用七人合议庭的理论探讨,最终仍要落脚于对《人民陪审员法》第16条第1项的法教义学解释。就方法而言,法教义学注重解释的体系性,即"以体系化的方式将一国立法和司法的实定法规范融为一体"[1]。因此,如果要正确理解七人合议庭在刑事案件中的适用,眼光不能仅止于第16条第1项,而应将该项置于《人民陪审员法》意欲确立的关于人民陪审员参加合议庭审判的规则体系中进行考察。

《人民陪审员法》关于何时人民陪审员参加合议庭审判的规定主要涉及三个法律条文,即第15条、第16条和第17条。《人民陪审员法》第15条规定,"人民法院审判第一审刑事、民事、行政案件,有下列情形之一的,由人民陪审员和法官组成合议庭进行:(一)涉及群体利益、公共利益的;(二)人民群众广泛关注或者其他社会影响较大的;(三)案情复杂或者有其他情形,需要由人民陪审员参加审判的。人民法院审判前款规定的案件,法律规定由法官独任审理或者由法官组成合议庭审理的,从其规定"。第16条规定,"人民法院审判下列第一审案件,由人民陪审员和法官组成七人合议庭进行:(一)可能判处十年以上有期徒刑、无期徒刑、死刑,社会影响重大的刑事案件;(二)根据民事诉讼法、行政诉讼法提起的公益诉讼案件;(三)涉及征地拆迁、生态

---

[1] 参见凌斌:《什么是法教义学:一个法哲学的追问》,载《中外法学》2015年第1期。

环境保护、食品药品安全,社会影响重大的案件;(四)其他社会影响重大的案件"。第 17 条规定,"第一审刑事案件被告人、民事案件原告或者被告、行政案件原告申请由人民陪审员参加合议庭审判的,人民法院可以决定由人民陪审员和法官组成合议庭审判"。

要理解具体条文的意义,必须首先厘清这三个条文之间的关系。应当留意的是,尽管这三个条文都是关于人民陪审员参与合议庭审判的案件范围的规定,但措辞不尽相同。第 15 条和第 16 条都直接规定,在特定情形下,"由人民陪审员和法官组成合议庭进行",但第 17 条用的是"人民法院可以决定由人民陪审员和法官组成合议庭审判"。对比之下可以看出,真正赋予人民法院使用陪审法庭的决定权(裁量权)的是第 17 条,即排除第 15 条和第 16 条明确列举的法庭情形之外的其他情形下,人民法院可以根据被告人的申请,酌情决定是否使用陪审法庭,因此,我们可以把第 17 条规定的陪审称作"酌定陪审"。第 15 条和第 16 条均没有"人民法院可以决定"的措辞,约束意味明显更强,因此,我们可以将第 15 条和第 16 条规定的情形称为"法定陪审"。

接着再看《人民陪审员法》第 15 条和第 16 条的关系。如前所述,第 15 条和第 16 条均属排除"人民法院可以决定"的法定陪审情形。但无论是适用条件还是合议庭的形式上,第 15 条的规定均比较宽泛,即"由人民陪审员和法官组成合议庭"即可。第 16 条的要求则更进一步,不能仅满足于有人民陪审员参加审判,而且对陪审法庭的形式有明确的要求,即由三名法官和四名人民陪审员组成的七人合议庭。由此可见,第 15 条和第 16 条是递进的关系,即第 16 条是在第 15 条基础上的进一步要求。

在厘清三个条文逻辑关系的基础上,再回过头来理解第 16 条第 1 项规定的"可能判处十年以上有期徒刑、无期徒刑、死刑,社会影响重大的刑事案件"。在这里,虽然有"社会影响重大"的概括表述,似乎给人民法院留下了很大的解释余地。然而,不要忘记我们前文关于法条关系的分析,第 16 条规定的是"法定陪审",立法的本意是限制人民法院在合议庭组成方面的决定权(裁量权)。因此,这里的"社会影响重大"与前面的"可能判处十年以上有期徒刑、无期徒刑、死刑"之间只能是同位关系,而不是修饰或限定关系,也就是说,只要"可能判处十年以上有期徒刑、无期徒刑、死刑",就推定为"社会影响重大",必须组成七人合议庭进行审判。

如此解释，随着我国重罪发案率的下降，不至于给各地法院带来过重的负担，同时又符合国际惯例。重罪审理适用陪审法庭，尤其是死刑案件被告人明确要求由陪审法庭进行审判的情况下，这种主张无论在哪个现代法治国家，在道义上都是很难拒绝的。将这类案件是否适用七人合议庭的决定权交给各地法院自行决定，会导致实践中的混乱和法律适用上的不统一。而且各地法院在作出此类决定时，往往首先考虑的是自身的便利，导致大量本该适用七人合议庭的案件而没有适用。实践中刑事案件不适用七人合议庭成为常态，适用七人合议庭反而成了罕见例外的局面由此形成。

第五章
死刑案件与认罪认罚从宽制度

第一节 认罪认罚从宽制度概述

一、认罪认罚从宽制度改革的背景

随着社会结构变迁,中国进入社会转型期,同时随着全球性的风险社会的到来,各类风险聚集引发公共安全焦虑。[1]而一旦涉及人身自由,以行政为主导的社会控制手段的"正当性"就会日益受到质疑。[2]在上述因素的综合作用下,中国的刑事立法观日益转向积极主义、功能主义,即重视通过刑法规范引导个体行为、参与社会管理、解决社会突出矛盾。这种新动向在《刑法修正案(八)》和《刑法修正案(九)》中表现得尤为突出。例如,将原本属于交通违法的"醉驾"行为入刑,增设危险驾驶罪;将原本具有民事性质的"欠债"行为犯罪化,规定拒不支付劳动报酬罪;动用刑事手段处罚严重丧失社会诚信的虚假诉讼、使用虚假身份证件、考试作弊等行为;将某些预备行为、帮助行为规定成为实行行为,立法上积极评估未来可能出现的法益侵害并及时跟进,确立相对较低的行为入刑标准;等等。[3]劳动教养制度废除后,许多原来由劳动教养处理的行为进入刑法调整的视野,犯罪门

---

[1] 参见劳东燕:《风险社会与变动中的刑法理论》,载《中外法学》2014年第1期。
[2] 作为这种质疑的结果,1996年收容审查制度被废除,2003年废止收容遣送制度,2013年劳动教养制度被废除。对于尚未废止的类似措施,例如针对卖淫嫖娼人员的收容教育、针对违法犯罪的未成年人的收容教养,以及针对吸毒成瘾者的强制隔离戒毒,质疑或废止的呼声也是此起彼伏。
[3] 参见周光权:《转型时期刑法立法的思路与方法》,载《中国社会科学》2016年第3期。

槛进一步降低。[1]其结果是，刑事处罚的端口前移，刑法干预社会生活的范围大幅度扩张，刑事法网正在经历从"厉而不严"到"严而不厉"的结构性转型。1979年，刑法只有100多个罪名，经过刑法各修正案大幅度增加和扩充罪名，我国刑法规定的罪名总数目前已经达到468个。

由此所造成的后果是刑事案件数量的持续增加。1995年，公安机关刑事案件立案数是1 690 407件，2013年达到6 598 247件，不到20年的时间里翻了将近两番。[2]水涨船高，法院刑事一审收案数也持续上扬。图5-1显示的是1995—2015年法院一审收案数。1995年，法院刑事一审案件收案数为495 741件，2014年人民法院刑事一审案件收案数已突破百万大关，达104万件，2015年则达到1 126 748件，增幅约127.29%。再看法官人数变化。1995年，全国法院总人数为280 512，法官人数为168 571人。[3]2013年，全国法院总人数为33万人，法官人数约19.6万人。[4]2014年，全国法院总人数为36万，法官人数为19.88万人。[5]近20年的时间里法官人数增幅仅为约18.6%，远远跟不上收案数的增幅。

---

[1] 熊秋红：《废止劳教之后的法律制度建设》，载《中国法律评论》2014年第2期。

[2] 数据来源：《中国法律年鉴（1996—2014）》。

[3] 20世纪90年代以后，最高人民法院基本上没有正式地、系统地公布过审判人员的人数，因此本书列举的法院干警人数和法官人数只能根据公开报道或者发表的相关数据进行推算。关于1995年全国法官人数，根据最高人民法院政治部：《〈法官法〉实施十年之回顾与进展》，载中华人民共和国最高人民法院政治部编，李克主编：《法官职业化建设指导与研究》，人民法院出版社2006年版，第67页，"1995年法官法实施前，全国法官中研究生354人，仅占法官总数的0.21%"。据此推算，全国法官总人数为168 571人。

[4] "我国法官人数已达到19.6万人，约占全国法院总人数的58%。"参见《中国法官人数已近20万人》，载http://news.xinhuanet.com/legal/2013-07/25/c_116690358.htm，最后访问日期：2025年1月25日。

[5] 数据来源于最高人民法院司法改革领导小组办公室规划处处长何帆在2015年珞珈法学论坛上的发言：《法院"案多人少"的八大原因 | 2015年珞珈法学论坛实录》，载"武大大海一舟"微信公众号，最后访问日期：2024年3月6日。

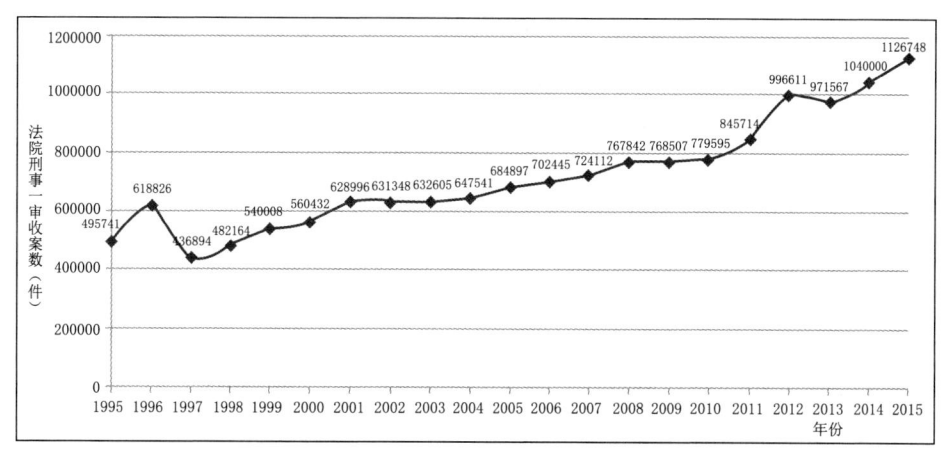

第五章 死刑案件与认罪认罚从宽制度

图 5-1 1995—2015 年法院刑事一审案件收案数[1]

当然，人案矛盾的产生，案件量增加固然是主要原因，现行的司法体制和工作机制，以及相关的程序制度也在无形中作了推手。全国各级法院工作人员中约58%是法官，其中又有相当一部分任职于综合业务和行政部门。同时，法院内部司法辅助人员配备普遍不足，大量事务性或程序性工作只能由法官承担。审判业务之外，法官还要面对来自各方面的业绩考核压力，相当一部分精力消耗在劝访息诉等业务外事务。[2]现有的程序制度也不利于缓解人案矛盾。从垂直的审级制度看，除第一审外，第二审程序和死刑案件中的死刑复核程序都实行"全面审查"原则，均为"事实审"，各级法院无论审级高低，都在事实问题上牵扯大量的时间和精力。水平方向上，党的十八届四中全会《决定》提出"推进以审判为中心的诉讼制度改革"。依据学界共识，除理顺侦查、审查起诉和审判三者关系外，"以审判为中心"将会落脚于庭审实质化，强化庭审的质证、辩论，最终的着力点是推动证人、鉴定人出庭作证。"以审判为中心"的提出，以防范冤假错案为出发点，切中目前刑事

---

[1] 1995—2013 年的数据来源于《中国法律年鉴（1996—2014）》；2014 年数据来源于黄彩相：《全国法院收结案数量再创新高 审判工作取得新进展——2014 年全国法院案件情况分析》，载《人民法院报》2015 年 4 月 30 日，第 5 版；2015 年数据来源于最高人民法院研究室：《2015 年全国法院审判执行情况》，载 http://www.court.gov.cn/fabu-xiangqing-18362.html，最后访问日期：2016 年 3 月 21 日。

[2] 参见林娜：《案多人少：法官的时间去哪儿了》，载《人民法院报》2014 年 3 月 16 日，第 2 版。

诉讼纵向结构的时弊。然而，这一改革，对于缓解人案矛盾，却并非利好消息，如果没有相应的制度举措，无异于雪上加霜。

因此，解决人案矛盾，也需多管齐下。除了司法体制和工作机制方面的改革外，针对目前审级制度存在的问题，党的十八届四中全会《决定》提出"完善审级制度，一审重在解决事实认定和法律适用，二审重在解决事实法律争议"，对一审、二审和死刑复核程序进行适当职能分化，无疑可以在一定程度上减少二审法院和死刑复核法院在时间和精力上的消耗。然而，水平方向上的改革，在推进"以审判为中心"的大背景下，普通程序的简化几无正面推进的余地。在"繁者更繁"已成定局的前提下，"简者更简"是否能成为一条更为现实的出路？

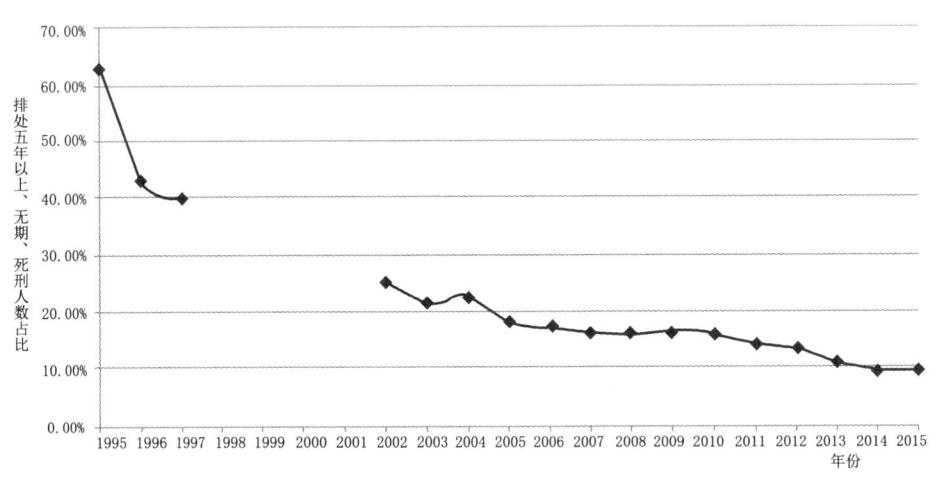

图 5-2 历年判处五年以上有期徒刑、无期徒刑、死刑（包括死缓）人数占比 [1]

近20年来刑事案件结构的变化为这一思路提供了实证依据。据公安部门统计，近年来严重暴力犯罪的发案数是下降的，收案的增量基本就是轻罪案件，轻罪在发案数中所占比重越来越高。如图5-2所示，1995年，判处五年

---

[1] 1995—1997年的数据来源于《最高人民法院工作报告（1996—1998）》，2002—2013年的数据来源于《中国法律年鉴（2003—2014）》，2014年的数据参见袁春湘：《依法惩治刑事犯罪 守护国家法治生态——2014年全国法院审理刑事案件情况分析》，载《人民法院报》2015年5月7日，第5版。因1998年之后《最高人民法院工作报告》不再显示判处五年以上有期徒刑、无期徒刑、死刑（包括死缓）人数，而《中国法律年鉴》从2003年才开始公布这一数据，所以1998—2001年的数据缺失。

以上有期徒刑、无期徒刑、死刑（包括死缓）的重刑犯有 63.19%，[1]到了 2013 年只有 10% 多一点。相反，表 5-1 显示，量刑为三年有期徒刑以下刑罚的案件所占的比例到 2013 年已超过 80%。

表 5-1　轻罪（刑）生效判决人数及占比[2]

年份	生效判决总人数	三年以下有期徒刑	拘役	有期徒刑、拘役缓刑	管制	单处附加刑	免予刑事处罚	轻罪/刑总人数	轻罪/刑率
2011	1 051 638	365 037	76 683	309 297	14 829	22 125	18 281	806 252	76.7%
2012	1 174 133	395 574	112 766	355 302	12 853	23 602	18 974	919 071	78.3%
2013	1 158 609	405 032	133 044	356 523	14 641	24 819	19 231	953 290	82.3%

相对于案件结构的变化，刑事诉讼自 1996 年以后形成的"普通程序-简易程序"二级"递简"格局却并无优势可言，其突出表现是"繁者不繁""简者不简"。一方面，对疑难、复杂案件，被告人不认罪的案件，普通程序的精细化、正当化程度还不够，庭审快速走过场。[3]另一方面，简易程序适用跨度大，程序相对单一，量刑三年以上和三年以下的案件，除对审判组织和审理期限有不同要求外，简化程度没有明显区别，繁简分流、区别对待的精神未能充分体现。

正是在这种背景下，全国人民代表大会常务委员会于 2014 年 6 月 27 日颁布了《关于授权最高人民法院、最高人民检察院在部分地区开展刑事案件速裁程序试点工作的决定》，授权最高人民法院、最高人民检察院（以下简称"两高"）在北京、天津、上海等 18 个城市开展刑事案件速裁程序试点工作。同年 8 月 26 日，"两高"会同公安部、司法部制定了《关于在部分地区开展刑事案件速裁程序试点工作的办法》，试点工作正式启动。

随后，党的十八届四中全会《决定》提出"完善刑事诉讼中认罪认罚从

---

[1] 该数据来自时任最高人民法院院长任建新在 1996 年 3 月 12 日在第八届全国人民代表大会第四次会议上所作《最高人民法院工作报告（1996 年）》。
[2] 数据来源：《中国法律年鉴（2012—2014）》。
[3] 参见最高人民法院副院长黄尔梅 2015 年 12 月 2 日 "在北京市刑事案件速裁程序试点专家论证会上的讲话"。

宽制度"。2015年2月4日，最高人民法院发布《人民法院第四个五年改革纲要（2014—2018）》，提出"完善刑事诉讼中认罪认罚从宽制度。明确被告人自愿认罪、自愿接受处罚、积极退赃退赔案件的诉讼程序、处罚标准和处理方式，构建被告人认罪案件和不认罪案件的分流机制，优化配置司法资源"。2月26日，最高人民检察院发布《关于深化检察改革的意见（2013—2017年工作规划）》，提出"推动完善认罪认罚从宽制度，健全认罪案件和不认罪案件分流机制"。2016年3月13日，"两高"工作报告均将"探索刑事诉讼认罪认罚从宽制度""探索检察环节认罪认罚从宽制度"作为2016年工作重点之一。

速裁程序试点已经启动，我国刑事诉讼中业已形成"普通程序—简易程序—速裁程序"的三级递简格局。此时为何又提出"完善认罪认罚从宽制度"？它与现有的三级程序"递简"格局关系如何？如何完善符合中国国情的"认罪认罚从宽"制度？这些恐怕都是迫切需要回答的现实问题。

二、认罪认罚从宽制度的逻辑与价值

（一）认罪认罚从宽制度的内在逻辑

党的十八届四中全会之后不久，时任中央政法委书记孟建柱撰文指出："要加强研究论证，在坚守司法公正的前提下，探索在刑事诉讼中对被告人自愿认罪、自愿接受处罚、积极退赃退赔的，及时简化或终止诉讼的程序制度，落实认罪认罚从宽政策，以节约司法资源，提高司法效率。"[1]可见，认罪认罚从宽制度下的"从宽"可以是三种行为的结果：认罪、认罚，以及积极退赃退赔。

"认罪"，一般是指被追诉人对指控犯罪事实的全部或部分承认。在不同诉讼制度、不同程序环节中，被告人的"认罪"被赋予了不同的法律意义，因而对认罪的内容也有不同的要求。在英美对抗式审判中，控辩双方的主张存在实质上的对立是审判有序展开的必要前提，而实际上不会所有的被告人都选择与控方对抗，因此，在案件被起诉到法院之后、开始审判之前，会有

---

[1] 孟建柱：《完善司法管理体制和司法权力运行机制》，载《人民日报》2014年11月7日，第6版。

一个专门的传讯程序（arraignment）对案件进行分流。[1]只有在传讯程序中答辩无罪的被告人才会进入正式审判程序，答辩有罪的被告人则直接进入量刑程序，不再进行审判。所以，传讯程序中的认罪是一种"答辩"，具有特别的法律意义，即终结诉讼，审判从根本上不再进行，其法律效力相当于民事诉讼中的"自认"。相比之下，法庭上的当庭"认罪"、警察讯问过程中的"认罪"只具有证据法意义，其效力如何，理论上仍要受制于法官的自由心证。传讯程序中的认罪答辩也不要求被告人提供如同"供述"一样的事实细节，被告人只需概括地宣称有罪，法官经审查认为有罪答辩是被告人"自愿""理智"的选择，并有一定的事实基础即可接受。[2]

在非对抗制的诉讼制度中，"认罪"更正式的称谓是"供述"或"自白"，是法定证据的一种，是法官自由心证的对象，但其效力往往受到立法者有意的限制，[3]这是刑事证据法领域少数证明力规则之一。既然是法官审查判断的对象，"认罪"就不能满足于概括性地承认罪行，在内容上必须提供事实方面的细节。值得注意的是，创制国际刑事法院的《罗马规约》第65条在"关于认罪的程序"中采用了"认罪"（admission of guilty）的表述，而没有采用普通法中"认罪答辩"（plea of guilty）的说法，其内涵更接近于非对抗制诉讼中的"供述"。究其原因，有学者指出，"供述"比形式性的认罪宣告更容易解读出忏悔，在国际刑事法院背景下，明确的忏悔，特别是那些大规模侵犯人权活动的领导者作出的忏悔，对于活动的受害人，会有一种疏导效果，并动摇活动参与者的信仰系统，[4]而这种效果，形式性地宣告认罪是无法实现的。

基于同样的理由，在我国语境下，"认罪"是提供犯罪细节的"供述"，

---

[1] 在美国联邦司法系统，大陪审团对被告人提起公诉，或者检察官提交起诉书之后，就要对被告人进行传讯。在传讯程序中，会向被告人宣读起诉书的内容、向辩护律师提供一份起诉书的复印件，然后要求被告人对每个指控进行答辩，根据被告人的答辩决定是否进入正式审判程序。因此，传讯程序可以理解为正式审判开始之前的一个分流机制。See Joshua Dressler & Alan C. Michaels, Understanding Criminal Procedure（Ⅱ）, Matthew Bender & Company, Inc.（2006）, p. 175.

[2] See Joshua Dressler & Alan C. Michaels, Understanding Criminal Procedure（Ⅱ）, Matthew Bender & Company, Inc.（2006）, pp. 178-186.

[3] 例如，我国《刑事诉讼法》第55条规定，只有被告人供述，没有其他证据的，不能认定被告人有罪和处以刑罚。

[4] See Mirjan Damaska, Negotiated Justice in International Criminal Courts, Journal of International Criminal Justice, vol. 2, 2004, p. 1023.

不能仅是形式化地宣布"认罪",因为供述比形式性的认罪宣告更容易反映出犯罪人主观上的悔过态度。这既是追求案件真相所需,也避免认罪认罚从宽制度完全沦为应对案件压力的工具,体现认罪认罚从宽制度自身应有的价值。当然,认罪认罚从宽制度下的"认罪",意味着对被指控的犯罪事实的承认和叙述,并不当然包含对罪名的认同,因为罪名的认定归根到底属于法律适用问题。所以,如果供认了犯罪事实,但对认定的罪名不认同的,仍可构成"认罪"。

"认罚",是指被追诉人对司法机关提出的处罚方案的接受。这里的处罚,不应局限于刑事处罚,还应该包括其他性质的处罚措施。这一观点有实体和程序两个方面的根据。首先,《刑法修正案(八)》和《刑法修正案(九)》将一些原本属于行政不法和民事不法的行为纳入刑法规范的范围,其立意不在于惩治犯罪人,而在于督促其履行义务、引导社会行为、解决社会问题。例如,虽然实施了《刑法》第201条第1款列举的逃税行为,但同条第4款又规定,"经税务机关依法下达追缴通知后,补缴应纳税款,缴纳滞纳金,已受行政处罚的,不予追究刑事责任"。在这里,"补缴应纳税款,缴纳滞纳金",并接受"行政处罚"可以成为不追究刑事责任的条件。其次,认罪认罚"从宽"的结果可能导致刑事诉讼程序的终止,此时对当事人的不法行为施加刑事处罚已无可能,为全面追究其法律责任,则应当有其他领域的处罚措施予以衔接,因此,"认罚"不应局限于刑事处罚。

"积极退赃退赔"里的"退赃",是指犯罪人将犯罪所得的赃款或者赃物,直接退还被害人或上缴司法机关的行为。"退赔",是指犯罪人因犯罪所得的赃物已被非法处置或毁损无法退还被害人原物,采取折价方式直接赔偿被害人或上缴司法机关的行为。"积极退赃退赔"的关键在于,通过主动的、自愿的退赃退赔,可以对犯罪后果进行一定程度的修补,挽回被害人的损失,降低犯罪行为的社会危害性,使遭到破坏的社会关系得以修复。

"从宽",应该理解为兼具实体性和程序性,[1]即不仅包括实体处理上的从宽,也包括程序适用上的从宽。前者例如,《刑法》第390条第3款规定,"行贿人在被追诉前主动交待行贿行为的,可以从轻或者减轻处罚。其中,犯

---

[1] 参见陈卫东:《认罪认罚从宽制度研究》,载《中国法学(文摘)》2016年第2期。

罪较轻的,对调查突破、侦破重大案件起关键作用的,或者有重大立功表现的,可以减轻或者免除处罚"。后者例如《人民检察院刑事诉讼规则(试行)》第144条第2项、第3项、第4项,"犯罪嫌疑人与被害人双方根据刑事诉讼法的有关规定达成和解协议"的,可以作为人身危险性降低的表征而做出不批准逮捕的决定或者不予逮捕。在进行羁押必要性审查时,犯罪嫌疑人、被告人"与被害方依法自愿达成和解协议,且已经履行或者提供担保的",人民检察院可以向办案机关提出释放或者变更强制措施的建议。[1]

对"认罪""认罚"和"积极退赃退赔"的被追诉人予以从宽处理,在理论逻辑上主要有两方面的根据:一是从客观上,行为人通过事后的行为,挽回犯罪后果,降低了社会危害性;二是主观上,犯罪人事后的认罪、自愿接受处罚,或者积极退赃退赔的态度和行为,往往表明其已经认识到自己行为的不法性,说明其尚存在法规范意识,并有配合司法机关的意愿,这表明行为人已有悔罪表现,人身危险性不大,再犯可能性较小,不再有通过严厉的刑罚实现矫正效果之必要。意大利学者菲利也指出,对刑事司法程序中的认罪者给予刑罚轻缓化并不在于诱使其尽快认罪,而在于认罪体现出犯罪嫌疑人的悔罪表现和改造可能性,从而其人身危险性相对未认罪者较低,从而应当给予刑罚轻缓化的处遇措施,以有利于对犯罪人的教育改造,达到刑罚特殊预防之效果。[2]在实践层面,行为人是否自首、坦白,认罪态度如何,以及是否积极赔偿,也是影响缓刑的适用、罚金数额、刑罚长度的重要因素。[3]"认罪认罚从宽"与"公诉案件当事人和解"两种制度之间有重叠,但旨趣不同。认罪认罚从宽制度旨在以"从宽"为条件,鼓励犯罪嫌疑人、被告人放弃抵抗,与公权力机关合作;当事人和解制度则是在恢复性司法理念支配之下,促进犯罪嫌疑人、被告人与被害人之间的和解,进而在一定程度上影响刑事案件的处理。当事人和解以被害人同意为必要前提,而认罪认罚从宽制度不以被害人同意为条件。

---

[1] 参见2016年1月13日最高人民检察院通过的《人民检察院办理羁押必要性审查案件规定(试行)》第18条第7项。

[2] 参见[意]恩里科·菲利:《实证派犯罪学》,郭建安译,中国人民公安大学出版社2004年版,第311页。

[3] 参见文姬:《醉酒型危险驾驶罪量刑影响因素实证研究》,载《法学研究》2016年第1期。

（二）认罪认罚从宽的制度边界

"认罪认罚从宽"有两种不同的制度形式，一种是以贯彻"宽严相济"刑事政策为脉络的实体法上的对"自首""认罪""坦白""确有悔改表现"等的从宽处理制度。例如，2011年《刑法修正案（八）》将"坦白从宽"的刑事政策上升为立法，成为实体上的量刑规则。修正后的《刑法》第67条第3款规定："犯罪嫌疑人虽不具有前两款规定的自首情节，但是如实供述自己罪行的，可以从轻处罚；因其如实供述自己罪行，避免特别严重后果发生的，可以减轻处罚。"此后，最高人民法院于2014年7月31日发布《关于常见犯罪的量刑指导意见》，其中的第6条、第7条对犯罪嫌疑人、被告人"如实供述"和"当庭认罪"规定了具体而量化的"从宽"量刑标准。2015年，《刑法修正案（九）》修改了《刑法》第383条，重订了贪污罪和受贿罪的定罪量刑标准，也从量刑上体现了"坦白从宽"的精神。修改后的《刑法》第383条规定，对犯贪污罪的，根据情节轻重，分别依照下列规定处罚：（一）贪污数额较大或者有其他较重情节的，处三年以下有期徒刑或者拘役，并处罚金。（二）贪污数额巨大或者有其他严重情节的，处三年以上十年以下有期徒刑，并处罚金或者没收财产。（三）贪污数额特别巨大或者有其他特别严重情节的，处十年以上有期徒刑或者无期徒刑，并处罚金或者没收财产；数额特别巨大，并使国家和人民利益遭受特别重大损失的，处无期徒刑或者死刑，并处没收财产。……犯第一款罪，在提起公诉前如实供述自己罪行、真诚悔罪、积极退赃，避免、减少损害结果的发生，有第一项规定情形的，可以从轻、减轻或者免除处罚；有第二项、第三项规定情形的，可以从轻处罚。

以上规定，均是国家根据行为人犯罪后的表现单方面提供给罪犯的相对固定的量刑上的利益，在这种关系中，国家是主导者，被告人是相对消极的利益接受者，提供利益的根据在于罪犯的"认罪""认罚""积极退赃退赔"中体现出的社会危害性和人身危险性的降低。作为"宽严相济"刑事政策的体现，这种意义上的认罪认罚从宽制度，在我国刑法中不仅早已存在，而且在适用上不受案件范围的限制，甚至也可以不受诉讼阶段的限制，从侦查阶段的强制措施适用，到审判中的量刑，乃至判决执行过程中的减刑、假释，都践行着这一制度理念。

有学者主张侦查阶段不适用认罪认罚从宽制度，主要原因是担心侦查机关采用刑讯逼供、威胁、引诱等不当方式取证。[1]对此问题的回答,涉及对认罪认罚从宽制度的功能设定。认罪认罚从宽制度的功能之一在于破解特定案件中的侦查困境,发挥认罪的激励功能,《刑法》第 67 条第 3 款对"犯罪嫌疑人"的强调,第 383 条第 3 款对"在提起公诉前"的强调,以及《刑事诉讼法》第 120 条规定的侦查人员在讯问时"应当告知犯罪嫌疑人如实供述自己罪行可以从宽处理的法律规定",莫不是围绕此一功能做出的立法努力。因此,一概排除认罪认罚从宽制度在侦查阶段的适用并不妥当。至于非法取证,则需要加强侦查讯问程序的人权保障来解决,这是另外的重要课题,并非认罪认罚从宽制度的作用场域。

另一种是与现有的"宽严相济"刑事政策着眼点不同的类似于"辩诉交易"的协商程序。"完善认罪认罚从宽制度"的重心之一应该是这种包含着制度创新的协商程序。因为,如果仅仅是重申既有的刑事政策,则完全没有必要在党的十八届四中全会《决定》中提出。与上述"宽严相济"的制度形式中国家以居高临下的姿态"恩惠"式地给予认罪认罚的被告人某种量刑上的利益不同,在这里,国家开始以相对平等的姿态坐下来与被告人协商,以某种特定的实体上或程序上的利益来换取被告人的认罪。在这一种制度形式中,官方与被告人的关系趋于平等化,"从宽"是协商的结果。然而,这种"权力—权利"关系的变化势必强烈冲击传统司法观,并伴随诸多问题和风险,因此这种形式的认罪认罚从宽制度,案件范围不能漫无限制,相反,我们主张对协商程序的案件适用范围作出严格限制。

(三)认罪认罚从宽制度的外在价值

现代法治社会,诉讼是解决刑事案件的唯一途径。社会转型时期,利益关系重组,社会矛盾凸显,犯罪率提高,刑事案件数量逐年攀升,直接导致处理刑事案件所需要的时间、成本与诉讼固有的公正诉求之间的紧张。在国家层面,将诉讼所需成本、时间限制在一个合理、较低的水平,设计出快速、低成本的简化处理程序就成为现实的选择。然而在个体层面,任何简化的程序都意味着对诉讼权利的某种程度的减损。在很多国家,"获得充分的审判"是一项基本权利,同时也是为包括联合国《公民权利和政治权利国际公约》

---

[1] 陈卫东:《认罪认罚从宽制度研究》,载《中国法学(文摘)》2016 年第 2 期。

和欧洲人权公约在内的一系列国际公约所承认的基本人权。对于这样一项"硬邦邦"的权利,很难以国家的支付能力为由直接加以拒绝。因此,任何简化处理程序都面临着一个共同的"正当化"困境,而这一问题通常是引入当事人弃权这一"正当化"机制来化解的。程序越是简化,对这种正当化机制的要求就越高。例如,美式的辩诉交易,从根本上省略了审判程序,因而需要两方面的弃权机制确立其正当性:一是程序方面,被告人必须"自愿""明智"地放弃宪法所保障的获得充分审判的权利及其涵盖的陪审团审判、与不利证人对质、反对强迫自证其罪等一系列权利,[1]即形成控辩双方在选择适用简化程序方面的"程序合意"。二是实体方面,被告人通过在审前的传讯程序(arraignment)中认罪,放弃了获得无罪判决的机会,即控辩双方形成在判决内容上的"实体合意"。

以1996年《刑事诉讼法》修正为标志,中国开始了刑事程序简化的探索和尝试。当时的简易程序以"案情简单轻微"作为唯一的适用标准,并未要求以"被告人认罪"作为适用前提。2002年4月,牡丹江铁路运输法院审理的"孟广虎案"以"辩诉交易"方式结案,掀起了中国是否引入辩诉交易的广泛的大讨论。[2]鉴于在此问题上的巨大意见分歧,"辩诉交易"在实践中迅速偃旗息鼓。但辩诉交易固有的"实体合意"和"程序合意"机制逐渐为学界和实务界所理解和接受。

2003年3月14日,最高人民法院、最高人民检察院、司法部联合发布《关于适用简易程序审理公诉案件的若干意见(试行)》和《关于适用普通程序审理"被告人认罪案件"的若干意见》,对简易程序的适用条件做出微调,对被告人认罪的案件试行普通程序简化审理方式,要求"被告人及辩护人对所指控的基本犯罪事实没有异议"以及"被告人对指控的基本犯罪事实无异议,并自愿认罪的第一审公诉案件"时才可以适用简易程序和普通程序简化审理程序,[3]明显吸收了辩诉交易的"实体合意"因素。但是,普通程

---

[1] See Fed. R. Crim. P. 11 (b).

[2] 参见《国内诉辩交易第一案审结》,载http://www.chinacourt.org/html/article/200204/19/2247.shtml,最后访问日期:2016年2月29日。

[3] 参见《最高人民法院、最高人民检察院、司法部关于适用简易程序审理公诉案件的若干意见》第1条、第3条、第4条,以及《最高人民法院、最高人民检察院、司法部关于适用普通程序审理"被告人认罪案件"的若干意见(试行)》第1条。

序简化审理方式的合法性备受质疑。[1]在 2012 年《刑事诉讼法》的修改中,"简易程序"的适用范围被大幅度拓宽,从 1996 年《刑事诉讼法》规定的"三年以下有期徒刑、拘役、管制、单处罚金"的案件,扩大到"基层人民法院管辖的案件",即所有可能判处有期徒刑的案件。这个范围,基本上涵盖了原来被告人认罪案件的简化审理方式的适用范围。[2]除证据条件外,根据 2012 年《刑事诉讼法》的规定,简易程序的适用还要具备两个方面的条件:一是被告人承认自己所犯罪行,对指控的犯罪事实没有异议;二是被告人对适用简易程序没有异议。[3]从这个角度来说,新的简易程序已完全吸收了辩诉交易的"实体合意"和"程序合意"机制。

2014 年 8 月启动的《最高人民法院、最高人民检察院、司法部关于在部分地区开展刑事案件速裁程序试点工作的办法》也将"被告人自愿认罪"作为适用刑事速裁程序的前提之一。2015 年 11 月"两高"提交的《关于刑事案件速裁程序试点情况的中期报告》也强调了刑事速裁程序在实现认罪认罚从宽精神方面的功能:"刑事速裁案件被告人被拘留、逮捕的占 52.08%,比简易程序低 13.91 个百分点;适用非监禁刑的占 36.88%,比简易程序高 6.93 个百分点。通过减少羁押,对被告人从快处理、从宽量刑,更加准确兑现了宽严相济刑事政策,充分体现了认罪认罚从宽处罚精神。"[4]

至此,我国刑事诉讼中初次形成了"普通程序—简易程序—速裁程序"的三级"递简"格局。决定具体程序适用的,有一"明"一"暗"两条线索。"明线"是案件的严重程度,从普通程序、简易程序到速裁程序,适用案

---

[1] 对普通程序简化审理程序的质疑主要集中于普通程序简化审理方式的"出身"。根据我国 2000 年 7 月 1 日开始施行的《立法法》第 8 条第 5 项和第 9 项,涉及"公民政治权利的剥夺、限制人身自由的强制措施和处罚"以及"诉讼和仲裁制度"等事项,只能制定法律。普通程序简化审理方式是在 1996 年刑事诉讼法规定的普通审判程序和简易程序之外增设的第三种审判程序,但是,它却不是国家"立法机关"通过"法律"规定,而是"两高"和司法部通过司法解释的形式创设,直接突破了《立法法》的规定。

[2] 根据《最高人民法院、最高人民检察院、司法部关于适用普通程序审理"被告人认罪案件"的若干意见(试行)》第 2 条第 2 项,普通程序简化审理方式适用于可能判处死刑的案件以外的案件。

[3] 2012 年刑事诉讼法修正案同时淡化了检察机关在适用简易程序方面的作用,1996 年刑事诉讼法以"人民检察院建议或同意"作为适用简易程序的必要条件,现在只是简单规定"人民检察院可以建议人民法院适用简易程序",不再将其意见作为适用简易程序的决定性因素。

[4] 参见"两高"《关于刑事案件速裁程序试点情况的中期报告》。

件的严重程度分别从"可能判处无期徒刑以上刑罚的案件"递简至"25年有期徒刑以下刑罚""一年有期徒刑以下刑罚"的案件。在案件严重程度相近的前提下,"被告人认罪"则成为区分简易程序、速裁程序与普通程序的"暗线",即简易程序、速裁程序的适用,均以被告人"认罪"为前提,并以被告人对简易程序、速裁程序的自主选择为条件。

究其原因,国家通过立法设计出一系列简化程序解决成本、效率问题,但这种努力必须有来自当事人方面的最低限度的"配合"。这种配合,如前所述,既包括实体方面的"认罪",也包括程序方面的,即对简化程序的自主选择适用。然而,无论是实体上的"认罪",还是程序方面的自主选用,对被追诉人而言都是一种"利益自损"行为。若从"理性经济人"的假设出发,非有额外的利益作为驱动力,难以期待犯罪嫌疑人、被告人在上述两个方面的主动配合。如此则需要引入实体或程序上的"从宽"处理来作为动力机制,驱使理性的犯罪嫌疑人、被告人在追求个人利益的过程中,"主动"配合立法者的设计,在实践层面完成降低成本、加速程序的立法目标。因此,如果说简化程序需要被追诉人实体方面的"认罪"来提供"正当化"机制的话,那么被追诉人的"认罪"则需要实体或程序上的"从宽"处理来提供动力机制。具体到中国语境中,设计出简易程序和速裁程序并没有一劳永逸地解决问题。在实践层面,简易程序和速裁程序的适用需要被告人的"认罪"提供"正当化"机制,而被告人的认罪反过来又需要"从宽"处理作为动力机制。

可见,认罪认罚从宽制度的基本价值和功能在于为简易程序和速裁程序的适用提供正当化机制和动力机制,提高两种程序的适用率,从行动层面实现优化司法资源配置的立法意图。就这一点而言,认罪认罚从宽制度服务于纾解案件压力的目标,这是它所具有的外在的、"辅助性"价值。

然而,"认罪认罚从宽"的价值不止于此。传统司法程序中的判决是强加给被告人的,判决的执行依赖的是外部的强制力,对被告人而言,这是一种"他律"的判决。如果被告人能够通过自主"认罪"、选择简化程序,并因而获得实体处理或程序上的优待,就等于在一定程度上自主地设定自己和他人、自己和社会未来的关系。那么,被告人未来更可能放弃抵抗行动,接受和服从自己参与确定的判决内容。这样,对判决的服从就从"他律"的外在强制转化为"自律"的内在服从。这在实践效果上，应该更有利于犯罪人改过自新，回归社会。

"认罪认罚从宽"对侦查取证也有特殊的意义。在现有的侦查技术条件下，口供仍然是刑事诉讼中最重要的证据形式之一，尤其是在某些特殊类型的犯罪如贿赂案件中，无现场、无被害人，很大程度上仍要依赖口供，没有口供几乎难以定案，如何合法取得口供成为反腐工作顺利推进必须解决的问题。然而，随着我国刑事诉讼法对侦查取证规范的严密化，"不得强迫任何人证实自己有罪"规则的引入，以及非法证据排除规则的确立，以身体或心理强制为条件获取口供的方式已经受到立法者明确的否定。在这种情况下，有必要适当转换一下侦查思路，从过去的以身体或心理强制为条件的取供，转向"认罪认罚从宽"鼓励下的自愿供述，既取得了口供，又不触犯立法禁区，无疑是双赢之举。因此，立法和相关司法解释格外鼓励犯罪嫌疑人在侦查阶段"坦白"，而不仅仅是笼统地当庭认罪。这是在我国现实国情下认罪认罚从宽制度具有的特殊价值。例如，《刑法》第 67 条第 3 款将可以从轻、减轻的"坦白"主体限定为"犯罪嫌疑人"，显得意味深长，明显有鼓励、督促犯罪嫌疑人在侦查阶段放弃抵抗、如实供述的立法意图。最高人民法院于 2014 年 7 月 31 日发布的《关于常见犯罪的量刑指导意见》也对坦白、认罪持鼓励态度，而且对当庭认罪和审前的"坦白"在量刑上差别对待，坦白得越早，可以期待的量刑方面的减让就越多。该意见规定，"对于当庭自愿认罪的，根据犯罪的性质、罪行的轻重、认罪程度以及悔罪表现等情况，可以减少基准刑的 10%以下"。此外，该意见还规定，对于坦白情节，综合考虑如实供述罪行的阶段、程度、罪行轻重以及悔罪程度等情况，确定从宽的幅度。（1）如实供述自己罪行的，可以减少基准刑的 20%以下；……可见，被追诉人越早坦白，可以期待的量刑方面的减让就越多。最高人民法院对侦查阶段"坦白"的鼓励态度，跃然纸上。2015 年《刑法修正案（九）》修改了贪污罪和受贿罪的定罪量刑标准。根据修改后的《刑法》第 383 条第 3 款，如果犯罪嫌疑人"在提起公诉前"如实供述自己罪行的，"可以从轻、减轻或者免除处罚"。这里特别强调"提起公诉前"，仍意在鼓励、督促犯罪嫌疑人在侦查阶段坦白。

三、进入立法的认罪认罚从宽制度

2014年6月27日，全国人民代表大会常务委员会颁布《关于授权最高人民法院、最高人民检察院在部分地区开展刑事案件速裁程序试点工作的决定》，授权北京、天津、上海等18个城市开展刑事案件速裁程序试点工作。同年8月26日，"两高"会同公安部、司法部制定了《关于在部分地区开展刑事案件速裁程序试点工作的办法》，试点工作正式启动。试点工作取得一定成效的同时，也暴露了两个比较突出的问题：一是速裁程序试点仍然是在审判程序的简化上"做文章"，无法控制进入审判程序的总量；二是速裁程序的适用率不够理想，说明试点方案对被告人的激励机制不足，对被告人没有足够的吸引力。因此，2016年9月3日，全国人大常委会又发布《关于授权最高人民法院、最高人民检察院在部分地区开展刑事案件认罪认罚从宽制度试点工作的决定》，授权18个地区开展刑事案件认罪认罚从宽制度试点，速裁程序试点纳入新的试点继续进行。

上述改革历程，在时间上基本与国家监察体制改革同步进行。为了保障国家监察体制改革顺利进行，完善监察与刑事诉讼的衔接机制，《刑事诉讼法》修改被列入《全国人大常委会2018年立法工作计划》。速裁程序、认罪认罚从宽制度分别经过四年和两年的试点，已经形成一些可复制、可推广的经验和行之有效的做法，也需要借此刑事诉讼法修正的机会上升为法律规范，在全国范围内推行。[1]在2018年4月25日召开的十三届全国人大常委会第二次会议上，《刑事诉讼法（修正草案）》提请审议。5月9日，全国人大在官网"中国人大网"公布了《刑事诉讼法（修正草案）征求意见稿》（以下简称一审稿），向社会公开征求意见。随后，十三届全国人大常委会第五次、第六次会议分别审议了刑事诉讼法修正草案二次审议稿（以下简称二审稿）和修正草案三次审议稿（以下简称三审稿），十三届人大常委会第六次会议10月26日下午表决通过了《关于修改〈中华人民共和国刑事诉讼法〉的决定》（以下简称《修改决定》）。不同于1996年、2012年的两次大修，此次《刑事诉讼法》修改缘起于监察体制改革，是一次名副其实的"专题式修

---

[1] 参见全国人大常委会法制工作委员会主任沈春耀于2018年4月25日在第十三届全国人民代表大会常务委员会第二次会议上所作《关于〈中华人民共和国刑事诉讼法（修正草案）〉的说明》。

法"。《修改决定》只有 26 条,但其中涉及认罪认罚从宽制度内容的,就有 14 条,[1]牵动的刑事诉讼法条文达 18 条。

(一) 认罪认罚案件中的控辩关系

《修改决定》第 15 条、第 21 条分别增加了一个条文,作为《刑事诉讼法》第 174 条和第 201 条。第 174 条是关于签署具结书的规定,该条第 1 款规定,"犯罪嫌疑人自愿认罪,同意量刑建议和程序适用的,应当在辩护人或者值班律师在场的情况下签署认罪认罚具结书"。第 201 条是人民法院对认罪认罚案件作出判决的规定,"对于认罪认罚案件,人民法院依法作出判决时,一般应当采纳人民检察院指控的罪名和量刑建议,但有下列情形的除外:(一) 被告人的行为不构成犯罪或者不应当追究其刑事责任的;(二) 被告人违背意愿认罪认罚的;(三) 被告人否认指控的犯罪事实的;(四) 起诉指控的罪名与审理认定的罪名不一致的;(五) 其他可能影响公正审判的情形。人民法院经审理认为量刑建议明显不当或者被告人、辩护人对量刑建议提出异议的,人民检察院可以调整量刑建议。人民检察院不调整量刑建议或者调整量刑建议后仍然明显不当的,人民法院应当依法作出判决"。这两个条文相结合,基本奠定了《修改决定》设计的认罪认罚从宽制度的结构。然而,从目前的规定来看,认罪认罚案件中的控辩审三方关系存在相当大的问题。

认罪认罚案件中,作为控方代表的人民检察院和作为辩方代表的被告人及其辩护人之间,到底是一种什么关系?这实际上涉及认罪认罚制度的基本定位。认罪认罚从宽制度到底是司法机关以居高临下的姿态单方面给认罪认罚的被告人的一种"恩赐",还是以相对平等的姿态与被告人协商,以实体或程序上的从宽处理来换取被告人的自愿认罪认罚?

如果仅是前者,我国刑法中原本就存在对"自首""认罪""坦白""确有悔改表现"等从宽处理的规定,[2]认罪认罚从宽制度仅仅是重申原有的刑

---

[1] 《修改决定》第 1 条、第 4 条、第 7 条、第 9 条、第 11 条、第 13 条、第 14 条、第 15 条、第 16 条、第 17 条、第 18 条、第 20 条、第 21 条、第 22 条。

[2] 参见《刑法》第一编第四章第三节,以及第 78 条、第 79 条、第 81 条的规定。例如,《刑法》第 67 条第 3 款规定,"犯罪嫌疑人虽不具有前两款规定的自首情节,但是如实供述自己罪行的,可以从轻处罚;因如实供述自己罪行,避免特别严重后果发生的,可以减轻处罚"。另外,最高人民法院于 2014 年 7 月 31 日发布的《关于常见犯罪的量刑指导意见》第 6 条、第 7 条对犯罪嫌疑人、被告人"如实供述"和"当庭认罪"规定了具体的"从宽"标准。

事政策，那么党的十八届四中全会《决定》就没有必要郑重其事地提出"完善刑事诉讼中认罪认罚从宽制度"。考虑到前述认罪认罚从宽制度出台的背景，尤其是致力于解决速裁程序试点中暴露出的适用率不高、对被告人激励不足等问题的背景，可以基本断定认罪认罚制度的重点应当是确立具有突破性的控辩双方之间的协商机制。协商的双方应当是相对平等的关系，"从宽"不再仅仅是国家司法机关单方面给予认罪认罚被告人的一种"恩赐"，而应当成为控辩双方协商交流的内容和结果。

《修改决定》第14条也为这一观点提供了依据。《修改决定》第14条将2012年《刑事诉讼法》第170条改为第173条，内容上也作了改动。[1]在修改之前，2012年《刑事诉讼法》第170条规定的是检察机关审查起诉的程序，即"应当讯问犯罪嫌疑人，听取辩护人、被害人及其诉讼代理人的意见"。修正后的《刑事诉讼法》第173条增加了犯罪嫌疑人认罪认罚情形下的处理程序。该程序与普通的审查起诉程序相比发生了两个显著的变化：其一，犯罪嫌疑人不仅是案件"事实"信息的提供者，同时成为"意见"的表达者，可以表达对该阶段处理方案的意见。其二，普通的审查起诉程序，其典型特征是信息流动的单向性，即信息最终都流向作为办案机关的人民检察院，为后者正确处理案件提供依据。而在犯罪嫌疑人认罪认罚的情形下，单向的信息流动变成了双向的信息交流，检察机关不仅要"听取"犯罪嫌疑人、辩护人或者值班律师、被害人及其诉讼代理人的意见，而且还要"告知"其享有的诉讼权利和认罪认罚的法律规定。在这种"意见"的往来之间，"协商"的意味非常明显。因此，从认罪认罚从宽制度试点的背景和《修改决定》内容来看，立法者显然是按照"协商"的逻辑来设计认罪认罚从宽制度的。如

---

[1] 2012年《刑事诉讼法》第170条规定，"人民检察院审查案件，应当讯问犯罪嫌疑人，听取辩护人、被害人及其诉讼代理人的意见，并记录在案。辩护人、被害人及其诉讼代理人提出书面意见的，应当附卷"。修正后的《刑事诉讼法》第173条规定，"人民检察院审查案件，应当讯问犯罪嫌疑人，听取辩护人或者值班律师、被害人及其诉讼代理人的意见，并记录在案。辩护人或者值班律师、被害人及其诉讼代理人提出书面意见的，应当附卷。犯罪嫌疑人认罪认罚的，人民检察院应该告知其享有的诉讼权利和认罪认罚的法律规定，听取犯罪嫌疑人、辩护人或者值班律师、被害人及其诉讼代理人对下列事项的意见，并记录在案：（一）涉嫌的犯罪事实、罪名及适用的法律规定；（二）从轻、减轻或者免除处罚等从宽处罚的建议；（三）认罪认罚后案件审理适用的程序；（四）其他需要听取意见的事项。人民检察院依照前款规定听取值班律师意见的，应当提前为值班律师了解案件有关情况提供必要的便利"。

果以此为出发点，则发现《修改决定》中设定的控辩关系存在两个问题：

其一，具结书的使用。《修改决定》第 15 条增加了一个条文，作为《刑事诉讼法》第 174 条，该条规定了认罪认罚的犯罪嫌疑人应当在辩护人或者值班律师在场的情况下签署"具结书"。"具结书"一词最早出现于最高人民法院、最高人民检察院、公安部和司法部于 2014 年联合发布的《关于在部分地区开展刑事案件速裁程序试点工作的办法》第 8 条规定中，"决定起诉并建议人民法院适用速裁程序的，应当在起诉书中提出量刑建议，并提供犯罪嫌疑人的具结书等材料"。在 2016 年"两高三部"印发的《关于在部分地区开展刑事案件认罪认罚从宽制度试点工作的办法》中，"具结书"的提法开始大量出现。根据《辞海》的解释，"具结"是指"旧时对官署提出表示负责的文字"[1]。由此可见，"具结书"类似于犯罪嫌疑人单方面向办案机关呈交的保证书。问题是，犯罪嫌疑人通过具结书保证什么呢？如果是保证不翻供，那么具结书可以阻止犯罪嫌疑人翻供吗？如果翻供又会有什么惩罚？认罪之后，犯罪嫌疑人可以反悔吗？如果反悔，先前的认罪是否可以在审判中用作不利于被告人的证据？对于这些未来实践中可能出现的问题，《修改决定》并未涉及。

其二，具结书的约束主体。既然具结书是犯罪嫌疑人单方面的保证书，就只能约束签署具结书的犯罪嫌疑人。《修改决定》第 21 条增设了《刑事诉讼法》第 201 条，该条第 2 款在草案一审稿中相当直白地宣布："在审判过程中，人民检察院可以调整量刑建议。"两相对比，一边是以具结书对犯罪嫌疑人、被告人施加的强约束，另一边是检察机关可以漫无限制地调整量刑建议。这样的设计，与"协商"的旨趣相去甚远。从道理上讲，既然是协商，那么控辩双方达成的关于认罪认罚和量刑建议的共识应当以"协议"的形式表现出来，而不能是单方面对犯罪嫌疑人施加约束的保证书。控辩双方在此基础上达成的协议虽然不具有严格意义上的法律效力，不过是"君子协定"，但是，作为行使公权力的国家机关，出于诚信原则，检察机关不应随意变更量刑建议，即使变更，也不能漫无限制，尤其考虑到检察机关内部实行检察一体原则，出庭公诉的检察官与审查起诉的检察官的分离不仅是可能的，也是

---

[1]《辞海》，上海辞书出版社 2009 年版，第 1181 页。

实践中经常发生的，更需要限定检察机关调整量刑建议的情形。否则，对犯罪嫌疑人而言，协商的结果就具有相当大的不确定性，旨在激励犯罪嫌疑人认罪认罚的制度，其激励效果会打上一个大大的折扣。因此，在广泛征求意见后，草案二审稿对检察机关调整量刑建议增设了前提，即"人民法院经审理认为量刑建议明显不当，或者被告人、辩护人对量刑建议提出异议的，人民检察院可以调整量刑建议"，而不再像一审稿那样宽泛地宣布"人民检察院可以调整量刑建议"。然而，以单方面的旨在约束犯罪嫌疑人的具结书代替双方协议的基本格局依然没有改变。

（二）认罪认罚案件中的侦控主体

《修改决定》第18条在《刑事诉讼法》第二编第三章增加一条，作为第182条，"犯罪嫌疑人自愿如实供述涉嫌犯罪的事实，有重大立功或者案件涉及国家重大利益的，经最高人民检察院核准，公安机关可以撤销案件，人民检察院可以作出不起诉决定，也可以对涉嫌数罪中的一项或者多项不起诉。根据前款规定不起诉或者撤销案件的，人民检察院、公安机关应当对查封、扣押、冻结的财物及其孳息作出处理"。该条是涉认罪认罚案件中权力配置的重要条文。如果之前我们对认罪认罚从宽制度能不能类比于美国的辩诉交易尚有争议的话，那么这个条文几乎给了我们答案。它已经涉及出罪入罪的权力，以及在几个罪名之间有选择地起诉的权力，这是为强化侦控主体的交易地位而采取的特别立法举措。该条是认罪认罚从宽制度中最值得关注的条文。因为它在两个方面明显突破了刑事诉讼法的原有权力格局：

1. 检察机关的（不）起诉裁量权

从新中国第一部刑事诉讼法开始，检察机关的不起诉裁量权经历了一个从无到有的过程。在1979年《刑事诉讼法》中，检察机关对应当追究刑事责任、不应当追究刑事责任，以及依照刑法规定不需要判处刑罚或者免除刑罚的案件，分别作出提起公诉、不起诉和免予起诉的决定。[1]在最后一种情形下，即已构成犯罪但依照刑法规定不需要判处刑罚或者免予刑罚的，刑事诉讼法规定检察机关"可以"免予起诉，即在提起公诉和免予起诉之间有一定

---

[1] 参见1979年《刑事诉讼法》第100条、第101条的规定。

第五章　死刑案件与认罪认罚从宽制度

选择权，然而这种情形下不起诉决定则不被允许。[1]1996年《刑事诉讼法》增设了"未经人民法院依法判决，不得确定任何人有罪"原则，免予起诉制度被废除，原可以作出免予起诉的情形被分化处理，既可以提起公诉，也可以作出不起诉。[2]以此为标志，开始产生检察机关的不起诉裁量权，同时产生一种新的不起诉类型——酌定不起诉。[3]2012年刑事诉讼法基本沿用了这一格局，仅在未成年人刑事案件诉讼程序中增加了一种附条件不起诉。[4]

在此立法沿革背景下，则会发现《修改决定》又一次，而且是大幅度扩张了检察机关的不起诉裁量权，虽然它小心地将适用前提限制于"犯罪嫌疑人自愿如实供述涉嫌犯罪的事实，有重大立功或者案件涉及国家重大利益"的情形。在具备起诉条件的情况下，原刑事诉讼法允许人民检察院做出不起诉决定的情形仅限于"犯罪情节轻微，依照刑法规定不需要判处刑罚或者免除刑罚"，而《修改决定》中并没有对可以作出不起诉决定的犯罪严重程度施加限制，大大突破了原来刑事诉讼法设定的范围。不仅如此，从协商的类型来看，犯罪嫌疑人自愿如实供述的，不仅可以在检察机关提出量刑建议时受到优待，也可以对"涉嫌数罪中的一项或者多项不起诉"，这已经突破量刑协商的范围，且有明显的"罪数"交易的味道了。众所周知，在奉行起诉法定原则的国家，如意大利，一般会把辩诉交易的类型谨慎地限制于量刑交易，不允许指控交易或者罪数交易。[5]因此，《修改决定》允许"罪数"交易，

---

〔1〕　根据1979年《刑事诉讼法》第104条的规定，检察机关只能在《刑事诉讼法》第11条（现行《刑事诉讼法》第15条）明确限定的6种情形之下才能作出不起诉决定。换句话说，1979年立法之下，只有一种不起诉，即现在所说的法定不起诉、绝对不起诉。

〔2〕　1996年《刑事诉讼法》第142条第2款规定，"对于犯罪情节轻微，依照刑法规定不需要判处刑罚或者免除刑罚的，人民检察院可以作出不起诉决定"。

〔3〕　同时，随着1996年《刑事诉讼法》第12条引入具有无罪推定意味的"未经人民法院依法判决，不得确定任何人有罪"原则，也产生了另一种新型的不起诉——存疑不起诉。参见1996年《刑事诉讼法》第140条第4款。

〔4〕　参见2012年《刑事诉讼法》第271条。

〔5〕　起诉法定原则背后的理念是，诉讼是一种查明真相的调查活动，在有充分的证据证明被告人实施犯罪的前提下，不能任由检察官撤销案件，中断进一步的调查。实行这一原则的结果是，检察官丧失了起诉裁量权或仅享有十分有限的裁量权，其与辩方进行交易的资本十分有限。在意大利，起诉法定主义不仅是一个刑事诉讼原则，而且规定于《宪法》第112条，意大利在1988年引入辩诉交易程序时很难绕过这个宪法障碍。意大利式辩诉交易程序的正式名称是"依双方当事人的请求而适用刑罚的程序"（applicazione della pena su richiesta delle parti），顾名思义，即只能进行量刑交易，不能对指控进行交易。

本身就意味着对起诉法定原则的进一步松动，甚至放弃。

如何评价这种变化？首先，这是推行认罪认罚从宽制度的必然结果。如前所述，从速裁程序试点到认罪认罚从宽制度试点，这种发展是基于对速裁程序局限性的认识：一是速裁程序仍然只是在审判程序的简化上做文章，无法对进入法院的案件总量进行控制；二是速裁程序适用率不理想，需要强化激励机制，吸引更多的犯罪嫌疑人、被告人认罪认罚，选择速裁程序或简易程序。要实现对进入法院的刑事案件总量的控制，只能依赖检察机关在审查起诉阶段对案件进行甄别，允许对部分构成犯罪的犯罪嫌疑人进行分流处理。要强化激励机制，也需要给犯罪嫌疑人、被告人提供更多的"优待"。这两个方面的需要，最终汇集成一股力量，即扩大检察机关的不起诉裁量权。即便检察机关没有作出不起诉决定，在认罪认罚案件中，检察机关的量刑建议仍会对法院的判决产生实质性的影响力。这进而会造成另外一个结果，即在认罪认罚案件中，检察机关会在很大程度上决定刑事案件的最终处理，检察机关成为中国刑事司法系统的重心。因此，在不久的未来，中国的刑事司法会出现双重心现象：在不认罪认罚的案件中，由于"以审判为中心"刑事诉讼制度改革的推进，审判仍然是决定判决走向的核心场域；而在认罪认罚的案件中，检察机关将成为刑事司法的重心。

其次，随着认罪认罚从宽制度的推行，检察机关的权重在整个刑事司法系统陡增，为规范权力的正当行使，应同步跟进相应的监督或制约机制。对此，《修改决定》草案规定了严格的审批程序，即"经过最高人民检察院核准"。然而，在"员额制"改革的大背景下，在对入额检察官"放权"的大趋势下，这种自上而下行政式控制的局限性会越来越突出，只能限于若干重大事项。对检察权日常运行的制约，不妨引入诉讼机制，比如，参考日本的检察审查会制度，[1]完善人民监督员参与不起诉案件监督的程序，实现监督的常规化和规范化；再如；完善被害人对不起诉决定的申诉及处理程序；等等。

2. 公安机关撤销案件的裁量权

《修改决定》第 18 条明确赋予公安机关撤销案件的裁量权，即授权公安机关在"犯罪嫌疑人自愿如实供述涉嫌犯罪的事实，有重大立功或者案件涉

---

[1] 关于日本的检察审查会制度，参见陈效：《日本检察审查会制度实施现状评析》，载《人民检察》2014 年第 7 期。

及国家重大利益的,经最高人民检察院核准"的情况下可以撤销案件。这一安排并非空穴来风,而是渊源于2016年"两高三部"联合印发的《关于在部分地区开展刑事案件认罪认罚从宽制度试点工作的办法》第9条,[1]然而,这仍然是一种非同寻常的安排。

首先,该条严重突破了刑事诉讼法的原有权力格局。2012年《刑事诉讼法》授权侦查机关作出"撤销案件"处理的共有三个条文:第15条、第162条和第166条。但是,这三个条文授权侦查机关"撤销案件"均限于不应当追究刑事责任的情形,否定了侦查机关在犯罪嫌疑人已经构成犯罪、需要追究刑事责任情形下的裁量权。《决定》明确授权公安机关在犯罪嫌疑人的行为已经构成犯罪的前提下可以撤销案件,虽然在适用情形、核准程序上作出最严格的限制,但仍然不能改变这一判断。

其次,从诉讼法理论和比较立法的角度来看,这也是一种非同寻常的安排。刑事诉讼以惩罚犯罪为基本目的,为实现这一共同目标,侦查、起诉、审判三种职能、主体、阶段被分配了不同的任务。审判是被告人有罪与否的决定性阶段,然而,在现代控审分离原则的支配下,审判在惩罚犯罪方面存在一个功能性缺陷,即它不能主动地将犯罪事件纳入审判程序,这一任务只能交给审前的一系列程序环节,比如在起诉阶段实行起诉法定原则、在侦查阶段实行职权侦查原则。职权侦查原则要求,当存在犯罪嫌疑时,侦查机关必须进行侦查;强制起诉原则要求,当侦查结果表明有足够的犯罪嫌疑时,检察官即有义务提起公诉。上述原则的目的,是实现对犯罪的规律性追究。[2]在德国和法国,警察不仅不享有撤销案件的裁量权,甚至无权自行结束侦查或者撤销案件,最终的决定需要由检察官作出。[3]立法者通过对起诉主体、侦查主体施加这样环环相扣的追究犯罪的法律义务,强行将生活中发生的可能的犯

---

[1] 该《办法》第9条规定,"犯罪嫌疑人自愿如实供述涉嫌犯罪的事实,有重大立功或者案件涉及国家重大利益,需要撤销案件的,办理案件的公安机关应当层报公安部,由公安部提请最高人民检察院批准"。

[2] [德]赫尔曼:《〈德国刑事诉讼法典〉中译本引言》,载《德国刑事诉讼法典》,李昌珂译,中国政法大学出版社1995年版,第15页。

[3] [德]托马斯·魏根特:《德国刑事诉讼程序》,岳礼玲、温小洁译,中国政法大学出版社2004年版,第52页;[法]贝尔纳·布洛克:《法国刑事诉讼法》,罗结珍译,中国政法大学出版社2009年版,第244页。

213

罪事件尽可能地纳入刑事诉讼的轨道，使刑法从纸面上的法变成行动中的法，从而实现惩罚犯罪的目标。

当然，职权侦查原则也有例外。一个例外是英国。众所周知，英国有悠久的私诉传统，执掌公诉的检察机关直到1986年才产生并开始运作。在此之前、职业警察产生之后，起诉、出庭的任务就一直由警察担当。在英国检察机关产生之后，起诉、出庭的任务才由检察机关接管，但出于对历史的尊重，在检察官接手案件之前，警察在追诉问题上仍保留一定的裁量权。另一个例外是法国。2014年8月15日，法国批准通过了"关于刑罚个别化以及强化刑事处罚效率的法律"，引入了由司法警察主导的刑事交易制度（la transaction pénale par officier de police judiciaire），该制度适用于1年及以下有期徒刑的轻罪以及违警罪，但必须经过检察官批准和法官审核。[1]

英国警察保留追诉与否的裁量权是出于特殊的历史原因，不具有参考价值。法国的警察交易制度仅适用于轻微犯罪，而且程序上必须经过检察官批准、法官审核，即便如此，该制度在法国仍被批评存在诸多弊病，如难以对警察权形成有效制约、诱发腐败，导致同罪不同罚，扭曲真相，冲击传统诉讼结构，等等。[2]该制度在法国实施未久，效果如何尚待进一步观察。在中国，法治环境有待进一步改善，公安机关享有广泛的干预公民基本权利的手段，相反，对警察权的制度性约束却不足。我国公安机关隶属于行政系统，独立性、透明性不足，难以摆脱各种不当干预，而且行政机关的属性决定了其考虑问题的出发点是行政利益，而非司法利益。《修改决定》赋予公安机关在认罪认罚案件中这样一个权力，在比较法的角度来说是非常少见的一个例子。

然而，争议归争议，2012年《刑事诉讼法》已经正式通过并生效，无论其法律效果、社会效果如何，侦查主体和起诉主体的权力得到扩张、交易地位得以强化已是不争的事实。

（三）认罪认罚案件中的检、法地位

认罪认罚案件中，控辩双方达成的意向是否对审判主体有约束力？双方

---

[1] 施鹏鹏：《警察刑事交易制度研究——法国模式及其中国化改造》，载《法学杂志》2017年第2期。

[2] 施鹏鹏：《警察刑事交易制度研究——法国模式及其中国化改造》，载《法学杂志》2017年第2期。

协商的范围可能包括对指控犯罪事实的承认、指控罪名的接受和量刑建议的接受。

首先,对指控犯罪事实的承认,即认罪。被告人的认罪能否约束法庭,排除法庭的审判权?这一问题取决于诉讼模式。在英美对抗制诉讼中,在审判开始之前设有专门的传讯程序(arraignment)。[1]只有在传讯程序中作无罪答辩的被告人才会进入对抗式审判,作有罪答辩的被告人则不再审判,直接进入量刑程序。可见,在对抗制诉讼模式下,被告人的认罪对法庭是有约束力的,直接排除了法庭的审判权。在非对抗制诉讼模式下,被告人无论在何种场合下认罪,均没有这样的法律效力。例如,我国2012年《刑事诉讼法》第53条规定,"只有被告人供述,没有其他证据的,不能认定被告人有罪和处以刑罚"。可见,即便经控辩双方协商后犯罪嫌疑人自愿认罪,也不能约束法庭,法庭仍有权就指控犯罪事实进行调查,这是职权主义审判的题中之义。

其次,关于指控的罪名。检察机关指控的罪名能否约束法庭?换句话说,法庭能否改变指控罪名?这一问题,涉及调整检法两家关系的控审分离原则。笼统地说,法院的审判范围不得超出起诉的事实范围。但是,在实行诉因制度和不实行诉因制度的国家,对于事实有着不同的理解。在实行诉因制度的国家,"事实"一定是经过诉因整理过的事实,改变诉因就意味着改变了"事实",因此,法院不能随意改变检察机关指控的罪名。在不实行诉因制度的国家,"事实"更接近客观的案件事实,只要法院审判的对象是检察机关指控的客观事实,就不超出起诉范围,而适用何种罪名被认为是法律适用问题,完全属于法官的职权范围,所以法庭认为检察机关指控罪名不当时,有改变罪名的权力。[2]我国《刑诉法解释》第241条规定:"对第一审公诉案件,人

---

[1] 在美国联邦司法系统,大陪审团对被告人提起公诉,或者检察官提交起诉书之后,就要对被告人进行传讯。在传讯程序中,会向被告人宣读起诉书的内容、向辩护律师提供一份起诉书的复印件,然后要求被告人对每个指控进行答辩,根据被告人的答辩决定是否进入正式审判程序。因此,传讯程序可以理解为正式审判开始之前的一个分流机制。See Joshua Dressler & Alan C. Michaels, Understanding Criminal Procedure(Ⅱ), Matthew Bender & Company, Inc., 2006, p. 175.

[2] 例如,在实行诉因制度的英美和日本,在诉因(count)上不能另外附加其他罪行,也不能换成另外一种罪,只允许对包容性犯罪(lesser-included-offense)进行缩小认定,比如把一级谋杀罪认定为二级谋杀。而德国《刑事诉讼法》第264条第1款则规定:"判决的对象为起诉书中指控的犯罪行为和经审理查明的犯罪行为。"参见[日]田口守一:《刑事诉讼法》,张凌、于秀峰译,中国政法大学出版社2010年版,第243页。

民法院审理后，应当按照下列情形分别作出判决、裁定：……（二）起诉指控的事实清楚，证据确实、充分，指控的罪名与审理认定的罪名不一致的，应当按照审理认定的罪名作出有罪判决；……"很显然，我国采取的是后一立场，不承认检察机关指控的罪名对法院有约束力。因此，即便是与辩方协商一致之后，检察机关指控的罪名也不能约束法庭。

最后，关于量刑建议。经与辩方协商一致后确定的量刑建议能否对法院形成约束？在这一问题上，目前各国立场基本一致，即认为量刑是法律适用问题，属于法官的职权范围，尤其是2005年以后，美国联邦量刑指南被最高法院认定为不具有强制性，只是"建议性的"，上述立场从比较法的角度来看已经没有例外。[1]因此，经控辩双方协商一致的量刑建议对法庭没有约束力，对审判中查明的犯罪行为如何量刑，属于法庭固有的职权。

因此，在中国职权主义的底色上，控辩双方就以上三个议题上达成的协议，对法庭均不应有强制性的约束力，虽然其背后的原因各不相同。然而，对照《修改决定》第21条（修正后的《刑事诉讼法》第201条）的规定，"对于认罪认罚案件，人民法院依法作出判决时，一般应当采纳人民检察院指控的罪名和量刑建议，但有下列情形的除外……"这里"一般应当"的表述，来源于《关于在部分地区开展刑事案件认罪认罚从宽制度试点工作的办法》第20条的规定。[2]在试点期间，为协调各方力量、推进试点工作，通过"一般应当"这样的表述让法院在试点期间尽量配合，无可厚非。但是，如果这种明显具有约束意味的条文出现在严肃的国家立法中，不仅不符合诉讼原理，而且违背"人民法院依法独立行使审判权"的原则。

再看同条第2款关于检察院调整量刑建议的规定，法院经审理认为量刑建议明显不当的，并不能直接量刑，只有"人民检察院不调整量刑建议或者调整量刑建议后仍然明显不当的"，人民法院才"应当依法作出判决"。

可见，《修改决定》为了认罪认罚从宽制度的顺利推行，给予检察机关的量刑建议以最大限度的尊重。

---

[1] 参见［美］约书亚·德雷斯勒、艾伦·C.迈克尔斯：《美国刑事诉讼法精解（第二卷·刑事审判）》，魏晓娜译，北京大学出版社2009年版，第336页。

[2] 《关于在部分地区开展刑事案件认罪认罚从宽制度试点工作的办法》第20条规定，对于认罪认罚案件，人民法院依法作出判决时，一般应当采纳人民检察院指控的罪名和量刑建议……

（四）认罪认罚案件中的辩护主体

认罪认罚案件中的辩护主体包括犯罪嫌疑人、被告人及其辩护人或者值班律师。其中犯罪嫌疑人、被告人是认罪认罚从宽制度中的核心人物。从认罪认罚从宽制度产生的背景来看，在国家层面上，目前我国存在着简化诉讼程序、节约司法成本的客观需要。然而，在个人层面上，获得完整审判是犯罪嫌疑人、被告人的合法权利。面对这样的权利主张，国家很难以成本、效率等理由直接予以拒绝，因此，任何简化诉讼程序的改革都会面对一个共同的"正当化"难题。但是，如果是被告人"自愿"地选择放弃诉讼权利，那么这一难题就迎刃而解。因此，如何保障犯罪嫌疑人、被告人认罪的"自愿性"是认罪认罚从宽制度要解决的首要问题。从本次修法来看，在引入认罪认罚从宽制度所牵动的18个刑事诉讼法条文中，总共出现了5次"自愿如实陈述"的表述，也说明犯罪嫌疑人、被告人认罪的"自愿性"是认罪认罚从宽制度的"生命线"，如果缺失这一点，认罪认罚从宽制度的正当性从根本上无从谈起。

1. 刑事诉讼法中保障认罪自愿性的程序机制

从刑事诉讼法的规定来看，保证犯罪嫌疑人、被告人自愿认罪的常见机制相当不完善。比如，犯罪嫌疑人面对警察的讯问，是否可以保持沉默？立法一方面宣布"不得强迫任何人证实自己有罪"，另一方面又要求犯罪嫌疑人对侦查人员的提问"应当如实回答"。又如，2012年《刑事诉讼法》修正引入重大案件讯问的录音录像制度，对保证犯罪嫌疑人自愿认罪，原本可以起到积极的作用。遗憾的是，对于讯问录音录像制度的目的，目前官方的表述是"防止刑讯逼供"，[1]因此，"侦查讯问过程的录音、录像资料，主要是用于真实完整地记录讯问过程，在办案机关对犯罪嫌疑人供述取得的合法性进行调查时证明讯问行为的合法性。……用于证明讯问合法性的录音录像不作为证明案件实体事实的证据，也就不必要每个案件都随案移送。"[2]这种对讯

---

〔1〕 全国人大常委会在2012年《中华人民共和国刑事诉讼法修正案（草案）说明》中解释：为了从制度上防止刑讯逼供行为的发生，修正案草案增加规定了……讯问过程的录音录像制度。

〔2〕 王尚新主编：《最高人民法院、最高人民检察院、公安部、国家安全部、司法部、全国人大常委会法制工作委员会〈关于实施刑事诉讼法若干问题的规定〉解读》，中国法制出版社2013年版，第99页。

问录音录像立法目的的人为限制,已经严重影响到该制度功能的发挥,因为录音录像不被认为是证明案件实体事实的证据,因而不必随案移送,律师不能随便查阅,只有在对供述合法性提出异议的情况下才有机会查看。[1]然而,没有刑讯逼供的讯问并不意味着认罪就具有"自愿性",在刑讯逼供和自愿认罪之间仍存在大量的中间地带,如以威胁、引诱、欺骗或者其他不当讯问方法得到的供述,这样的供述,即使没有外在的物理的强制,仍不具有自愿性。当前侦查机关运用讯问录音录像的方式,难以对引诱、欺骗等违法讯问方式进行有效监控。因此,在保障犯罪嫌疑人、被告人认罪的自愿性方面,原有的程序机制均存在这样或那样的不足。

2. 值班律师的定位

在这种情况下,需要引入特别的保障机制。《修改决定》第4条增加了一个条文,作为《刑事诉讼法》第36条:法律援助机构可以在人民法院、看守所等场所派驻值班律师。犯罪嫌疑人、被告人没有委托辩护人,法律援助机构没有指派律师为其提供辩护的,由值班律师为犯罪嫌疑人、被告人提供法律咨询、程序选择建议、申请变更强制措施、对案件处理提出意见等法律帮助。人民法院、人民检察院、看守所应当告知犯罪嫌疑人、被告人有权约见值班律师,并为犯罪嫌疑人、被告人约见值班律师提供便利。该条正式规定了值班律师制度。

值班律师制度起源于英国,其主要目的是为接受警察讯问的犯罪嫌疑人提供应急性的法律帮助,[2]而后为加拿大、日本、澳大利亚等国引入。[3]从2014年开始,我国先后开始试点速裁程序和认罪认罚从宽制度,无论是速裁程序还是认罪认罚从宽制度,都面临着同样的"正当性"议题。在某种意义上,保证被告人认罪的"自愿性"已经成为速裁程序和认罪认罚从宽制度的生命线。为了保证被告人认罪的自愿性,客观上需要一位法律专家的帮助。然而,在我国原有的辩护制度下,由于两个方面的局限,律师不可能在犯罪

---

〔1〕 秦宗文:《讯问录音录像的功能定位:从自律工具到最佳证据》,载《法学家》2018年第5期。

〔2〕 具体规定见英国《1984年警察与刑事证据法》第59条,参见中国政法大学刑事法律研究中心组织编译:《英国刑事诉讼法(选编)》,中国政法大学出版社2001年版,第306页。

〔3〕 顾永忠、李逍遥:《论我国值班律师的应然定位》,载《湖南科技大学学报(社会科学版)》2017年第4期。

嫌疑人、被告人需要的时候及时出现：一是强制辩护的范围极其有限，按照刑罚标准，目前仅限于可能判处无期徒刑和死刑的案件，绝大部分案件不属于强制辩护的范围；二是委托辩护、申请法律援助都需要时间，在辩护人、法律援助律师产生之前，客观上可能已经产生对律师到场的需要。在这种背景下，在覆盖范围上具有"弥补性"，在时间上具有"应急性""衔接性"的值班律师制度开始进入中国决策者的视野。

值班律师制度在我国于 2006 年开始起步，2010—2013 年，河南和上海先后开始推广、试点。2013 年，司法部提出"在看守所、法院等部门设立值班律师办公室或者提供咨询电话"的要求。[1]值班律师制度的全面铺开及完善，始于 2014 年最高人民法院、最高人民检察院、公安部、司法部（以下简称"两院两部"）联合发布的《关于在部分地区开展刑事案件速裁程序试点工作的办法》。该办法第 4 条规定："建立法律援助值班律师制度，法律援助机构在人民法院、看守所派驻法律援助值班律师。犯罪嫌疑人、被告人申请提供法律援助的，应当为其指派法律援助值班律师。"2016 年"两高三部"《关于认罪认罚从宽制度试点工作的规定》第 5 条将值班律师的职责界定为为自愿认罪认罚的犯罪嫌疑人、被告人"提供法律咨询、程序选择、申请变更强制措施等法律帮助"，且在用法上将值班律师与辩护人并列，表述为"辩护人或者值班律师"或者"辩护人、值班律师"，似乎有意强调值班律师不同于辩护人。2017 年"两高三部"《关于开展法律援助值班律师工作的意见》第 1 条将值班律师的基本职能界定为"为没有辩护人的犯罪嫌疑人、刑事被告人提供法律帮助"。第 2 条更详细列举了值班律师的工作职责，[2]该条同时明确指出"法律援助值班律师不提供出庭辩护服务"。上述规范性文件似乎表明了这样的立场：其一，明确区分值班律师和辩护人；其二，值班律师的基本职责是为没有辩护人的犯罪嫌疑人、被告人"提供法律帮助"，但其具体职责是

---

〔1〕 参见李立家：《我国法律援助值班律师制度的设想与实践——以从刑事案件速裁程序到认罪认罚从宽制度的变化为视角》，载《中国司法》2017 年第 6 期。

〔2〕 该条将值班律师的工作职责确定为，"（一）解答法律咨询。（二）引导和帮助犯罪嫌疑人、刑事被告人及其近亲属申请法律援助，转交申请材料。（三）在认罪认罚从宽制度改革试点中，为自愿认罪认罚的犯罪嫌疑人、刑事被告人提供法律咨询、程序选择、申请变更强制措施等法律帮助，对检察机关定罪量刑建议提出意见，犯罪嫌疑人签署认罪认罚具结书应当有值班律师在场。（四）对刑讯逼供、非法取证情形代理申诉、控告。（五）承办法律援助机构交办的其他任务"。

受限的。这一立场从规范性文件以列举方式规定值班律师的职责可以看出来，"两高三部"《关于开展法律援助值班律师工作的意见》更是明确将"提供出庭辩护服务"排除于值班律师职责之外。因此，对于值班律师的定位，也出现了不同的观点。[1]

2018年5月9日，全国人大官网公布的修正案草案第一稿在这一问题上作出了完全不同的规定。首先，在"两高三部"《关于认罪认罚从宽制度试点工作的规定》中原来"值班律师"与"辩护人"并列出现的地方，修正案草案第一稿统一表述为"辩护人"。其次，在值班律师的职责上，修正案草案第4条指出："值班律师为犯罪嫌疑人、被告人提供法律咨询，程序选择建议，代理申诉、控告，申请变更强制措施，对案件处理提出意见等辩护。"虽然仍是列举式的规定，但删去众多修饰语，这句话的主干只剩下了"值班律师为犯罪嫌疑人、被告人提供……辩护"。由以上两点可以看出，相比于以前的几个规范性文件，修正案草案第一稿对值班律师的性质和职责的界定发生了重大变化，几乎是明确地承认了值班律师的性质就是辩护人。这是一个相当引人注目的变化。

然而，遗憾的是，修正案草案二审稿在值班律师的定位问题上又回到了之前的老路上，不仅再次将"值班律师"与"辩护人"并列以示区别，而且将值班律师的职能重新定位为提供法律帮助，抹去了"提供……辩护"的表述，有意否定了值班律师的辩护人地位。我们认为，值班律师与委托律师、法律援助律师的区别仅在于其工作的应急性、衔接性，在司法实践中，绝大多数值班律师由于其工作的临时性，在行使阅卷权、调查取证权方面确实存在着许多客观上的困难，但这不应当反过来成为限制值班律师权利的理由，更不应否定其辩护人的地位。立法不应当在普通的辩护律师之外，再创造出一种"次品"的值班律师。而且，2017年10月最高人民法院、司法部联合发布的《关于开展刑事案件律师辩护全覆盖试点工作的办法》，将值班律师作为"律师辩护"全覆盖的重要载体。如果值班律师不是辩护律师，如果值班

---

[1] 比较有代表性的观点有"量刑幅度的协商者""诉讼程序的监督者""司法机关的合作者""准辩护人"等，参见姚莉：《认罪认罚程序中值班律师的角色与功能》，载《法商研究》2017年第6期；顾永忠认为值班律师是法律援助制度下特殊的辩护律师，参见顾永忠、李逍遥：《论我国值班律师的应然定位》，载《湖南科技大学学报（社会科学版）》2017年第4期。

律师从事的不是辩护活动，那么最高人民法院、司法部借助值班律师来推行律师辩护全覆盖的设想，恐怕就成空中楼阁了。

3. 值班律师的程序参与度

退一步讲，如果承认值班律师的辩护人地位，是否就可以实现值班律师的制度功能呢？如前所述，在认罪认罚案件中，引入值班律师的初衷是保证犯罪嫌疑人、被告人认罪的自愿性。《修改决定》对值班律师的程序参与主要限定于提供意见、提供法律帮助、具结时在场。然而，在确保犯罪嫌疑人认罪自愿性的关键场合，如讯问犯罪嫌疑人程序，不仅值班律师，即便是辩护律师，在目前的法律框架下也没有在场权。这意味着，即使立法将值班律师定位为辩护人，距离其保证认罪自愿性的预设功能，仍有相当大的差距。在这一方面，值得一提的是德国刑事诉讼法的变化。长期以来，德国刑事诉讼法也不承认辩护律师在警察讯问程序中的在场权。然而，这一立场已经在2017年发生变化，德国通过修法，正式规定警察讯问过程中律师的在场权。根据修改后的德国刑事诉讼法，在警察讯问过程中，律师不仅可以在场，而且可以向犯罪嫌疑人提问，也可以评论犯罪嫌疑人的回答。在我国立法引入认罪认罚从宽制度，对犯罪嫌疑人认罪的自愿性提出更高要求的背景下，也应适时推进侦查讯问的自愿性保障措施，赋予辩护律师或者值班律师在讯问时在场的权利。

（五）小结

诉讼制度的改革往往是牵一发而动全身。认罪认罚从宽制度正式入法，在某种程度上打破了刑事诉讼中原有的控、辩、审三方关系和力量对比。需要反思的是，这种对比变化是否符合我们引入认罪认罚从宽制度的初衷？至少通过上文的分析，原本以控辩双方的平等协商为设计思路的认罪认罚从宽制度，并没有弥合控辩双方之间的原有差距，侦、控主体获得了新的交易筹码，变得更为强势，辩方地位没有明显改观，依然脆弱。究其原因，是因为中国的犯罪嫌疑人、被告人手中可以与控方对弈的筹码实在不多。相比之下，美国的犯罪嫌疑人经过二十世纪六七十年代的正当程序革命，取得了一系列宪法性权利保障，放弃或者行使这些宪法权利，成为被告人手中重要的底牌。即便在德国，被告人在审判阶段也享有较为刚性的证据调查申请权，除非在立法明确规定的情形下，法官原则上不得拒绝被告人的证据调查申请。[1]这在一定程度上也强化了被告人的交易地位。法官想要加快审判速度，只能说服被告人放弃进一步查证的申请。所以，中国犯罪嫌疑人、被告人在认罪认罚制度中脆弱的地位，只是在刑事诉讼中缺失一系列重要诉讼权利的现状的投影。在控辩地位严重不对等前提下的认罪认罚从宽制度，可能会招致一些特殊的风险。例如，近年来司法实践中涉毒类假案现象逐渐抬头。吸毒者被发现之后可能要强制隔离戒毒两年时间。因此很多吸毒者宁愿对小额的"零包"贩毒案认罪，最多判6个月到1年，甚至在强制隔离戒毒期间有些吸毒者选择"自首"、"认领"某些小额贩毒案。警察有案件考核的任务，双方一拍即合，联手制作出涉毒类假案。这类案件在认罪认罚从宽制度下完全可以无障碍运行。只有控辩双方之间处于大体相当的地位，才可能有真正的平等协商，才能从根本上杜绝各种认罪认罚外衣下的违规操作。换言之，只有在健康的制度环境下才能有健康的认罪认罚从宽制度。

另外，在推行认罪认罚从宽制度，对犯罪嫌疑人、被告人认罪的自愿性提出更高要求的背景下，是否也应回过头来重新审视相关制度的功能定位，以弥合与这一要求的差距？例如，我国刑事诉讼制度中对"非法证据"的界定，仍着眼于"刑讯逼供"等外部的非法取证行为，形成非法言词证据的外部认定路径。[2]这种路径着眼于"外部"收集言词证据的非法手段，逐一列举在审判中将会被否定的各种非法取证行为，而非立足于犯罪嫌疑人、被告

---

[1] 德国《刑事诉讼法》第244条第3款规定，"不准许收集证据的，应当拒绝查证申请。除此之外，只有在因为事实明显收集证据为不必要，或者要求查明的事实对于裁判没有意义或者已经查明，或者证据毫不适当或者不可收集，或者提出申请是为了拖延诉讼，或者对于应当证明的、对被告人有利的重大主张，仅当主张的事实可以作为真实事实来处理的，才允许拒绝查证申请"。参见《德国刑事诉讼法典（刑事诉讼法·法院组织法·少年法院法）》，岳礼玲、林静译，中国检察出版社2016年版，第106页。

[2] 例如，2010年"两高三部"《关于办理刑事案件排除非法证据若干问题的规定》将非法言词证据界定为"采用刑讯逼供等非法方法取得的犯罪嫌疑人、被告人供述和采用暴力、威胁等非法手段取得的证人证言、被害人陈述"；2012年刑事诉讼法完全沿用了这种界定方式；2013最高人民法院印发的《关于建立健全防范刑事冤假错案工作机制的意见》更是明确列举了各种导致排除言词证据的非法手段，"采用刑讯逼供或者冻、饿、晒、烤、疲劳审讯等非法方法收集的被告人供述，应当排除"，"除情况紧急必须现场讯问以外，在规定的办案场所外讯问取得的供述，未依法对讯问进行全程录音录像取得的供述，以及不能排除以非法方法取得的供述，应当排除"。2017年出台的"两高三部"《关于办理刑事案件严格排除非法证据若干问题的规定》列举了"采取殴打、违法使用戒具等暴力方法或者变相肉刑的恶劣手段"；"采用以暴力或者严重损害本人及其近亲属合法权益等进行威胁的方法"；"采用非法拘禁等非法限制人身自由的方法"；等等。

人做出供述时的"内在"意志状态,优点是直观、明确,针对性和可操作性都很强,能够对非法取证行为起到直接的遏制作用。然而,缺点也同样明显:再完美的立法或准立法都不可能穷尽现实中所有的严重非法取证行为,更不可能预见未来社会可能出现的新型非法取证手段。而"自愿性"判断标准,虽然带有相当大的不确定性,然而却为法律规则的发展预留了足够的空间,又万变不离其宗,即便在程序规则鞭长莫及之处,仍可依赖个案中法官的自由裁量,排除非自愿性供述。更重要的是,引入"自愿性"标准重构口供排除规则,隐含着尊重犯罪嫌疑人法律人格的意蕴。联合国《公民权利和政治权利国际公约》第16条规定:"人人在任何地方有权被承认在法律前的人格。"拥有法律人格即是承认其法律主体地位,其核心要求是意志自由。[1]现代刑事诉讼与以往刑事诉讼的区别即在于承认犯罪嫌疑人、被告人的法律主体地位,不再仅仅将犯罪嫌疑人、被告人作为被追诉的对象和证据的来源。因此,未来非法言词证据的认定方面,可以适当吸收"自愿性"标准。

第二节 死刑案件中认罪认罚从宽制度的适用

一、死刑案件被追诉人认罪认罚的能力

(一)从"排除适用"到"具结例外"

自2016年制度试点到2018年正式立法,我国没有对认罪认罚从宽制度适用的罪名和刑罚进行任何限制。2018年《刑事诉讼法》第15条更是作出了原则性的规定,"犯罪嫌疑人、被告人自愿如实供述自己的罪行,承认指控的犯罪事实,愿意接受处罚的,可以依法从宽处理"。2019年,"两高三部"《关于适用认罪认罚从宽制度的指导意见》(以下简称《指导意见》)第5条指出,"认罪认罚从宽制度没有适用罪名和可能判处刑罚的限定,所有刑事案件都可以适用,不能因罪轻、罪重或者罪名特殊等原因而剥夺犯罪嫌疑人、被告人自愿认罪认罚获得从宽处理的机会"。

不过,值得注意的是,在试点阶段认罪认罚从宽制度曾经受到过适用范

---

[1] 参见魏晓娜:《非法言词证据认定路径的完善》,载《人民检察》2017年第18期。

围的消极限制。基于"主体"或者"案件"特殊性的考虑,"两高三部"《关于在部分地区开展刑事案件认罪认罚从宽制度试点工作的办法》(以下简称《试点办法》)将"尚未完全丧失辨认或者控制自己行为能力的精神病人"、"法定代理人、辩护人对认罪认罚有异议的未成年人案件"、"不构成犯罪的"以及"其他不宜适用的情形"排除在了适用范围之外。[1]但到了立法阶段,上述情形具备了平等适用的可能性,只不过被作为"不需要签署认罪认罚具结书"的特殊情形。[2]这一调整看似微不足道,实际上却是一种根本性的、从"排除适用"到"具结例外"的性质转变。对此,全国人大常委会法工委给出的解释是"盲聋哑人、尚未完全丧失辨认或者控制自己行为能力的精神病人和未成年犯罪嫌疑人等,虽然在认识能力上存在不同程度的不足,但仍然具备一定的识别是非善恶的能力,如果本人犯罪后能够认罪认罚,也应当依法予以从宽处理,但不需要签署认罪认罚具结书"。[3]之所以不需要签署具结书,则主要是考虑到上述主体存在生理缺陷或者年龄尚小、智力发育尚不完善,因而欠缺法律知识、对外界事物认识不够充分,存在对具结书的认识障碍,影响具结书的法律效力。[4]

(二)理想的"权利平等"与现实的"能力差异"

可以说,立法的初衷是好的,无差别适用的制度设计意欲彰显的是"法律面前人人平等"的精神。不因生理、年龄等因素而径行剥夺某些主体认罪

---

[1] 该办法第2条规定,"具有下列情形之一的,不适用认罪认罚从宽制度:(一)犯罪嫌疑人、被告人是尚未完全丧失辨认或者控制自己行为能力的精神病人的;(二)未成年犯罪嫌疑人、被告人的法定代理人、辩护人对未成年人认罪认罚有异议的;(三)犯罪嫌疑人、被告人行为不构成犯罪的;(四)其他不宜适用的情形"。

[2] 《刑事诉讼法》第174条第1款首先规定了审查起诉阶段适用认罪认罚从宽的前提条件"犯罪嫌疑人自愿认罪,同意量刑建议和程序适用",进而明确适用认罪认罚从宽"应当在辩护人或者值班律师在场的情况下签署认罪认罚具结书"。第2款则以"列举+兜底"的方式规定了"不需要签署认罪认罚具结书"的特殊情形,包括:犯罪嫌疑人是盲、聋、哑人,或者是尚未完全丧失辨认或者控制自己行为能力的精神病人的;未成年犯罪嫌疑人的法定代理人、辩护人对未成年人认罪认罚有异议的;其他不需要签署认罪认罚具结书的情形。其中,"犯罪嫌疑人是盲、聋、哑人"属于新增内容,其余则是对《试点办法》第2条的吸收转化。

[3] 王爱立主编:《〈中华人民共和国刑事诉讼法〉修改与适用》,中国民主法制出版社2018年版,第321页。

[4] 参见王爱立主编:《〈中华人民共和国刑事诉讼法〉修改与适用》,中国民主法制出版社2018年版,第322-323页。

第五章　死刑案件与认罪认罚从宽制度

认罚的权利具有合理性的一面，但问题在于，如何确保特殊主体的认知能力足以真实有效地作出认罪认罚的意思表示？至少，从法工委给出的"标准"来看，"一定的辨别是非善恶的能力"是一种具有高度道德性、模糊性的表达，与法律用语所追求的明确性、判断标准所应具有的可操作性相去甚远。而且，签署具结书从"结果意义"上而言只不过是对特定行为内容的一种"固定"，[1] 但认罪认罚自愿性、明智性的保障从来都不是一个"节点"的问题，而是一个"全程性"的问题。如果主体能力的缺陷已然构成了"签署"认罪认罚具结书的障碍，那么就很难认为这种能力缺陷无损于"具结内容的形成过程"。主张能力缺陷仅仅抵消了具结书签署之必要，而无关乎制度适用范围的特殊限制，显然是站不住脚的。

司法实践中，被追诉人的能力差异是不容忽视的客观事实，而当认罪认罚与死刑之虞并存，具有能力缺陷的被追诉人无疑会陷入更加"危险"的境地。经验表明，聋哑人很难进行自我辩护又极少委托辩护，诉讼过程中由于手语翻译不规范、法律援助效果不佳导致沟通不畅、办案困难，法律规定的量刑从宽最终很难落实到位。[2] 心智障碍者由于认知能力不如常人，通常难以实质参与审判、有效协助律师行使防御权，因而庭审表现不佳，甚至令裁判者认为其欠缺悔意，客观上蒙受着更高的死刑风险。从更加宽泛的意义上来说，出现在刑事法庭上的被告人从来都不是真正的"随机样本"，那些由于教育、职业、出身或者运气不好等各种原因而变得"脆弱"或者"处于不利地位"的人占据了其中的绝大部分。在最终受到刑罚处罚的人中，具有学习障碍、精神疾病、心理问题的群体占比颇高；有明显的证据表明，进入法庭的案件存在种族差异；而在女性被告人中，曾经遭受过身体虐待或者性虐待的亦属常见。当这些"弱势被告人"面对一个鼓励认罪答辩的司法系统时，

---

[1] 具结书的法律属性仍有争议，但无论是将其作为被追诉人单方面的"保证书"、曾作有罪供述的"证据"，抑或载明控辩双方协商合意的"契约"（"刑事协议"），它都能够发挥将特定行为内容"固定"下来并在事后用于证明的功能，比如证明被追诉人曾认罪认罚，证明控辩双方曾对指控罪名、量刑建议和程序适用达成何种共识等。关于具结书法律属性的分析，参见马明亮：《认罪认罚从宽制度中的协议破裂与程序反转研究》，载《法学家》2020年第2期。

[2] 张永超、程国有、郭副伟：《聋哑犯罪人刑事诉讼权利的保障》，载《人民检察》2012年第23期。胡昌明、赵忠荀、马铁丰：《法律实践与规范的背离：基于聋哑人犯罪从宽量刑的实证检验》，载《山东大学学报（哲学社会科学版）》2020年第2期。

从宽处理对他们而言与其说是一种"激励"（incentive），不如说是一种"引诱"（inducement），甚至构成了内在的强制。[1]因此，正如法谚所云"任何规则都有例外"，"一个没有例外的规则是能够伤害无辜的工具"[2]。认罪答辩制度的系统性压力不仅会波及事实上有罪之人，而且会波及事实上无罪之人，[3]如果立法不对此类制度的适用范围作出最基本的限制，那么看似平等的"权利"机制——比如，任何人都"可以"认罪认罚——实际上却很有可能成为冤错案件的源头。

（三）认罪认罚的资格限制：诉讼行为能力

对被追诉人进行最基本的资格限制，不仅具有上述现实层面的必要性，而且存在明确的理论依据。现代社会，审判和刑罚的程序都是以犯罪人能够答责（answerable）为预设的。一个被审判进而（如果被定罪）被施加刑罚的人，应当是一个能够负责任的公民，这构成了刑事责任和刑罚的实质性前提。如果他不具有必要的能力对指控进行答辩，或者对定罪和刑罚给予适当的理解和回应，那么他就是"不适格"的，[4]刑事审判就会变成一场闹剧。

1836年，英国在R v. Pritchard案中最先对这种适格性判断提出了要求，以解决被告人是否有能力答辩受审的问题。如今，"普理查德测试"（Pritchard Test）已经发展出了六项核心指标，法官应当审查被告人是否有能力：①理解其受到的指控；②决定是否答辩有罪；③挑选陪审员；④对律师进行指示；⑤理解诉讼程序；⑥为自己辩护提供证据。如果欠缺任何一项能力，就应当认定被告人"无力答辩受审"（unfit to plead）。[5]为了防止上述测试门槛过低

---

[1] See Jill Peay & Elaine Player, *Pleading Guilty: Why Vulnerability Matters*, The Modern Law Review, Vol. 81: 6, pp. 940-941, 936 (2018).

[2] Derrick Bell, *Confronting Authority: Reflections of an Ardent Protester*, Beacon Press, 1994, p. 98. 转引自刘晗：《想点大事：法律是种思维方式》，上海交通大学出版社2020年版，第140页。

[3] 参见John H. Blume、Rebecca K. Helm：《"认假罪"：那些事实无罪的有罪答辩人》，郭烁、刘欢译，载《中国刑事法杂志》2017年第5期。

[4] 参见[英]安东尼·达夫：《刑罚·沟通与社群》，王志远、柳冠名、姜盼盼译，中国政法大学出版社2018年版，第253-256页。

[5] 需要说明的是，无力答辩与精神病抗辩虽有交叉但并不等同，前者并不要求被告人必须患有某种精神疾病（如普理查德是一位聋哑人），反之精神问题也并不必然构成答辩受审的障碍。See Ronnie Mackay, *The Development of Unfitness to Plead in English Law*, in Ronnie Mackay & Warren Brookbanks eds. Fitness to Plead: International and Comparative Perspectives, Oxford University Press, 2018, pp. 11-13.

或者不当地剥夺被告人认罪答辩的权利，2016年，英国法律委员会在其报告中建议进一步区分"有效参与审判的能力"（①-⑥六项）和"答辩能力"（仅第②项），[1]对后者进行单独的"二次测试"。也就是说，如果被告人经普理查德测试被认定为没有能力接受审判，但有证据证明其有能力进行答辩，则可以作出有罪答辩，[2]适用辩诉交易。

在我国，虽然被告人认罪认罚并不具有"跳跃审判"的功能，但已然成为案件分流的重要依据，具有程序法和证据法两种层面的意义。[3]因此，有必要在广泛赋予被追诉人认罪认罚权利的同时，通过能力审查防范认罪认罚的不当适用。未来，可以考虑在刑事诉讼中确立"诉讼行为能力"的概念，将认罪认罚的能力作为其中的一种具体形态。所谓"诉讼行为能力"是指身为诉讼主体的被追诉人，事实上有决定意思及表示意思的能力，能为重要利害关系之辨识，可要求为相当防御行为的能力。从比较法上来看，对被追诉人诉讼行为能力的审查，既可以依控辩双方的申请启动，也可以依职权启动。不过，从我国司法实践中精神病鉴定、非法证据排除的启动之难可以看出，任何一项申请性权利或者保障性权力的有效行使，[4]都对辩方的能力、办案人员的积极性以及法官的中立性有着非常高的要求。因此，在重罪案件中，尤其是依法可能判处死刑的案件，要求办案人员或者至少是法官，对被追诉人认罪认罚的能力承担一定的"审查义务"或许是更加切实可行的方案。毕竟，在立法保留死刑的情况下，诉讼程序的公正性就变得更加重要，正如大法官杰克逊所言："如果严酷的实体法得到公平和公正的适用，那么它们也是可以忍受的。"[5]

---

[1] 在英国，辩控双方都可以提出受审能力测试的申请，法官亦可依职权启动。经"普理查德测试"被认定为"无力答辩受审"的被告人可能被送进医院或者受到其他处遇措施，而这些措施通常没有明确的期限。因此，为了保障被告人的权利，有必要区分"有效参与审判的能力"（capacity to participate effectively in a trial）（①—⑥六项）和"做出有罪答辩的能力"（capacity to plead guilty）（仅第②项）。

[2] 这里的"证据"是指两位具有资质的专家证人证言。See Law Commission, *Unfitness to Plead: Volume 1 Report* (2016), para 3.138.

[3] 在辩诉交易制度中，如果被告人答辩有罪，则无须进行审判（定罪程序），案件直接进入量刑程序。关于认罪的程序法意义和证据法意义，参见魏晓娜：《完善认罪认罚从宽制度：中国语境下的关键词展开》，载《法学研究》2016年第4期。

[4] 如果公权力机关某项职权的行使能够发挥对辩护方权利的保障作用，则称之为"保障性权力"。

[5] 刘晗：《想点大事：法律是种思维方式》，上海交通大学出版社2020年版，第31页。

二、死刑案件认罪认罚的辩护

目前，认罪认罚从宽制度在死刑等重罪案件中的适用相对较少。一方面，重罪案件发案率较低，远没有轻微刑事案件的基数大；另一方面，重罪案件认罪认罚面临着价值观念、政策导向、诉讼效益、司法技术等多个方面的障碍。比如："杀人偿命"的观念根深蒂固；重罪案件向来是从严惩治的重点；认罪认罚需要办案人员多方沟通、充分释法，费时费力；准确提出量刑建议的难度较大；等等。[1]但是，既然立法为死刑案件认罪认罚保留了制度空间，就有必要基于现有经验展开一定的前瞻性讨论。

（一）协商性司法压制化的典型场域

我国的认罪认罚从宽制度性质虽不同于英美的辩诉交易、德国的认罪协商，但"协商性"是其共同的核心要素。[2]而且，由于信息不对称、资源不对称，各国的协商性司法都面临着异化为压制型司法的现实风险。[3]如果我们将目光聚焦在死刑案件上，则能够发现这种"压制性"变得更加突出，以美国死刑案件辩诉交易的实证研究为例。

首先，在个案中，死刑从抽象的"威慑"转变成一种具体的"威胁"，对被告人是否认罪影响重大。虽然目前，死刑对于犯罪的威慑作用尚未得到经验事实的支撑，但理论上，威慑作用的证成离不开以下两项假设：第一，"信息假设"，被告人在行为之前就对死刑的适用有了一定的了解；第二，"理性假设"，被告人在行为之时是理性的。显然，和犯罪前相比，在辩诉交易的情境中，上述两项假设更加容易成立——辩护人或者检察官通常会和被告人交流死刑的政策信息，被告人本人也远比犯罪时更加冷静理性。因此，可能

---

〔1〕 苗生明、卢楠：《重罪案件适用认罪认罚从宽制度的理论与实践》，载《人民检察》2018年第17期。

〔2〕 虽然2018年《刑事诉讼法》并没有明确认罪认罚中的协商程序，但2019年"两高三部"《指导意见》第33条明确规定定量刑建议应当"尽量协商一致"。参见王敏远、杨帆：《认罪认罚从宽制度的新发展——〈关于适用认罪认罚从宽制度的指导意见〉解析》，载《国家检察官学院学报》2020年第3期。另外，学界主流观点亦将其视为协商性司法，参见陈瑞华：《刑事诉讼的公力合作模式——量刑协商制度在中国的兴起》，载《法学论坛》2019年第4期。熊秋红：《比较法视野下的认罪认罚从宽制度——兼论刑事诉讼"第四范式"》，载《比较法研究》2019年第5期。

〔3〕 龙宗智：《完善认罪认罚从宽制度的关键是控辩平衡》，载《环球法律评论》2020年第2期。

判处死刑的风险变得具体可感，显著地影响着其是否作出有罪答辩。[1]其次，经验事实表明，在可能判处死刑的案件中，控辩双方之间的力量失衡更加严重。比如，在纽约州恢复执行死刑后，谋杀案件被告人的有罪答辩率有了实质性的增长。[2]面对死刑的威胁，虽然大多数辩诉交易都是辩方主动发起的，但基本上只能接受检察官提出的交易条件，根本无从考虑交易的公平性问题。[3]我国目前虽然还没有关于死刑案件认罪认罚的实证研究，但和美国相比，在侦查阶段辩护人尚未介入之时就允许犯罪嫌疑人认罪认罚，加上特有的侦讯制度、羁押制度，自愿性保障显然变得更加困难。如果认罪认罚案件的辩护制度不发达，威胁引诱、刑讯逼供、由供到证的侦查方法就很可能死灰复燃，酿成新一轮的冤假错案。

（二）两种维度下的权利关系

完善死刑案件认罪认罚的辩护，不仅需要关注辩护权保障的一般性问题，[4]而且需要处理好以下两种维度中不同主体间的权利关系：第一，辩护人（委托辩护/指定辩护）与值班律师之间的权利顺位关系；第二，被追诉人和律师之间的权利配置关系。

1. "辩护人—值班律师"的权利顺位

在认罪认罚案件中，辩护人的权利较值班律师而言应当具有优先性，死刑案件认罪认罚则更当如此。原因在于：第一，值班律师制度只是委托辩护和指定辩护的一种"补充"，能够弥补辩护尚未覆盖的部分，但并不具有对辩护的等价替代性。按照《刑事诉讼法》第36条的规定，只有在被追诉人没有委托辩护人，法律援助机构没有指派律师为其提供辩护的前提下，才能由值

---

[1] See Ilyana Kuziemko, *Does the Threat of the Death Penalty Affect Plea Bargaining in Murder Cases: Evidence from New York's 1995 Reinstatement of Capital Punishment*, American Law and Economics Review, Vol. 8：1, pp. 116-117, (2006).

[2] See Ilyana Kuziemko, *Does the Threat of the Death Penalty Affect Plea Bargaining in Murder Cases: Evidence from New York's 1995 Reinstatement of Capital Punishment*, American Law and Economics Review, Vol. 8：1, p. 126.

[3] See Susan Ehrhard, *Plea Bargaining and The Death Penalty: An Exploratory Study*, The Justice System Journal, Vol. 29：3, pp. 317-318, (2008).

[4] 关于死刑案件认罪认罚从宽的辩护问题，现有研究已有诸多论述，本书不再赘述，仅就死刑案件认罪认罚时的特殊问题展开分析。

班律师为被追诉人提供法律帮助。[1]这就意味着在我国刑事诉讼中实际上形成了"委托辩护—指定辩护—值班律师法律帮助"的三级递补格局。在辩护制度内部,指定辩护是委托辩护的补充,而值班律师制度则是整个辩护制度的补充。第二,值班律师在法律层面并不具有辩护人的身份,权利受到限制,虽然司法解释对其职责进行了强化,同时明确要求办案机关提供相应便利,[2]但值班律师的权利保障始终难及辩护律师。而且,值班律师本质上所具有的"应急性"[3]也决定了其应当在辩护人介入后"功成身退"。

明确辩护人权利优先性的意义在于,如果被追诉人已经委托或者受到指定辩护,则审查起诉环节检察院听取律师的意见、签署认罪认罚具结书时要求律师在场,都只能由辩护人进行,而不能选择值班律师。易言之,对《刑事诉讼法》第173条、第174条的规定不能孤立解读,而应当进行系统解释,与第36条值班律师的"补充性"一脉相承。此外,第173条、第174条中的"或者"一词——"听取辩护人或者值班律师……的意见""在辩护人或者值班律师在场的情况下签署认罪认罚具结书"——并不是赋予办案机关任意选择权,而只是值班律师对辩护缺位进行补充的又一体现。[4]司法实践中,部分办案机关在被追诉人已经有辩护人的情况下,出于快速结案等因素的考虑,"越过"辩护人直接通知值班律师提出意见或者到场见证的做法,不仅是对法律条文的曲解,而且侵犯了被追诉人和辩护人的权利,是一种实质性的程序违法。

具体到死刑案件的认罪认罚,上述讨论意义有三:首先,办案机关应当为被追诉人委托辩护预留充足的时间,认罪认罚不宜操之过急。其次,被追诉人没有委托辩护的,办案机关应当及时通知法律援助机构为其指派律师进行辩护,法律援助机构接到通知后也理应优先处理、及时安排。最后,在案件初期辩护人尚未到位之时,值班律师可以为被追诉人提供必要的法律帮助,但应当慎重提出建议。死刑案件认罪认罚的实质性开展应当尽量安排在辩护人介入甚至是阅卷之后,而且,不宜根据认罪认罚所处的阶段简单机械地决

---

[1] 参见《刑事诉讼法》第36条。

[2] 参见"两高三部"《指导意见》第12条。

[3] 值班律师制度最大的特点是应急性,意在为那些来不及聘请律师或者不能成为法律援助对象的人提供法律帮助。参见樊崇义:《值班律师制度的本土叙事:回顾、定位与完善》,载《法学杂志》2018年第9期。

[4] 参见《刑事诉讼法》第173条、第174条。

定量刑从宽的幅度。如此，方能更好地保障死刑案件被追诉人认罪认罚的自愿性和明智性，防止案件带病进入审判。

2. "被追诉人—律师"的权利配置

认罪认罚案件同样可能发生辩护冲突，如何调整被追诉人认罪认罚的自主决定权和律师辩护之间的关系，是自愿性保障无法回避的问题，也对反思值班律师的异化现象有着重要意义。首先，为什么辩护冲突在认罪认罚案件中依然可能存在？在我国，广义上的辩护权具有三种归属形态：（1）被追诉人独享的权利，如认罪认罚、最后陈述；（2）辩护人独享的权利，如阅卷；（3）二者共享的权利，如发表辩护意见，亦即狭义上的辩护权。[1]通常所说的"辩护冲突"，在外观上表现为被追诉人和辩护人之间的"意见冲突"，但其根源则在于被追诉人和辩护人"共享"着狭义上的辩护权——二者均可发表辩护意见，自我辩护属于"犯罪嫌疑人、被告人的供述和辩解"，律师辩护则属于"辩护律师的意见"。一种权利分属于两类主体，而律师又不能无视法律规范和职业伦理对被追诉人唯命是从，所以辩护意见的分歧无法根除，只能调和。那么，当被追诉人和辩护律师意见不一致，应当如何处理？比如，被追诉人认罪认罚时，律师能否坚持无罪、罪轻或者量刑辩护？被追诉人不认罪认罚时，律师能否基于专业判断极力规劝？被追诉人反悔，撤回认罪认罚后，律师能否继续有罪辩护？

按照传统的"独立辩护人理论"，[2]上述问题的答案是肯定的，但这一理论已经受到了扬弃，2017年《律师办理刑事案件规范》第5条在明确律师"应当依法独立履行辩护职责"的同时，强调其"应当在法律和事实的基础上尊重当事人意见，按照有利于当事人的原则开展工作，不得违背当事人的意愿提出不利于当事人的辩护意见"，由此"协同性辩护理论"应运而生。[3]

---

〔1〕 诉讼权利的三种分类，参见闫召华：《辩护冲突中的意见独立原则——以认罪认罚案件为中心》，载《法学家》2020年第5期。但对辩护权的广义、狭义分类是本书而非引文的观点。

〔2〕 "独立辩护人理论"参见陈瑞华：《独立辩护人理论的反思与重构》，载《政法论坛（中国政法大学学报）》2013年第6期。其规范依据为《律师办理刑事案件规范》（2000年）第5条，"律师担任辩护人或为犯罪嫌疑人提供法律帮助，依法独立进行诉讼活动，不受委托人的意志限制"。

〔3〕 "协同性辩护理论"强调律师作为协助者的角色定位和对当事人意志的尊重，主张以沟通化解冲突，沟通失败则妥善退出辩护。参见陈瑞华：《论协同性辩护理论》，载《浙江工商大学学报》2018年第3期。

但现有规范和理论并没有回答：辩护意见对当事人是否有利的判断标准何在？是否存在外在的客观标准，还是取决于当事人或者辩护律师的主观判断？其实，辩护冲突之所以发生，往往不是因为辩护人意欲损害当事人的利益，而恰恰是辩护人基于自己的专业知识和办案经验所得出的"最佳辩护方案"和当事人心目中的"最佳方案"发生了冲突。某种意义上，何者更优根本无从检验——审判只有一次，未被选择的辩护方案就像是岔路口那条未被选择的路，没有人知道它最终会通向何方。

正是基于此，在辩护意见存在质的区别，甚至关乎生死之际，将最终的决定权保留给被追诉人自己至少是一种道德成本更低的选择。2018年，在美国联邦最高法院审理的McCoy v. Louisiana案中，被告人被控犯有三项一级谋杀，依法可能被判处死刑。虽然被告人主张自己无罪的辩护理由荒谬无稽，[1]但最高法院依然认为宪法第六修正案赋予了被告人决定辩护目标的权利，其有权要求律师不得承认有罪。哪怕律师基于专业经验认为"承认有罪是被告人避免被判处死刑的最佳方式"，不顾被告人明示的反对进行意见相左的辩护，同样违反宪法第六修正案，而且属于一种结构性错误。[2]更进一步地，最高法院明确指出，"是否做出有罪答辩"并不是一种"策略选择"而是被告人对其"辩护目标"的决定，属于被告人保留的权利，律师作为法律帮助的提供者无论多么专业终究只是帮助者，[3]不能代替被告人掌控全局。

其实，无论是我国的认罪认罚从宽，还是美国的辩诉交易，"自愿性"始终是此类制度的命脉所在。虽然McCoy v. Louisiana案的裁判受到了一些质疑，[4]但其对被告人自主决定权的强调和对辩护律师辅助性的重申，在辩诉交易如此盛行的美国意义重大。在刑事诉讼中"偷走"了被害人与被告人之间的"纠纷"后，难道还要让律师在辩诉交易中"偷走"被告人的权利吗？同样

---

〔1〕 该案被告人已被判定有能力接受审判（competence to stand trial），被告人始终声称整个案件是控方乃至更多公权力主体牵涉其中的一场"阴谋"和"迫害"；律师的辩护策略则是在定罪环节认罪，在量刑环节提出当事人精神状况的证据，争取减轻责任，避免死刑。

〔2〕 "结构性错误"是指某些错误一经认定，无须适用无害错误原则进行审查而直接产生权利救济之必要。

〔3〕 See McCoy v. Louisiana, 584 US (2018), 138 S. Ct. 1500 (2018).

〔4〕 有学者质疑McCoy案的裁判忽略了第八修正案对死刑适用应遵循比例原则的要求，也使得量刑阶段辩护决策的决定权从律师手中转移到了被告人手中。See Elizabeth M. Klein, *McCoy v. Louisiana's Unintended Consequences for Capital Sentencing*, Stanford Law Review, Vol. 71: 4, pp. 1067-1092, (2019).

地，在我国，辩护律师忠诚义务的履行不仅要考虑是否对当事人有利这一"利益要素"，而且应当尊重当事人的意见，亦即包含"意志要素"。而是否有利于被追诉人的利益很难客观评判，至少"不违反被追诉人明示的反对"是一个清晰的底线。因此，在死刑案件认罪认罚的适用过程中，律师（辩护律师/值班律师）应当做的是尽职尽责地释法说理、充分透彻地晓以利弊，但最终如何选择应当交由被追诉人自己决定。

三、死刑案件认罪认罚的审查与量刑

"司法限制"和"立法削减"是我国控制死刑的两大途径。2007年最高人民法院统一收回死刑核准权，从而结束了26年的部分死刑案件核准权下放至高级人民法院的历史。2011年《刑法修正案（八）》和2015年《刑法修正案（九）》先后取消了13个、9个死刑罪名，刑法中的死刑罪名降至46个。不过，目前所废除的死刑罪名几乎都是实践中死刑适用数量极少或者多年来鲜有适用的。因此，就少杀慎杀而言，减少死刑罪名和最高人民法院收回核准权的意义不可等同言之。而且，可以预见的是，经过两次批量性废除，死刑的"立法削减"不可避免地会进入一个瓶颈期，甚至是停滞期。[1]未来很长的时间内，死刑适用的"司法限制"仍然会是我国控制死刑的重点所在。

就司法限制而言，最高人民法院的作用当然毋庸置疑，但除此之外，如何在诉讼程序的"前端"更好地把控案件质量、分散裁判风险，在坚持"罪责刑相适应"原则的基础上贯彻"少杀、慎杀"的恤刑理念，仍然值得探索。尤其是，伴随着认罪认罚从宽制度的施行，如何在死刑案件中发挥制度优势、规避制度风险，怎样审查被告人认罪认罚的自愿性、把握量刑从宽的幅度等等，都具有单独讨论的必要性。

（一）讯问录音录像与自愿性审查

认罪认罚的自愿性并不是一个全新的问题，其与传统意义上的供述自愿性问题一脉相承。因此，一方面，供述自愿性保障的固有缺陷将在认罪认罚自愿性的保障中继续存在，比如，被追诉人并不享有完整意义上的沉默权，相反，对与案件有关的问题负有"如实回答"的义务；讯问时律师不得在场；

---

[1] 参见林维：《中国死刑七十年：性质、政策及追问》，载《中国法律评论》2019年第5期。

等等。但另一方面，立法为了保障供述自愿性所做出的制度改良，对于保障认罪认罚的自愿性同样有所助益，比如，讯问录音录像理应成为认罪认罚自愿性的审查依据。

按照刑事诉讼法的规定，可能判处死刑的案件应当对讯问过程进行录音或者录像，[1]但要想充分发挥讯问录音录像对死刑案件认罪认罚自愿性的保障功能，则需要对其证据属性进行明晰。目前，刑事诉讼法仅在侦查一章中，从"程序规范"的角度确定了讯问录音录像的案件范围和基本要求，并没有明确其"证据属性"。有关司法解释更是将其定性为办案机关内部的"工作资料"，[2]原则上通过个案调取的方式进行使用，[3]而不作为"证据"随案移送。这种制度安排不仅使得规范侦查行为、治理刑讯逼供的立法目的难以充分实现，而且人为地限缩了讯问录音录像的证据价值。[4]伴随着认罪认罚从宽制度的开展，明确讯问录音录像的证据属性不仅具有可行性，而且具有必要性。

就可行性而言，首先，讯问录音录像制度入法已有八年，各地办案场所的录音录像设备已经比较完善，技术障碍几乎不复存在。其次，讯问录音录像以声画的形式记载了讯问过程中更多的信息和内容，本就具有成为证据的潜力，甚至可以成为最佳证据。再次，司法解释的相关规定表明，讯问录音录像不仅符合刑事诉讼法中证据的概念，而且已经在司法实践中被用作了证据。比如，《人民检察院刑事诉讼规则》（2019年修订）第75条规定，"人民检察院在审查逮捕、审查起诉和审判阶段，可以调取公安机关讯问犯罪嫌疑人的录音、录像，对证据收集的合法性以及犯罪嫌疑人、被告人供述的真实性进行审查"。第77条规定，"公诉人可以提请法庭当庭播放相关时段的讯问录音、录像，对有关异议或者事实进行质证"。这就表明，讯问录音、录像不

---

[1] 参见《刑事诉讼法》第123条。

[2] 参见最高人民检察院于2014年印发的《人民检察院讯问职务犯罪嫌疑人实行全程同步录音录像的规定》第2条第3款，"讯问录音、录像资料是检察机关讯问职务犯罪嫌疑人的工作资料，实行有条件调取查看或者法庭播放"。

[3] 司法解释中，公安机关侦查案件的讯问录音录像，一般采"个案调取模式"，检察院自侦案件的讯问录音录像，则采"随案移送模式"。参见最高人民检察院2019年发布的《人民检察院刑事诉讼规则》第75条。

[4] 参见秦宗文：《讯问录音录像的功能定位：从自律工具到最佳证据》，载《法学家》2018年第5期。

仅可以对证据收集的合法性这一"程序性事实"进行证明,而且能够对被追诉人供述所涉及的"实体性事实"进行证明;不仅能够在审前阶段用于"自向证明",而且能够在审判阶段用于"他向证明",完全符合《刑事诉讼法》第50条对证据的定义——可以用于证明案件事实的材料,都是证据。最后,就必要性而言,如果讯问录音录像作为证据随案移送,则律师(辩护律师/值班律师)能够通过阅卷对被追诉人认罪认罚的自愿性、明智性进行更加充分的了解,从而更好地进行辩护或者提供法律帮助;与此同时,法官则拥有了更加充实全面的证据对案件进行实质审查,保障案件裁判的公平公正。

(二)量刑建议与死刑量刑

从2018年《刑事诉讼法》修改通过,到2019年《指导意见》出台,我国认罪认罚案件量刑建议的"提出模式"经历了从"单向相对明确式"到"协商全面精准式"的转变,相应地,审判环节对量刑建议的"采纳模式"则从最初的"推定接受型"发展为了"审查接受型"。[1]从上述规范来看,笔者认为,在认罪认罚的死刑案件中,第一,量刑建议的提出应当建立在充分协商的基础上,以幅度刑的方式提出;第二,审判环节应当构建独立的量刑程序,审查决定是否采纳量刑建议。

1. 协商基础上的幅度刑量刑建议

死刑案件量刑情节的复杂性决定了此类案件认罪认罚时,控辩双方应当进行充分的量刑协商,检察机关以幅度刑的方式提出量刑建议更为适宜。首先,《指导意见》第33条首次在规范层面承认了我国认罪认罚从宽制度的协商属性,要求检察机关在提出量刑建议前,"应当充分听取犯罪嫌疑人、辩护人或者值班律师的意见,尽量协商一致",同时,明确提示"情节复杂的重罪案件"可以提出幅度刑量刑建议。[2]其次,量刑的准确性在死刑案件中具有非同寻常的意义,因此对量刑证据的"质"和"量"都提出了更加严格的要求。一般而言,审判环节的证据更加丰富、全面,而且经过了举证质证、非

---

[1] 参见林喜芬:《论量刑建议制度的规范结构与模式——从〈刑事诉讼法〉到〈指导意见〉》,载《中国刑事法杂志》2020年第1期。

[2] 参见"两高三部"《指导意见》第33条。

法证据排除的程序保障。此外,法官整体而言比检察官更加熟悉量刑方法,对类案之间量刑均衡性的把握也更加准确。因此,以幅度刑的方式提出量刑建议,不仅有助于检察机关积极开展死刑案件认罪认罚的工作,而且能够尽量减少法检之间的权力冲突,防止被告人的量刑期待动辄落空。最后,量刑是法律适用问题,属于法官的职权范围,各国丰富死刑案件量刑证据的制度设计也都是为"裁判者"服务的,审前阶段很可能根本不具备提出精准化量刑建议的条件。比如,美国的量刑前调查制度是在被告"被定罪以后量刑之前"开展的,由观护官或其他专业人员对被告的性格、家庭背景、职业、经历等个人情况进行全面的调查,以制成书面报告提交法庭。

2. 独立死刑量刑程序:量刑建议的审查

死刑案件即使认罪认罚,在审判程序中也有构建独立量刑程序的必要。一方面,长期以来,量刑活动在我国的刑事审判中只具有相对独立性,[1]而这种不彻底的制度改良,被实践证明存在诸多弊端。比如,在死刑案件中,相对独立量刑程序的适用情况并不乐观,有学者对120名死刑案件审理法官进行了问卷调查,结果显示80.8%的人都"未适用"相对独立的量刑程序。而定罪量刑程序合一,往往会导致法官心证受到干扰、量刑缺乏实质化审理、量刑辩护难以发挥实效等。[2]另一方面,相较于普通案件而言,死刑案件由于量刑情节的复杂性、量刑证据的丰富性,客观上对独立量刑程序具有更迫切的需要。如前所述,死刑案件认罪认罚的量刑建议在审查起诉阶段很难明朗确定,检察院提出幅度刑量刑建议更为合宜,因此,就有必要在审判阶段构建独立的量刑程序,由控辩双方展开更加细致深入的量刑辩论,最终由法院决定是否适用死刑、是否缓期执行。

基于限制死刑适用的理念,法官在审查量刑建议时应当自觉遵循一种"层次性思维模式",逐一判断案件是否落在"犯罪圈—死罪圈—死刑圈—死缓圈"内,[3]从而真正落实少杀慎杀的刑事政策和认罪认罚的量刑从宽。这

---

[1] 参见"两高三部"《关于规范量刑程序若干问题的意见(试行)》第1条:"人民法院审理刑事案件,应当保障量刑活动的相对独立性。"

[2] 陈群:《死刑量刑程序的现状反思与模式重塑——基于实证的分析》,载《江西社会科学》2017年第8期。另可参见陈瑞华:《论相对独立的量刑程序——中国良性程序的理论解读》,载《中国刑事法杂志》2011年第2期。

[3] 参见白建军:《死刑适用实证研究》,载《中国社会科学》2006年第5期。

种"层次性思维模式"不仅符合《刑法》第48条的立法逻辑,[1]而且也是比较法层面死刑裁量的共性所在。比如,日本虽然没有采用美国式的"定罪—量刑"二分式程序,但形成了程式化的死刑裁量"四段构造模式":①考虑是否符合适用前提,其一,检察官是否以死刑求刑;其二,杀害行为是否故意为之。②初步判断是否适用死刑,主要考虑被害者的数量。③得出假定的结论,主要考虑犯罪客观方面的事实。④得出最终的结论,主要考虑其他量刑因素的补充和修正作用。[2]

---

[1] 参见《刑法》第48条第1款,"死刑只适用于罪行极其严重的犯罪分子。对于应当判处死刑的犯罪分子,如果不是必须立即执行的,可以判处死刑同时宣告缓期二年执行"。

[2] 张晶:《日本死刑基准及其逻辑构造——"永山事件"的展开》,载《法律适用(司法案例)》2018年第24期。另可参见周振杰:《日本死刑司法控制的经验及其借鉴》,载《法学》2017年第6期。

第六章
死刑案件与刑事和解

第一节 刑事和解概述

刑事和解20世纪末21世纪初在中国的兴起,是三股力量综合起作用的结果。中国古代素有重视调解教化的传统,民国以后开始引入以西方法治理念为支撑的现代法律制度,却在实施层面出现诸多问题。

一、西方传统刑事司法的危机与转向

在西方,经过始自12世纪的漫长历程,一套关于"犯罪"与"刑罚"的刑事法理论和司法体系逐渐发展成型。在这套体系中,"犯罪"与其他冲突行为被截然分开,成为一种需要特殊对待的过错行为类型。对于"犯罪"行为,也有一套特殊的程序和应对方式:国家起诉、国家惩罚、由犯罪人向国家偿还(抽象的)道德之债。总之,在整个过程中,"国家"扮演着突出的角色:犯罪行为在实体上导致的是"国家"与犯罪人之间的刑事责任关系;在程序上导致的是"国家"对被告人(犯罪嫌疑人)的追诉、审判关系。这是现代刑法和刑事诉讼法发生、发展的基本前提。可以说,现代刑法理论和刑事诉讼理论均围绕这两对核心关系而展开,这也奠定了刑事司法的基本格局——刑法是国家单向地施于犯罪人的,刑事司法是国家与被告人(犯罪嫌疑人)之间的事情。因此,在刑事法的实施过程中,现实地承受犯罪侵害的被害人乃至社区基本上没有置喙的余地。这是一种典型的"强加型"司法观。

这种以"国家—犯罪人"关系或"国家—犯罪嫌疑人(被告人)"关系为核心的刑事法逻辑的无限延展,势必会在一系列方面产生问题。第一,关于刑事责任的承担对象。传统的刑事法理论认为,应当由犯罪人向国家承担

刑事责任。传统刑事司法的特征在于"国家"单方面的、强加式的法律实施,即"国家对合法暴力的垄断"。[1]但是,"国家"只是一种抽象概念。事实上,它由各种专门机关构成,而这些专门机关的组成,都是为了维持社会秩序,实现主权者的意志。由于常常脱离民众的直接控制,这些专门机构就取得了增进自身组织利益的各种权力和机会,它们能够按照自己的观点和需要来解释法律。所谓"国家对合法暴力的垄断",实际上是它所创设的强制机构的垄断。另外,单方面地强调国家作为刑事责任的对象,忽视了一个重要的利益群体——被害人。二战之后兴起的被害人学理论批评传统的刑事司法模式把注意的焦点集中于犯罪人,忽视了犯罪行为的人际冲突性质,国家"偷走了被害人、社区与犯罪人之间的矛盾",篡夺了受害人寻求修复和补偿的权能,致使被害人和社区这两个因素完全被忽视,成为传统刑事司法中"被遗忘的角落"。[2]二十世纪六七十年代,西方国家的被害人犯罪学蓬勃发展,出现了"被害人导向"的刑事政策,其中如何保障被害人的权利成为学者们的热门话题。被害人最根本的权利就是获得赔偿。但是,被害人对刑事司法的参与不应当仅限于获得赔偿,还应当被赋予犯罪处理程序的参与权,甚至犯罪人责任形式的决定权。于是,在西方开始出现被害人作为独立主体参与刑事案件处理的实践。这种新的司法形式下,犯罪不仅仅意味着对政府权威的侵犯,更是对被害人和社会,甚至犯罪人自己的侵害;反对政府对犯罪行为的社会反应方面的权力独占,提倡被害人和社会对司法权的参与。

第二,关于刑事责任的承担主体。在刑事古典学派的叙事中,犯罪是犯罪人基于自由意志而选择的结果,因此,犯罪人必须为自己的选择接受刑罚的制裁。用康德的话来说,这正是尊重了犯人作为理性的存在。[3]基于此种认识,犯罪人成为刑事责任的唯一承担主体。而刑事实证学派提出了截然不同的看法。他们认为,犯罪行为是素质、环境等因素支配下的产物,是犯罪人危险人格的表征。因此,意志并非自由。时至今日,相对意志自由的理论已

---

[1] [美]诺内特、塞尔兹尼克:《转变中的法律与社会》,张志铭译,中国政法大学出版社1994年版,第47页。

[2] 唐芳:《恢复性司法的困境及其超越》,载《法律科学-西北政法大学学报》2006年第4期。

[3] [德]康德:《法的形而上学原理——权利的科学》,沈叔平译,林荣远校,商务印书馆1991年版,第150页。

经渐成主流。[1]在这种理论看来,人的意志固然有被素质、环境等因素决定的一面,但它又不是完全被动的,它有自己的能动性。因此,对基于正常的意识活动而选择犯罪行为的人加以非难,并无不妥。因此,犯罪人是整个事件中第一位、不可推卸的责任主体。但是,在此前提下,社区也必须对整个犯罪事件承担责任。因为犯罪的产生,部分地归因于社区的失败,或者社区环境的影响。犯罪人可能遭受过来自社区的歧视,承受过不健康的人际关系的影响,可能从来不曾获得受教育的机会。从这个意义上说,社区成为犯罪的孕育者,因此,在犯罪回应中,社区不仅是受害人,而且也是责任人。[2]因此,社区必须承担起应有的责任,帮助犯罪人重返社区。但是,自从国家接管刑事司法之后,民众就逐渐失去了这样的意识:控制犯罪和维护正义是他们的责任。社区也对处理他们自己的犯罪问题以及自我规制失去了信心和能力。他们仅仅成了国家所提供的刑事司法服务的消费者。因此,尽管国家掌控的刑事司法提供了更多的安全,但是从长远来看,它削弱了社区控制,而后者本应是更为强大、更为有效的犯罪控制机制。

第三,关于承担刑事责任的方式。传统刑事司法以"故意使人痛苦"的刑罚作为承担刑事责任的首选,强调对于犯罪一定要用刑罚加以惩罚,将其他手段视为次要或者例外的手段。因此,刑事司法舞台的主旋律就是"刑罚"。但是,定罪判刑不仅是一种法律活动,从起诉到审判到犯罪人被监禁,都有着重要的社会心理暗示意味,即让犯罪人蒙羞,给他们贴上"罪犯"的标签,令他们在公众面前身败名裂。这样的标签,等于将犯罪人永远地钉在了耻辱柱上。刑事司法领域许多微妙、具有符号意义的行为综合作用的结果,是导致真正的"罪犯"产生。对此,有批评者提出,刑事司法的最显著特征是公开惩罚犯罪人,但是,从最基本的社会意义而言,这反而有碍于达到社会控制的目的。[3]

针对以"惩罚"为基点的传统刑事司法所出现的问题,20 世纪 70 年代后,西方出现了让犯罪人重返社会的"恢复"司法理念。犯罪人要重返那个

---

[1] 陈兴良:《本体刑法学》,商务印书馆 2001 年版,第 306 页。
[2] 杜宇:《刑事和解与传统刑事责任理论》,载《法学研究》2009 年第 1 期。
[3] [荷兰]约翰·布拉德,戈玉和译,颜九红校:《社区调解、刑事司法与恢复性司法——法律制度的重构》,载《北京政法职业学院学报》2006 年第 3 期。

第六章　死刑案件与刑事和解

被他（她）伤害过的社区，就必须对被害人和社区承担责任，考虑他们的实际需求。对被害人而言，犯罪行为造成的最直接损害在物质方面，导致他们的经济状况倒退，甚至难以维系正常的生活，因此，以金钱赔偿的方式弥补物质损失，就显得很有必要。如果犯罪人无钱可赔，或者被害人不想让犯罪人的父母代替赔偿，坚持让被害人本人接受教训，那么为被害人提供劳务就成为一种可能的选择。犯罪人除了给被害人带来物质损失以外，也会造成人格上的侮辱和精神上的负担，因此，鼓励犯罪人向被害人真诚道歉，使被害人的精神损害得以减轻甚至弥合，就成为另一种重要的责任承担方式。此外，社区也是受到犯罪侵害的对象。犯罪使社区成员的安全感下降、信任感降低，社区的道德传统和交往原则面临严重考验。此时，为社区提供无偿的劳务，就成为对社区的弥补。这种社区劳动强化了"犯罪要付出代价"的责任观念，而且力求通过犯罪人的建设性行为，重新取得社区的信任。因此，在"恢复"性司法理念之下，赔偿、道歉和社区劳动成为新的刑事责任承担方式。

　　第四，关于实现刑事责任的方式。传统的刑事司法模式的特征在于"国家"单方面的、强加式的法律实施。这主要是基于两方面的原因：第一，将刑法规定视为绝对命令。分析法学派的奠基人约翰·奥斯丁提出的"法律是主权者的命令"的命题，自19世纪以来就是西方的法学常识。[1]既然刑法是一种命令，在实践中就应该不折不扣地执行，至于刑罚执行的代价和效果如何，并不是最关键的问题。这种观念强调法律是立法者意志的表达，他人必须接受，否则立法者将给予暴力式的制裁。第二，犯罪是危害社会秩序最严重的行为，是与法律意志根本冲突的产物，对于犯罪，必须采取与之相适应的最严厉的刑事手段来惩处这种行为。因此，刑法制度只是贯彻主权者意志的工具。

　　但是，法律命令说是否能够放之四海而皆准，始终是一个问题。刑法的主要内容是以制裁为后盾的行为义务，但即便是在这样一部义务性极强的法律中，将刑法完全与强制等同视之，也是不妥当的。一方面，刑法有其道德诱导的一面，不绝对是强制和命令。另一方面，刑法以刑罚为手段强行推行主权者的意志，容易引起人们本能的抵触和厌恶情绪。在这种情况下，有学

---

〔1〕　[美] E. 博登海默：《法理学：法律哲学与法律方法》，邓正来译，中国政法大学出版社1999年版，第119页。

者提出，可以在保留并限制刑法强制性的前提下，引入刑罚之外的新机制，在公众与刑法之间建立一种合作的态度，增进刑法与公正的沟通。而刑事和解就是这样一种刑罚制度之外的有回旋余地的纠纷解决机制。它在一定程度上消解了刑法的命令性、工具性，软化了刑法的强制性，增强了刑法的诱导性——刑法完全可以被看作一套最低限度的道德规范。[1]这样，刑法就成为重建社会的主流价值观的重要力量。而刑法的道德重建功能的发挥，主要不是通过强制，而是基于诱导作用的结果。但是，在刑事和解过程中，刑法的规范意义并没有消失，正是由于它的存在，才可能迫使犯罪嫌疑人坐到"谈判桌"上，与被害人就赔偿事宜进行讨论。在这一过程中，通过被害人与犯罪人的讨价还价，司法人员居中裁判，说服教育，刑法的规范意义仍然发挥作用，不得非法取得他人财物，不得侵害他人的生命、健康等最低限度的道德规范也得到强调。

传统的刑事司法模式在正当性方面产生问题的同时，刑事司法系统内的"过犯罪化"现象又突出了容量问题。因此，对犯罪采取行动日渐变成有选择的，因此也是裁量性、不完全，甚至是片面的。因此，无论是在道德上固守传统刑事法规则强加的价值，还是在法律实施层面，传统刑事法理论都已经陷入困境。作为对策，刑事实体法领域试图通过"非犯罪化"运动和刑事责任承担方式的多样化遏制迅速膨胀的刑事案件。在刑事程序法领域也尽可能通过各种灵活和非正式的方式改变着社会对犯罪的反应和干预方式。调解程序、刑事和解和形形色色的加快和简化诉讼程序的机制开始介入刑事案件的处理。例如，受邻里司法观念的影响，法国和比利时分别于1990年和1999年设立地方化的法律中心和法律办公室，为居民提供地方化的司法服务，为诉诸司法手段的公民提供时间、空间和交流上的便利条件。在比利时，这些法律中心提供法律援助、从事民事案件的调查、家事矛盾的调解、被害人帮扶。[2]除此之外，它们在刑事法领域还履行调查、监督、指导和调解职能。在日本，为了实现司法网络化构想，让普通国民方便、快捷地利用司法，1999年开始推行司法改革，在全国各地创设国家提供资金、民间运作的

---

[1] 周光权：《论刑事和解制度的价值》，载《华东政法学院学报》2006年第5期。

[2] Françoise Tulkens, Negotiated Justice, Mireille Delmas-Marty and J. R. Spencer (ed), *European Criminal Procedures*, Cambridge University Press (New York), 2002, p. 646.

"司法资源中心",其主要业务包括受理投诉、纠纷;在刑事诉讼中为犯罪嫌疑人、被告人推选律师;为偏僻地区提供法律服务;为犯罪受害者提供律师。[1]

西方国家刑事司法理论和实践的转向,使得刑事司法开始显露出地方化、非中心化,甚至是民间化发展的迹象。在这个过程中,被害人、社区的利益重新获得了承认;地方的、乡土的、风俗的、教化的价值被引入刑事案件的处理过程中;社会道德规范和社会组织在这个过程中发挥了主导作用。

二、解决纠纷的中国传统

中国古代,经过调处而平息的诉讼称为"和息""和对"。早在西周的铜器铭文中,已有调处的记载。孔子的政治理想是"听讼,吾犹人也,必也使无讼乎",[2]因此,"无讼"是施政和社会秩序所能达到的最高境界,为历代统治者所推崇。然而,在现实生活中,纠纷毕竟是无法避免的,而如何利用各种方式"息讼",则是施政者要实现的目标。其中,调解的利用是最为普遍和有效的方式。历史上,调解基本上都是民间(诉讼外)调解与官府(诉讼中)调解同时并重,相辅相成。

在国家司法权与民间调解之间,国家权力一般居于主导地位,二者虽有冲突的一面,但也有相互维护和协作的一面。国家对民间调解的范围作出较明确的规定,不允许随便僭越。民间调解的范围限于调解民间纠纷和轻微的刑事案件,徒流以上罪刑和犯奸等严重犯罪均不得私和。一旦民间调解被滥用,超出了它应有的范围,国家随时可能进行干预。例如,清代时国家针对一些大宗族的械斗等私力救济方式,曾多次进行限制和打击。另外,乡治调解、[3]宗族调解等形式的民间调解基本上属于国家授权或认可范围内的自治。中国古代的统治者历来认为户婚田土之类的问题属于琐细之事,并不主动加以司法调整(除宋代外),各代均鼓励通过民间调解解决纠纷。其中既有重视民间道德教化、主张"和为贵"等儒家理念方面的原因;也有基于"讼累"

---

[1] 资料来源于田中诚明于2011年11月22日在中国人民大学法学院的讲座"日本的司法改革成功与否?"

[2] 《论语·颜渊》。

[3] 乡治调解是指由历代统治者在基层社会设立的调解组织和小吏主持的调解。

对生产和生活秩序的干扰、尽快"息讼"等功利方面的考虑；同时也体现了国家对民间的血缘、地缘组织及乡绅、族长等地方势力的重视。[1]现实中，地方官与地方乡绅族长往往也保持良好关系，借助民间力量实现国家集权统治。

州县地方官在诉讼中也主持和参与调解。调解虽非法律规定的固定程序，但宋代以后直至明清一直盛行不衰。就形式和过程而言，调解与判决往往并非泾渭分明。审判原则上以法律为根据，但在处理具体案件时，地方官往往融教化于纠纷解决，将道德规范与法律规范一体适用。在审判的最后，当事人必须按照审判的宗旨写下遵依结状，案件才算结束。[2]清代的"判"与其说是终局性的确定的判决，不如说是为防止日后产生问题，用以记录、确认接受裁决，遇到其他问题时加以援用的文书。知县的裁决虽然是"判"，但最后仍然要取决于当事人的意思的记录，因此，必须具结遵守服从裁决的誓约。清代的刑事判决中，确定性的罪状，必须有犯人自己的口供。这在最后，也要取决于当事人的心，以各种手段接近当事人的心，使其悔改。因此有学者说，中国传统社会的审判本身就是一种教谕式的调解。[3]

比较法学家勒内·达维德曾指出："远东各国的人民与西方人不同，并不把维护社会秩序和公正的希望寄托于法律。他们固然也有法律，但法律只具有次要的意义，只起辅助作用。法院也只在其他办法不能解决纠纷并重建社会秩序时才受理案件，也只有这时才援用法律。法律规定的判决和强制执行的解决问题的办法是很不得人心的。维护社会秩序主要依靠的是说服教育和调解的办法，是呼吁争执双方各自进行自我批评，发扬谦让与和解的精神。"[4]中国社会的纠纷解决，历来都是以调解为轴心的，即使是调解以外的制度，包

---

[1] 范愉、李浩：《纠纷解决——理论、制度与技能》，清华大学出版社2010年版，第57页。

[2] [日]高见泽磨：《现代中国的纠纷与法》，何勤华、李秀清、曲阳译，法律出版社2003年版，第16-17页。

[3] 马克斯·韦伯因此把中国古代的法律制度定义为实质主义的法律体系。在这样一种实质主义法律体系下，善和正义这样的价值性目的往往受到强调，司法的形式和程序被轻视，法律的责任和伦理的责任混淆在一起，道德劝诫也具备了法律强制力。其结果，作为理性活动基础的社会关系的可预测性也就减少了。在韦伯看来，这样的法律体系是不具有形式理性的。参见[德]马克斯·韦伯：《经济与社会》（下卷），林荣远译，商务印书馆1997年版，第140页。

[4] [法]勒内·达维德：《当代主要法律体系》，漆竹生译，上海译文出版社1984年版，第485页。

括审判制度，也具有调解的性质。通过说理来解决纠纷的第三者和被劝说后从心底里服从的当事人，一起构成了中国解决纠纷的基本图景。这种"说理—心服"模式不仅涉及直接的当事人，也涉及周边的相关人，是在解决纠纷的同时让这些人接受裁判的一种机制。无论是民事程序、刑事程序还是行政程序，都不是孤立的，它们处理的是同一层面上程度不同的问题，其中贯穿的"说理—心服"的逻辑是相同的。中国的诉讼结构历来都是以职权主义为基调的，虽然20世纪80年代后民事程序、90年代后刑事程序中开始试行和倡导当事人主义，但直到目前为止职权主义仍是基本的结构。但是，这种职权主义又不是完全强权性的职权主义，而是试图让有牢骚者尽量将不满发泄出来，从而比较容易地接受法院的解决方法的一种方式。[1]

三、刑事和解兴起的现实因素

协商性刑事司法在中国兴起的背景，与西方有耦合的一面，也有自己特殊的传统和更为现实的动机。司法实践中，民事执行难是长期困扰法院工作的"顽疾"，而附带民事判决的执行，则成为顽疾中的顽疾。据统计，在刑事附带民事诉讼的案件中，交通肇事和轻伤害类案件占有很大比重。因为交通肇事案件中有扣押的车辆、货物及强制保险金等可期待财产，而轻伤害案件赔偿数额一般较低，而且这两类案件一旦附带民事部分达成赔偿协议，被告人均有机会被判处缓刑，因此这两类案件附带民事调解和判决执行结案率较高。在一些严重暴力犯罪致被害人重伤和死亡的案件中，附带民事判决的执行结案率基本为零。附带民事判决执行难，一方面是法律本身设计的问题，对于案发后犯罪嫌疑人及其亲属为逃避经济赔偿和制裁而变卖、转移、隐匿个人财产的情况缺乏有力的防范措施；另一方面执行人手不足、执行成本过高和经费有限也直接制约着执行的力度和效果。除此之外，民间流行着"打了不罚，罚了不打"的观念，所谓"打"是判处刑罚，所谓"罚"是对被害人进行损害赔偿。这种观念导致附带民事判决的执行工作经常得不到来自民间的支持与理解。在我国尚未建立较为完善的被害人补偿制度的情况下，附带民事判决执行难导致大量死亡、重伤的被害人及其家庭陷入极为悲惨的境

---

[1] [日] 高见泽磨：《现代中国的纠纷与法》，何勤华、李秀清、曲阳译，法律出版社2003年版，第77页。

地。刑事和解的出现为破解这种困局提供了权宜之计，即一旦被告人与被害人就附带民事部分达成赔偿协议，并且取得被害人的谅解，即便在严重的案件中，法官在量刑时也可以酌情从轻处罚。这种做法大大地提高了被告人及其亲属主动赔偿的积极性，即便被告人没有可执行的财产，其亲属也会想方设法筹措资金赔偿被害人。从这个角度来看，刑事和解虽然名为"刑事"和解，但醉翁之意不在酒，实际上意在"以刑促民"，甚至"以刑压民"。这是刑事和解在中国兴起的一个特殊的，然而却非常重要的背景。

另外，中国是一个相当重视血缘、地缘关系的社会。在农村存在着宗族的血缘联合，如果把宗族力量动员起来，足以对抗基层政权组织，甚至会凌驾于公安、司法等机关的基层组织力量之上。[1]在城市地区有着地缘、同业、单位，甚至党组织等关系纽带。在这种情况下，纠纷不只是特定的当事人之间的纠纷，处理过程中可能不断会有存在血缘、地邻关系的人员卷入其中，随着纠纷的解决，牵涉的人可能越来越多，因此，纠纷解决过程同时也是纠纷发展的过程。在这种情况下，不仅民事纠纷可能演化为刑事案件，刑事案件如果处理不当，则会进一步激化成"人质""械斗""自杀""闹葬"或者暴力事件，甚至演变为群体性事件。1988年，在湖南省汨罗市，一名杨姓男子为了解救被流氓胡某纠缠的妇女，刺伤胡某致其死亡。检察机关认定杨某的行为属正当防卫，不予起诉。几天后，死者胡某的亲属纠集村民闯入市委和市政府，然后冲入检察院，最后又冲向检察院家属宿舍，导致检察院办公室主任被打伤。数千市民围观。[2]对于这些案件，法院仅仅靠认定事实下达判决是不可能从实质上解决问题的。所以，解决纠纷的过程即纠纷发展的过程，如果为了预防纠纷继续发展而与有关人员协商的话，那么解决纠纷的过程又变成预防纠纷的过程。对于中国的这样一种纠纷及纠纷解决的存在状态，单纯依靠基层的法院或依靠公安机关的力量是难以控制住事态的，现代司法的"判决—强制执行"简单逻辑也很难行得通。因此，诉讼案件，包括刑事

---

[1] 周国政：《警惕农村宗族势力膨胀》，载《人民日报》2001年5月30日，第10版。2022年出台的中央一号文件明确提出，"防范家族宗族势力对农村基层政权的侵蚀和影响"。参见《侠客岛：防范家族宗族势力侵蚀基层政权，松不得劲》，载"解局"微信公众号，最后访问日期：2024年3月28日。

[2]《被正当防卫致死者胡文华家属 聚众闹事冲检察机关殴打干警》，载《人民日报》1988年5月28日，第4版。

案件，不仅是要解决法律上的纠纷，还要解决可能的社会纠纷。在这方面，正式的诉讼程序往往毫无优势可言。诉讼仅适合处理简单关系，非常不适合处理由多种问题引起的纠纷，而正式程序之外的说服、协商、调解、和解恰恰弥补了这一缺憾，通过了解、沟通和协商发展出有创意的解决方案，不仅能够安抚当事人、取得一般公众的理解和接受，更能防止事态的进一步扩大。

四、公诉案件当事人和解制度

在刑事案件发生后，被告人与被害人之间达成"和解"，历来都不为法律所禁止。但是，双方的"和解"是否对被告人的刑事责任产生影响，是否可以减轻、乃至免除被告人的刑事责任，这才是刑事和解制度的关键所在。关于刑事和解，我国1979年和1996年刑事诉讼法中均有规定，只不过仅限于自诉案件和附带民事诉讼。例如，1979年《刑事诉讼法》第127条规定，"人民法院对自诉案件，可以进行调解；自诉人在宣告判决前，可以同被告人自行和解或者撤回自诉"。1996年《刑事诉讼法》第172条几乎作出了相同的规定，只不过对第三类自诉案件适用调解作出限制。最高人民法院于1998年发布的《关于执行〈中华人民共和国刑事诉讼法〉若干问题的解释》第96条第1款规定，"审理附带民事诉讼案件，除人民检察院提起的以外，可以调解。调解应当在自愿合法的基础上进行"。

至于双方当事人之间的和解对公诉案件的处理会产生什么样的影响，直到2012年《刑事诉讼法》修正才有了正式结论。2012年，《刑事诉讼法》在"执行"编之后另设一编"特别程序"，其中第二章明确规定了"当事人和解的公诉案件诉讼程序"，并对公诉案件中当事人和解的条件、公安司法机关对和解协议的审查以及刑事和解的法律效果作出规定。根据《刑事诉讼法》第288条的规定，故意犯罪可以适用当事人和解的案件范围限于民间纠纷引起的侵犯公民人身权利、民主权利和侵犯财产权利这两类案件，同时可能判处三年有期徒刑以下刑罚。"因民间纠纷引起"是指犯罪的起因，是公民之间因财产、人身等问题引发的纠纷，既包括婚姻家庭、邻里纠纷等民间矛盾激化引发的案件，也包括因口角、泄愤等偶发性矛盾引发的案件。

第二节　死刑案件中的刑事和解实践

一、中国死刑和解的现状

死刑案件未被立法纳入刑事和解，但这并不影响其在实践中被广泛适用。由于死刑案件中各方诉讼主体的特殊诉求，实践中对死刑和解的探索和适用走在了理论争议之前，许多地区早在若干年前就已经出现了死刑和解的案例。对死刑案件的和解，目前处于一种"半地下"状态，一方面它不属于当事人和解的公诉案件范畴，不能够适用刑事诉讼法第五编第二章的规定；[1]另一方面，各方诉讼主体又可以通过法院对附带民事案件的调解、双方私下签订协议等形式达成实质上的和解。和解达成的标志通常为被害人及其家属获得民事赔偿并表示谅解，这一结果通过量刑酌定情节被纳入法院的裁判考量，从而深刻地影响到我国死刑案件的诉讼构造和裁判实践。

理解死刑和解问题的关键在于，它是扎根于中国本土的司法实践的样态，是诉讼当事人运用他们的理性选择的纠纷解决方式，并在此基础上创立出与之相适应的司法惯习与规则。自然，重罪乃至死刑案件的和解与现行刑事和解仅适用于轻罪案件的条文不符，与刑事和解的理论根基似乎也出现了某种程度上的背离——用于支撑刑事和解实践的现代刑事理论仿佛在死刑和解的正当性论证上力度不足，谈及死刑和解总是绕不过"花钱买刑""同罪不同判"的论调。这种理论探讨虽然有助于引发对死刑和解的关注，但或支持或反对的二分观点却容易流于意气之争。与其讨论死刑和解是否应当存在，不如着眼于和解的实践——它为什么会出现？实践中又是怎样运作的？

（一）死刑和解的模式及特点

中国语境下的死刑和解实际上是刑事和解的一种类型，它是指在被告人

---

[1]《刑事诉讼法》第288条规定，下列公诉案件，犯罪嫌疑人、被告人真诚悔罪，通过向被害人赔偿损失、赔礼道歉等方式获得被害人谅解，被害人自愿和解的，双方当事人可以和解：（一）因民间纠纷引起，涉嫌刑法分则第四章、第五章规定的犯罪案件，可能判处三年有期徒刑以下刑罚的；（二）除渎职犯罪以外的可能判处七年有期徒刑以下刑罚的过失犯罪案件。犯罪嫌疑人、被告人在五年以内曾经故意犯罪的，不适用本章规定的程序。

可能被判处死刑的案件中，被告人及其近亲属向被害人及其近亲属赔礼道歉、赔偿损失，从而获得其谅解并在量刑上获得轻缓处理。为尽可能科学地描摹我国死刑和解的模式及其特点，本研究采用案例样本分析观察的方法，即把死刑和解实践作为一个客观的观察对象，检索合适的案例作为样本研究，再通过人工阅读的方式提取死刑和解实践的几类指标，对死刑和解现状进行分析。

本研究设定的核心检索条件是"死刑判决""刑事一审程序"，案件判决时间设定为2017年、2018年、2019年三个年度，这是对样本的时效性和代表性的综合考虑之后设置的条件。之所以将研究对象限定为"死刑判决"的案件，有两个方面的考虑：其一，死刑和解案件的全样本是无法确定的，这并非由于时间或人力的限制，而是因为"可能判处死刑的案件"本身是一个模糊的定义，一个刑事案件是否属于"可能判处死刑的案件"在判决书中无迹可循，取决于法官的自主判断而非规范性解释，有时甚至法官也无法准确判断。类似的，《刑事诉讼法》规定"可能判处无期徒刑、死刑的案件"属于中级法院一审的管辖范围，面临未定先审、操作空间过大等诸多批评，无法准确划分基层法院和中级法院的管辖范围。因此本书的研究对象注定只能是"可能判处死刑的和解案件"的一个真子集。其二，判决结果限定为"死刑"有充分的代表性和典型性。前期调研显示，实践中所谓和解情节对于死刑案件量刑的影响，绝大部分都集中在死刑判决内部，即判处死刑立即执行还是死刑缓期两年执行的问题，很少出现越过死缓判处无期徒刑或有期徒刑的情况。从理论上来说，和解情节只能反映在被告人预防刑而非责任刑的轻缓处理上，对于罪行极其严重的犯罪分子应当判处死刑立即执行，对于不是必须执行死刑的应当判处死刑缓期两年执行，不能突破责任刑的限度过分从轻处理。将"刑事一审程序"中的死刑和解案件作为研究对象，主要是考虑到这样容易观察法官原本的量刑思路，有利于排除之后诉讼程序中各种可能存在的干扰因素；同时，对判决理由的归纳分析也更有助于还原真实的审判话语。此外，一审是被告人方、被害方最先接触和对抗性最强的环节，和解更具有代表意义。最后，本研究将案件判决作出的时间限定在2017年、2018年、2019三年，目的在于反映死刑和解的时效性。研究重点在于揭示死刑和解案件的现状，因此不需要以时间为坐标对近十几年来的和解实践作纵向对比。

具体取样过程如下：首先，以"死刑"为关键词检索判决结果，同时辅之以"刑事案件""刑事一审""判决书的"类型限定，此时还需要引入对于和解案件的限定。本书所定义和研究的死刑和解，在裁判文书中并非一个规范性用词，可能以民事赔偿情节、附带民事诉讼、被害人谅解等多种面貌出现在案件中，因此最终确定的检索词有三组："和解""谅解""赔偿"，分别得到153个、496个和11个案例。当然，上述案例不可避免地会出现重复，进行重复筛选和2017—2019年的时间限定之后，得到共计340个案例。接下来，本研究采用人工阅读的方式，对死刑和解案件的定义进行初步筛选，目的是排除无关案例。被排除的案例之一是没有和解情形，如被告人和被害人双方曾试图协商和解，但最终未达成实质性合意；取得和解的被告人并非"可能判处死刑"，仅是共同犯罪中作用较轻的从犯；被害人家属明确表示不谅解，要求判处死刑；还有的与本书研究主题不符，如死缓犯在死缓期间故意犯罪被判处死刑；"死刑"一词出现在判决书所附法条中而非被告人被判处死刑等。经排除之后，得到符合条件的222个死刑和解案例，包括两大类型：一是有赔偿的和解，此类案件共179个，共计190个被告人：单个被告人的案件，被告人向被害方作出赔偿，且最终被判处死刑（包括死刑立即执行、死缓和死缓限制减刑）；多个被告人的案件，至少有一个被告人作出赔偿，该案中也有至少一个被告人被判处死刑（包括死刑立即执行、死缓和死缓限制减刑）。二是无赔偿的和解，此类案件共计43个，共43个被告人，被告人没有在经济上赔偿被害人及其家属，经双方沟通协商，被害方出具了对被告人的谅解书。其中，40起案件的被告人与被害人具有夫妻、父母、子女等亲属关系，比例达到93.02%；3起案件属于因土地、债务问题引起的民间纠纷。

本研究确定具体指标时重点考虑两个方面：一是在判决书中有所反映，即能够通过人工阅读的方式提取信息；二是要体现和解的要素，如民事赔偿数额、被害方是否谅解、法官是否采纳等。依据这两个标准，本研究设计了四个观察指标[1]，分别是和解模式或和解运作方式、和解赔偿的数额情况、和解主体参与度以及和解的法律效果。

---

[1] 第一项、第二项指标以及第三项指标中的当事人参与，均与民事赔偿数额有关，为统一分析的标准和尺度，不再将无赔偿的43起案件作为研究对象纳入上述指标项的分析中。

1. 死刑和解模式

表 6-1 死刑案件和解模式情况（单位：个）

年度	协议型数量及比例		预交型数量及比例		协议后撤诉型数量及比例		总计	
2019	16	48.49%	5	15.16%	12	36.36%	33	100.00%
2018	47	56.63%	21	25.30%	15	18.07%	83	100.00%
2017	22	29.73%	30	40.54%	22	29.73%	74	100.00%
总计	85	44.74%	56	29.47%	49	25.79%	190	100.00%

从和解的运作方式来看，基本没有脱离"私力合作模式"[1]的范畴，即在被告人认罪的情况下，双方在民事赔偿问题达成一致意见的情况下，司法机关作出宽大处理。但是，和解的具体达成方式有所分化，可概括为协议型和解、预交型和解和协议后撤诉型和解三种模式。协议型和解是指双方直接达成和解或调解协议，被告方主动赔偿，被害方不再提起附带民事诉讼的模式，也是双方合意最为充分的模式。预交型和解是指被害方已经提起了附带民事诉讼，双方由于种种原因未能达成和解协议，但被告方在审理期间先行主动交付了部分或全部赔偿款到法院账户的模式。这种模式下双方虽没有对赔偿数额完全达成合意，但初步达成了赔偿的合意；或者虽然被害方没有完全谅解被告人的犯罪行为，但已经接受了被告方的赔偿，因此法院往往把预交的金额纳入附带民事诉讼的赔偿数额中。协议后撤诉型和解指的是，被害方已经提起了附带民事诉讼，双方随后达成了和解协议，被害方随即撤诉，撤诉后与协议型和解区别不大，不同之处在于被害方与被告方在案件审理之初仍首先选择附带民事诉讼作为救济方式。

从表 6-1 可以看出，在有赔偿的和解案件中，2017 年选择协议型模式的仅占 29.73%，2018 年和 2019 年的比例大幅上升，稳定在 50% 左右；相反，预交型和解的比例三年来由 40.54% 下降到 15.16%，表明选择这一和解模式的当事人逐年减少。协议后撤诉型和解到 2019 年时占据三分之一以上的比

---

[1] 陈瑞华：《刑事诉讼的私力合作模式——刑事和解在中国的兴起》，载《中国法学》2006 年第 5 期。

例，当事人提起附带民事诉讼后又达成和解仍然是一种重要的和解模式。整体来看，近三年死刑和解模式以协议型为主、预交型和协议后撤诉型为辅。

2. 死刑和解的赔偿数额情况

表6-2 死刑和解案件赔偿数额统计

年度	5万元以下		5万—10万元		10万—20万元		20万—50万元		50万元以上		其他赔偿方式		总计	
2019	5	20.83%	4	16.67%	4	16.67%	5	20.83%	5	20.83%	1	4.17%	24	100.00%
2018	21	35.59%	8	13.60%	10	16.95%	14	23.73%	5	8.47%	1	1.69%	59	100.00%
2017	15	31.91%	12	25.53%	9	19.15%	8	17.02%	1	2.12%	2	4.26%	47	100.00%
总计	41	31.54%	24	18.46%	23	17.69%	27	20.77%	11	8.46%	4	3.08%	130	100.00%

赔偿数额是和解中双方协商的重点。从民事赔偿及履行情况来看，被告方赔偿数额差异较大。从表6-2可以看出，赔偿数额在10万元以下的案件占比接近一半，有20.77%的被害方可以获得20万元以上、50万元以下的赔偿，8.46%的被害方可以获得50万元以上的赔偿。自2017年到2019年，和解的赔偿数额呈现上升趋势，5万元以下和5万元到10万元之间的比例整体下降，20万元以上的赔偿区间逐渐上升，到2019年已经有四成左右的被害方可以获得20万元以上的赔偿。除了金钱赔偿之外，还有少量其他形式的经济赔偿，如土地承包经营权转让、房产过户等。

3. 死刑和解的主体参与情况

表6-3 死刑和解案件主体统计（单位：个）

	本人赔偿/接受赔偿		亲属代为赔偿/接受赔偿		总计	
被告人方	32	16.84%	158	83.16%	190	100.00%
被害人方	7	3.68%	183	96.32%	190	100.00%

表6-4 法院参与死刑和解案件情况（单位：个）

	纳入证据范围		审查确认效力		作为从轻情节		积极参与调解		总计	
有赔偿案件	100	52.63%	10	5.26%	168	88.42%	10	5.26%	190	100.00%
无赔偿案件	23	53.49%	—		36	83.72%	0	0%	43	100.00%

被害方和被告方参与和解的具体表现判决书中一般不会提及，但在有赔偿的案件中，可以看出是否由被告人本人赔偿还是由近亲属赔偿、是由被害人本人接受还是亲属代为接受。表6-3可以看出，被告人本人在和解及赔偿过程中参与度较低，通常是由被告人家属代为出面和解及赔偿。同样地，由于死刑案件的被害人大部分已经死亡，被害人本人也极少参与和解过程中，且被害人家属的范畴相对较大，不仅包括父母、子女、配偶等，还包括其他旁系血亲及姻亲。

法院在和解中扮演的角色更加多样，参与程度从浅至深分别是将和解协议纳入证据范围—审查确认和解协议的效力—作为被告人的从轻情节量刑—积极参与调解。由表6-4可知，在有赔偿的案件中，法院在了解到被害方与被告方达成和解后，有52.63%的比例将和解的证据材料（谅解书、和解协议、收条或缴费单）纳入案件证据材料中，无赔偿案件的比例也与之相近。这也意味着在余下近半的案件中，和解仅作为情况说明部分被法官考虑。法院对和解协议的审查情况较为少见，仅有5.26%的有赔偿案件的裁判文书中体现了法院的审查或效力确认。88.42%的有赔偿案件中被告人和83.72%无赔偿案件的被告人都因和解得到了从宽处理，仅有少数被告人因为手段特别残忍、情节特别恶劣、后果特别严重，法院没有因为具有赔偿情节而从轻处罚。

由表6-4可知，仅在5.26%的有赔偿的案件中，法院在审理期间发挥了调解作用；另有5个（2.63%）案件由人民调解委员会、村委会、公安局、司法所或矛盾纠纷多元化调解中心进行调解；这或许表明，在预交型和解不占绝对多数的情况下，法院失去了刑事附带民事诉讼调解的抓手，很少积极介入死刑案件当事人的自发性和解运动。

4. 死刑和解的法律效果

表6-5 和解对被害方态度的影响（单位：个）

	表示谅解		建议法院从轻处罚		表示不谅解		未作表示		总计	
有赔偿案件	124	65.26%	34	17.89%	11	5.79%	55	28.95%	190	100.00%

续表

	表示谅解		建议法院从轻处罚		表示不谅解		未作表示		总计	
无赔偿案件	43	100.00%	20	46.51%	0	0%	0	0%	43	100.00%

表 6-6　和解对法院量刑的影响（单位：个）

	死刑立即执行		死刑，缓期两年执行		死刑缓期两年执行，限制减刑		无期徒刑或有期徒刑		总计	
有赔偿案件	17	8.95%	138	72.63%	23	12.11%	12	6.32%	190	100.00%
无赔偿案件	0	0%	37	86.05%	6	13.95%	0	0%	43	100.00%

从表 6-5 可以看出，在有赔偿的和解案件中，获得民事赔偿之后被害方表示对被告方谅解的比例为 65.26%，17.89% 的比例建议法院从宽处罚；在无赔偿的和解案件中，被害方均表示谅解，并且有 46.51% 的比例要求法院从轻处罚。但从法院最后量刑说理部分来看，无论被害方是否谅解，基本上只要接受了被告方的赔偿，都会作为从轻量刑情节加以采纳。从表 6-6 可以看出，无论是有赔偿的案件还是无赔偿的案件，判处死刑缓期两年执行的比例占据主流（分别为 72.63% 和 86.05%），死刑立即执行的适用率很低（分别为 8.95% 和 0%）。

5. 小结

总结上述案例的基本情况，可以对死刑和解的特点作出如下概括：（1）和解的目的在于使被害方得到经济赔偿，因此和解的过程往往和附带民事诉讼相互交织，二者不存在排斥关系。在预交型和解中，即使没有最终达成协议，被告方也可以通过交纳赔偿款表明和解意愿；在协议后撤诉型和解中，当事人首先选择的也是附带民事诉讼的方式。（2）和解的方式相对灵活，双方可以签订和解协议，也可以由被害方出具谅解书，还可以仅出具收条。（3）赔偿金额呈现出差异较大的特点，往往以被告方的赔偿能力、赔偿意愿和受害方的经济诉求为基点来确定，最终达成一个合适的数额。（4）和解带有明显的自发性，双方采用各种非正式的方式私下洽谈和沟通，司法机关介入的情况并不普遍，尤其是由法院出面主持调解、审查和解协议效力的案件并不多见。(5) 和解的法律后果仅限于影响案件的量刑，不涉及罪名的变更及不起诉决定的作出；被告方的赔偿情节与法院的从轻量刑之间存在强相关关系，但被害方是否出具谅解书或请求法院从宽处罚不影响最终的量刑。

与刑事诉讼法规定的公诉案件当事人和解不同的是，首先，死刑和解案件存在"生死界限"，多为故意杀人、故意伤害等严重暴力犯罪，对于被告人来说，判处死刑立即执行还是死缓关乎生死，意义完全不同；而当事人和解的公诉案件仅在刑期上有所影响。其次，死刑和解中司法机关的介入程度不高。尽管在死刑控制政策和信访压力的影响下，司法机关对于死刑和解乐见其成，[1]但真正出面听取双方意见、主持制作和解协议书的并不多见，原因在于死刑案件毕竟严重激化了社会矛盾，法院出面调解既存在风险，又增加了法官的工作量。对比之下，公诉案件当事人和解程序有明确的法律依据，司法机关的介入有章可循，轻罪案件的调解也更为普遍可行。最后，死刑案件仅涉及被告人的量刑问题，而公诉案件当事人和解的除从轻量刑的结果之外还可能作出不起诉决定。

(二) 和解起因：死刑案件的本土性困境

死刑案件走向和解之路，本质上是因为被害方的诉求在刑事诉讼程序中没能得到满足，也反映了我国刑事附带民事赔偿的困境。就被害方的诉求而言，一方面希望法律严惩被告人以满足其复仇心态，另一方面也面临着经济窘迫的困难。一些被害人是家庭的经济支柱，死亡或重伤后对被害人家属的生活造成严重影响。虽然附带民事诉讼可以弥补一部分经济损失，但其赔偿范围过窄，范围受到严格的限制，无异于杯水车薪。[2]即使是聊胜于无的附带民事赔偿，也面临着难以落实的危机。我国传统的"先刑后民"的诉讼传

---

[1] 座谈显示，死刑和解的案子一般会成为"铁案"，不会有后续问题出现，承办法官都希望自己的案子调解成功。参见蒋志如：《死刑案件刑事和解"破立"之博弈解读——以S省M市中院239件一审刑案为视角》，载《法治研究》2013年第4期。

[2] 《最高人民法院关于刑事附带民事诉讼范围的规定》第1条第1款规定，因人身权利受到犯罪侵犯而遭受物质损失或者财物被犯罪分子毁坏而遭受物质损失的，可以提起附带民事诉讼。从中可以看出，附带民事诉讼赔偿的范围不包括精神损害赔偿。

统遵循的是先确定被告人的定罪和量刑问题、后审理附带民事诉讼的流程，刑事责任和民事责任之间互不影响、泾渭分明，导致被告人缺乏赔偿的动力。死刑案件判决作出后，被告人及其家属认为既然已经承担了刑事责任，其罪责就已经承担完毕，民事赔偿并非其义务。并且从客观上，作为被执行人的被告人往往缺乏可供执行的财产，被告人家属又不愿代替被告人履行，附带民事判决执行率往往沦为一纸空文。[1]原本是"赔偿"与"偿命"并行不悖的司法多选题，最终演变为"赔偿"或"偿命"的选择题[2]——被告人的刑事责任解决了，被害方的民事权益却未得到保障。

当死刑和解作为一种实用主义的纠纷解决方式普遍铺开之后，被告方向被害方进行积极赔偿并取得谅解后，被害方在精神和物质上均得到了抚慰，有力地缓解了附带民事判决的痛点。但与此同时，死刑和解面临的争议也接踵而至。

一是和解的必要性质疑。我国司法解释已经将民事赔偿作为量刑的酌定情节。[3]基于被告人真诚悔罪和积极赔偿之后达成和解，被告人的社会危害性、人身危险性明显降低，司法机关对此从轻处罚，是有充分的量刑依据的。由此，死刑和解有名而无实，法院判决并非因为双方和解，而是经济赔偿作为酌定量刑情节依法适用的结果。因此，有学者认为，刑事和解的运用虽有利于限制死刑和保障被害方权益，但并非死刑和解之功效，而是那些原本影响案件量刑的因素在起作用，即"死刑案件中不必提及或运用刑事和解"[4]。

二是和解的正当性质疑。通常认为，刑事和解是被告人与被害人之间关系的和谐化，但是死刑和解突破了和谐的边界，实际上在一定程度上牺牲了公平正义观念。例如，有观点认为，重罪案件特别是死刑案件中不存在和解

---

[1] 参见方晓春、孙牯昌、詹荣宗：《死刑案件中的民事赔偿与量刑问题思考》，载《人民检察》2010年第7期。

[2] 陈洪杰：《次优方案：命案赔偿"空判"危机之对策分析》，载《清华法律评论》2012年第1期。

[3]《最高人民法院关于刑事附带民事诉讼范围的规定》第4条规定，被告人已经赔偿被害人物质损失的，人民法院可以作为量刑情节予以考虑。《最高人民法院关于贯彻宽严相济刑事政策的若干意见》中也规定，被告人案发后对被害人进行积极赔偿，并认罪、悔罪的，依法可以作为酌定量刑情节予以考虑。

[4] 蒋娜：《"最严重的犯罪"与死刑的严格限制——兼及"死刑和解"的误区矫正》，载《湖南师范大学社会科学学报》2010年第3期。

的前提，重罪不能归纳为私人之间的关系。[1]死刑和解违背了罪刑法定原则，其所追求的和谐化和纠纷解决的价值超越了能动司法允许的范围和法律的框架，使刑事审判异化为双方讨价还价的过程。[2]因被告方赔偿能力、被害方诉求、案件情况等要素不同，能否最终达成和解往往不以被告人的意志为转移，但却对案件处理产生影响，很容易造成"同罪不同判"的结果，从而严重损害司法权威和公正。此外，和解的主体代位也存在问题。涉及故意杀人案件的和解时，被害人的主体地位已经消失，被害人家属是否有权代替被害人本人达成和解、[3]被告人家属代为赔偿是否能作为被告人本人社会危险性降低的表现等问题都存在疑问。

三是和解的规范性问题。刑事和解必须建立在被害方、被告人方和法院的三方合意之下，如果司法机关积极介入，或者和解的一方过于强势，和解的另一方迫于压力接受和解协议的情况并不少见，和解的自愿性难以保障。比较理想的状态是，双方在审理期间就开始协商，在法院开庭之前达成和解协议，并且被告方已经实际履行；和解协议在庭审阶段被纳入证据范围内，由法院审查并综合考虑。但在实践中，附条件赔偿消解了和解的价值，使得和解和赔偿情节成为一种保命手段，而非被告人真诚悔罪、双方化解矛盾的手段。例如在孙伟铭案中，在一审死刑判决作出之后，被告人的家属才采取措施赔偿受害人的损失[4]，显然这是对刑事和解的不当应用。调研中发现，法院很少对和解双方的自愿性以及和解协议的效力进行审查，死刑和解的规范性难以得到保障。

二、死刑和解的实践逻辑：三方求同的内生动力

死刑和解的运作离不开被告人方、被害人方和法院这三方主体的互动，并且三方之间不是一种均衡的法律关系。在哈贝马斯看来，所谓交往行为，必须以商谈理论作为前提，这是民主程序得以制度化的可能。在方法论上，交往行为必须从主体之间的互动出发，使人们在商谈中相互理解，实现交往

---

[1] 参见孙万怀：《死刑案件可以并需要和解吗？》，载《中国法学》2010年第1期。
[2] 参见梁根林：《死刑案件被刑事和解的十大证伪》，载《法学》2010年第4期。
[3] 参见孙万怀：《死刑案件可以并需要和解吗？》，载《中国法学》2010年第1期。
[4] 孙伟铭以危险方法危害公共安全案，四川省高级人民法院（2009）川刑终字第690号。

行为的合理化，最终形成被共同承认和遵循的普遍规范。[1]在此基础上发展的交往主义的刑罚观同样认为，刑罚"既是和犯罪人发生交往的东西，也是一个犯罪人作为重要参与者的程序"[2]。死刑和解的动力源自三方的利益需求有可能达到一个契合点。真正创造和解实践的正是具体的案件当事人，出于个人利益考量采取行动，可以说"历史就是在各个主体之间的行动中推进的"[3]。因此，本书试图考察的是，在一个死刑案件的结构中，各个主体有怎样的诉求，为什么常规的刑事程序没有被选择而和解的进程得以推动。

（一）被告人方：求生的强烈欲望与罪过的社会化感知

对于死刑的量刑来说，死缓和死刑立即执行之间存在"生死之别"，实践中二者之间的选择"更倾向于政策问题，甚至是个道德判断问题"[4]。政策问题游离于案件事实和法律规范之外，更多地考虑裁判的政策导向、社会效果、价值取向等问题，因此判处死刑立即执行还是死缓，法官的自主判断空间较大。实证研究表明，对于有死亡结果的故意杀人案件，在裁判模式上是一种减法机制，即原则上判处死刑，有足够从宽情节的不判处死刑；对判处死刑的案件，原则上判处死刑立即执行，有足够从宽情节的判处死缓。[5]问题的关键在于，相当一部分死刑案件的裁判中，是否和解成为被告人或生或死不可缺少的砝码，有时甚至是最后的一锤定音。死刑和解并没有被纳入刑法规范中，而是以"保留死刑、严格控制死刑"以及宽严相济的刑事政策为头阵，通过最高人民法院颁布的若干个意见、规定和座谈会纪要的形式被司法裁判所承认，作为一种非制定法法源加入死刑案件的裁判规范范畴的。[6]因此，死刑案件中任何有利于被告人的情节都有可能对裁判结果产生影响，和解情节及被害方态度又已经被纳入非制定法法源之中，出于对自身命运的

---

[1] 郑召利：《程序主义的民主模式与商谈伦理的基本原则》，载《天津社会科学》2006年第6期。

[2] 陈劲阳：《死刑的正当性再思——交往主义刑罚理论背景下的考察》，载《吉林大学社会科学学报》2014年第6期。

[3] 萨其荣桂：《刑事和解实践中的行动者——法社会学视野下的制度变迁与行动者逻辑》，载《现代法学》2012年第2期。

[4] 白建军：《死刑适用实证研究》，载《中国社会科学》2006年第5期。

[5] 王越：《故意杀人罪死刑裁量机制的实证研究》，载《法学研究》2017年第5期。

[6] 参见张心向：《死刑案件裁判中非刑法规范因素考量》，载《中外法学》2012年第5期。

第六章　死刑案件与刑事和解

强烈关切,被告方此时有强大的动力推动死刑和解,即使被告人本人没有足够的经济实力赔偿,被告人的家属也会想尽办法甚至变卖家产对被害方加以赔偿。

除了案件本身的事实问题,在法社会学理论看来,案件本身的社会结构也会影响法律规则的适用。布莱克认为,任何一个案件中都有各自不同的案件结构,法律的运作行为(包括法律的量和法律样式的量)都会随着社会分层、形态、文化、组织性和社会控制发生变化,最终影响到案件的裁判结果。以社会生活的形态为例,布莱克认为案件当事人的关系距离预示并说明了法律的量:法律与关系距离的关系呈现出曲线型,关系密切的人们之间法律是不活跃的,随关系距离的增大而增多,到相互隔绝的状态时又减少。[1]考察死刑案件的社会结构,我们发现严重刑事犯罪多发生于熟人之间,特别是容易被婚姻家庭、邻里纠纷等民间矛盾所激化,本次调研发现死刑案件犯罪中熟人作案达到了71.17%的比例。在熟人作案的死刑案件中,被告人与被害人相互认识,彼此之间的关系距离比较近,具备共同的社会生活基础,实际上刑罚型控制并不是处于优越地位的法律样式,相反赔偿型控制与和解型控制更适用于二者的纠纷解决,即"陌生人之间更可能作为对手相争,而关系亲密的人更可能主动互动"[2]。

被告人在作案之后,除了面对法律的制裁,对自己的罪过也存在社会化的感知。加害人首先需要与被害方缓和社会关系,在此过程中被害人的伤害结果预示了被告人的责任程度,处在紧密社会关系中的被告人会充分体会到给被害人造成的物质和精神伤害;另外,被告人自己的社会关系也面临着因犯罪而遭到破坏的可能——亲朋好友对其人身危险性的担忧和厌恶感,为此他需要展示自己对犯罪的悔过之意以重回正常的人际关系中。此外,对尚未被侦查机关、司法机关控制的犯罪嫌疑人来说,他还需要顾及被害人家属激烈的复仇心态可能带来的私力报复,出于自身安全考虑,向被害人家属主动表示赔偿意愿和悔罪态度也是相对明智的做法。无论出于何种考虑,被告人都是处在社会关系中的人,死刑案件的社会结构又大多由关系亲密的人构成,严重暴力犯罪不仅给被害人乃至社会造成了巨大伤害,对被告人本人的社会

---

〔1〕　参见[美]布莱克:《法律的运作行为》,唐越、苏力译,中国政法大学出版社1994年版,第47—51页。

〔2〕　[美]布莱克:《法律的运作行为》,唐越、苏力译,中国政法大学出版社1994年版,第55页。

关系也存在冲击，因此和解实际上是被告人感知罪过、减轻负罪感、恢复正常的社会关系的重要途径。

综上所述，死刑和解案件中被告人的行为逻辑来自：他具有规避自己被判处死刑立即执行的求生欲望，且和解和赔偿情节确实能够对裁判结果产生影响；在案件的社会结构中，他与被害人往往关系密切，具备采取和解性和赔偿性手段的纠纷解决基础；他在作案之后对自己的罪过和责任有基本的感知，与被害人和解能够降低犯罪行为对自身社会关系的破坏，使其在接受刑事控诉和服刑乃至之后能够回归到正常的生活轨道中。

(二) 被害人方：迫切的经济诉求与松弛的义利之辨

刑事案件中的被害人及其家属承担着难以言说的痛苦。在刑事诉讼中，被害方的心态往往是复杂多样的，且随着诉讼进程而发生变化。

首先，最重要的心态是复仇。被害人及其家属的复仇心理在于，希望通过刑事诉讼程序惩罚犯罪嫌疑人、被告人，弥合犯罪中所受到的身体和心理伤害，经由两个维度得以满足——案件的实体处理结果和刑事程序的参与。对于前者，被害方的诉求在于罚当其罪，在严重暴力犯罪案件中甚至态度激烈地要求法院判处被告人死刑立即执行，以实现其"以命抵命"的复仇愿望。但在现实中，出于控制死刑政策的考量，我国死刑适用率逐渐降低，严重暴力犯罪案件的量刑呈现一定程度上的宽缓趋势，很难满足民众朴素正义观念中对于罚当其罪的追求。对于后者，在国家追诉的诉讼格局下，对被告人的刑事追诉和法律制裁，基本上是由国家来主宰和操控的，虽然我国被害人已经取得了当事人的地位，并且依法享有报案权、委托诉讼代理人的权利、申诉控告权、申请回避权、庭审发问和法庭辩论权等一系列权利，但是并未改变被害人成为刑事诉讼"边缘人"的格局。在控辩审的诉讼格局中，被害人也没有一席之地，"唯一能做的就是如实陈述，反复被司法人员询问"，法庭审判中的参与感不强。犯罪首先是对被害人个人的侵犯，其次才是对社会秩序和国家统治的威胁，保护好被害人的权益、增强被害人的诉讼参与感是极其重要的；被害人所缺乏的是基于自身利益而参与刑事诉讼的机会，因此存在走向和解的行动基础。

其次，被害人还有客观的经济诉求。死刑案件除了在心理上带给被害人家庭深刻的伤害之外，还可能带来家庭经济支柱的丧失，经济困难的客观情况

第六章 死刑案件与刑事和解

促使被害人期待从被告方手中获得一定数额的赔偿，但这一愿望往往落空。刑事附带民事诉讼的赔偿范围仅包括因犯罪行为遭受的物质损失，精神损失不包括在内；并且实践中刑事附带民事诉讼的案件执结率很低，被告人在承担了刑事责任之后不愿意进行赔偿，造成民事判决虚置、刑民责任选择性承担的结果。

在刑事诉讼进程中，被害人的心态并非一成不变的，而是复仇、赔偿、参与三种诉求相互交织，随时发生变化。例如，在犯罪行为刚刚发生之时，被害方的复仇心态往往占据主导地位，特别是存在强烈的同态复仇需求，也就是所谓的"不杀不足以平民愤"。随着侦查起诉环节的逐渐进行，犯罪行为的时间点逐渐推远，被害方的心态从刚开始的愤慨逐渐平复，开始趋于理性地看待犯罪行为，复仇心态也有淡化的趋势。特别是死刑案件的案件结构决定了加害方与被害方大概率存在共同交往基础，被害方对加害人的谅解存在空间。当被告人本人表达认罪悔罪的态度，或者积极谋求与被害方达成民事赔偿协议时，被害方实际上有很大可能趋向于接受甚至谅解。比如，本次调研发现有43个案件的被告方没有给予经济赔偿，被害人亲属也表达了谅解。再如，在药家鑫案中，被害人的家属前期虽然要求严惩被告人，但是也没有一定要求杀人偿命，而是多次与被告人家属就经济赔偿进行磋商，如果药家鑫的父母积极努力赔偿，获得被害人家属的谅解进而从轻处罚也"并非完全没有可能"[1]。

在所有影响被害方心态的诸多要素之中，起决定性作用的是同态复仇观念与被害方物质需求之间的博弈，这是随着市场经济形态和超大规模陌生人社会到来而产生的特殊问题。传统中国社会中，死刑案件的和解与人伦亲情观念存在明显冲突，是不被主流价值观所容忍的，正所谓"复仇是为人子孙、为人妻"的本分。[2]孔子提出"君子喻于义，小人喻于利"，将"义"归于君子而将"利"归之于"小人"；孟子进一步提出了"舍生取义"的思想，更加推崇"义"在儒家伦理道德中的重要作用；这些都导致因接受杀人者的钱财而放弃复仇是为道德所不齿的做法。在以村落聚集和宗族为主要形态的古代社会中，一旦被害方接受仇人的钱财而在道德上处于劣势，就会面临极

---

[1] 陈柏峰：《法治热点案件讨论中的传媒角色——以"药家鑫案"为例》，载《法商研究》2011年第4期。
[2] 参见宋志军：《恻隐与宽恕：死刑司法控制的伦理路径》，载《理论与改革》2016年第5期。

大的社会压力。传统中国人认为，非正常死亡的人的魂魄并没有得到安息，必须经由同态复仇、以命抵命的方式告慰亡灵，受害者才能得以善终。杀人偿命的观念反映了刑罚的报应作用，也是民众最直观、最基础的正义观念。[1]当费孝通所揭示的中国乡土秩序发生根本性变革，中国走向了超大规模的陌生人社会之后，人际交往的地理限制被打破，个体的需求更加多元和复杂，依附于乡土社会的诸多观念走向解体，[2]诸如凶死、以命抵命等传统观念已经逐渐淡化。在死刑案件中表现为，接受被告人的赔偿不再是道德上有所亏欠的行为，而是基于自身经济状况所做的理性考量：如果被告人家属能够积极主动地赔偿，且赔偿数额能够满足被害方的经济利益诉求，那么一部分被害人家属并不会追求杀人偿命的判决结果，有时还能够谅解被告人，请求法院从轻判决。

可以说，被害方的态度在死刑和解中起到至关重要的作用，某种程度上甚至决定了案件的走向。被害方的行动逻辑在于：他难以从现有的司法体制中获得救济，也不能对刑事诉讼的进程施加有力的影响，在此情况下他必须另行寻求方式来弥补因被害人死亡或重伤导致的精神损害和物质诉求；传统中国社会中的善终凶死和以命抵命的观念已经逐步走向瓦解，接受被告人及其亲属的经济赔偿在道德上并不具备谴责性；因此在诉讼进程中，复仇心态淡化，相反赔偿诉求提高，当被告人认罪悔罪并有足够的诚意进行赔偿时，被害方通常愿意接受和解。

(三) 法院：死刑控制政策下的保守裁判倾向

依据2017年实施的《最高人民法院关于常见犯罪的量刑指导意见》，对于游走在合法边缘的重罪和解的态度是较为慎重的，重罪和解对减刑幅度的影响小于当事人和解的公诉案件。[3]理想状态下，积极赔偿和取得被害人谅

---

[1] 参见尚海明：《善终、凶死与杀人偿命——中国人死刑观念的文化阐释》，载《法学研究》2016年第4期。

[2] 参见泮伟江：《如何理解中国的超大规模性》，载《读书》2019年第5期。

[3] 最高人民法院于2017年实施的《关于常见犯罪的量刑指导意见》第9条规定，"对于积极赔偿被害人经济损失并取得谅解的，综合考虑犯罪性质、赔偿数额、赔偿能力以及认罪、悔罪程度等情况，可以减少基准刑的40%以下；积极赔偿但没有取得谅解的，可以减少基准刑的30%以下；尽管没有赔偿，但取得谅解的，可以减少基准刑的20%以下。其中抢劫、强奸等严重危害社会治安犯罪的应从严掌握"。第10条规定，"对于当事人根据刑事诉讼法第二百七十七条达成刑事和解协议的，综合考虑犯罪性质、赔偿数额、赔礼道歉以及真诚悔罪等情况，可以减少基准刑的50%以下；犯罪较轻的，可以减少基准刑的50%以上或者依法免除处罚"。

解不一定能作为从轻情节采纳，需综合考虑案件情况，但实践中被告人谅解的作用是最重要的是否判处死刑的事由，远大于自首、从犯等情节。[1]法官决定动用死刑时，先寻找有无酌定情节可以判处死缓；当没有酌定情节或"除刑"因素不足以降低其恶性时，才会最终适用死刑立即执行。[2]据笔者统计，被告人的赔偿和谅解情节没有作为从轻情节被采纳的仅占11.58%，未被采纳的均属于手段特别残忍、犯罪情节和社会影响极其恶劣的犯罪，不足以从轻判决。这一用刑思路在我国死刑案件的裁判中是普遍存在的，并非因死刑和解而起，只不过在已有的法定和酌定情节之外增加了一个"除刑"的出口，加剧了死刑案件裁判过程中的保守倾向。

自20世纪90年代末以来，我国的死刑控制政策经历了由立法控制向司法控制的转变。通过立法大规模削减适用死刑的罪名的工作已经完成，目前在暴力性犯罪和贪污贿赂犯罪领域尚看不到废除的可能。与之对应的是，由最高人民法院主导的司法控制路径正在发挥重要作用，[3]一方面体现为死刑核准权的收归，自2007年起由最高人民法院统一行使全部死刑案件的核准权；另一方面体现为刑事政策的转变，"保留死刑、少杀慎杀、严格控制死刑"的刑事政策正在以司法解释、规定和意见的形式渗透到死刑的裁判过程中。[4]严格控制死刑的刑事政策要求司法机关在办案的时候正确适用《刑法》第48条的规定，仅对"罪行极其严重的犯罪分子"适用死刑，既要正确认定案件事实，又要定罪准确、量刑适当，逐步减少死刑适用，凡是可杀可不杀的一律不杀。按照宽严相济的要求，死刑案件的被告人罪行虽然严重，但具有法定、酌定从宽情节的，可以依法从轻、减轻处罚；犯罪后积极赔偿、取得被害人谅解的，即属于上述酌定量刑情节。在此背景下，自最高人民法院全面收回死刑复核权后，对于"罪行极其严重"的死刑标准，要求更加严

---

[1] 王越：《故意杀人罪死刑裁量机制的实证研究》，载《法学研究》2017年第5期。
[2] 白建军：《死刑适用实证研究》，载《中国社会科学》2006年第5期。
[3] 左卫民：《死刑控制与最高人民法院的功能定位》，载《法学研究》2014年第6期。
[4] 《最高人民法院、最高人民检察院、公安部、司法部关于进一步严格依法办案确保办理死刑案件质量的意见》明确了保留死刑、严格控制和慎用死刑的政策；《最高人民法院关于贯彻宽严相济刑事政策的若干意见》规定，被告人案发后对被害人积极进行赔偿，并认罪、悔罪的，可以作为酌定情节考虑。

格，标准更加统一，死刑立即执行判决的数量有明显下降。[1]

对于法官个体来说，在上述刑事政策的影响下，和解情节产生了泛化趋势。一项调查指出，91.67%的法官认为被害方谅解会影响判决并最终改变判决结果，87.18%的法官认为庭外和解会影响死刑案件的最终判决结果。[2]为稳妥裁量刑罚、减少双方当事人对裁判结果的质疑，死刑裁判中的保守倾向越来越重。被告人家属赔偿、被害人谅解后，就有判死缓的充足依据；被告方没有赔偿或者被害人没有谅解，判死缓的动力就不足。法官的行动逻辑在于，如果被害方能够与被告方达成和解，即表明被害方的复仇欲望没有特别强烈，双方不太可能对判决结果不满；而没有达成和解的被害方一般都存在从严处罚的诉求，如果没有得到满意的裁判结果，往往会采取申诉、上访等措施表达诉求，给司法机关施加压力，带来一系列恶性后果。在考核指标上的动力是，无论是一审还是二审作出死缓判决，案件在高级人民法院复核后就可终结，可以规避最高人民法院的监督，被纠正错误的可能性大大降低。和解协议达成之后，也基本不用考虑执行难的问题，因为被害人家属出具谅解书一般都以实际履行为前提。并且，不少法官也认同，通过死刑和解给被害人家属以必要的经济赔偿，对于家境贫寒的被害人来说是不错的方式，至少可以起到弥补我国司法救助制度的不足、改善家庭经济条件的作用。因此，死刑和解案件通过一次审理就解决了民事、刑事、执行三重问题，既完成了上级的考核，又不用担心上诉、申诉和上访，达到了良好的社会效果。[3]

当然，上述分析是站在理性人的角度上理解法官的行动逻辑，现实中影响法官积极引导死刑和解的因素更加多样。例如，对于民间纠纷激化引起的暴力犯罪案件，因双方当事人存在紧密的社会关系，法官更倾向于倡导和接受和解；再如双方当事人案发后是否有寻求调解及和解的意愿和行动，双方对于和解的态度尤其是被害人家属的态度等，也都是影响法官介入和解的重要考虑因素。总体来说，在近年来控制死刑和宽严相济的刑事政策的推动下，

---

[1] 董瑞丰：《死刑复核权上收"盘点"——访最高人民法院副院长姜兴长大法官》，载《瞭望》2007年第36期。

[2] 徐岱、刘银龙：《论被害方诉求与死刑的司法控制》，载《吉林大学社会科学学报》2015年第4期。

[3] 陈瑞华：《刑事诉讼的私力合作模式——刑事和解在中国的兴起》，载《中国法学》2006年第5期。

第六章　死刑案件与刑事和解

法官的死刑裁判更加保守，积极赔偿和被害人谅解作为酌定情节得到考虑，并且这一情节的作用和从宽幅度都有泛化的现象；为达到案结事了、息诉止争的目的，法官不得不考虑死刑判决带来的重大社会影响和上级法院监督，双方达成和解的死刑案件在没有达到"罪行极其严重"的标准时更倾向于判处死缓。

三、正当性追问：刑事和解能否承受死刑控制之重

即使死刑和解的出现有充分的现实基础和多方行动逻辑，它仍然要面对一个简单的问题——死刑和解的正当性如何保障？或者说，当刑事和解应用到可能判处死刑的案件时，是否超越了和解的功能范畴和价值界限？任何一项法律制度都有其特定的适用条件和范围，所谓"真理向前走一步就是谬误"，当普遍适用于轻微犯罪案件的刑事和解的触角扩大到死刑案件时，其运作过程和结果涉及国家、社会和公民的重大利益，它必须面对合法性或正当性的拷问。

（一）死刑和解的正当性议题

当讨论某一法律制度的正当性时，不仅指的是在法规范意义上是否合法，也包括符合法律规则和原则等；在社会学意义上则强调是否获得普遍意义上的社会认同。哈贝马斯认为："合法性就是承认一个制度的尊严性，这个定义所强调的是，合法性是一种有争议的公认的要求，统治制度的稳定性，甚至包括对这种要求的（起码的）事实上的承认。"[1]谷口安平认为："对权利的行使结果，人们作为正当的东西而加以接受时，这种权利的行使及其结果就可以称之具有正当性或正统性。"[2]他认为正当性包括两个层面：一是结果的正确；二是实现结果的过程本身具有正确性。总结来说，正当性包含了对一项制度的价值评价，它强调的是正确的、好的等积极的性质，涉及人们的价值观和法律理想，并表现为对法律制度运作结果的认可以及社会的普遍认同。

在法规范意义上，对死刑和解的质疑主要存在于死刑案件不属于我国

---

[1] [德] 尤尔根·哈贝马斯：《重建历史唯物主义》，郭官义译，社会科学文献出版社2000年版，第262页。

[2] [日] 谷口安平：《程序的正义与诉讼》，王亚新、刘荣军译，中国政法大学出版社1996年版，第10页。

《刑事诉讼法》第288条规定的案件类型上,但实际上积极赔偿和被害人谅解作为一种酌定赔偿情节,已经多次得以明确。只不过,立法上对死刑和解做简单化处理,回避了对死刑和解的性质认定和程序规定,只规定和解的结果对量刑的影响。但是,当事人和解的公诉案件的相关规则排除了死刑案件,在规则中心主义的视野下,这违背了权力不可推定性的初衷,违反了权力约定的原理。犯罪行为不仅是对被害人个人权利的侵犯,还是对社会秩序和公平观念的伤害,死刑和解大大牺牲了刑罚的公正,实为双方当事人互相妥协的产物。[1]中国的司法只能是有限的能动司法,国家中心主义、两造对立、居中裁判应该是基本的纠纷解决模式,刑事和解的渗透范围必须受到严格限制,绝不能扩展到重罪案件;此外,死刑和解还违背了中国语境下"积极的罪刑法定"原则,[2]虽然《刑法》第48条给死缓的适用提供了空间,但是被告人赔偿认罪和被害人谅解都不能成为是否立即执行的决定性标准,和解不符合依法量刑的要求。

死刑和解的支持者则认为,正是由于对国家权力的迷信,才使得被害人在刑事诉讼中的弱势地位越发凸显;被告人接受国家的刑罚而避免了向被害人承担责任,除了满足抽象的国家秩序需求和被害人基本的报应情感,没有带来任何好处;惩罚权力遭遇严重失败,无法满足被害人的救济需求,刑事附带民事诉讼判决沦为一纸白条。而对于是否违反积极的罪刑法定原则,同样存在不同观点。《刑法》第48条关于适用死刑立即执行和死缓的条件都是一致的,即"罪行极其严重",在此基础上判处死缓的条件是"不是必须立即执行",这就需要综合考虑被告人的行为性质、主观恶性、悔罪表现。[3]经济赔偿反映了被告人具有一定的悔罪表现,表明其人身危险性有一定降低,既影响了被告人已犯之罪的责任,又能够对将来的犯罪起到预防作用,这是其作为酌定量刑情节的重要理论依据。汉斯·海因里希·耶塞克曾指出:"行为人、被害人和解的主要优点在于,行为人可直接亲自面对被害人的观点和要求。这样做具有特别预防的效果,因为在这里行为人第一次将被害人当人看

---

[1] 蒋娜:《"最严重的犯罪"与死刑的严格限制——兼及"死刑和解"的误区矫正》,载《湖南师范大学社会科学学报》2010年第3期。
[2] 孙万怀:《死刑案件可以并需要和解吗?》,载《中国法学》2010年第1期。
[3] 陈洪杰:《死刑和解的"义利之辨"》,载《苏州大学学报(法学版)》2014年第1期。

待,并了解其行为后果的严重程度。根据法条的字面意思,只要行为人表示乐意参加这样的和解程序,就具备了减轻处罚或免除刑罚的可能性。"[1]基于预防刑理论,给积极赔偿的被告人以量刑上的激励也是合理的。

在社会学意义上探讨死刑和解的正当性则更加复杂,必须面对判决的正当性和社会认同之间的冲突问题,这里的社会认同既包括案件当事人对判决结果的接受度,又包括社会大众对于死刑和解的态度。首要的质疑是,死刑和解损害了平等原则,经济赔偿演化为"以钱买命"的对价交易。双方当事人能否达成和解,与被害人的具体要求、被告人家庭条件等要素都有关系,并非由被告人及其家属的主观意愿所决定。从实际运作中来看,被害人家属"狮子大开口"的现象并不少见,虽然最后协商确定的赔偿数额大小能够反映出被告人人身危险性不同程度地降低,但主观认罪态度却不能够用金钱来衡量。同样的罪行,家庭条件优越的被告人能够通过赔偿免除死刑,家庭经济条件差的被告人却没有获得从宽处理的机会,某种程度上是"花钱买刑",造成刑罚适用上的不平等。一旦死刑和解大范围铺开,严肃的审判活动就会异化为双方的讨价还价,严重损害司法权威,民众朴素的法感情也很难接受这样的结果。另外一个社会认同方面的考虑是,民众对判决正当性的理解程度可能存在一定的滞后。例如,对于刑事判决来说,正确认定案件事实是取得正当性的一个重要因素,但并不是唯一决定因素,没有正确认定案件事实的判决可能是正当的,而已经正确认定案件事实的判决同样可以是不正当的。[2]但是对于社会大众而言,对于正确认定案件事实和判决正当性的分离可能是难以接受的,代表性情形如证据不足做出无罪判决,这在一定程度上影响了判决的社会认同。

一般来说,死刑和解的当事人对和解的结果相对认可,被害人和被告人在激烈利益冲突中寻求平衡点,在此过程中双方基于自身的情感和利益达成一种合作。但是,当事人对和解也存在不认可的风险。如果双方经济实力和社会地位存在不对等的情况,处于优势地位的一方就会对另一方产生压力,从而影响和解的自愿性。如果和解是由司法机关主持开展的,对双方都会形

---

[1] [德] 汉斯·海因里希·耶塞克、托马斯·魏根特:《德国刑法教科书》,徐久生译,中国法制出版社 2017 年版,第 1162 页。

[2] 魏晓娜:《背叛程序正义 协商性刑事司法研究》,法律出版社 2014 年版,第 125 页。

成一定程度的强制力,担心没有达成和解造成不利后果,有可能被迫达成协议。不同于对自身利益的关切,社会公众对死刑和解的认同程度主要依赖于裁判的公正性上。支持者认为,刑事和解并没有突破平等原则的约束,和解的前提是被告人认罪且真诚悔罪,如果仅通过甩钱企图从轻或减轻处罚,说明其人身危险性并未消除,这是刑事和解所禁止的。[1]实际上,在没有和解的刑事审判中,惩罚也很难实现其平等性,法官在裁判案件时,案件社会结构、法官自身的利益追求等各种非正式法源都会影响到最终的定罪量刑,无差别地适用法律本身就是不可能实现的。和解所保障的是每个人的机会平等,给予了每个人通过积极赔偿来影响量刑的可能,最终是否从轻量刑还要综合考虑案件情节来决定,从总体上衡量具有相应的正义性。并且,实际上赔偿数额并不会影响到最终的量刑,起决定性意义的是有无赔偿,或者说有没有尽己所能赔偿。不同案件中赔偿数额差异较大而从轻处罚的结果趋向一致,这表明法官裁判的关注点在于是否积极赔偿并达成和解。

因此,对于死刑和解的正当性议题来说,首先要讨论的是它能否保障刑事判决的公正性,其次还要考察社会对判决的认同程度,二者缺一不可。正当性不仅是法规范意义上的,也是社会学意义上的;对于前者,目前的状态是经济赔偿和谅解作为酌定赔偿情节;对于后者,我们要更加关注刑事和解各要素之间的平衡,如何确保裁判的公正性,尽力消弭民众"花钱买刑"的观感。

(二) 何以正当:现代刑事理论的支撑

尽管死刑和解起源于我国司法的自发实践,并不是西方移植而来的制度,但不可否认西方现代刑事理论支持了和解的正当化进程。近代资产阶级革命以降,西方主要国家着力改善刑事诉讼中被告人的地位确立,被告人的主体地位理念已成为现代刑事诉讼制度的基本标志。与此同时,在国家追诉主义的影响下,被害人的地位没有得到足够的重视,刑事诉讼过度重视国家刑罚权的行使而缺乏对被害人利益的保护。"二战"之后,各国开始反思被害人权益被损害的局面,通过颁布一系列的立法和政策,被害人被忽视的状态明显改善。例如,联合国于1995年颁布了《为罪行和滥用权利行为受害者取得公

---

[1] 陈光中:《刑事和解再探》,载《中国刑事法杂志》2010年第2期。

理的基本原则宣言》，旨在建立受害人权利保护联盟。[1]英国在《所有人的正义——英国司法改革报告》中指出："本国的人民希望有一个有利于实现公正的刑事司法制度。他们认为犯罪的被害人应当成为这一制度的核心。"美国也于20世纪60年代发起了被害人保护运动，在刑事立法和司法实践中，都强化了对被害人的权利保护。[2]在德国，20世纪70年代被害人学的繁荣导致刑事政策和刑法实践强有力地转向了被害人的利益，通过了《被害人保护法》《证人保护法》和《被害人权利改革法》，受害人权利得到了扩大，也给有权提起附带诉讼的谋杀罪的被害人亲属带来了好处。[3]被害人是受犯罪行为直接伤害的主体，也理所应当成为刑事诉讼的主体，其权利应当得到保障。"帮助被害人与罪犯之间恢复和睦的私人关系并促成对于被害人的赔偿而不是制裁违法者，似乎更有意义。刑罚对于被害人没有任何价值。"[4]除了获得赔偿权，被害人的权利还应该包括刑事诉讼程序的参与权，甚至包括被告人责任形式的决定权。因为对于被害人来说，获得经济赔偿是直接抚平犯罪伤害的方式，除此之外，能够以自己的行为参与刑事司法程序中是自主意识的体现，叙说伤害和表达诉求本身就具有消除和淡化犯罪影响的效果，有利于被害人及其家属接受刑事判决的结果、保障司法权威。影响刑事裁判的结果是程序参与权的应有之义，也是被害人主体地位的重要体现。

另一理论来源是恢复性正义理论的流行。在传统刑事司法理念中，犯罪是对国家统治权威和社会秩序的破坏，国家权力致力于对犯罪行为的处罚，一定意义上，国家既不需要关心刑事纠纷的解决，也不用关心社会关系的愈合和当事人损伤的恢复。而恢复性司法理论则认为，犯罪首先是对所在社区安宁生活的破坏，其次还是对犯罪人个人社会关系的破坏；司法应当着眼于修复因犯罪行为而遭受破坏的社会关系，治疗犯罪给被害人、犯罪人以及社会带来的伤害。要实现这一目的，司法机关有义务承认各方当事人受到犯罪行为伤害的事实，关注利害关系人的真实需要，促使双方坐下来进行对话和

---

[1] 陈光中、葛琳：《刑事和解初探》，载《中国法学》2006年第5期。
[2] 李奋飞：《刑事被害人的权利保护：以复仇愿望的实现为中心》，载《政法论坛（中国政法大学学报）》2013年第5期。
[3] [德]海因茨·舍许，樊文译：《死刑的被害人学视角》，载《刑事法评论》2007年第2期。
[4] [德]汉斯·约阿希德·施奈德：《国际范围内的被害人》，许章润等译，中国人民公安大学出版社1992年版，导论第30页。

协商，最终使受害人获得精神和物质上的双重补偿，从而修复被犯罪伤害的社会关系。恢复性司法主张通过双方协商和叙说促使犯罪人认识犯罪行为的后果，通过忏悔、道歉和赔偿的方式弥补心中愧疚，向被害人及其家属偿还所欠之债，消除犯罪的影响，从而实现恢复性的正义。[1]

恢复性司法和传统的报应性司法观念最根本的不同在于对国家、社会和公民之间关系的理解，它实际上是后现代语境下的刑事司法观念。在恢复性司法的视野中，国家和被害人的需求在不同的层面上，犯罪行为首先是个人之间的一种关系，而后才由个人波及国家和社会中，因此被害人的需求和利益应当被优先考虑，其次才是报应性司法中对于行使国家权力的需求。在国家和犯罪人之间的关系中，国家动用刑罚对被告人进行谴责，同时也是通过刑罚努力使被告人参与到关于他的行为的道德对话之中，在国家的眼光中被告人是社会共同体内具有道德感的公民，存在道德感化的可能性。[2]在犯罪人和受害人之间，恢复性司法反对传统刑事司法理念中过分注重犯罪人的保护，也反对向犯罪人施加同等的伤害以实现被害人的报复目的，而是谋求双方之间的合作。伤害犯罪人并不能给被害人带来什么好处，相反被害人会从遭受的伤害得到赔偿的处理方式中得到更丰富的正义理念。[3]恢复性司法追求的是犯罪人和受害人之间关系的和谐化，认为受害人的主体地位应当被保障，但不能够以报应观念对犯罪人施加伤害，而是应当由犯罪人为自己的行为积极承担责任，在犯罪人与受害人双方之间的沟通和互动中修复伤害。

自20世纪70年代开始，作为恢复性司法最重要表现形式的刑事和解开始在英、美、加、德等国家的司法实践中出现。一般认为，刑事和解的起源与三个传统有关：第一个传统是加拿大和美国的门诺派教会对加害人——被害人调解的探索；第二个传统是美国公共刑事司法局缓刑部门的和解计划；第三个传统是美国矫正部门以赔偿为核心的和解计划。[4]依各国司法实践和文

---

[1] 杜文俊、任志中：《被害人的宽恕与死刑适用——以恢复性司法模式为借鉴》，载《社会科学》2005年第12期。

[2] 参见郑召利：《程序主义的民主模式与商谈伦理的基本原则》，载《天津社会科学》2006年第6期。

[3] 参见赵秉志、彭新林：《论民事赔偿与死刑的限制适用》，载《中国法学》2010年第5期。

[4] 参见马静华、罗宁：《西方刑事和解制度考略》，载《福建公安高等专科学校学报-社会公共安全研究》2006年第1期。

化传统的不同，刑事和解的模式有所差异，一般来说都是先在少年犯罪和情节比较轻微的成年人犯罪中适用，后有逐渐扩大适用范围的趋势。德国刑法主要从量刑的角度体现了恢复性司法的适用，通过双方和解同意从宽处罚被告人，规定只要犯罪人努力与被害人达成和解，对其犯罪行为造成的损害全部或大部分予以补偿，或认真致力于对其行为造成的损害进行补偿的，法院可以减轻处罚，对于一年以下自由刑或者不超过360单位日额金的罚金刑还可以免除刑罚。[1]而在美国，政府出台《实施平衡性恢复性司法方案行动指南》以指导实践中制订恢复性司法方案，被害人—加害人调解程序在刑事司法中迅速铺开，双方在调解人的安排和主持下进行会面，讨论和协商赔偿方案。[2]在会面中，被害方一般会讲述犯罪行为对其生活造成的影响，并向被告人提出问题；同时，加害人此时也可以解释自己的行为，表达忏悔和歉意。通过双方之间的叙说和沟通，被害人因犯罪行为而产生的恐惧、怀疑等负面情绪被表达出来，有利于舒缓被害人的心理伤害；如果加害人能够在和解项目中真诚悔罪、表达歉意，并承担经济赔偿责任，无疑有利于抚平被害人的心理伤害，缓和因犯罪而遭受破坏的社会秩序。

在美国，死刑案件中的刑事和解往往以被害人影响证据的形式出现。尽管州与州之间的死刑判决程序各不相同，但是每个规定死刑的法律制度都要求有两个独立的阶段，其中第一个阶段决定有罪还是无罪的问题，第二个阶段只有在法官或陪审团认定被告人罪名之后才会启动。在量刑阶段，检察官提出的最强有力的证据可能要属"被害人影响证据"，它是指关于被害人所受影响之陈述，在对已被裁决有罪的犯罪人判刑之前，由缓刑官准备的一种不公开的官方文件，旨在向法官说明犯罪行为给被害人或其家庭所造成的影响，以供法官量刑时考虑。[3]最初，被害人影响证据是死刑裁量中的加重证据，其形式多种多样，包括被害人所承受的痛苦、被害人直系亲属的医疗状况、救援人员关于谋杀残忍程度的证言等。1987年，美国联邦最高法院在布斯诉马里兰州案（Both v. Maryland）中认定此种证据不具有相关性，违反了宪法

---

[1] 参见兰耀军：《被害人视野中的刑事和解——一种基于实证的分析》，载《刑事法评论》2008年第1期。

[2] 参见魏晓娜：《背叛程序正义 协商性刑事司法研究》，法律出版社2014年版，第110-116页。

[3] 陈京春：《论我国死刑案件的刑事和解——以中美死刑比较为视角》，载《西部法学评论》2008年第2期。

第八修正案。但四年之后的佩恩诉田纳西州案（Payne v. Tennessee）中，法院肯定了量刑阶段被害人影响证据的可采性，理由是通过展示被害人的独特性有利于在死刑中实现真正的平衡。[1]随后，被害人影响证据出现了"逆向"的使用，实践中存在被害人通过被害人影响证据要求陪审团达到不适用死刑的目的，这些案件的被害人及其家属大多在法庭判决前与犯罪人进行和解，对死刑案件的犯罪人进行宽恕。[2] "逆向"的被害人影响证据不再作为加重证据而使用，而是作为减轻证据进入量刑程序，实现死刑的个别化考察。这表明，无论是权衡型还是非权衡型的死刑裁判，被害人影响证据都有资格进入量刑程序，法院尊重被害人的个体特征及选择对适用死刑判决的影响。

（三）死刑和解在刑事诉讼法中的表达

《刑事诉讼法》对公诉案件当事人和解达成条件表述为"犯罪嫌疑人、被告人真诚悔罪，通过向被害人赔偿损失、赔礼道歉等方式获得被害人谅解，被害人自愿和解"，最高人民法院于2017年实施的《关于常见犯罪的量刑指导意见》在规范和解案件的量刑时表述为"积极赔偿被害人经济损失并取得谅解"，同时也规定了当事人和解的公诉案件的减刑标准。《刑事诉讼法》第288条和上述意见第9条在和解的定义上没有实质不同，只是在适用上存在两种路径，满足《刑事诉讼法》第288条的案件范围和条件时，既可以适用第289和第290条的程序性规定，还可以获得实体从宽的处理；不满足《刑事诉讼法》第288条的案件范围和条件时，只能从宽处理。

可见，死刑和解在刑法中的表达是量刑空间，其功能在于提供一个从宽处理的酌定情节，这并非对和解行为的认可，而是对谅解及赔偿结果的认可。对死刑和解的被告人来说，影响责任刑的情节相对固定，而影响预防刑的情节则相对宽泛，积极赔偿和取得被害方谅解能够体现出被告人人身危险性的降低和再社会化的可能。在宽严相济和控制死刑的政策引导下，死刑和解在消解严重暴力犯罪案件带来的社会冲突方面具有重要意义。犯罪人和被害方之间具有强烈的利益冲突，在刑事诉讼的过程中，司法机关公正审判给予犯

---

[1] 参见[美]琳达·E.卡特、埃伦·S.克赖斯伯格、斯科特·W.豪尔：《美国死刑法精解》（第二版），王秀梅、邱陵、曾赛刚译，北京大学出版社2009年版，第126-129页。

[2] 参见陈京春：《论我国死刑案件的刑事和解——以中美死刑比较为视角》，载《西部法学评论》2008年第2期。

罪人应有的惩罚，使被害方的复仇观念和正义诉求得到适当的满足，双方的利益冲突得到一定程度的化解。另一方面，和解作为酌定情节被刑法所允许，给了犯罪人直接补偿被害方的机会，既有利于补偿被害方所遭受的经济损失和情感伤害，也有利于犯罪人以实际行动真诚悔罪、复归社会，在新的维度上达到利益平衡。

相较之下，刑事诉讼法却在死刑和解问题上呈现出"失语"的状态。在刑事和解的现实必要性已经被充分论证的情况下，仅仅因为重罪乃至死刑和解可能构成对国家刑罚权的有力挑战，就仍然被排除在《刑事诉讼法》第288条的范围之外，并且至今还要承受正当性的质疑。刑事诉讼法的失语造成死刑和解在半地下状态运行，和解的启动和适用条件存在模糊空间，出现背离刑事和解精神和损害司法公正的案例；和解程序相对封闭，基本由双方当事人私下磋商会面，诉讼参与人和检察机关难以良性参与互动，法院审查和解证据出现纰漏。

在刑事实体法领域，死刑和解作为一项酌定量刑情节存在；而在程序法领域，相关的规范和依据始终缺失。和解的实际运作中暴露出诸多问题，从本质上来说都是无具体规则可循造成的。赔偿情节与死刑裁判是关乎司法公正的重大敏感领域，刑事诉讼法不应在此问题上失语，未来应当以司法解释或刑事诉讼法修改的形式予以规范。

四、走向规范化的死刑和解

审判实践中存在大量死刑和解案件以半地下的状态运行，面临着对司法裁判公正性的质疑，其源头在于和解中的司法裁量空间隐含的权力滥用风险，一旦运用不好，不仅原有的冲突无法化解，还会产生新的矛盾，影响民众对司法的信任。对于死刑和解案件中多方利益主体的诉求冲突，以及对现有成文法的冲击，毫无疑问应当平衡不同的价值追求，具体来说有两条规制路径：立法方式和个案裁判的方式。一方面，实践中复杂的情形决定了很难用封闭性的立法话语来概括，死刑和解需要给法官留下必要的裁量空间，综合具体的案件情况予以判断。另一方面，经过近20年的探索，刑事和解在死刑案件中的适用已经呈现出常态化的趋势，目前暴露出违心和解、附条件赔偿、裁判标准不一等问题，正是死刑和解领域缺乏明确制度约束的结果。因此，对死刑和解进行制度层面的规制,"实际上是将应用于刑事司法的潜规则予以正名与规范,更好地发挥其功能和价值,避免其消极影响"[1],并非凭空创造出叠床架屋的规则束缚司法实践的脚步。

在原理、精神内核和运作模式上,死刑和解案件与当事人和解的公诉案件并无本质差别。刑事程序法对死刑和解虽没有证明肯定,但也留下了一定的适用空间。"两高三部"《指导意见》中,没有将死刑等重罪案件予以排除。因此,无论是从立法目的的统一性上,还是从未来刑事司法实践的运作来说,扩大现有刑事和解的适用范围,在制度层面构建死刑和解的基本条件和操作程序,不仅现实,而且可行。走向规范化运作之路的死刑和解,不仅要在量刑上实现平衡,更要在程序上加以控制。只有遵循正当程序原则、将死刑和解纳入刑事诉讼法的规制领域,形成完善合理的规范,才能发挥和解的功效。

(一) 和解的启动

1. 限制死刑和解的案件范围

基于被告人人身危险性和案件社会危害性的判断,学界大多认同死刑和解的案件范围应当在案件类型和情节两个方面进行必要的限制。

在案件类型上,死刑和解应当仅限于因婚姻家庭、恋爱纠纷、邻里纠纷等民间矛盾引发的案件。[2]这些暴力犯罪的被告人和被害人具有一定的血缘亲属关系或共同感情,双方家庭处在同一个社会关系网络之中,被告人的犯罪行为针对的是特定的受害人,人身危险性比较小;双方亲属也具备和解的基础,更容易达成协议。而对于黑恶势力犯罪,以及针对不特定多数人进行的抢劫、强奸、投放危险物质等严重暴力犯罪,被告人的主观恶性和犯罪手段极其恶劣,不宜适用刑事和解,应当依法严惩。

在案件情节上,要结合个案情节对是否应当适用和解进行判断。一般来说,除了赔偿和谅解情节,被告人还需要具备至少一个从轻或减轻情节,死刑和解才能够成为从宽处罚的依据。和解情节要尽量结合其他从轻情节共同

---

[1] 游伟等:《死刑案刑事和解之感性与理性》,载《东方法学》2009年第3期。
[2] 参见最高人民检察院公诉二厅课题组:《民事赔偿情节对死刑适用的影响》,载《国家检察官学院学报》2018年第1期。

适用，当被告人除了达成和解，还应当另外具有从轻或减轻情节（如属于临时起意、激情犯罪，被告人是未成年人，犯罪后有自首或坦白情节，被害人具有过错等）；当被告人同时还具有加重情节时，即使达成和解能否从轻就需要谨慎判断。此外，还应当设置适用和解的排除情节，对于被告人犯罪手段特别恶劣、主观恶性极深、人身危险性极大的行为，如采用特别残忍手段故意伤害或杀害被害人、犯罪后分尸抛尸、造成多人死亡的危害后果的，即使被告人与被害人家属达成和解，也不足以作为从宽处罚的情节。

2. 禁止法官主动提议和解

根据笔者的统计和观察，目前的死刑和解主要还是以双方当事人私下达成合意的方式进行，但司法机关介入的情形也并不少见。一般来说，由死刑案件的承办法官来履行主持、监督和审查的功能。法院在和解的过程中还会寻求当事人的单位和亲友以及其他调解主体的帮助，充当双方当事人的传话筒和和解的促成者，积极地劝导、说服，在赔偿数额方面上加以斡旋，最终达成双方利益的协调。陈瑞华老师总结的私力合作的三种模式中，[1]这种就是"司法调解模式"的典型代表。而对于双方当事人私下协商的"加害方—被害方自行和解模式"，检察机关往往是不参与的，仅仅起到代为传达消息、见证和解协议达成的效果，"既不提供新的方案，也不对双方加以劝导，更不对协议的达成发挥作用"[2]。

应当说，这两种模式中检察官见证和解的做法更加值得肯定，法官积极介入死刑和解，容易与司法裁决者的角色相混同，违背了司法中立性和消极被动性的要求。有学者认为法官应当根据不同的案件、采用一定的层次来适用刑事和解，区分为积极引导和解、允许和解和不允许和解三个层次。[3]笔者则认为，在满足刑事和解的条件后，法官的态度应当一视同仁，允许和解并审查和解协议，不宜积极推动和解。司法是保护社会主体权益的最后一道防线，需要对社会冲突做出权威的最终裁判，因而司法只有保持中立才能承担起此项重任。司法中立性要求法官对控辩双方的主张给予同等程度的关注，

---

[1] 陈瑞华：《刑事诉讼的私力合作模式——刑事和解在中国的兴起》，载《中国法学》2006年第5期。

[2] 最高人民检察院公诉二厅课题组：《民事赔偿情节对死刑适用的影响》，载《国家检察官学院学报》2018年第1期。

[3] 游伟等：《死刑案刑事和解之感性与理性》，载《东方法学》2009年第3期。

在正式审判之前不能预先接触证据以防止偏向的产生，也不能主动为冲突的一方举证。只有当社会冲突主动寻求司法途径来解决时，法官才能够根据当事人的诉求进行裁决，而不能主动进行，因为这已经超出了司法权的功能而在履行社会行政管理职能。[1]考察法官积极介入刑事和解后的影响，可以发现这与司法权能的行使无法兼容。第一，法官中立性和消极能动性的基础是刑事诉讼中的对抗制，而双方对抗的事实没有改变。尽管刑事和解意味着双方当事人之间关系的和谐化，但仅就民事赔偿情节和量刑从宽的部分达成了共识，对于被告人定罪处罚的事实，双方仍处于对抗状态——被害方希望凶手得到应有的惩罚，而被告方则积极谋求脱罪和减轻刑罚。法官主导和解的过程中，难免为调停促成和解为一方或双方当事人发表意见，实际上导致裁判者参与到对抗的双方中，严重伤害了司法的中立性。第二，法官积极介入和解容易对案件事实产生先入为主的印象，不利于公正裁决。法官介入调解的时机一般在开庭之前，采用三方进行非正式的会面或者由法官进行"背对背"调解的方式进行。无论何种方式，法官都会直接接触到当事人，了解案件的主要事实和证据，并且在劝服、教育和引导当事人达成和解的过程中，已经形成了对案件定罪量刑的初步判断。至于和解协议中的赔偿数额，只要双方意见一致、被告方又能达成一致的，基本上在和解环节就能得到承办法官的认可，后续的审查很难不流于形式。

因此，比较合适的模式应当是以当事人主动和解为原则，以检察机关主持引导和解为补充。对于双方当事人具备和解意愿，经协商达成和解协议或出具谅解书的，司法机关给予必要的协助即可，重点在于后续对和解协议效力的认定和审查。对于具备和解基础但因双方当事人情绪激动、矛盾激化而难以和解的案件，也是需要司法机关加以引导的，但适合的主体应当是检察院而非法院，理由有如下三点。第一，从检察权的发展历史和性质来看，检察官对保障被害人权利负有特殊的职责。[2]研究检察制度的历史不难发现，早期刑事诉讼由受害人本人作为公民进行起诉，检察官最初是协助国王参与诉讼，进而发展到具有负责刑事侦查和提起刑事诉讼的职能。近代国家因打

---

[1] 陈卫东：《我国检察权的反思与重构——以公诉权为核心的分析》，载《法学研究》2002年第2期。

[2] 兰耀军：《论检察权与被害人人权保障》，载《国家检察官学院学报》2004年第2期。

击犯罪、维护统治秩序的需要设立检察机关,其目的就是由检察官代替受害人行使追诉职能和国家公诉权。因此,各个国家在检察制度设计中,大多把公诉权作为检察机关的核心职能,有论者指出"检察权就是公诉权,也不应做延伸解释,公诉权的本质是对犯罪的追诉权,它以追究被告人刑事责任、遏制犯罪、恢复被破坏了的法律秩序为使命"。[1]公诉权的追诉属性决定了在现代刑事诉讼中他是与被害人站在一起的一方当事人,对公共利益的维护负有特殊使命,由检察机关介入刑事和解更有利于对被害人权利的保障。第二,从检察机关的职能来看,它贯穿刑事诉讼的始终,主要在侦查终结、审查起诉等环节发挥作用,与双方当事人通常的和解时机更加契合。从实践中来看,有相当大比例的和解案件选择在被告人被批准逮捕或检察机关审查起诉期间达成和解,这是因为刑事诉讼进行到这一环节时,案件事实已经基本查清,被告人基本明确了将要承担的刑事责任,对自身利益的关切程度促使其推动和解。相对于一审判决死刑后在二审中再谋求和解的情况,这一阶段附条件和解的风险也比较小。在审查起诉环节,检察机关起到的是承上启下的作用,既要接受公安机关的侦查结果,又要配合法院的审判工作,但其不直接对判决结果负责,在开展和解工作中更容易获得双方当事人的信任。第三,从检察机关的参与意愿来看,具备实现条件。检察机关与法院一样面临着业绩考核,因双方当事人对判决不服、矛盾激化而提起申诉或信访的行为会给检察机关造成一定的压力。检察机关本身也具有了解和尊重被害人意愿的一贯做法,对推行刑事和解的经验更加充足。

(二) 和解的程序

1. 明确死刑和解的成立要件

和解启动之后,还需要考察个案中的基本案情,只有在满足和解条件的情况下和解才能有效。具体应当包括以下几点:(1) 案件事实清楚、证据确实充分。刑事和解的理论内核在于化解双方矛盾、给予被害方经济补偿、促进被告人的再社会化,并非为节省司法资源而设立,因此不能降低对事实和证据的要求,否则刑事和解双方合意的自愿性将难以得到保障。因此,案件

---

[1] 参见徐静村教授为《检察权论》一书所作的序,载洪浩:《检察权论》,武汉大学出版社2001年版,第2页。

事实清楚、证据确实充分应当是和解案件的先决条件。实践中的问题在于，合议庭需要在庭审后、判决作出前才能够确定案件的事实和证据是否清楚，而和解早在审查起诉甚至侦查阶段就已经达成。这要求法官对于事实不清、证据不足的案件或证据存在重大疑点的案件，应当先查明事实，再确认和解的效力，否则当事人即使达成和解也不能影响案件的裁判。

（2）被告人认罪且真诚悔罪。被告人认罪作为和解的必备要件一般没有争议，因为在被告人不认罪的情况下，其人身危险性没有降低，允许双方当事人和解等于将赔偿和减刑直接联系起来，违背了刑事和解的初衷。被告人真诚悔罪的意义主要在于抚平被害人家属的心理伤害，被告人应通过赔礼道歉和忏悔的形式努力取得被害人的谅解，这也是刑事和解在感化犯罪人、恢复社会秩序等方面的重要价值，应当作为和解的条件。被告人真诚悔罪的方式可以是庭审中的表态，也可以是出具书面材料，或者当面向被害人家属道歉。

（3）被告方积极赔偿。经济赔偿是刑事和解的重要组成部分，同时也是被害方关切的重点。经济赔偿应当以当地经济发展水平、被害方的实际诉求和被告人的家庭经济条件为基础，双方协商后确定一个合理的数额。对于赔偿是否积极的判断，不能仅考察赔偿数额的大小，而是要看被告人及其家属的努力程度，全面评价赔偿的主动性、自愿性和及时性。[1] 例如，有的被告人家庭经济宽裕，在案发后采取观望态度迟迟不给予经济赔偿，不属于积极赔偿；而有的被告人为筹措资金不惜倾家荡产，或者在未与被害人家属达成协议时已预交赔偿款到法院或为被害人垫付医疗费、丧葬费，属于积极赔偿的情形。关于赔偿问题应注意两点：一是检察机关应当对被害人进行引导，尽量避免不合理的经济诉求；二是对于没有完全满足被害方赔偿诉求但已尽全力的，应当认定为积极赔偿。

（4）一般情况下，应取得被害人谅解且谅解主体适格。理想情况下，刑事和解应当既做出经济赔偿，又获得被害人谅解，但是由于死刑案件的被告方和被害方之间冲突激烈，并非所有的赔偿都能获得被害方谅解。从实践中看，有的被告方积极赔偿却没有取得被害方谅解，被害方坚决要求判处被告

---

[1] 参见于萍、吕卫华：《常见酌定量刑情节影响死刑适用的若干思考》，载《中国刑事法杂志》2014年第5期。

人死刑;有的暴力犯罪发生在父母、子女等近亲属之间,被告人家属和被害人家属基本上是同一批人,没有赔偿即出具了谅解书。死刑和解中赔偿情节和谅解情节不完全一致是可以理解的,因为一般来说,被害人家属很难从根本上原谅被告人。在考察谅解被害人谅解这一情节时应注意以下几点:首先,被告人积极赔偿损失、真诚悔罪体现了人身危险性的降低,被害人谅解与否是最终是否从宽处罚的重要考虑因素,但并非决定性因素。法院依法裁判的要求决定了不能有司法"软骨病",不能过分迁就被害人的复仇愿望。其次,被害人的谅解能够最大程度上发挥和解的制度功能,增强当事人对判决的认同,因此司法机关介入和解时应当采取多样的方式促成谅解的达成,被害方有谅解基础的争取都取得谅解。最后,笔者认同谅解的标准不宜定得太高的观点,实践中被害人及其家属接受赔偿、同意和解情节作为被告人量刑时的酌定考虑因素,就表明其具有一定程度的谅解态度。[1]对于被告方赔偿且被害方的谅解,如果没有从重情节表明必须判处死刑的,一般不适用死刑立即执行;发生在近亲属之间的暴力犯罪,没有赔偿也取得谅解的,可以比照同时具有赔偿和谅解情节的案件裁判;对于仅有赔偿而没有取得谅解的,应当综合全案犯罪情节和性质来确定。

此外,接受赔偿和表示谅解的主体应当适格。实践中出现过被害人的非直系亲属与被告方达成和解协议的情况,导致以被害人收入作为主要生活来源的近亲属赔偿无门、生活无着。法院应当审查接受赔偿和表示谅解的主体,应当限于与被害人生前共同生活,有抚养、赡养、扶养关系的最密切的亲属,一般包括被害人的配偶、父母和子女。

(5)和解的时间点一般不早于侦查期间,不晚于一审庭审后、判决作出前。实践中,从犯罪发生后的侦查环节到执行死刑之前任何一个环节都有可能启动和解,但并不是每个诉讼阶段都适合开展和解。在侦查阶段,犯罪事实尚未查清,案件事实是否清楚、证据是否充分尚处于未知状态,此时进行和解在实践中很常见,但是协议的效力如何还需要等待后续的裁判结果。因此,出于便利侦查活动、推动诉讼顺利进行的角度考虑,司法机关在移送审查起诉之前不宜鼓励双方和解,如果双方确有和解意愿,或者被告人家属已

---

[1] 游伟等:《死刑案刑事和解之感性与理性》,载《东方法学》2009年第3期。

经先行赔付了被害方一定的医疗费、丧葬费等，可以由侦查机关记录在案，后续作为有利于被告人的证据移送检察机关。[1]在二审乃至再审程序中，如果被告方在一审程序中没有表达过和解意愿并作出积极努力，不应当允许和解，因为此种情形下被告人并非出于真诚悔罪的原因而是视裁判结果采取"保命"行动，与刑事和解的精神不符。

（6）禁止附条件和解、见判即赔。如前文所述，关于附条件和解是否能从轻处罚的问题，应当立场鲜明地予以禁止。最常见的附条件和解是一审期间，被告方与被害方约定，如果未判处被告人死刑，就支付高额的赔偿金。附条件和解和见判即赔完全不能体现出被告人的认罪悔罪态度，表明被告人对自己的行为毫无悔改之意，而是针对判决结果采取投机行为讨价还价，有意规避终审裁判，不仅亵渎了刑事和解的理论内核，更损害了法律的权威，应当完全禁止此类做法。

2. 实行法院实质审查标准

在以当事人自行和解为原则、检察机关引导和解为补充的运作模式下，法院对于刑事和解发挥作用的重点应当放在和解的审查上，且应当遵循实质审查标准。[2]审查的要点应当包括三个层面：首先，审查和解是否合法。案件的类型和情节是否属于能够启动和解的范围，本案的情况是否符合和解的条件，和解的程序是否符合法律规定。其中重点审查的是本案是否属于排除和解的类型，被告人是否真诚悔罪，有无按照和解协议的约定履行赔偿义务，被害方是否对被告人表示谅解并请求从轻处罚。其次，和解是否满足自愿性、真实性的要求。包括双方当事人是否具备和解的意愿，是否出于自愿签订和解协议，有无受到欺诈、胁迫和强制，和解内容是否违背社会公德和公序良俗。此处法院要重点审查的是，防止被告方虚假和解以逃避刑事处罚，同时也要避免被害人漫天要价。最后，评估和解是否达到期待的效果，如是否有利于解决被害方的经济困难，是否有利于被告人复归社会等。

具体到我国实际运作的三种死刑和解模式，法院的审查环节略有差异。对于协议型和解和预交型和解，要求双方制作和解协议，和解协议中载明被告方的赔偿数额、赔偿方式，以及被害方表示谅解的情况，法院仅需要审查

---

[1] 陈京春：《刑事和解在死刑案件中的适用》，载《甘肃政法学院学报》2008 年第 6 期。
[2] 翁寒屏：《初论死刑案件刑事和解制度》，载《广西政法管理干部学院学报》2010 年第 6 期。

和解协议。对于协议后撤诉型和解，除了上述和解协议的审查，在撤诉申请环节就可以启动对和解的审查。法院在接到附带民事诉讼原告人的撤诉申请之后，应当以准许撤诉的方式向其宣布，经审查，其撤诉申请符合法律规定，裁定准许撤诉。

目前死刑和解的法院审查程序还相对封闭，基本上以不公开的书面审查为主。据笔者统计，在 2017 年至 2019 年 47.37%的死刑和解案件中，赔偿和谅解情节的证据没有被纳入案件的证据卷中，仅作为情况说明部分在判决书中予以呈现。在"以审判为中心"的诉讼制度改革中，任何可能对被告人定罪量刑的证据都应当被纳入法庭审判中，这是现代刑事审判的基本要求，赔偿谅解情节也不例外。死刑和解案件中，双方达成的和解协议、被害人出具的谅解书、收条等证据，应被纳入有利于被告人的证据范围内，作为量刑证据予以考虑，并通过法庭调查、举证质证环节听取双方意见，综合判断和解的合法性、真实性和自愿性，发挥赔偿谅解情节在刑罚裁量中的作用。

(三) 和解的保障

1. 强化检察监督作用

针对死刑和解案件中违心和解、非法和解的问题，检察机关有权进行法律监督，以发挥制度运行的保障功能。[1]当和解的一方当事人认为和解不属于应适用的范围或不满足和解的实体要件和程序要件时，有权向检察机关提出申诉。检察机关应当重点针对和解的自愿性、真实性以及被害方的态度等方面进行审查，对于确实存在违法情形的，应当向人民法院发出纠正违法的检察建议，人民法院应当撤销和解协议。对于案件事实不清、证据未达到确实充分标准的案件，同时又已经达成和解协议的，检察机关应重点关注，发挥监督作用；对于和解案件量刑幅度过宽等刑罚适用不统一的案件，应当及时提出监督意见或抗诉。

2. 完善被害人救助与补偿制度

死刑和解绝不能将国家的救助责任推卸到被告人身上，完善被害人救助与补偿制度是和解运行的重要制度保障。目前，我国被害人救助与补偿制度

---

[1] 王鹏祥：《重罪案件适用刑事和解制度探析》，载《河南师范大学学报（哲学社会科学版）》2011 年第 5 期。

尚不能缓解被害人的危困状态，被害人权利保护存在缺失。[1]我国司法救助制度起步较早，本身就源于在司法实践中的被害人救助工作，2015年又颁布了《关于建立完善国家司法救助制度的意见（试行）》。该意见中对于国家司法救助的标准、救助的方式和程序以及资金来源等方面都进行了统一规定。从实际运行情况来看，被害人救助制度存在救助启动困难、救助工作权责不明、救助标准模糊等问题，以政府主导的救助资金来源等面临筹措乏力的局面，导致被害人家属很难得到充分的司法救助。逐步建立起被害人救助制度，以缓解死刑案件被害人方的经济困难。除了国家层面的统一规定之外，未来各地应当根据经济发展水平确定具体标准，设立刑事被害人救助专项基金，探索被害人救助制度与法律援助、社会救济等救济方式的衔接，构建被害人国家救助与和解赔偿并行的责任体系，实现对被害方利益的有效保障。

五、小结

近十几年来，死刑和解在司法实践中以蓬勃的生命力隐性运行，虽然一直未得到国家权力的认可和刑事诉讼法的背书，在必要性、正当性和规范性问题上存在诸多争议，但常青的实践之树使我们不得不正视其存在。任何刑事案件都不仅存在于纸面上判决，而且有其独特的案件结构和多方主体的互动，某种程度上历史就是在各个主体的行动中推进的。在死刑案件中，被告方的求生欲望空前强烈，被害方的复仇观念相互交织，司法机关又面临着刑事政策控制和业绩考核的压力，个体在国家司法体系、传统道德观念体系和刑事诉讼的角色体系中夹缝生存，在个案中体现出复杂而矛盾的心态，可以说其他方的行动、案件情节、司法政策等诸多方面都可能影响个体做出不同的规则选择。关注刑事和解的当事人，就是关注刑事和解本身，他们是整个大厦能够正常运转的基石。当案件的被告方与被害方倾向于实现关系的和谐化，死刑和解会成为主流选择，可以说这是自身生存逻辑的胜利，也是实用主义精神的胜利，与其一味打压和批判，给予正视和尊重才是正确的选择。同时，我们也必须思考，以公诉人和被告人为核心的对抗制刑事诉讼没能保障被害人心中的诉求，换来被害人对国家司法体制的冷漠，另寻其他方式取

---

[1] 张心向：《死刑案件裁判中非刑法规范因素考量》，载《中外法学》2012年第5期。

得经济赔偿而非一味追求对犯罪人的惩罚，这种国家垄断的正义形态是否也存在难以弥补的缺憾？

　　在更高维度上看待死刑和解问题，不难发现随着恢复性司法观念和刑罚宽缓化在世界范围内的流行，多元化的刑事纠纷解决机制正在形成；而我国推行的少杀慎杀、减少死刑适用的刑事政策以及广泛开展的死刑和解也表明，世界刑事诉讼潮流与我国司法的实际需求暗合，死刑案件刑事和解的理论基础和实践条件都已经具备，未来它必然实现与轻罪和解案件的一体化适用。对于一些本身存在从宽情节，主观恶性未达到罪大恶极、非杀不可的犯罪人，通过刑事和解给予他们改过的机会，同时又能够保障被害人利益、化解社会矛盾，是体现刑罚个别化、文明化的标志。同时也要清醒地认识到，我国刑事司法尚未走完现代化进程，刑事诉讼还存在体制性、结构性的障碍，推行死刑和解毕竟触及了国家权力和社会公正的边界，因此应当更加审慎。为此有必要总结审判实践中出现的问题，以立法的形式对死刑和解的适用范围、启动条件、操作规范等方面进行规定，用制度的力量确保死刑和解运行得公正、有序，最大限度地实现个案正义。